沉沦：

倪永杰◎著

民进党执政研究

九州出版社 JIUZHOUPRESS | 全国百佳图书出版单位

图书在版编目（CIP）数据

沉沦：民进党执政研究 / 倪永杰著. —— 北京 ：九
州出版社，2020.7（2025.4重印）
ISBN 978-7-5108-9221-9

Ⅰ．①沉… Ⅱ．①倪… Ⅲ．①民进党－执政－研究－
台湾 Ⅳ．①D675.874

中国版本图书馆CIP数据核字(2020)第113649号

沉沦：民进党执政研究

作　　者	倪永杰 著
出版发行	九州出版社
地　　址	北京市西城区阜外大街甲 35 号（100037）
发行电话	(010)68992190/3/5/6
网　　址	www.jiuzhoupress.com
电子信箱	jiuzhou@jiuzhoupress.com
印　　刷	北京九州迅驰传媒文化有限公司
开　　本	720 毫米 ×1020 毫米　16 开
印　　张	25
字　　数	400 千字
版　　次	2020 年 7 月第 1 版
印　　次	2025 年 4 月第 3 次印刷
书　　号	ISBN 978-7-5108-9221-9
定　　价	66.00 元

迎向海峡彼岸的呼喊

——《求索：两岸和平发展》《沉沦：民进党执政研究》《叩击：台海时政评论》自序

倪永杰

  人称台湾为美丽岛，喜爱台湾的人把它当作"魔岛"，讨厌民进党者称之为"鬼岛"。台湾自古是祖国的宝岛，曾有一段被割让的悲情历史，这是中华民族的百年耻辱，也是两岸中国人心中永远的伤痛。当代台湾经济富庶，人文荟萃，社会祥和。只因分裂因子戕伤台湾健康的肌体，中断了台湾永续发展的命脉，"台独"成为中华儿女共同的敌人。作为一名从事台湾研究的学者，台湾是我研究的对象，我的学业、职业、事业，我的工作、交往、生活，都与之紧密相关，台湾是我永恒的牵挂，它的万水千山、一草一木，世事沧桑变迁伴随我一生。

一、我的"台湾经验"

  因缘际会中我投身于台湾研究、从事对台工作，既属偶然，也有必然。20世纪80年代我就读于南京大学历史系，深受史学大师茅家琦先生"台湾30年""八十年代台湾"课程影响，它们不但是台湾研究的基础教材，而且是大陆涉台工作系统必备的参考书。1988年我有幸考入茅家琦、崔之清两位导师门下，从事中国近现史专业"当代台湾研究"方向的学习。他们不但教我学问、传授方法，更赐予我待人处事的正能量。毕业时我完成了12万字硕士论文《蒋经国政治革新考论》。

  1991年进入台办系统工作，前后近十年，对于中央对台政策内涵、基本逻辑有了较深学习与把握。期间与台商、台生、台湾各界人士有了广泛的接触与交往。令我难以忘怀的是 1995 年夏天第一次来到宝岛台湾，随南京电视台《跨越海峡的寻访》摄制组赴台采访，从"台湾头"跑到"台湾尾"，深入城市乡村、科技园区，感受台湾经济活力与中华文化魅力，也触碰到岛内躁动的政治神经。在台北中正梅园蒋纬国先生家里，我聆听了将军对日本军国主义歪曲历史、否认"南京大屠杀"史实的愤慨，他坚信 21 世纪必将是中国人的世纪。

结束台办工作磨炼后，我便转往上海台湾研究所工作，开启台湾研究的不寻常岁月。

上海台湾研究所成立于 1999 年 4 月，是在前海协会长汪道涵先生鼎立支持下成立的涉台研究机构，培养了一批台湾研究学者，名闻两岸。汪老学识渊博，视野宽阔，他题写的"一个中国、平等协商、共议统一"12 字墨宝一直悬挂在上海台研所会议室。他所定义的 86 字"一个中国"内涵、"两岸共同缔造一个新的中国"等主张，影响了无数两岸学者，推进了两岸关系进程，成为两岸学者逻辑遵循。

2008 年，当两岸关系和平发展的的浪潮汹涌袭来时，我有幸出任上海台研所常务副所长、上海市台湾研究会秘书长，实际负责所、会的工作。2013 年把握两岸关系螺旋上升的发展节奏，我参与创办《台海研究》杂志（季刊），受上海台办领导的委托，兼任主编，希望汇聚两岸及海外学者，集成两岸智慧，提供经得起历史检验的《台海研究》方案，推进祖国统一进程。如今，《台海研究》成为大陆三本公开出版的台湾研究学术期刊，培养了一大批学者专家，拥有大量读者。

从 20 世纪 90 年代迄今，我的"台湾经验"融汇了对台实务与台情研究，从实际工作到学术研究，经历了跌宕起伏的两岸风云，参与了无数次与台湾蓝绿之间的对话交流，承接近百个研究项目，创建了两岸关系和平发展、两岸海洋事务合作、两岸民间互信论坛、沪台青年论坛等多个两岸学术交流品牌。主编出版了 27 期《台海研究》杂志，推动《台海研究》微信公众号的传播，开展对台舆论活动，与两岸主流媒体合作，点评台海局势，打过美好的仗，发挥一定的舆论影响力。

作为上海台湾研究所的负责人与《台海研究》主编，希望在台湾研究领域内的精心耕耘，塑造学术影响力、政策影响力及社会影响力。成功没有终南捷径，唯有脚踏实于，勤天耕耘，多发表论文，多提出学术主张，为对台政策出谋策划、建言献策。我时常透过对台交流、新华社、中新社、央视、深圳卫视、香港《中国评论》等重要涉台新闻机构发文、发声、发言，一吐心中块垒，争取台湾民心，有可能影响了台湾当局的政策选择，将学者的影响力发挥到极致。本人还与台湾相关媒体开展密切合作，先后在《中国时报》《旺报》《联合报》《海峡评论》等台湾报刊杂志发表时事评论、接受采访，解读岛内情势与台海风云，引起岛内多方关注与热议，也算是大陆学者在岛内开展舆论影响活动的实践者。本人积极参与涉台教育活动，足迹遍及京、津、沪、苏、皖、粤等地，为港澳特区政府高级官员、议员助理、各地党员干部举办无数场台情报告交流会，扩大学术机构的社会影响力，争取各界的认可、支持。

投身台湾研究、推动两岸关系发展不只是一份职业，而是一项无比崇高的事业，完成国家统一、助力中华民族复兴的中国梦是无数仁人志士的毕生追求，有机会将所学所思所研贡献于国家统一大业令我备感荣耀。

二、统一观与方法论

台湾问题涉及民族情感与百年耻辱，不仅是学术问题，更是敏感的政治问题，不可不慎。我所认知的台湾研究必须服膺于两岸关系发展、祖国统一的理想与需要，必须为国家的完全统一、中华民族的伟大复兴提供智力支撑、塑造正能量。台湾研究需要宏伟理论指引，习近平新时代中国特色社会主义思想特别是对台工作重要论述、国家统一学说以及"和平统一、一国两制"理论方针都是开展台湾研究的根本指引，也是赋予台湾研究学术生命力、政策影响力、社会感染力的的重要保证。

台湾研究需要找准历史方位。台湾问题因民族弱乱而产生，是中华民族百年耻辱最后一道、也是最痛彻心扉的伤痕。当今中国比历史上任何时候更有实力、更具信心、更有智慧完成国家统一、实现民族复兴。此时此刻，我们无比需要找准台湾研究的历史方位，提升台湾研究水准，看透台湾问题的实质，把握两岸关系发展规律，提出具有针对性、可行性、有效性、可塑性的战略策略，加速统一进程。两岸分割七十载仍未统一，肇因于国共内战延续与国际霸权宰制。结束内战需要进行两岸政治对话与和平统一谈判，抵御国际霸权干涉则需要强大国力为后盾，其中涉及战略策略设计。如果国力上升的趋势不可改变，那么设计英明的战略将加快统一进程，而不当的策略则可能耽误台湾问题的最终解决。英明正确战略设计依赖全面深入精准的台湾研究，台湾研究成为国家统一的基础性工程。如果两岸统一、台湾问题彻底解决是实现中华民族复兴中国梦中最重要的一块拼图的话，那么台湾研究这一基础性工程需要更多的投入、作出更大的努力。

台湾研究需要跨领域的学科整合。台湾研究不是一门学科，只是一种地区研究。台湾研究讲究科学方法，需要运用、整合社会科学的种种理论、方法。如此方能在呈现台湾问题真实面貌的基础上，厘清台湾问题的本质、摸索两岸关系的规律、预测岛内政局与两岸关系发展趋势。如今的台湾研究涉及台湾地区政治、经济、社会、文化、法律、军事等诸多领域，需要融合政治学、历史学、社会学、经济学、国际关系等众多领域的理论架构、知识体系、专业方法作为研究基础。历史学的训练使我无比重视基本事实的梳理，重视台湾及国外一手资料的搜集、整理及比对，探寻历史真相，在此基础上作判断、下结论，尽量避免主观及误判。我曾尝试用政治学的决策原理探寻台湾当局的决策机制，模拟台湾领导人的重大政策、重大事件的决策过程，揭秘参与决策的关键核心、重要内幕。社会学的族群融合分析对于研究两岸融合发展理论、政策措施具有指引作用，可以深化两岸融合的政策路径、指标体系的研究。田野调查对于研究、掌握台湾政情变化与真实民意来说是极其重要的方法，近年来，本人频繁往来于海峡两岸，走访台湾北中南、本岛与外岛，深入台湾城市乡村、村里社区，触及台湾社会各个角落，广交"蓝、绿、橘、白"各界人士，搜集第一手资料与数据，观察、把脉台湾情势变动。掌握国际关系中的"均势理论"是研究中美大格局下台湾角色的有用方法，台湾执政者试图在国际格局中避险求生、左右逢源，扮演牵制的"棋子"或"关键跳板"。美国以自身的国家利益出发频打频强打"台湾牌"围堵中国和平发展，大陆则采取"和平统一、一国两制"、融合发展的上策、文武组合的中策、及不惜重大伤亡的武统下策应对周旋。

多数台湾研究者接触、了解台湾形形色色民调机构的运作情况，时常采用岛内各类民调数据研究、解读台湾政经现象、两岸关系曲折变幻。例如台湾民众身份认同、"统独"倾向、两岸立场、政治态度、对政治人物的信任度、满意度、政党支持度等，有些民调会定期公布，甚至保留长期数据，如台湾政治大学选举研究中心保留了30多年台湾民众的身份认同、"统独"态度等数据，对于研究台湾民众的统独观大有裨益。但台湾民调具有一定的局限，如民调题目设计存在缺陷，抽样样本不足甚至失真、座机与手机存在差异等。部分民调没有特定的政治立场，但不数民调数据都留下民调机构的主观想象。每逢选举岛内民调满天飞，甚至地下赌盘绘声绘影，严重影响选民投票行为与选举结果。

在 2018 年"九合一"选举中，没有一家民调机构能够正确预测韩国瑜赢得高雄市长选举，并且带动整个国民党选情，翻转台湾地方政治版图。在 2020 选举中，岛内不少民调失真，无法反映韩国瑜、蔡英文、宋楚瑜真实选情。韩国瑜采取"盖牌民调"的手法，试图逆转选情，打破民进党操控民调的迷思。

在互联网、人工智能时代，台湾研究面临研究方法的革命，有可能使用大数据等手段开展量化研究。在 2018、2020 两次选举中，岛内大数据、网络声量似乎可以部分反映候选人在网络世界受欢迎、肯定或遭受嘲讽、拉黑的情形，弥补电话民调的不足。但因为民进党投入巨资，操作网军带风向，也使网络声量、网络温度计等手法面临失真的困境。

拥有科学方法的指引，可以跳出既有的窠臼，拓宽研究的视野与路径，深研究的结构，深丰富研究的层次，较能得出科学的结论。台湾研究科学方法的探索创新永无止境。

三、沉沦之民进党

2000 年我调至上海台湾研究所工作，适逢民进党首次上台执政，各界无不关注民进党，它也成为我首要研究课题。成立于 1986 年民主进步党是蒋经国晚年启动政治革新的产物，早年曾是反国民党威权体制的"党外"集合体，知识精英、中产阶级、中小企业主等成为早年"党外"及民进党的重要支持群体，反威权、反独裁、要民主、要自由成为其基本政治诉求。不少人对新兴的民进党怀有的期待，认为新生政党拥有活力，较少老旧政党的包袱，可为台湾注入变革的动力。还有人认为民进党与大陆没有历史恩怨，民进党内还有不少对大陆友好的统派精英，民进党有可能在两岸关系上扮演积极、务实的角色，期待民进党为台湾发展、两岸关系演进添加动力。但 20 世纪 90 年代之后民进党的发展出人意料，拐入"台独"的历史黑洞，跌落"台独"的万丈深渊。

多年来，我关注民进党的政党特质、派系演变、两岸政策，也关注民进党当局的决策机制、大陆政策、涉外活动，发现民进党的"民主""进步"价值不断流失，一步步走向沉沦。民进党二次执政没有为台湾发展添加正能量、新动力，相反带衰台湾，掏空台湾，吞噬台湾数十年经济社会发展累积的能量，把台湾带入经济失血、机体失调、整体失能的泥淖之中，失去往日"亚洲四小龙"光环，在"民粹"主义的浪潮中日趋沉沦。

民进党之沉沦体现在四个方面。

一是背离"民主""进步"价值，迈步异化为制造"绿色恐怖"的"台独"法西斯政党。民进党人张口闭口号"民主、进步"，但实际运作却完全相反。民进党党内早已成为空谈，民主的空间日趋紧缩。从蔡英文与赖清德竞争候选人资格过程中种种非民主程序、赤裸裸的独裁鸭霸手法，哪有一丝民主政党的气息！面对赖清德挑战，蔡英文第一时间竟然声称"现任者优先"，要求赖清德礼让，随后要求党中央延后初选日程，特别是改变民调方式，纳入手机民调以便图利自己，采取软硬兼施的办法逼迫赖就范，"心机女"哪有一点民主的风范？而民进党中央亦步亦趋配合蔡英文无理要求。蔡在党内出线后，还绑架赖清德担任副手，等于又一次羞辱了对手。可怜赖清德身边没人、手中没钱，没有资源，甚至他所属的"新潮流系"多数投靠蔡英文，被"心机女"玩弄于股掌之间而徒叹奈何。民进党党内竞争不民主，杀得刀刀见骨，对于党外的政治对手更不会手软。蔡英文打着"改革""转型正义"旗号，设置"党产会"这类"东厂"机构，豢养张天钦、陈师孟这类"政治鹰犬"，专责追讨国民党党产，围猎国民党的政治献金，把国民党逼到了死角，成为待宰羔羊。对于统派团体，民进党更是杀气腾腾，一定要置统派人士于死地。民进党先是制造臭名昭著的"王炳忠案""陆生间谍案""王立强间谍案"，后又操纵"立法院"修改"国安五法"、通过"反渗透法"，炒作"中共代理人""亡国感"的"绿色恐怖"氛围。如今台湾的政治环境只有讲"台独"的自由，没有不讲"台独"的自由，否则政治上就没有出路，有可能饭碗保不住、工作找不到，甚至身家性命面临威胁。民进党视"反核""同婚"等为进步价值，但却造成空气污染、政治纷争，影响台湾民众生活质量，冲击传统家庭伦理，社会和谐。

二是民进党踏入"台独"死穴，置台湾全民利益于不顾，陷两岸于冲突对抗，葬送台湾美好前途，影响我中华民族复兴伟业。"党外"时期及民进党早期，汇集了有统有"独"各路反国民党威权统治人马，融合了"台湾意识"与"中国意识"，但最后"台湾意识""本土意识"叠加悲情意识，最终异化为"台独"主张。民进党成立后便寻求体制内对抗国民党、迈向执政、选赢对手的终南捷径，"台独"成为其最为廉价却最为有用的工具。1991年民进党通过"台独党纲"，1999年通过"台湾前途决议文"，2007年通过"正常国家决议文"，它们既是深入民进党骨髓的精神鸦片，也是选举利器，成为巩固绿营基本盘的基本招数。陈水扁疯狂推动"一边一国""法理台独""入联公投"惨遭失败，不得不承认"台独"他"做不到就是做不到"。蔡英文执政后转向另类"台独"

策略，走一条没有"台独"之名却有"台独"之实的"台独"之路，采取"文化台独""去中国化"策略，实验新型"台独"，取名为"中华民国台湾"，企图制造两岸"脱钩"、断流危机，无限靠近"两国论""一边一国"。经历"民粹主义"浪潮的席卷，"台独"具备广泛的思想基础、社会基础、经济基础。"台湾认同""台湾主体性"上升为台湾民众的主流意识。年轻人"天然独"色彩浓厚，多数成为民进党的支持者。台湾民意多元、多变、多数为少数绑架，终归趋向无限"绿化"，而"中国意识"、中道理性的声音渐趋削弱。蔡英文两次"大选"的得票率超过56%，2020得票数达到817万票。民进党"立院"单独过半，全面掌控岛内党、政、军、警、情、司法及经济、社会各路资源。台湾政局进入民进党"一党独大"、绿营达到稳定多数的阶段。在深绿、深蓝不断萎缩、凋零的情势下，蔡英文的新型实验"台独"有可能"船过水无痕"，逐渐铺垫"台独"的各项基础。在中美战略竞争之际，在"中国威胁论"发酵的国际社会中，蔡记"台独"较能博得同情，不啻挑战两岸关系和平发展、中华民族伟大复兴。

三是民进党的"派系共治"体系造就派系分赃，一切职位、利益按照派系结构进行利益输送与政治分赃，忘却"清廉、勤政、爱乡土"的创党初衷，腐败贪污成为民进党人撕不掉、摆不脱的耻辱。早年有"律师世代"与"美丽岛世代"的权力冲突，后有"正义连线""福利国连线""绿色友谊连线"之间的较量，蔡英文主政后更多的是"英派"与"正国会""海派"之间的钩心斗角、合纵连横。其中"新潮流系"始终是贯穿民进党每个发展阶段的超级派阀，无役不与。民进党不管谁当家、谁执政，都得依靠"新系"的支持、与之结盟，方可获得政权。而"新系"霸占了从"中央"到地方、从党、政、军、警、情治到社会各路资源，吃香喝辣，好不痛快。与"派系共治"相连结的"人头党员"问题则困扰民进党长期发展的毒瘤。"人头大户"掌握了大量党员资料，平时替他们交党费养人头，其中有不少已经过世的"幽灵"党员。每逢选举"人头大户"就可以拥人自重，进行政治交易，争夺民进党党代表、"中执委"、"中常委"的竞选资格，这种交易的结果不会推举优秀人才走到前台领导民进党、服务民众，只会推荐劣质产品在政治市场上翻手为云、覆手为雨，降低民进党的问政品质、执政能力，陷民进党不义。"政治酬庸"也长期为人诟病，吃相难看。吴音宁长期从事农民抗争运动，并不熟悉生意，却被"新潮流系"派去抢了韩国瑜台北农产公司总经理的位置，迫使韩国瑜争夺高雄市长宝座，差点抢

7

了蔡英文的饭碗。因与林佳龙渊源颇深，2020 年，在"立院"4 年中毫无问正表现的洪慈庸"立委"败选后，却被林推荐给"正国会"精神帮主游锡堃担任其"立法院顾问"。可以说民进党成亦派系，败亦派系。

四是执政无能是民进党撕不掉的标签。虽然民进党历经二次执政，但改变不了人们对它"只会选举，不会治国"的印象。民进党内充斥大量政治人才、选举人物，有打着"有梦最美、希望相随"的选举"天才"陈水扁；具有"非典型"、蛊惑性政治特质的蔡英文；有造势动员"大姐大"陈菊；有在"319 枪击案"中嘴角遗留一抹诡异微笑的政治谋略师邱义仁；有擅长"组织战"的洪耀福、林锡耀；有专攻选举民调的军师陈俊麟；当然还有为"反核四"而苦行的林义雄，等等。但民进党缺乏执政人才、治理人才，对于财经、产业发展、公共安全、能源、军事等事务极为生疏。从在野、执政到再在野、再执政，民进党没有培养更多的执政人才，有的只是选举型政治人物。苏贞昌、陈其迈、林佳龙等人在 2018 年地方选举中惨败后照样当大官，而且票输得越多、官做得越大，证明民进党缺乏人才储备，蔡英文根本无人可用，只有推出苏贞昌等一干败将。民进党的执政水平始终无法提升，只有政治正确，在追杀政治对手、追讨国民党党产、清剿统派团体极为"专业"凶狠，一点也不手软。

民进党内也有一批理性温和的优秀人才，但始是民进党的非主流、在野派。我多年来研究观察民进党，与民进党人士多所交流，民进党整体发展及表现令我大失所望，不能不为民进党悲，为台湾民众悲，也为两岸关系忧。民进党背叛"清廉、勤政、爱乡土"的初衷，堕落为贪污无能的"台独"法西斯集团，带衰台湾政治、经济、社会体质，把美好明朗的台湾陷于不断沉沦之中。民进党必须为台湾的衰败沉沦承担责任，接受历史的审判。

四、求索和平发展

2005 年连战开启两岸和平发展之路，2008 年马英九上台执政，开创了两岸关系和平发展的崭新时代。

两岸政治互信不断增强，双方确立了"九二共识"、反对"台独"的共同政治基础。两岸成立政治互动合作平台，大陆方面先后与马英九当局、主要政党、团本建立交流合作机制与平台，分别设立国共高层定期会面机制、APEC、博鳌论坛、海峡论坛两岸高层会面机制。建立两岸事务主管部门常态化沟通机制，2013 年 10 月在印尼 APEC 期间，国台办主任张志军与台湾陆委会主委王郁琦首次直接见面，后又实现两岸事务主管部分负责人直接互访，架设"两岸热线"。2015年11月7日，两岸领导人习近平、马英九在新加坡举行两岸领导人会面，翻开两岸关系历史性篇章，两岸政治关系进入历史高点。

在两岸关系和平发展的年代，两岸双方开展政治合作，共组机构、共同演习，扩大深化两岸政治关系内涵。海协会与台湾海基会在"九二共识"共同政治基础上开始恢复协商谈判，前后签署包括《海峡两岸经济合作框架协议》（简称 ECFA）、邮政、金融、知识产权、投资保护在内的 23 项协议，推动两岸经济一体化进程。两岸在海协会与海基会的架构下成立两岸经济合作委员会（简称"经合会"），设立共同召集人，下认货物贸易、服务贸易、投资、争端解决、产业合作、海关合作、中小企业等 7 个小组展开商谈，这是 60 多来年两岸首次共同成立的机构。两岸海事部门连续多年在金门、厦门海域展开海上救难演习，两岸公安、司法、民航等多个部门设立了业务沟通合作、危机应急机制。

两岸就台湾国际参与作出了合情合理的安排，大陆方面分别安排连战、萧万长参与 APEC 领袖峰会，台湾有关部门参与世界卫生大会（WHA）、国际民航组织（ICAO）年会等。2013 年春，本人参与了首届两岸和平论坛的筹备工作，上海台湾研究所作为大陆方面的发起方承担了论坛部分工作。同年 10 月，两岸 120 多名学者在上海东郊宾馆围绕两岸和平、共同发展主题，就两岸政治关系、涉外事务、安全互信及和平框架四项政治议题展开研讨，跨出了推进两岸政治对话的实际步伐，做了一次有益的尝试。

2008 年 12 月 15 日，两岸进入双向全面空海客货直航时代，两岸告别经第三地中转的岁月，迈入"一日生活圈"美好日子。两岸每周最多时航班 890 班、货运 84 班，大陆对台湾开放 55 个空运航点、72 个港口，台湾对大陆开放 10 个航点、13 个港口。两岸航线成为"黄金通道""和平通道"。2009 年陆资赴台投资，开启双向投资大门。累计已有近千项投资项目、投资金额达到 20 多亿。两岸旅游、贸易机构分别在对方设立了办事处。2013 年两岸顺利启动货币清算机制，实现人民币与新台币互换，中国银行台北分行与台湾银行上海分行分别作为人民币与新台币的结算行。

两岸进入"大交流"时代。2008 年 7 月 15 日陆客赴台旅游，从团队游到自由行，2015 年陆客达到 430 多万。2011 年开放陆生赴台读书，不但有短期的交换生，还有念本科、硕、博士生。最多时每年在台湾交流、读书的陆生多达 4 万多。虽然陆生面临众多限制，毕竟两岸学生可以在台湾一起学习成长，留下共同青春记忆。两岸之间开展多领域、全方位、深层次的文化教育交流。两岸城市交流、基层交流、青年交流蓬勃开展，上海－台北双城论坛成为其中典范，即使民进党重返执政，上海与台北之间的城市交流继续保留，而且有所提升。两岸交流走向"向南行、向下沉、向上升"，让更多的台湾中南部、基层、弱势民众及青年群体参与到两岸交流中来。

在马英九执政的 8 年间，台湾掀起一波又一波的"西进热""大陆热"，台湾民众包括年轻人西进大陆求学、实习、工作、投资、生活的人渐趋增多。两岸民众之间的情感升温，两岸民众的好感度上升，台湾民众对大陆的友善度逐渐接近甚至超过不友善度，两岸关系发展动力不断增强。

面对两岸关系蓬勃发展的态势，我重点研究两岸关系和平发展路径探索。总结马英九时期两岸关系和平发展的经验教训，我归纳和平发展基本路径有六条。

一是增强两岸互信。包括政治互信、军事互信、民间互信等，重点是建立两岸共同的政治基础，走向两岸全面互信。有了"九二共识"、反对"台独"两岸共同政治基础，和平发展才能行稳致远。"九二共识"不仅是国共两党共识，也是两岸共识、两岸领导人共识，也为国际社会所普遍接受。两岸有之则旺，无之则荡；有之则和，无之则殇。蔡英文、民进党不接受，根本原因在于不放弃"台独"，害怕"两岸同属一中、两岸追求统一"的核心内涵坏了其"两国论""一边一国"的图谋。有了"九二共识"的共同基础，大陆在不违背一中原则的前提上合情合理安排台湾的"国际参与"，台湾与新加坡、新西兰签署经济合作协议，扩大台湾在国际 NGO 的活动空间。两岸也有机会探讨结束两岸敌对状态、建立军事互信机制，签署和平协议，最后迈向统一。除了两岸官方的互信之外，我主张增强两岸民间互信，扩大两岸民间团体的交流合作，还与台湾民间团体举办多次民间互信研讨会，2013 年还到台湾苗栗举办了民间互信研讨会。

二是培植两岸共同利益。两岸关系和平发展就是不断培植两岸共同利益、形塑两岸共同价值的过程，将为两岸关系和平发展腾出时空纵深与战略回旋，使之螺旋上升、不可逆转。所谓两岸共同利益，广义来说，就是两岸之间凡是对两岸双方不构成零和的、独享性、排他性的利益交集；狭义来说，两岸之间暨两岸涉外事务中，相同的并且可以通过相互合作共同谋求的利益重叠。因此，两岸共同利益是与零和博弈相反、与两岸单方特殊利益迥异的利益共享，是两岸双方利益的交集，可为两岸同胞所分享。两岸共同利益涵盖两岸关系的各个领域，涉及政治、经济、社会、文化、能源、环境，以及外交、军事、安全等诸多层面。

两岸非政治性共同利益不仅指两岸经济、物质层面，还包括文化、社会等内容，涵盖两岸同胞生活多个方面，构筑了两岸关系和平发展的经济物质基础、思想文化基础以及社会互动基础。

两岸政治性共同利益可以区分为低政治性共同利益（软政治）与高政治性共同利益（硬政治）。

推动两岸关系永续发展，基础在于非政治性的经济、文化、社会、生存发展的共同利益，关键在于培植更多政治性共同利益，特别是要在高政治性共同利益方面有更多的利益共同点、增长点，以利于积累经验、营造氛围、创造条件，早日破解两岸关系政治难题。

三是形塑两岸共同价值。习近平总书记在2014年9月会见台湾统派朋友时提出了"实现两岸同胞心灵契合"的重大命题，"国家统一不仅是形式上的统一，更重要的是两岸同胞的心灵契合。"所谓"心灵契合"应具有文化同脉、情感融合与价值趋同等内涵。与培植两岸共同利益这一硬条件的同时，型塑两岸共同价值成为两岸关系和平发展的软基础。

两岸共同价值不是无源之水、无本之木，植根于五千年灿烂的中华文化、来源于两岸同胞的交流合作实践，更是对两岸共同美好未来的前瞻与追求。两岸共同价值来源于五个部分，包括：从中华传统文化中萃取两岸共同价值，从两岸四地当代文明中凝聚两岸共同价值，从海外华人文化中酝酿两岸共同价值，从世界文明中提炼两岸共同价值，融合中西、汇通古今，催化两岸共同价值。

两岸共同价值内涵，具有多重排列与组合。一是对乡土、家园、家国的乡愁、眷恋，包括对故土的思恋、感恩，对家园、家国的情感，爱乡土、爱国家、爱民族的情感。二是两岸共同的人文关怀与命运共同体意识。三是追求两岸和谐和平、和解共生、和衷共济、共同发展、共赢共享的价值。四是对民主法治价值的认同与追求。此外，还有创新拼搏、追求卓越、自强不息的精神。

四是增强和平发展民意基础。两岸关系和平发展符合台湾同胞利益，有利于台湾发展，获得绝大多数台湾民意支持。陈水扁"激进台独"举措陷台海紧张动荡，台湾民众反对陈水扁的"台独"冒险，高度期盼两岸关系和平发展，从而使马英九顺利当选并连任，开创了和平发展的新时代。面对两岸关系快速反展，台湾民众的疑虑上升，对大陆具有"既期待又怕受伤害""不能没有你，有你我害怕""有她受不了，没她活不了"的矛盾心态。在马英九执政后期因为台湾内部事务处理不当，民进党蓄意攻击两岸关系和平发展"图利财团"、"加剧台湾贫富分化""腐败到台湾""大陆人抢台湾饭碗"等，散布"今日香港，明日台湾"的政治气氛。台湾民众产生"恐中拒中"情绪，台湾年轻人受民进党的蛊惑操纵，迅速集结于"太阳花学运"攻击马英九当局，使和平发展的民意基础逐渐流失，民进党轻松赢得政权。2020年蔡英文政权并无政绩，仅靠"反中拒统"、炒作"亡国感"，在美国助功加持下，便打败对手，拿下历史最高票。岛内两岸和平发展的民意依然存在，但缺乏领袖引领、对于和平发展民意的呵护培育。如何引领、论述、培育、壮大台湾和平发展民意，推动两岸关系和平发展则是历史性课题。

五是深化两岸融合发展。早在2014年习近平在福建视察台资企业的过程中就提出两岸"融合发展"的概念，着重于实现经济社会融合发展。在2019年1月2日讲话中，习总书记明确要求"深化两岸融合发展，夯实和平统一基础"。两岸融合发展具有广阔的时代背景与扎实的实践基础，是对两岸和平发展的创新、丰富、深化及完善。两岸融合发展理念内涵丰富宏伟，除了经济社会融合发展外，两岸文化融合、价值观融合、制度融合及两岸同胞情感融合、生活方式融合也将不可避免。实现两岸融合发展也有路径可循。当前首先应做到两岸"应通尽通"，实现两岸两个新"四通"与"三化"。即实现两岸经贸合作畅通、基础设施联通、能源资源互通、行业标准共通，尽快实现实现金门、马祖同福建沿海地区"通水、通电、通气、通桥"。支持两岸邻近或条件相当地区基本公共服务实现"均等化、普惠化、便捷化"，把福建建设成为"台胞第一家园"。其次两岸政策上要消除歧视，对台湾同胞做到同等待遇、甚至同等优先。两岸融合发展的主动权在大陆，主战场也在大陆，两岸融合发展的快慢、成效某种程度取决于台胞在大陆求学、工作、投资、生活所面临的政策限制、政策壁垒是否削除。未来大陆可以在扩大两岸婚姻、大陆台胞团体就地合法并纳入到大陆管理体系、让更多台胞参与到大陆公共事务中来等多个层面加以推动。

2018、2019年大陆先后出台《关于促进两岸经济文化交流合作的若干措施》（惠台31条）与《关于进一步促进两岸经济文化交流合作的若干措施》（惠台26条），台胞可申领18位台胞证，两岸融合发展取得重大进展。

六是化解岛内外阻力。两岸关系和平发展面临岛内外的种种阻力。蔡英文领导的民进党反对由国民党主导的两岸和平发展，蔡英文只愿意在没有"九二共识"、在两岸"既有基础上"和平发展。蔡英文上台后采取"反中亲美"、紧缩两岸交流，配合美国企图两岸断流"脱钩"，开历史倒车。民进党当局及"台独"势力的阻挠、破坏是两岸关系和平发展的最大障碍。两岸固有政治分歧较难化解，包括两岸政治定位、台湾"国际参与"、两岸军事对峙、两岸制度差异等，都是深化两岸关系和平发展不得不面对的课题。

美国等外国势力出于自身战略利益的需要，强打"台湾牌"，陷台海局势于危急之中，试图挑拨民进党政权挑衅攻击大陆引起台海战争，达到两岸两败俱伤、遏止中国崛起的目标。

如何化解岛内外的种种干扰、阻力，需要两岸中国人集成两岸智慧，商讨合理方案，做出最富智慧的选择。

五、叩击台海时政

从事研究、开展交流之余，承担对台舆论工作、服务两岸关系发展也是应尽之责，理所当然。承蒙中央台办、上海领导的信任，感谢大陆各级涉台媒体、香港中国评论社、台湾中国时报、旺报、联合报等主流媒体提供的宝贵机会、舆论平台，本人撰写了大量台海时政评论，在两岸产生了一定舆论影响，为推动两岸关系和平发展产生一定作用。我将其中106篇收录在《叩击：台海时政评论》中。时间跨度长达30年，从20世纪90年代初一直到现在。内容集中于对台政策、两岸关系、台湾政局、台湾社会、台湾文化等多个领域，着重就台海形势中重大事件、重要人物、重要主张进行评论，肯定两岸和平发展成果，阐述对台政策要义、批判"台独"危害，引领台湾民意，破解两岸发展难题，警示外国反华势力，等等。许多评论缺乏深度、表述不够精准，但力求紧扣重点、要点，传达、释放大陆方面的权威信息、真实政策内涵。有些观点一时不被理解，遭到谩骂与网络"霸凌"，有引些评论让台湾某些势力无法接受，但站在国家与民族的立场为所当为。

结语

我的"台湾经验"是我人生旅程的重要部分，丰富了我整个人生。对于民进党沉沦的观察、两岸关系和平发展的求索、有关台海时政评论是我近30年来孜孜以求的事业。有机会出版《求索：两岸和平发展》《沉沦：民进党执政研究》与《叩击：台海时政评论》三本著作，算是对从事台湾研究、对台交流及台海时政评论工作的一个阶段性总结，告慰毕生所从事的事业，也为未来研究的拓展提升找到新的标竿，奠定好的基础。希望这些迎向海峡彼岸的呼喊获得更多两岸朋友的回响，融汇成推进祖国统一的强大动能。

目　录

民进党执政态势

民进党转型与决策机制

民进党"台独"之路

民进党执政态势

民进党首次执政透视

一、民进党执政透视（2000—2005）

自从民进党上台执政以后，台湾政局牌发展的分水岭上，在政治、经济、社会及两岸关系等方面产生重大变化，民进党执政五年的基本特征就是"朝野"激烈对抗、两岸僵局无解、经济民生陷入困境、社会高度对立，执政结果就是台湾整体向下沉沦，与民进党许诺的"向上提升"愿景完全背道而驰。

（一）"朝野"激烈对峙

民进党执政五年来，台湾政局是在"朝野"高度对抗、激烈攻防的过程中展开的。民进党执政的核心思维就是一切以胜选举为中心，策略上则以巩固壮大民进党执政基础、削弱政治对手为标的物。陈水扁上台不久，即放弃"全民政府"的标榜，停建"核四"，引发政治风暴，揭开了蓝绿两大阵营对抗的序幕。"朝野"激烈对抗表现在四大方面：一是在政策上，包括"核四""工时案""农渔会金融改革案""两岸关系条例修正""公投法"等。二是在人事主导权上，包括"朝野"在"立法院"正、副"院长"二次较量、对于"总统"提名"司法院""监察院""考试院"人事的同意权行使、对于"总统""国营"事业人事同意权的行使等，"朝野"双方互有胜负。三是在年度总预算、"财划法"、"五年五千亿"重大建设案、6008亿"军购案"等方面。民进党政府当局的总预算案均遭到国亲主导的"国会"的严厉监督，但大多数预算都能强渡关山。"五年五千亿""军购案"等最后也将在稍做删减后获得通过。四是围绕各类选举的争夺。五年内，台湾先后经历了2001年的"立委"、县市长选举，2002年的乡镇长、县市议员选举、北高市长、市议员选举，2003年花莲县长补选，2004年"总统"选举、高雄市议员补选、"立委"选举，2005年"国代"选举与年底"立委"选举等近十次选举，每次选举都成为"朝野"对抗的重要战场，并在"总统"选举前后达到最高潮。"朝野"冲突的本质则是蓝绿双方对于岛内政局的主导权以及执政权的争夺上。民进党极力扩大政党版图，压缩、分化、削弱泛蓝阵营，每次冲突之后，民进党都从"朝野"冲突中获利。

（二）两岸僵局无解

为解除战争危险，站稳脚跟，陈水扁上台之际，不得不降低"台独"姿态，改变"台独"策略，旨在"让台湾人民满意、美国放心、中共找不到借口"。因此，陈水扁不断承诺"四不一没有"，先后说出在"共同处理未来'一个中国'问题"、在"宪法一中""九二共识"的基础上开展两岸对话、"统合论"、"大担谈话"等①。在两岸经贸上以"积极开放，有效管理"取代"戒急用忍"。但是为了巩固民进党的基本盘，陈水扁不断淡化、虚化一个中国原则，称"一中"不能成为"前提"、只是"议题"，后又否认"九二共识"，称这是国民党杜撰的名词，只有"九二精神""九二香港会谈成果""九二香港会谈基础"等，实际上关闭了两岸恢复对话、谈判的大门。2002 年 8 月，陈水扁出于 2004 年选举的需要，公开提出"一边一国论"，叫嚣"公投新宪"，进行"台独"总动员，大搞"渐进式台独""文化台独""军事台独"，"以武拒统"，拒绝"三通"，全面"绿化"台湾，使岛内"台独"全面高涨。2003 年陈水扁先后打出"咨询性公投""防御性公投""和平公投"的旗号，并实施"公投绑大选"策略，推动所谓"和平公投"，不断碰触两岸"红线"，导致台海情势处于一触即发状态。两岸关系中的危险性急剧上升，"台独"成为现实的危险，"公投法"以及"公投入宪"的通过，使陈水扁拥有了"法理台独"的机制，一旦条件许可、岛内外时机成熟，民进党就可启动这一机制，迈向"台独"的最后完成。五年内，两岸关系不进反退，岛内对于两岸交流的态度呈现两极化发展，"（台湾）北部热、南部冷"，"中产阶层热、普通民众冷"。两岸交流中"政治冷、经济热""官方冷、民间热"的现象阻碍了两岸关系的良性发展。

（三）经济陷入困境

民进党上台后，执行错误的财经政策。经济持续不景气，投资与消费双双下挫。民进党当局擅长大开政策支票，增加社会福利，财政支出大幅上升，导致台湾当局债台高筑，举债度日，债务余额占 GNP 比重由 1995 年的 24.7% 上升为 37.7%，累计负债 4.9 万亿新台币，人均欠债 18.9 万元。如果加上社会保险

---

① 柳金财：《论以"未来一中"形塑"两岸政治统合"的可能》，民进党《中国事务》，2001年 7 月，第 5 期。

亏损等隐性债务,台湾债务总额高达 9.59 万亿元。经济增长率一度出现 50 年来最大跌幅,处于负增长,股市由 9000 点最低跌落至 4000 点,股市市值缩水 12% 以上。失业率攀升,最高达 5% 以上,人均收入倒退至五年前的水准,贫富差距扩大,最富 10% 与最贫 10% 所得收入者间的所得比率(倍数),由台湾早期一二十倍大幅度跃升至 61 倍。民进党当局官员公开要求老百姓要准备过几年苦日子。民众痛苦指数上升,市场弥漫信心危机,民众痛苦指数不断上升,达到 5% 以上。有 65% 的上班族产生贫穷危机感,近一半台湾民众对未来感到悲观。台湾经济危机的产生,与民进党执政能力差、为政者不懂经济有极大关系。

(四)社会蜕变"双峰社会",蓝绿对立加剧

民进习惯以"民粹"手法进行族群动员,以"爱台""卖台"对台湾社会进行切割,造成台湾社会陷入蓝绿二元对立的政治迷思中,每逢选举,社会的裂痕便会加深,对台湾的族群和谐、社会团结造成重大伤害,难以在短时期内得到缝合。

民进党执政五年的结果就是"朝野"对峙处于你死我活的激烈抗争状态,两岸关系的危险性处于一触即发状态,经济萧条,民不聊生,社会上蓝绿高度对立,处于失衡状态,台湾社会整体是在快速"沉沦"。

二、民进党执政实力

民进党执政五年内,与台湾整体发展的沉沦相反,民进党自身获得前所未有的发展机遇,实力进一步壮大,不但取得的政权,拥有执政经验,执政能力逐步提高,对台湾政局走向的主导能力、影响台湾主流民意的能力、控制台湾社会走向的能力进一步增强。可以从下列五个方面考察民进党自身的发展与变化。

(一)党员队伍发展迅速,人数翻番,但党员素质并没有明显提高

民进党上台后,以扩充、壮大民进党自身实力为第一要务,在岛内各阶层中大肆发展党员,同时,不断动员、拉拢属于中产阶级的知识阶层、高阶公务员、军警人员群体等加入民进党,对其他阶层产生示范鼓励作用。从而使民进党党员队伍迅速壮大。在民进党成立的 20 年内,执政前,民进党党员人数不足 20 万人,执政第一年,党员人数即突破 30 万,达到 37 万多,第二年突破 40 万,第三年突破 50 万,截至 2004 年底,民进党党员总数达到 53 万,党员数

比执政前实现翻番，最新的统计数字是 55 万（参见图一）。民进党素质有所提升，一定程度上改变了民进党草根型、暴力党的形象，进一步突出其台湾"本土政权"、主流政党的形象。在党员人数翻番的同时，并没有使其整体素质得到提升。在党员年龄结构中，高龄党员过多，年轻党员过少，显示民进党党员结构有老化的趋势（参见图二与表一）。在台湾选民中，50 岁以上者只占 27%，但民进党党员在这个年龄层的党员高达 37%，两者相差 10 个百分点；18 岁至 40 岁的青年占选举总人口的 51%，但民进党在这个年龄层的党员偏少，只占 36%，两者相差 15 个百分点。在教育程度方面，高中以上学历已成为台湾人口结构中的主流，但民进党党员及其支持者中低教育程度的比例明显偏高（参见图三与表二）。低学历党员的大量存在，对民进党的发展产生不良影响，低学历党员容易成为人头大户操弄的对象，导致民进党诞生大批如"三宝"式公职人员，同时，不利于民进党政策理念的推广，也使民进党内缺乏理性讨论的空间。民进党的性别支持度方面，女性支持者一向不如男性，只占 44%，女性党员占该党的比例更低，只有 38%。①值得注意的是，民进党长期存在的人头党员问题日趋严重，据《一脉总相承》作者、民进党派系问题专家郑明德先生估计，民进党的人头党员问题在执政后日趋严重，人头党员大幅攀升，50 多万党员中，有近一半属于人头党员。由此看来，执政五年后的民进党，本质上仍属于草根型、少数中产阶级与基层普通百姓的一种政治组合，它的党员、支持者的基本结构仍以低学历、年长者为主，对民进党的发展、成长及转型为理性政党构成障碍。

（二）执政版图不断拓展，"南绿北蓝"态势日趋明显

民进党执政后，地方执政版图进一步增大。在 2001 年底县市长选举中，民进党获得台北县、宜兰、彰化、南投、嘉义县市、台南县市、高雄县及屏东县等 10 个县市的地方政权，加上谢长廷连任成功的高雄市，民进党执政县市人口达到 1234 万，占台湾地区总人口的 54.43%，虽比执政前 13 个县市略有减少，但仍是地方政权第一大党，同时民进党在与国民党地方基层政权争夺中，具有一定优势。在 2002 年初地方乡镇长选举中，民进党取得 28 席乡镇长职位，打破了国民党在地方基层上一党独大的局面，而在近 100 位的无党籍乡镇长中，大多数成为执政的民进党的拉拢的对象。民进党由此逐渐解构国民党的势力范

---

① 《成长责任希望——民主进步党党务发展委员会报告书》，民进党中央政策会编印，2004 年 9 月 26 日。

围，在地方事务中取得突破性发展。

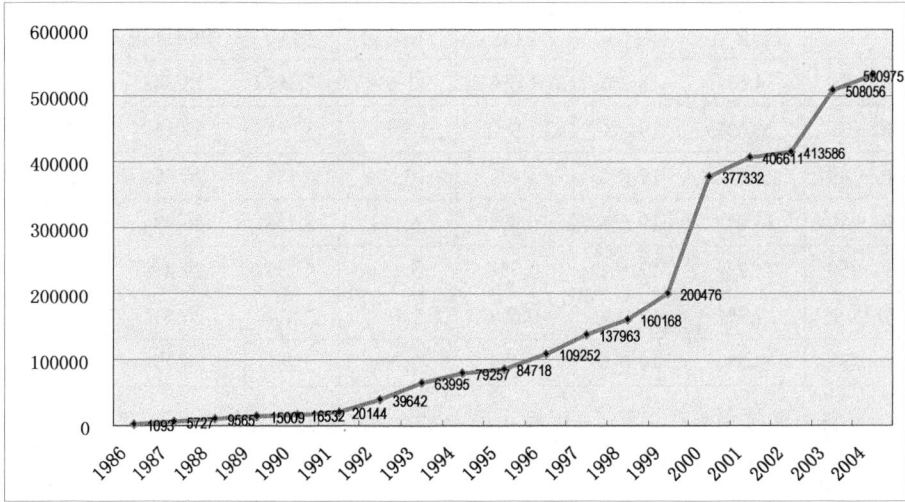

图一：民进党党员人数发展曲线图（单位：人）

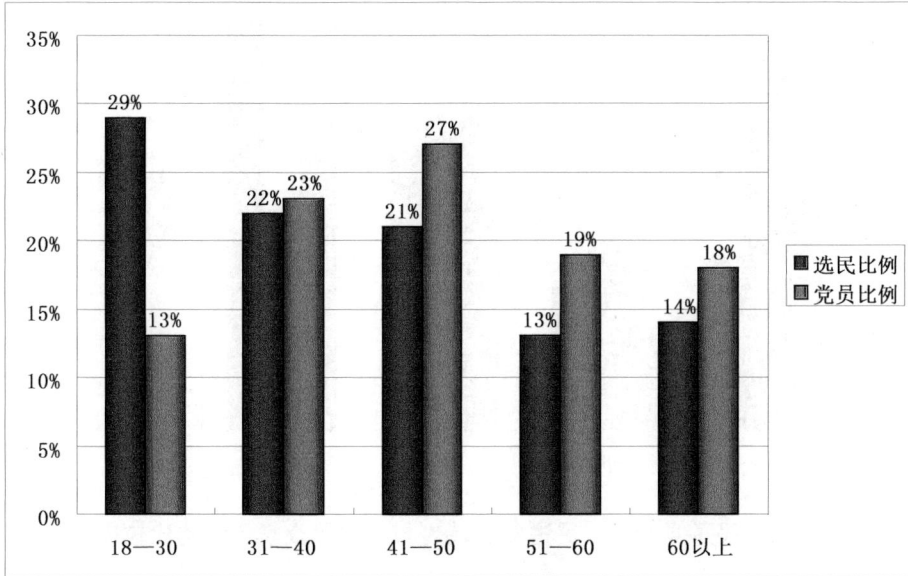

图二：民进党党员年龄结构与台湾选民年龄结构分析图

表一：2004 年上半年度各年龄层之政党支持度

	民进党	国民党	新党	亲民党	台联	中间选民	其他
20—29	34.6%	18.2%	1.6%	11.6%	2.1%	25.3%	6.6%
30—39	26.6%	19.7%	1.9%	14.7%	3.0%	27.1%	7.1%
40—49	26.7%	19.8%	1.4%	10.6%	4.1%	26.6%	10.7%
50—59	26.0%	19.6%	0.9%	6.1%	5.1%	26.9%	15.4%
60—69	23.2%	17.1%	0.3%	3.3%	4.2%	29.2%	22.8%
70 以上	17.3%	17.0%	0.6%	3.1%	2.3%	26.5%	33.2%
全部	27.2%	19.0%	0.2%	9.7%	3.7%	26.7%	12.5%

资料来源：《成长责任希望——民主进步党党务发展委员会报告书》，民进党中央政策会编印 2004 年 9 月 26 日。

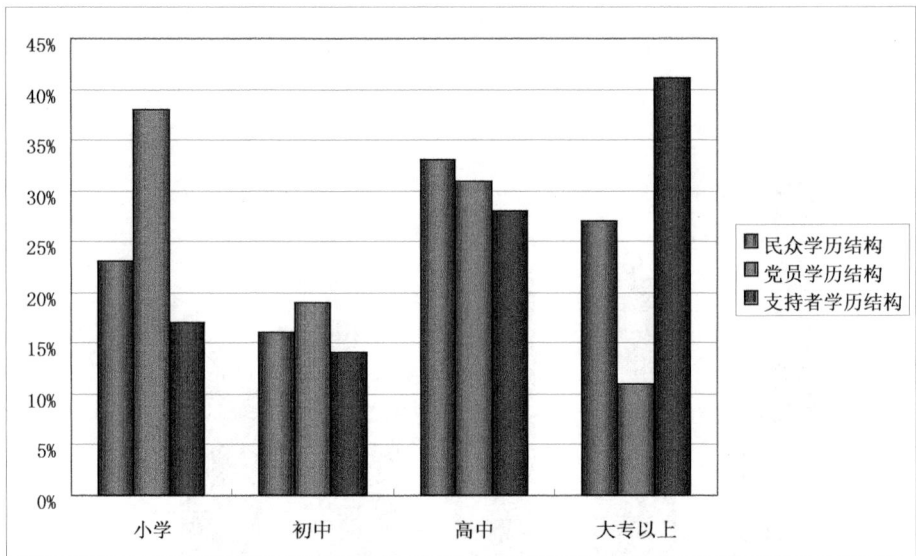

图三：民进党党员、民进党支持者与台湾民众学历结构比较表

表二：各政党支持者教育程度分析

	民进党	国民党	新党	亲民党	"台联党"	中间选民	其他
小学	22.4%	14.2%	0.2%	2.6%	2.6%	30.7%	27.1%
初中	32.8%	18.1%	0.7%	7.5%	3.9%	25.1%	11.9%
高中	29.1%	20.5%	1.3%	12.2%	3.9%	24.5%	8.4%
专科	26.2%	20.8%	2.2%	14.2%	3.1%	26.3%	7.2%
大学	27.2%	20.1%	2.8%	13.8%	3.2%	26.2%	5.8%

资料来源：《成长责任希望——民主进步党党务发展委员会报告书》，民进党中央政策会编印，2004 年 9 月 26 日。

（三）民进党在各级"议会"中的实力也有了较大幅度的增长

2001 年底，民进党在"立法院"席次由上届的 70 席增加为 87 席，成为"立法院"第一大党，对"立法院"的控制能力大为增强。在 2004 年底"立委"选举中，民进党取得 89 席，"泛绿"虽然未能过半，但在"立法院"内的主导能力进一步加强。在今年 5 月举行的"任务型国代选举"中，民进党得票率 42%，当选 127 席。国民党的得票率则为 38%，117 席。在北高两市议会中，2002 年，民进党取得高雄市议会第一大席位，取得议会主导权。虽然未能成为台北市议会第一大党，但民进党席位仅次于国民党，多于亲民党，民进党党团对马英九施政构成强大的牵制力。在地方县市议员选举中，民进党的基层实力亦有不同程度的上升，取得 47 席县市议员席位，另外，300 多名无党籍议员，大多数成为民进党的战略同盟，有利于民进党打破国民党在地方政治中的垄断局面。

表三：蓝绿基层实力对比

		县市长 （2001 年 12 月）	乡镇长 （2002 年 1 月）	县市议员 （2002 年 1 月）
泛蓝	国民党	9	190	381
	亲民党	2	49	49
	新党	1	0	0

		县市长 （2001 年 12 月）	乡镇长 （2002 年 1 月）	县市议员 （2002 年 1 月）
泛绿	民进党	9	28	47
	"台联党"	0	0	7
其他		2	97	313

（四）民进党的得票率、政党支持度呈现出稳步增长的发展态势

首先在两次"总统"选举中，陈水扁的得票率由 39.3% 的少数上升为 50.11% 过半的微弱多数，得票数由 497 万张增长为 647 万张，四年内增长了 149 万张票。在北、高市长选举中，2002 年与 1998 年那次选举比较，民进党的得票数不增反减，由 107 万张下降为 87 万张。在地方县市长选举中，民进党的得票数由 1997 年的 332 万张、43.32% 上升为 2001 年 379 万张、45.27%，分别增加了 47 万张、近 2 个百分点。在"立委"选举方面，民进党在 1998、2001 年及 2004 年三次选举中，得票率分别为 29.56%、33.9% 及 35.72%，每次均有二至四个百分点小幅成长。但在县市议会、乡镇长选举中，由于民进党地方人才不足，对于地方的经营尚未全面展开，因此，民进党尚不能全面掌控地方选举。在政党支持度方面，尽管民进党执政成绩不佳，执政后政党支持度有升有降，但各大民调的平均支持度为 25% 左右，领先于国民党的 18%、亲民党的 15%。从图四可以看出，从近十年来，台湾各大政党的支持度，国民党是条在曲折中下滑的曲线，亲民党、新党都是条下滑的曲线，只有民进党是一条在曲折中上升的曲线。今年"任务型国代"选举前夕，民进党发布民调称民进党民调下滑，分别由 40% 下降为 28.9%，再下降为 23.6%，落后于国民党，其实具有选举操作的痕迹，事实上，民进党的政党认同度依然领先于国、亲两党。

（五）民进党人才不足，难以应对岛内外复杂局势

民进党在 2000 年仓促上台，并未做好执政准备，民进党的领导阶层大多数是选举人才，缺乏"治国兴邦"、雄才大略之才，并不熟悉行政、财经、科技、教育、文化事务，在"国安"、"外交"、两岸及军事、情治等领域并没有足够的人才储备，陈水扁最初被迫借用大量李登辉的人马，稳定政局。上台五年，陈水扁换了四位"行政院长"、"内阁部会"首长频繁更动，民进党"金主"宗才怡在"经济部长"任上做不到三个月就抬腿走人，高级政务官换了五六百人次。

陈水扁急于掌控情治系统、军方将领防警察系统，大量培值嫡系将领。但迄今为止，民进党当局还没有真正控制住这一领域。

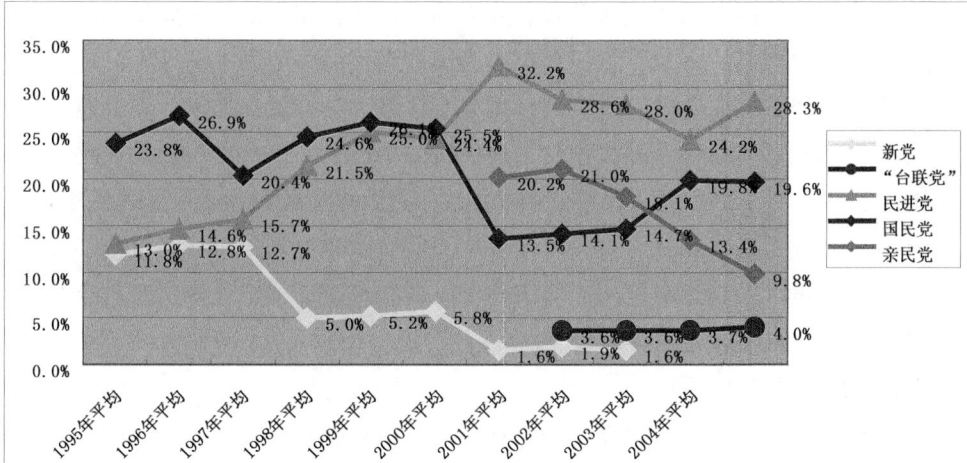

图四：各政党支持度变化图

因此，民进党执政五年来，虽然党员队伍急剧扩大，人数翻番，政党认同度、得票率稳步上升，民进党的社会基础有所扩大，政治版图不断扩张，而国民党、亲民党的基本盘不断流失。但民进党的整体素质并未提高，党内没有理性讨论的空间，也使民进党的执政转型沦为空谈。

三、民进党执政能力

一个执政党的执政能力，一般可以从其决策能力、执行能力，危机处理、执政形象以及选举能力等五个面向加以考察。民进党上台后的执政表现从早期的盲目、混乱、没有章法到后期的逐步稳住局势，对岛内全局的掌控能力逐步加强，但离一个成熟的执政党还有巨大距离。

（一）决策能力低劣

由于缺乏"治国兴邦"的人才，也没有执政的经验，民进党当局的决策能力只能用"低劣"来形容。无论是陈水扁及其"童子军"，还是民进党高层，他们的决策心理比较脆弱，在对外事务上崇美亲日、极端自卑；在岛内政局上"逢蓝必反"，极端自大；在两岸关系上"逢陆必反"，极端不理性。陈水扁当局的决策行为具有四大特征。一是一人决策、寡头决策、少数决策多于集体决策、民主决策，"扁意"高于党意，陈水扁个人意旨浓缩为民进党当局的最高决策意旨。"扁意"超越党意、凌驾于民意之上，优先发展"扁系"利益、民进党利益以及泛绿势力，尽全力压缩、围剿泛蓝势力，向"法理台独"迈进。二是体制内决策与体制外决策交叉并存，并以临时性任务编组活化决策机制。三是选举至上、"爱台""台独"意识形态成为民进党当局决策思维的核心。一切政策、人事、经费优先考量选举利益，哪里有选票，决策就往哪里倾斜。四是投机性、随意性、盲目性伴随民进党当局决策的始终，完全背离现代政治决策中理性、民主、科学的原则。民进党当局的决策过程难以超越狭隘、偏执的集合，在不断的自我否定、相互否定、上下否定、前后否定中趋向紊乱与沉沦，决策急转弯、决策大逆转时有发生。多头马车、朝令夕改、朝三暮四、昨是今非的决策习惯，重创民进党当局的威信。

（二）执行能力屡弱

与低劣的决策能力相比较，民进党当局的执行能力也十分屡弱。陈的执政团队新手上路，往往是"一人一把号，各吹各的调"，状况百出。重大政策、法案往往是有讨论没结论，有结论则没有执行，有执行没有监督，有监督没有效果。大多数政策人亡政息，无疾而终。包括陈水扁"经发会"弄出的三百多项共识，大多没有得到落实。如唐飞的"知识经济方案"，张俊雄的"8100 台湾启动"，游锡坤的"挑战 2008——台湾国建计划"等，最后都不了了之。即使是普通的政策法案，也在落实的各个环节上大打折扣，或者执行走样，无法取得预期的效果。不同部门、派系之间由于本位主义作祟，相互扯皮的事时有发生。在此情况下，民进党当局的执行力低落，经济民生、社会治安、"军事外交"、两岸事务等方面破绽百出，陈水扁徒叹奈何。

（三）危机处理不及格

民进党危机处理能力的低劣在"八掌溪事件""核四风暴"及抗 SARS 等重大危机事件的处理上表现得淋漓尽致，反映民进党当局在危机处理上，一是缺乏危机预警意识，二是缺乏危机应急机制与应急方案，往往是临时抱佛脚，头痛医头，脚痛医脚，三是危机处理中惊慌失措，四是危机之后缺乏善后。陈水扁在处理对美、台湾问题、"公投"问题上的危机处理能力也非常低下，缺乏全局观，走短线，结果是台湾民众为其政策失误买单。

（四）政党形象低落

民进党是顶着"清流""改革"的光环夺得政权，但上台只有五年多，民进党不但"改革""清廉"的色彩已经褪色，而且已逐渐向腐化堕落、白金体制政党演变，陈水扁从"三级贫户"暴富到亿万富翁，从陈由豪、"水饺李"到陈哲男，再到吴淑珍"炒股案"，都是金权政治的生动写照。从当年的"反商"到如今的政商勾结，民进党上上下下都与岛内大财团建立了绵密的政商网络，民进党高层也不回避利益输送，吃相难看之极。在腐化堕落的同时，民进党开始与当年的结盟对象包括社运团体、工运、农运、环保等团体渐行渐远，甚至恶言相向，反目成仇。在"工时案"的争夺中，民进党已背离劳方立场，站到资方的立场，让工运团体十分愤慨。民进党不再是工运、农运、环保团体的代言人，甚至已走到他们的对立面上，成为在大资产阶级、大财团以及既得利益者的忠实盟友。岛内有学者认为陈水扁政权已成为"白金民粹政体"，其两大支持体系就是"白金资产阶级"与"台独民粹连线"。①

（五）选举能力超强

民进党执政后，选举能力有了重大发展，已发展出一系列攻防严密、合法与非法结合、欺诈与投机并举、令对手难以招架的选举策略，最著名的莫过于邱义仁的"割喉战"。首先是配票策略，这在 2001、2004 年两次"立委"选举中，民进党自身候选人之间甚至与"台联党"候选人之间，均有一定程度的选票合作，实现当选席次的最大化。其次是文宣策略，民进党最擅长打文宣战，主导选举议题，包括负面文宣、置入性文宣，前者如 2004 年"总统"选举期间抛出的《非常光碟》，后者是指民进党当局运用行政资源为其候选人进行文宣造势。其三是贿选策略，特别是利用执政优势，进行政策性买票，笼络、收买特定选民。其四包括绑桩、"割喉战"，运用行政资源拉拢、瓦解国民党的地方派系，或用司法手段打击对手，动摇泛蓝的地方桩脚。邱义仁曾誓言"割喉割到断"，彻底斩断泛蓝的地方脐带。此外，2004 年"总统"选举中，陈水扁进行"公投绑大选"，射出两颗"魔术子弹"，以悲情赢得同情，以此实现连任，为民进党长期执政创造条件。（本文完成于 2005 年 5 月）

---

① 周阳山：《从新中间路线到选举中心主义》，引自台湾《中央日报》，2002 年 6 月 23 日。

陈水扁当政后台湾政局乱象、成因及趋势

2000 年 "3·18" 陈水扁的当选，标志着台湾地区政权异手，政党轮替，在台执政半个世纪的国民党黯然下台，民进党经过十四年的争夺终尝政权滋味。由此导致传统政治版图的裂变，新的政治利益集合应运而生，政治生态重新洗牌，亲民党横空出世。在岛内目不暇接的政治势力解构与重组中，台湾政局的战国时代已经来临，国、民、亲、新等政党纵横捭阖，争夺更趋激烈，以求赢得台湾政局的主导权。"后李登辉时代" 相对稳定的政权结构已不复存在，稳定政局的基本因素不断被抽离，台湾政板块陷入新、旧世纪之间的混沌与冲撞中。多变与失衡的政治格局已然成形，台湾政局将处于旷日持久的对峙僵局中。

一、台湾政局乱象

（一）陈水扁主导的 "全民政府" 不到四个月就破局，"少数政府" 仓促上阵，四处碰壁

陈水扁当局只是拼装车，来源各异，成员复杂，令出多门，政策摇摆，内部协调不畅，"各人一把号，各吹各的调"。施政处处受制于 "立法院"，逼迫陈水扁亲自跳到前台 "搬石头"。

陈水扁当选后，面临两大课题，一是尽快稳定岛内政局，顺利实现政权交换；一是稳定两岸局势，化解大陆对他的 "台独" 疑虑。但他所获选票不到 40%，只是脆弱的相对多数，在 "国会" 中，民进党只有 67 席，还不足三分之一，根本主导不了 "立法院" 的运作。如何展开政治运作是道高难度的习题。但陈水扁利用台湾当前 "宪政结构" 尚处于模糊期，看准国、亲、新三党短期内无法联手的弱点，祭出所谓的 "全民政府" "跨党派" 的法宝，实施寡头决策，垄断全部政治资源。在 "全民政府" 的外衣下，陈水扁的个人意志得到充分的实践。

当李远哲拒绝出任"阁揆"后，陈水扁出人意料地宣布国民党的唐飞"组阁"。选择唐飞"组阁"有不少理由，一是唐出身军队，又是大陆籍，唐的身份既可稳定军心，争取外省籍选民，又可对两岸关系产生正面影响。二是唐飞系李登辉人马，用唐既可吸收李登辉及亲李人士的资源，又可凭唐的关系在"立法院"内争取国民党籍"立委"的支持。三是唐飞本人学识丰富、形象不错，与陈水扁曾有过互动，民进党较能接受他。四是唐飞曾赴美进修，与美方有一定渊源，特别是唐飞积极主张购买美国的 TMD 系统，深受美方认可。

但唐飞接受邀请出任"阁揆"，并没有得到国民党的肯定。国民党要求陈水扁以党对党协商的方式，商讨国民党人士"组阁""入阁"事宜，然而陈水扁生硬地拒绝了，于是，国民党就不愿意为"唐内阁"背书，唐飞只能在"立法院"孤军奋战了。

"陈唐体制"明显具有过渡性质，表现在：一是主要成员都以"看守"心态看待自己的角色，如唐飞就打算在明年"立委"选举后就请辞；唐飞自从被定为"行政院长"人选，到上台后的 4 个多月中，曾先后 6 次以不同的方式向陈水扁提出辞职。二是"内阁"人事安排中，许多部门虽是国民党、无党籍担任正职，但明显是为民进党籍副手做好实习期而准备的，陈水扁就曾有"两阶段执政"的说法；三是"陈唐体制"是为因应台海危机与岛内政治生态分化组合而来，一旦危机解除，"唐内阁"存在的价值就丧失了。果不其然，"陈唐体制"只存在了 137 天就宣告破解。

"陈唐体制"蒙上许多模糊色彩，特别是在"宪政结构"、人事与政策方面。目前台湾的"宪政体制"既没有明确"总统"与"行政院长"职权的划分，也没有厘清"府、会、院"之间的制衡关系，而陈水扁事实上在搞"总统制"，让"行政院长"成为他的执行长，但"立法院"无法对"总统"实施监督，而"行政院长"必须面对"国会"的质询。同时由于陈水扁没有制度上的保证，民进党也掌握不了"国会"的主导权，因此，"唐内阁"必定会被"立法院"修理得体无完肤，唐飞最后已是不堪其辱。在人事上，唐飞曾与陈水扁多次过招，但最后都无法坚持自己中意的人选，38 个部会名单中，只有"新闻局长"算是唐飞的人马，其余各有各的后台，个个神通广大，根本不把唐飞放在眼里。唐飞曾在"八掌溪事件"后坚持让国民党的江炳坤出任"行政院副院长"，主持财经决策，但最后无功而返。"陈唐体制"充满了虚假性，实质权力却掌握在陈水扁及民进党新贵手中，没有实质权力的阁揆，加上毫无治理能力、以意识形态挂帅的民进党新贵，就使得陈水扁当局一上台就连连出错，民众怨声载道，唐飞不愿背负罪责，对外吐露"内阁好坏由总统负责"，"总统负法理上的最后责任"，其直接理由就是"哪一个是我的人？"陈水扁当局虽然标榜"全民政府"，但需对民进党负责，贯彻民进党的纲领，遇到像"工时案""国民年金""核四"那样的重大问题时，唐飞没有选择的空间，"核四"成为"压死骆驼的最后一根稻草"。唐飞透露下台原因时曾表示他不是执政党员，担任"行政院长"不能贯彻以"国家利益为主要考量目标"时，只能遗憾去职。①

"陈唐体制"不但稳定了两岸关系，而且安抚岛内民心，帮助陈水扁渡过了最初执掌政权的危险期。但彻底民进党化的"少数政府"上阵后，陈水扁露骨地称"绊脚石"已搬开，将重新上路。

陈水扁选择张俊雄出任"行政院长"，台面上的理由是张熟悉政务，施政衔接比较没有困难，真正的原因是张的配合度高，陈可以直接指挥张及其所属"阁员"，张扮演"总统"执行长的角色，贯彻陈水扁的个人意志。如此，陈水扁可以"御驾亲征"，背负一切成败的责任。②但是，张俊雄协调能力不强，行政才能不足，特别是缺乏财经训练，恐怕不能从根本上打开局面。而且唐飞所面临的难题都留给了"少数政府"，形势更不乐观。让人意想不到的是，张俊雄上台三周时，强行宣布"废核"，酿成政治风暴，把陈水扁推向政治绝境。

在此情势下，"少数政府"难以有所作为。在两岸关系、"中文拼音""司法执法""监察院"弹劾，以及"政治侦听"、对新闻界搜索等，都日益倒行逆施。"少数政府"这种反民主的运作，导致整个台湾充满了紧张与对立。

有"陈青天"之称的陈定南出任"法务部长"，主持"扫黑"大计，却三次踢到铁板，交了白卷。先是瞄准了"尹清枫案"，试图揪出真正幕后黑手，却始终弄不出个结果来。随后大举搜索镇澜宫，被人怀疑为"秋后算账"，选择性办案，因为镇澜宫董事长"大选"中支持宋楚瑜。不久又兴师动众闯进"立法院"搜索瘳福本的办公室，引发"立委们"反弹，无功而返。搜查《中时晚报》更是得罪了众多媒体，弄得灰头土脸。陈水扁当局施政已到了动辄得咎的地步。

从"全民政府"的破解到"少数政府"引爆"政治核爆"，陈水扁格于"宪政制度"的缺陷与政治实力、政治经验的不足，根本无法驾驭全局，陈水扁当局府无所作为，危机处理能力低下，还没有步入正轨。

---

① 台湾《联合报》，2000年10月5日。
② 同上。

（二）"朝野"冲突、对峙不断升级

"核四"引爆政争导火线，在野联盟迅速集结，"罢免案"风起云涌，陈水扁坐困愁城，台湾地区政局陷入胶着。

陈水扁极力想以"全民政府"对抗政党政治，以所谓的"新中间路线"为他39%的少数解套。他表面上声称尊重在野党，但骨子里拒绝"朝野"协商，他以退出民进党活动为由要求唐飞等国民党人仅以个人身份"入阁"，公然拒绝国民党提出的党对党协商的要求。在陈水扁看来，连、宋两人在"大选"中结怨甚深，国、亲两党短期内难以结成政治同盟对他构成威胁，因此他可以使出分化的伎俩"吃定"在野党，讥讽国民党在"立院"只是"脆弱的多数"，每每表现出对在野党的不在乎，对在野党的建议缺乏诚意，显露出权力的傲慢与不耐。

"反核四"是民进党一贯的主张，这张"神主牌"自陈水扁执政以来就困扰着他。唐飞下台的直接原因就是违背了民进党的政策，支持兴建第四核能发电厂。"少数政府"刚上台，可以暂缓处理"核四案"，但10月27日张俊雄出其不意的停建声明将"朝野"关系推向全面对抗。而在半个小时之前，陈水扁还在"扁连会"上表示愿听取在野党对"核四"的看法，不会急于做出任何决定。

在野势力迅速集结，形成"在野联盟"，关闭协商大门，大举推动"罢免案"，声势凌厉，引发重大"宪政危机"，让陈水扁及民进党看得直傻眼。

"立法院"内在野联盟强度关山，通过"立法院职权行使法"，完成罢免正、副"总统"的相关法案。国、亲、新三党领袖迅速实现高峰会，标举"彰显主流民意，确保全民福祉"，罗列执政党"轻忽宪法藐视国会""核四决策草率违法"等十大缺失，达成回归"宪政体制"、回归"九二共识"等六项共识。同时一致声明推动"罢免案"。国民党并在北、中、南三地同步举行"护宪救台湾"活动，连战更是展现罕见的攻击力，高分贝抨击陈水扁，批陈"粗鲁""玩家"，称陈的诚信已经完全破产了，将"朝野"对峙气氛拉升到最高点。

国民党声称"罢免案"连署人数已达到148名"立委"，远超过四分之一门槛，也超过通过"罢免案"三分之二多数所需的147人数，"罢免案"已成箭在弦上之势，一触即发。

陈水扁方面则紧急大动员，动用各种资源全力反扑，防制"罢免案"的提出。陈水扁紧急向民进党历任党主席搬救兵，邀请"行政""立法""司法""监察"等机构负责人到"总统府"座谈，还放下身段征询"资政""顾问"们意见。设立"府"、"院"、党九人小组密切注视事态发展，随时应对。民进党推动"安定联盟"反制，发起街头护扁运动，党籍"立委"连署要求"大法官释宪"。"长荣""奇美""国泰""大陆工程"等拥陈财团积极穿梭、游说，拉拢国民党"立委"不参与联署"罢免案"，曾开出"立委"一票值亿元的天价。

民进党还向民众祭出危机牌，谢长廷表示，"罢免案"再推动下去，国民党可能会"惨胜"，但一旦通过，台湾将有发生"内战"的危险。

陈水扁最后选择公开向连战及民众道歉的方式，企图化解在野党的反弹，渡过这场政治风暴。然而，被激怒的在野党显然不是道歉就能满足的，他们需要实质的权力让步。

但是实现"罢免案"难度很高，在"立法院"通过后，还需全台湾一半以上选民参与投票、并有半数支持"罢免"才能通过，这么烦琐的手续，耗时、耗资，届时民意就会转向，"反罢免"声浪高涨，反而让在野党骑虎难下。有民调显示，反"罢免"者占 63.6%，远超过支持的 19.1%，不希望政局混乱的呼声增高。

尤其是"在野联盟"只是一个脆弱的联合体，国、亲、新三党同床异梦，各有所图。三大在野党在李登辉下台后，彼此之间并无太多理念的差异，但现实权力的分配局限了彼此关系的发展。面对"罢免案"，三党目标各有不同。国民党主张罢免为先，倒阁其次，担心亲民党得利，失去最大反对党的地位；亲民党则以"倒阁"最佳，希望透过"国会"改选，争取更多席次；已经边缘化的新党则是配合两大反对党的斗争策略，争取更大曝光率，增加能见度，争取更多的"立院"席次。尤其是国民党内还存在拥李势力，反宋情绪依然存在，一般不愿见到宋楚瑜得利。而亲民党内部对"罢免案"有不同看法，认为三党若被"罢免案"绑在一起，无法区隔彼此的"民意市场"，势必影响亲民党的发展空间，因此对"罢免案"态度并不积极。所以到 11 月底，"罢免案"已成强弩之末。

强行"废核"引发政治核爆，促成在野势力迅速集结，一齐发飙，扑向脆弱的陈水扁政权，"罢免案"让陈水扁尝到了被在野党围困的滋味，认识到代表60% 民意的在野党不是好欺负的，对陈水扁造成极大打击，一定程度上削弱了他的权力基础，震慑了"少数政府"。但是陈水扁这次有惊无险地过关，有可能加深其一意孤行的政治性格，做出一系列匪夷所思的政治冒险，使台湾政局更趋动荡，最后受伤害的只能是台湾民众。通过"罢免案"，多少提振了国民党的士气，特别是连战俨然成为"在野联盟"盟主，也借此塑造其党内"共主"的形象，连战已着手收编李系人马，党内"去李登辉化"已有加速迹象。

（三）"立法院"内硝烟四起，成为"朝野"摆垒布阵的主战场

"行政""立法"两院大动干戈，政治花招层出不穷，陈水扁以"民粹"对抗"国会"，点燃"朝野"冲突的导火索。

随着"国民大会"的废除，"立法院"的政治地位节节上升，其重要性不只是与"总统府""行政院"等量齐观，它变成台湾政治变动的枢纽，成为权力制衡中心，甚至"总统"的弹劾、罢免权都由"立法院"来行驶，"立院"已成台湾政坛的超级"巨无霸"。从"立法院"内政治生态看来，国民党占有111席，民进党67席，亲民党19席，新党9席，无党籍有10席。国民党拥有过半席次，只要联合亲民党、新党等，则完全可以操控"立法院"的运作，杯葛陈水扁当局的一切政策及法案。民进党明显居于劣势，根本主导不了"立院"运作。而且由于长期在野，多数党籍"立委"未适应执政的角色，没有从反对的角色中转换过来，缺乏为陈水扁当局政策护航的经验。同时由于权力分配不均，民进党籍"立委"与陈水扁当局之间貌合神离，每当陈水扁当局推出政策时，看不到民进党籍"立委"积极辩护的场面，大多数场合是民进党人退席抗议了事，没有给陈水扁当局实质的支持。

陈水扁没有吸取当年台北市市长任内与市议会对抗的教训，不愿正视民进党在"立院"少数的政治现实，拒绝施明德等人筹组的"多数执政联盟"，也对国民党的"联合内阁"不以为然，以为只要利用唐飞"组阁"便可吸纳一些国民党员"入阁"，就可摆平在"立法院"占多数的国民党，却没想到国民党修理起"唐内阁"来一点都不手软，而"行政院"至今没有找到与"立院"沟通的良方。

民进党上台以后，与"立法院"沟通不良，相互间互动机制状况百出，"行政院"的政策一到"立法院"便被改得面目全非，陷入令不出"行政院"的困局。"施政总质询"、"工时案"、2001年度总预算案等，"立法院"均让陈水扁当局吃足了苦头，张俊雄因宣布停建"核四"被列为"不受欢迎的人物"，连"立法院"的门都进不了，"立法院"还通过决议要求"监察院"对张进行纠弹。"行政院版"的每周44小时工时案根本无法在本会期内通过，元旦以后就必须实施两周工作84小时的新工时制，将掀起新一轮的劳、资大战，不啻使日趋恶化的投资环境雪上加霜。总预算案则被在野党一直挡到11月中旬才进入审议阶

段，还被删得伤筋动骨，在野党扬言要删掉 750 亿台币预算，就是要让陈水扁的竞选支票跳票，打击陈的气势。

（四）执政集团内部矛盾不断升高，无以化解

陈水扁与民进党的矛盾正在不断的累积中。陈、吕之间，陈、谢之间，陈水扁当局内部不同利益集团之间，矛盾处处可见，相互猜忌、明争暗斗时有发生，陈水扁的政权基础日趋脆弱。

在选后权力分配中，陈水扁并没有满足大多数民进党人的权力欲望，胜选功臣未能论功行赏，权力分配不均，许多人根本无缘置喙，民进党党内弥漫怨愤、争斗气氛。为巩固政权，陈水扁打出"全民政府"的招牌，一方面稳住 39% 的已有选票，另一方面讨好其他 60% 的选民。因此，民进党在"行政院"中仅分得三分之一的少数位置，即使这少数位置也主要为陈水扁任台北市市长时组成的"扁团队"人马所占据，很多党的骨干、辅选有功人士被拒之门外。这一结果出乎许多人意料，让民进党人伤心不已。与陈水扁同属"正义连线"的"主流联盟"成员沈富雄就对陈的为人品质颇有怨言，称陈不是个知恩图报的人。

陈水扁当选后辞去中常委职务，退出民进党的活动，试图摆脱民进党的包袱，与民进党保持一段距离，若即若离，不论是政策制定，还是人事安排，陈水扁完全可以甩开党内人士决策。此举更是激怒民进党人。

陈水扁的"全民政府"事实上造成民进党执政的虚化，党的执政权力的边缘化造成民进党内的失落感，上上下下为之着急。陈水扁当局刚组成，民进党内不断有人放言："民进党并非执政党，没有必要为新政府护航"，"未来可能是国民党、民进党联手修理新内阁"，等等。直到 8 月初，民进党秘书长吴乃仁两次公开跳出来炮轰"唐内阁"，称唐飞"没有魄力"，对唐"没有期待、没有信心"，让陈水扁后院失火。

党主席谢长廷也与陈水扁矛盾不断，出现新一轮的"长、扁之争"。陈对谢出任民进党主席不以为然，在重大人事上排斥谢介入。谢则在两岸关系方面与陈水扁出现不同的声音。先是提出"一国两市论"，后又主张"民进党不排除统一选项"，最近又倡导"宪法一中论"，声称民进党只有调整固有立场，才有可能赢得明年选举走向全面执政。处处显示与陈的不同思考与歧异。在赴厦门交流一事上，谢执意前往，陈水扁则当着谢的面摆出台湾情治系统掌握的谢与大陆方面联络的资料，令谢十分难堪。陈、谢之间互动不良，陈水扁从民进党方

面所得到的后援实在有限。

吕秀莲与陈水扁之间也存在不可调和的矛盾，经常"扯后腿"。有人戏言吕是陈水扁身边最大的"反对党"。吕抱怨自己是"深宫怨妇"，无法参与决策，不能决定人事。后又对外公开声称她与陈"唱黑白脸"，令陈水扁异常尴尬，迫使"总统府"方面发布新闻稿予以驳斥。她还一再以半开玩笑的方式抗议"副总统"没有权力，只是"备位"。她曾公开批评"八掌溪事件"发生时当局的救难行动迟缓，令陈水扁的人马当场为之气结。当"在野联盟"发动"罢免"行动时，吕公开声称：称她与陈水扁只是搭档，当选只是备位，"什么事还没有做，为什么连我也要罢免？"私下她还研究正、副"总统"是否该同时罢免的正、反"法理"依据，表明她不甘心与陈水扁同进退。更具爆炸性的事件则是，政论杂志《新新闻周刊》指证历历地声称吕秀莲是"总统府绯闻案"的幕后黑手。舆论认为，如果"罢免案"的理由"核四"决策转向绯闻，可大大减低吕被一起罢免的概率。因此吕被怀疑运用"绯闻"斗倒陈水扁，企图自己台继承权力。吕为示清白，即与《新新闻》展开官司缠斗。这场政治八卦如何了结不得而知。

在陈水扁与李登辉关系上，也发生了微妙的变化。李登辉对陈水扁的当选"功不可没"，李登辉不但将陈扶上马，还要送一程，派遣李系人马扶助陈水扁当政，意图形成"陈（水扁）李（登辉）体制"，与陈分享权力。因此，选后一部分时间，李、陈之间越走越近，而李、连之间却是渐行渐远。按理说，陈水扁理应投桃报李。但在李登辉眼里，陈水扁除了表面的"尊李"外，并没有实际的利益输送，善待李系人马，如邱正雄就受到陈水扁人马的权力挤压，董事长的职位几乎不保。自从10月初唐飞下台后，李系人马在陈水扁当局内的重要性大为降低，引起李登辉不快，李对张俊雄的"少数政府"不以为然。因此，在"罢免案"推动得如火如荼之时，李登辉先对陈水扁的求见施以闭门羹，后向陈水扁提出了"回归首长制"的要求，并企图派遣李系人马黄主文入主"行政院"。不料，陈水扁对"罢免案"自有定见，不为所动，对李的要挟根本不予回应。陈、李关系已有变质的趋向。

陈水扁与李远哲的关系也出现嫌隙。"大选"时，李远哲被陈水扁当作是争取选票、特别是讨好岛内知识分子的一张牌，但陈水扁上台后推行的一系列政策主张、人事安排与李的想法差距拉大，在"一中共识"、中文译音、"科技咨询小组"等问题上与陈水扁的矛盾尖锐化，李于10月中旬公开批评陈水扁"讲话太多"，"以政治领导科技"，政策"方向不明"，"不知道要将台湾带向何方"等，并要求陈今后尽量少说话。表明李远哲已对陈水扁心怀不满，失望之情溢于言表。陈、李之间恐怕只有渐行渐远了。

不到半年，陈水扁的政治盟友越来越少，挫折感越来越多，今后的权力之路将更为崎岖。

经过一系列政治争斗，陈水扁被迫修改、调整决策模式，成立"府"、"院"、党九人决策小组，由正、副"总统"、"总统府秘书长"、"行政院长"、"行政院秘书长"、民进党主席、民进党秘书长、民进党"立院"党团召集人、干事长等组成，释放部分权力给民进党人，以寻求民进党及其"立院"党团的支持，巩固权力基础。

（五）财经决策粗糙，政策摇摆紊乱，"戒急用忍"难以突破，"知识经济"方案渐成画饼

陈水扁选举时喊出"绿色硅岛"的科技产业政策，唐飞上台后，先是抛出"振兴传统产业方案"，后又端出"知识经济"牛肉大餐，还叫出"全球运筹管理中心"的响亮口号，却一直没有具体可行的实施方案，根本吸引不了产业界。诸如企业纾困、振兴房市、拉抬股市、应付金融体系的各种问题上，陈水扁当局连连出错。让对陈水扁当局寄以期待的工商界人士大失所望。尤其是停建"核四"的决定，做了一个很坏的示范，从根本上打击了产业界的投资信心，进一步加快了产业出走的步伐。高科技企业已不再犹豫，纷纷西进，岛内八大电脑厂商最后一家——广达电脑也跨出了投资大陆的步伐。台湾中小企业协会理事长承认，未来三年，台湾高科技产业将走掉80%，后果严重。外商台湾的投资也已止步，日本索尼公司撤走了在台湾的生产线。

陈水扁当局上台后，股市一泻千里，连续击破8000、7000、6000点关卡，由"5·20"时的8800多点滑落至5000多点，一度跌破5000点，目前仍在5000点左右徘徊。与今年最高点的一万多点相比，跌幅近一半。有人统计出，在陈水扁上台半年内，股市总市值缩水高达五兆七千亿元，缩水四成多，五成六的股票跌破十元面值，更有三成股价跌破五元，其冲击程度远超过1996年的台海导弹危机。陈水扁当局对当前台湾地区经济形势误判，采取直接介入干预市场的政策，愈陷愈深，不能自拔。先后动用"邮政""劳退""退抚""劳保"四大基金共3000多亿新台币护盘，后又砸进"国安基金"，损失500多亿，股市依然跌跌不休，有人将此形容为"肥料撒在树叶上"，一点效果都没有。台湾

股市已经全面失血。

经济成长率一再向下修正，由年初的 6.45% 下调至 6.37%，明年的经济成长率也将跌落至 6%。失业率则升至 15 年来最高点的 3.19%。如今的台湾地区，股市崩盘，百业萧条，企业出走，外资却步，政经一片乱象。瑞士洛桑的国际管理发展学院评估台湾地区的竞争力已从去年的第 18 名下降为 22 名。英国《经济学人》、美国《商业周刊》杂志均断言，明年农历春节前后，台湾地区将爆发"本土"性金融风暴，国民党的一批财经官僚如邱正雄、刘泰英等也发出了同样的警告。

陈水扁的声望江河日下，急剧下跌。民调显示，陈水扁执政半年来，民众对陈水扁当局的满意度只有 61 分，在两岸关系、财政问题、遵守"宪法"、整体表现等项目让民众满意的都不足半数。而对陈水扁的满意度由最高时的 82% 下跌到 51%，不满意度则由 6% 上攀升至 35%，一度高达 45%。[①] 民众早已对陈水扁当局怨声载道，提早结束与陈水扁当局的"政治蜜月期"，陷入前所未有的信心危机中，据最新一期《天下》杂志调查表明，八年来，台湾民众对未来感到悲观者首次超过乐观者。陈水扁政权已是坐困愁城，风雨飘摇。

纵观"五二〇"以来台湾地区政局，"朝野"对峙不断升级，由弱势"总统"主导的"全民政府"遇到在野势力居多的强势"国会"的挑战而破功，"少数政府"仓促上阵，破绽百出，也是败象毕露。不要说国、民、新三党结成的"在野联盟"貌合神离，各有所图；就是执政集团内部也是同床异梦，内讧频传。面对明年的"立委"选战，"朝野"各党派大多是又期待又怕受伤害，"联合内阁"成为在野联盟新的神箭，企图分食政权大饼，陈水扁与民进党犹如芒刺在背，难以消受。

二、台湾政局乱象成因

陈水扁上台不到半年，当局便已支离破碎，让民众失望不已，大大出乎观察家们意料。究其原因，可从陈水扁自身、民进党及在野三党方面找到答案。

（一）陈水扁个人因素

明眼人早就指出陈水扁政权的脆弱之处：陈水扁以不到四成的选票当上少数"总统"是原罪之一，民进党现在是"国会"少数党是原罪之二，"双首长

---

① 台湾《中国时报》，2000 年 11 月 22 日。

制"是原罪之三。① 但陈水扁显然完全不肯面对这三项原罪，动不动就标榜"全民""清流""跨党派""新中间"，以李登辉继承者自居，追随李玩弄起"民粹"主义的把戏，摆脱民进党、特别是国民党的约束，但台湾政治的发展与民意的走向已没有"民粹"的市场。

陈水扁一上台就陷入一种权力的傲慢中，很少征询不同人士的不同意见。从大选时组成的"国政顾问团"到他上台后所礼聘的一大堆"资政""国策顾问"等，只不过是他的政治摆设，丝毫没有发挥功能的空间。虽然以不到40%的选票当选，但陈却有着"赢者全拿"固执，丝毫不给予对手应有的尊严与政治空间。陈水扁刚上台时，的确表现出相当"谦卑"，身段放得很低，手腕也很柔软，但时间一长，他就原形毕露，向他的政治对手发飙，对在野党横加指责，丝毫没有最高权力者应有的宽容与风度。当"行政院"受到"立法院"牵制而难以施政时，陈就跳到前台，赤裸裸地声称"立法院"只是两年前的"旧民意"，应该服从他这个"新民意"。当国、亲、新三党联手发动"罢免案"时，陈水扁更是以不屑的口吻说"他们（指连、宋）虽然没有当选，却说代表60%，要我听他们的，这实在很有问题"，言下之意："我都当选了，你们又能拿我怎么样？"但陈水扁高估了当选的正当性，低估了在野党所代表的民意，最后在"罢免案"的大对决中，陈水扁从权力的高峰不断地下坠，政治声望江河日下。

权力的傲慢使陈水扁习惯于"寡头决策"，大权独揽，极力想把"双首长制"变成"总统制"硬干，根本不把代表60%民意的在野党放在眼里，处处显露出"吃定"在野党的架势，无暇顾及，也没有耐心去建立"朝野"之间的协商机制，最后只能是处处碰壁。他想搞"朝野"和解倡议政党圆桌会议，胎死腹中，后又举行"扁宋会""扁郝会""扁连会"，却处处耍弄权术，采取分化、各个击破之术，令在野党就范，岂料"停建核四"让其破功。"罢免案"当头，陈又提议召开"国是会议"，却没有人愿陪他再玩。是他自己把"朝野"和解搞砸了。他想"修宪"，但没实力，想变成"国会"多数党，但没把握，何况还要一年多。"寡头决策"同时激化了陈水扁与民进党的矛盾。除了周围一群被称为"童子军"的幕僚外，陈水扁原先的政治盟友一个个与他渐行渐远。现在的陈水扁真是坐困愁城，一筹莫展，未来更有可能成为跛脚"总统"。

---

① 台湾《新新闻》周刊，第715期。

（二）民进党因素

从民进党来说，尚未调整执政的心态和角色，缺乏良好的民主素养与习惯，没有建立起有效的沟通协调机制，对陈水扁当局的护盘显得力不从心。民进党最痛恨以前的威权统治，可是在长期对抗威权的同时，民进党并没有积极地建立起政治运作中必须的沟通习惯。无视"少数政府"必须妥协、隐忍的政治现实。直至上台执政也并没有从抗争、冲突型的行为模式里完全走出来，建立良好的沟通协调机制，理顺政治运作的各个环节。不要说不同部会之间时常出现政策冲突与分歧，也不见协调统合，就是同一部门也经常是自相矛盾，朝令夕改，令人无所适从。比如"经建会"内部就对"核四"持有不同的立场，公开叫阵。民进党的决策缺乏周密性，施政一意孤行、不留余地，采取"霸王硬上弓"式蛮干，这是民进党政务官的普遍性格。呈现在人们眼前的民进党人依然给人一种极不理性、不负责任的印象，无法让民众产生信任感。①

民进党缺乏执政能力及执政人才，是陈水扁当局走不出困境的重要根源，民进党没有治理全台湾地区的经验，也没有储备足够的高层次人才。当局虽然拔擢了一批学界人士，但半年来的实践证明他们所贡献的经验的有限。至于由民进党民意代表转进的政务官，虽能力各有高下，但他们喜欢质疑的"民代"性格却不易改变，还没有养成协调歧见作成政策的习惯。特别是在复杂的财经事务方面，专业人才尤为匮乏。

过度强烈的意识形态及教条化的口号，使民进党的政策制定较少考虑大多数人的利益。在野时期立下的许多信条、政策，如今已成为陈水扁当局施政的障碍。在意识形态挂帅的陈水扁当局中，专业意见往往被否决，专业人才根本没有施展的空间。舆论认为陈水扁当局只是个草台班子，不尊重专业，一切以政治挂帅，以紧跟民进党的政治口号为政治正确，全然不顾民众的福祉与需要。②"核四"这张"神主牌"引发陈水扁的执政危机，"台独"的"神主牌"则有可能引发"台海战争危机"。

（三）在野党因素

对三党来说，代表了 60% 的民意，制衡陈水扁当局是他们的职责所在。虽然国、亲、新三党系出同门，但岛内政治现实局限了三党关系的互动，在"大选"中，连、宋两大阵营生死相拼，选后很长一段时间双方都很冷淡。连战忙

---

① 台湾《新新闻》周刊 2000 年 11 月 30 日至 12 月 6 日，第 717 期。

② 同上。

于党的改选，巩固在党内的地位，宋楚瑜相当一部分时间在疗伤止痛，行事低调。正是因为在野党的互不理睬，才使陈水扁一次次有惊无险地过关。但政治自古就是没有永远的朋友与永远的敌人，只有永恒的利益。"停建核四"使三党抛弃恩怨，迅速联合起来，向陈水扁发起猛攻，清算陈水扁的倒行逆施，将陈水扁当局掀得人仰马翻。也算是为在野党赢得了一些面子。但这个脆弱的在野联盟将随着时间的推移而烟消云散，看来在野党只有通过赢得明年的选举，才能更有效地制衡陈水扁及民进党，赢得应有的尊严与地位，不要让陈水扁给看扁了。

三、台湾政局趋势

随着"罢免案"的偃旗息鼓，陈水扁及国、民、亲、新各党都思考下一步的对策，亟待在明年"立委"与"县市长"有所突破。多变、善变是陈水扁的政治性格，在渡过"罢免案"危机后，重新放低政治姿态，调整决策模式，释放部分权力给民进党人，扩大权力基础。同时力求在民众关心的重大问题上有所突破，最大限度地争取民众的同情与支持。虽然"全民""清流"及"跨党派"的招牌已经失灵，但陈水扁将坚持所谓的"新中间"路线，除了巩固民进党的30%左右的基本支持者外，陈水扁还将努力争取"大选"中投给连、宋的票源。特别是陈水扁与民进党极力想赢得明年的选举，保持地方执政优势，在确保高雄市市长职位的前提下，力争将马英九拉下马。同时在"立委"选举中获胜，超过现有的67席，为今后两年施政奠下基础，为下届"大选"做好准备。如果席位或突破80席，甚至冲到90席以上，民进党成为"立法院"的多数，那陈水扁施政难度小一点，一旦只有70多席，维持目前的格局，陈水扁就必须考向在野党让步，或筹组"联合内阁"。

但是，在未来一年内，陈水扁面临众多挑战，"少数政府"暗潮汹涌，陈水扁弱势的格局不会从根本上得到改变，除了在扫黑上可能有所进展外，在两岸关系、财经等方面难有作为，甚至可能越搞越糟，酿成新的政治风暴，成为在野党攻击的目标。陈水扁与民进党犹如走钢索，一着不慎，满盘皆输。陈水扁已经不起第二次"罢免案"的打击。

国民党总体实力已大不如前，民调支持率一直徘徊在15%左右，与亲民党的20%、民进党的30%有较大差距。明年选举中，国民党的实力将进一步受到削弱，在"立法院"内的席次将明显减少，失去"立院"多数的位置。马英九连任之路还很曲折，8个地方县、市的版图肯定会缩小。国民党"浴火重生、东山再起"的道路十分崎岖。

亲民党依靠宋楚瑜的超人气在台湾政坛上迅速崛起，成为政局走向的重要指标，也是各大政党拉拢结盟的对象。宋楚瑜一直试图扮演稳定政局的关键角色，刻意与各党保持距离，避免国民党化和新党化，对于与国民党的关系，亲民党已明确进行"议题合作"，但"不会合并"，各走各的路。预估在明年的选举中，亲民党会有所成长，但幅度不会太大。而新党除了选择与其他党合作，提高曝光率，避免被边缘化，也没有更好的对策，新党实力的萎缩已是必然的趋势。

从上可知，"朝野"各党都无法左右政局，其间的合纵连横层出不穷，岛内政局必无宁日，未来台湾政局的发展充满了不确定性，难有拨云见青天的那一刻，经济发展也将成为祭品，民众只有自求多福。（本文完成于2000年12月16日）

2001年"立委"选后台湾政局态势

2001年12月1日,台湾进行了第五届"立法委员"与第十四届县市长选举,这是自去年民进党上台以来的第一次重要选举,有12个政党及无党籍共584人竞选225席"立委",89人争夺23席县市长,创出了台湾历年最高参选率和最低投票率的纪录。从选举结果看,在"立委"选举中,民进党大胜,获得87席,如愿成为"立法"第一大党;国民党惨败,从原来的113席滑落至68席,失去了第一大党的地位;亲民党表现不俗,获得46席;"台联党"拿下13席;新党泡沫化已成现实,仅获1席;无党籍和其他党得到10席。在县市长选举中,国民党赢得9个县市的选举,比上届多1席,民进党从12席减少为9席;亲民党和新党各有所获,各得2席和1席;无党籍获2席。这次选举所确立的政党格局对未来岛内政局及两岸关系发展产生重大影响。

一、选后台湾政局的基本态势

选后台湾政局的基本态势呈现出五大特征。

(一)选举结果造成台湾政党力量的此消彼长,民进、国衰、亲上升、"台联党"窜起、新党泡沫化

陈水扁及民进党夺得政局主导权,控制了行政与"国会"两大系统,已经站到了下届"大选"最有利的战略地位,对国、亲两党构成极大压力。国民党遭受历史性的挫折,继去年丧失执政权后,这次选举又丢失了"国会"多数,失去了第一大党地位,只能以最大在野党聊以自慰。左右政局的影响力大不如前,在国、亲合作中也已经主客易位,必须联合亲民党等才能有所作为。国民党内目前无人能取代连战的地位,但连战已失去冲击下届"大选"的原动力。国民党不会跨,但将凋零,国民党的分裂趋势无法阻挡。虽然连战离"总统"的位置愈来愈远,但国民党绝对没有缺席下次"大选"的理由。亲民党取得突

破性进展，有效凝聚起去年"大选"中宋楚瑜支持者的士气，一举成为"立法院"内举足轻重的政治势力，更为宋楚瑜下届参选做了准备，为下届选举在棋盘中占据了有利的战略位置。宋已被岛内舆论公认为陈水扁最可怕的对手。下届"大选"的格局已初步显露，届时陈水扁左握所谓的政绩，右举族群动员的大旗，扁的胜算已明显上升。如果国、亲两党高层至今还不能理性面对泛蓝军即将而至的少数而尽速整合，连、宋大概永远不会再有机会了。如果国、亲整合成功，共推人选，或许还有与扁一争高下的希望。

（二）台湾政党格局由"两大（国民党、民进党）一中（亲民党）一小（新党）"变为"两大（民进党、国民党）一中（亲民党）一小（'台联党'）一泡沫（新党）"

民进党成为第一大党，国民党退居第二，亲民党崛起，"台联党"充当民进党附庸，新党处于存亡边缘。"立法院"已形成"三党政治"格局，但只是不等边的三角形，未来两年内，任何两边加起来一定大于第三边，政党之间的排列组合有多种选项，并存在各种可能，政党之间是一种既联合又竞争的关系。"三党政治"本质上是一种不稳定政治，相对而言，通过政策、法案的难度增加，在台湾缺乏良性竞争的政治氛围中，"朝野"之间、政党之间的恶质化竞争不可避免，同时各种赤裸裸的政治交易戏码将不断上演。

（三）台湾政治版图呈现出北蓝南绿、蓝绿对垒的格局，泛蓝军只是脆弱多数，泛绿军处于上升

泛蓝军得票率仍高于泛绿军，但领先的幅度开始缩小。分析县市长选举结果发现，台湾北部除台北县包括外岛均由"泛蓝军"掌控，台湾南部除云林县外均为民进党的天下。泛蓝执政县市超过泛绿，但泛绿执政县市人口占54%，超过泛蓝。若将泛蓝、泛绿得票率合并计算，发现：泛蓝军的票源合计接近投票总数的一半，比连、宋"大选"时下降了近十个百分点，而泛绿军的票源合计占40%，与陈水扁当选时的得票率相比没有太大的变动，由此看出泛蓝军仍是多数，但不稳定，只是脆弱的多数，表现出松动、下滑的趋势，泛绿军相对稳定，却呈现上升的趋势。在下届"大选"中，一旦民进党、"台联党"整合成功，分进合击，将冲垮泛蓝军松散的防线。

（四）台湾的政治板块又一次移动，"台湾主体论"进一步强化了民进党的地位

国民党的票源受到民进党、"台联党"与亲民党的双向吸纳，得票率由通常

的四成五急剧下降到二成五上下，在失去的近二成的选票中，约5%亲李的本省票投向"台联党"，余下的15%投向亲民党。而原属新党的约5%的选票大多归并到亲民党帐下。在执政成绩如此糟糕的情况下，民进党的得票率还是维持在三成三以上，这群民进党的固定的支持者与"台联党"的势力结成策略联盟，成为泛绿军对抗泛蓝军的重要法宝。如今在台湾各政党的政治光谱中，新党、"台联党"分占统"独"的左右两极，陈水扁及民进党高喊"新中间路线"，推动转型，将左翼让给"台联党"，自身与国、亲争夺中间选民，而新党的快速消退，无疑使国、亲两党都增添了原先新党的色彩，两党事实上都在向政治光谱的右翼移动，这对国、亲两党都是一个值得警惕的动向，国、亲两党都将自觉不自觉地把右翼的角色推卸给对方，而自我标榜为中间、中道的化身。预计随着时间的推移，台湾政局历经多次轮回后，国、亲两党均将面临对抗民进党当局正当性的危机。

（五）族群意识异化为选举武器，一定程度上左右了选举结果

在李登辉、民进党挑动省籍情结、撕裂族群和谐的操作下，此次选举成为"本土"与非"本土"、本省与外省、泛统与泛"独"相互抗衡的政治权力角逐，其间没有理性、中道的力量充作政治竞争的润滑剂，那些形象不错、问政专业的候选人纷纷落马。虽然一年来政治冲突不断，经济陷入严重衰退中，两岸关系毫无进展，但大多数选民仍然用选票给予陈水扁及民进党当局更多的支持，使其成为"国会"多数。这多少反映出台湾选举中的非理性的族群因素，有人称选举结果突出了"台湾主体性"的地位，表现了选民不因外部影响而改变投票倾向的特点。看来台湾岛内一批政客谙熟于族群、省籍对立的操纵，用卑劣的手法撕裂族群，升高本省与外省民众间的冲突，以赢得选举，而根本不顾族群的和谐与台湾的前途和发展。他们将选举简化为省籍背景的对决，使选举沦为粗糙的政治斗争的工具。预计下次"大选"，省籍、族群意识将进一步被人用作攻击的箭靶，上演激烈的"本土"与非"本土"的统"独"大战。台湾政局在非左即右、非友即敌、黑白分明的冲撞中进行焦土般的抗争，台湾政治的黑暗与不公将使台湾的经济竞争力不断倒退。

二，选后岛内政局发展的三大热点问题

选后，台湾政局将围绕"国安联盟"的筹组与"朝野"互动、国民党的未来走向与国、亲合作以及政党重组三大热点问题展开。

（一）以 "国安联盟" 为主轴，"朝野" 互动空间大为缩小

选后陈水扁及民进党取得了政局发展的主导权，增强了对 "国会" 的操控力度，国、亲两党均表示尊重陈水扁的组阁权，"国安联盟" 的筹组与 "内阁" 改组，已基本没有太大阻力。陈水扁目前要考虑的只是如何释出最少的政治资源而取得 "立院" 过半多数。选前陈水扁针对选后 "三党不过半" 的政治格局，提出了筹组跨党派 "国家安定联盟" 的选战策略，以便选后有效对付在野联盟的 "倒阁案"。基本构想就是，盟员签署政策纲领包括：推动 "国会" 改革、"国家安全" 至上、发放老年津贴、落实 "经发会" 共识。运作机制是以 "决策委员会" 为核心，主席由 "总统" 兼任，盟员对 "国家政策" 和重大人事有建议权，但不得在 "立院" 内提出违反共同纲领与联盟的决议案，不得连署对 "内阁" 不信任案。显然约束多于权利，这对盟员来说无疑是一纸严酷的卖身契，加入联盟只能充当乖乖牌、应声虫。但由于联盟提供了政治交易的平台，对那些追逐陈水扁手中权力的政客们而言联盟具有挡不住的诱惑力。陈水扁及民进党对外不断许诺，愿比照 "经发会" 模式，释出权力、资源，和大家分享、分治，加入联盟不必放弃原党籍，甚至 "阁揆" 并非一定要民进党籍。无党籍、国民党 "本土派立委" 成为陈水扁重点招募的对象，双方大量接触，政坛不断传出国民党的某某重量级人士选后加入 "国安联盟" 的消息。联盟的实质就是陈水扁用手中的资源套牢盟员，破解在野党的 "倒阁案"，为民进党的政策主张背书。

国、亲两党选前对 "国安联盟" 明确拒绝，选后称尊重民进党组阁权，"国安联盟" 意义不大，没必要筹组。有人抨击筹组 "国安联盟" 是 "招降纳叛"、挖人墙脚的做法。"国安联盟" 只是人为的多数，将是个浮动而不稳定的多数，带来的不一定就是安定。

虽然在野联盟再无足够的 "倒阁" 实力，陈水扁及民进党的权力危机已经消失，但又担心国、亲结盟对付民进党与 "台联党" 的一百席，声称不组 "国安联盟"，等于是 "任人宰割"。看来陈水扁对于筹组 "国安联盟" 还是会强行推展下去。达到 120 席不难，盟员还可以是隐性成员。

与 "国安联盟" 相关的是 "立法院" 正副 "院长" 的人选。国民党支持王金平争取连任，志在必得。亲民党对于 "立院" 人选非常低调，不但不会主动，"连被动也不带劲"。坚持有多少席说几分话。民进党内对于 "立法院长" 位置感兴趣者大有人在，吃相难看。一般认为 "立法院" 正副 "院长" 可能是 "蓝

绿配"，即王金平任"院长"，民进党人担任"副院长"。

由于国、亲两党都表态尊重陈水扁的"组阁权"，陈水扁选择谁出任"阁揆"及如何安排"内阁"人事变得相对单纯。基于施政成绩的压力，陈水扁应该会选择既听命于他，又能推动施政的民进党人为优先考虑，甚至张俊雄连任也不无可能。

陈水扁运用"国安联盟"破解在野党的牵制，可以在施政上放手作为，较不受国、亲两党的牵制。但从一年来的执政状况来看，陈水扁未必能成功应付台湾经济衰退的困境，届时他再也无法将施政失败的原因转嫁到在野党头上，无法争取到太多的同情票。

（二）国民党未来走向及国、亲合作的成功与否，攸关台湾未来政局演变

败选后的国民党是否分裂、连战能否稳住阵脚，成为"朝野"关注的焦点。左有"群策会""台联党"的分化、离间，右有亲民党的吸纳、盘剥，内有路线纷争与权力冲突，每选举一次，国民党就遭受一次严重的透支，分裂的趋势越来越明显。选后国民党内传出蔡正元、卢秀燕等人要连战为败选负责下台的声音。萧万长在选后国民党第一次中常会上对国民党路线公开提出质疑，主张国民党协助民进党，提供财经人才，不要等着看民进党的笑话。

选后陈水扁及民进党对国民党的分裂采取谨慎的态度，认为连战下台对民进党并不利。民进党一般以为连战已失去角逐下届"大选"的动力，而连战及国民党这种无所作为的状态既可分散"泛蓝军"的票源，又不会对陈水扁构成威胁。亲民党希望借重国民党的力量，牵制民进党，有效压制陈水扁声势的进一步上涨。宋楚瑜对选后国民党形势表达严重关切，称国民党需要团结，义助连战稳住阵脚。

在民进党、亲民党都不希望国民党过早地退出历史舞台的背景下，面对民进党胜选气势与裂解国民党的伎俩，在惨败的阴影中，国民党内部反而凝聚起一股团结的力量，主张国民党团结、巩固连战领导的声浪高涨，分裂的势头暂时被压制住了。

国民党内的"马英九现象"引起各方关注。马英九已成功地将政治影响力跨过淡水河，伸向全台湾，成为国民党内最耀眼的政治明星。他的崛起将改变国民党内的政治生态，有可能加速"本土派"的出走，使党内外省、本省共存的局面失衡，也影响到下届"大选"格局，特别是对宋楚瑜的"总统"之路产生重大影响。但是，民进党认为马的政治火候尚未成熟，否则国民党也不会败

得如此惨烈，还无法对陈水扁构成实质的威胁。

国亲合作的基础有了结构性的改变。失去第一大党位置的国民党，已没有单独制衡民进党的实力，必须联合亲民党才能有所作为。国、亲主客易位，国民党虽然仍为最大在野党，但在国、亲合作中发言分量已大为降低，不能不看亲民党的脸色行事，亲民党或竞争或合作的态度成为国民党的做出选择的基本依据。选后连战对国、亲合作表达强烈的期待，称国、亲"系出同门"，"分裂必败"，"国、亲合则两利，分则两害"。马英九主张国、亲合作要像谈恋爱那样一往情深、死心塌地，不要因为偶发事件就去怀疑对方有外遇或与他党合作。显然国民党高层对于国、亲合作的期待升高，甚至期望在明年底的台北、高雄市长选举中进行实质性合作。国民党内"迎宋"之声暴涨、传出部分中民党籍县市长、"立委"当选人投奔"橘营"的传闻。

12 月 6 日，连战、宋楚瑜进行选后第一次会面。但国、亲两党都低调处理，避免给予外界在野结盟对抗民进党的感觉。宋楚瑜希望外界不要以"泛蓝对抗泛绿"来看待，造成"本土对抗非本土、泛统对抗泛独"的观感。要在国、亲两党要做一切割与区隔，在政策上可以合作，但在立场上互相竞争。谢长廷比喻犹如天上星星，看似紧密，却是相差十几个光年，一语道破国亲既合作又竞争的复杂心态。影响国、亲合作成效的因素包括：从国、亲两党来看，党内存在反对国、亲合作的势力，存在着"双党中央"。萧万长、"e 世代问政联盟"等对于国、亲合作表达明确的反对立场，要求国、亲两党画清界线。连宋争做在野盟主的心结依然未解，胜选的宋楚瑜求胜更为心切，连、宋之间、宋、马之间竞争、合作的态势非常微妙，尤其是马英九的崛起有取代宋楚瑜成为"泛蓝共主"的迹象，只要宋、马竞争关系未解，国、亲合作只能是方案。而且即使连、宋有心整合，不触动敏感的权力神经，面对国、亲基层势力绵密复杂的关系，也会徒叹奈何，最后还是难逃整合失败的命运。从亲民党来看，亲民党基于自身政治定位的需要，在与陈水扁、连战的互动中采取平衡交往的策略，选前宋曾表示愿意协助扁在两岸关系上解套，选后又向扁示好，为下阶段扁、宋互动埋下伏笔。宋楚瑜更多地把国民党当作筹码，进可攻，退可守，动摇国、亲互信基础。从外部关系来看，国、亲之间脆弱的关系也经不起外来势力的分化与离间，陈水扁及民进党在旁虎视眈眈，李登辉也绝不容国民党的资源成为宋楚瑜的禁脔，肯定不择手段地横加阻挠与破坏。因此，预计国、亲之间竞争大于合作，议题合作大于资源合作，形式合作大于实质合作；只是政策合作不是全面合作、只是临时合作不是永久合作。

（三）政党重组时机尚未成熟

选后政党重组是李登辉最早提出的，新党在选举中倡议国、亲、新"三合一"重组政党，拨动台湾政治神经，引发政党重组的讨论。但目前政党重组的时机尚未成熟。

据说早在3、4月间，李登辉就酝酿成立跨党派政团，筹划政党重组事宜。后在接受日本记者采访时，李正式抛出要仿照日本"五五体制"，由民进党联合主张"本土化""台湾化"的政党、团体与个人，进行政党重组，成立"台湾自民党"，长期占据"国会"多数，长期执政，弱化在野党，保持台湾地区政局的稳定。而李自己则要充当"台湾自民党"的发起人、"政治太上皇"的角色，可以对各种政治势力、政治冲突做出裁定、发号施令。

"台联党"是李登辉政党重组计划的第一步。"立委"选举结果，"台联党"当选13席，政党得票率超过5%的门槛，达到7.7%。为李登辉重出江湖累积了一笔政治资产。李登辉的第二步是将"李登辉之友会"、"台联党"等李系人马聚合在"群策会"内，利用他在国民党内的资源，继续分化、挤榨国民党，干预政局的发展，使李登辉跳到较高的战略层面上，成为陈水扁身后的"政治影武者"。

但从"群策会"运作的成效如何，尚待观察。原因一是李登辉的政治影响力大不如前，李登辉这块招牌经过"台联党"的扭曲后，已开始生锈，李登辉能量所能辐射的范围只能在那些七老八十的"老皇民"了。二是"群策会"遭到了国、亲两党的抵制。连战对于"群策会"不屑一顾，不允许党员参加。宋楚瑜采取高分贝批判的策略，要求李放手让陈水扁主导政局，不能反宾为主，垂帘听政。以此阻止李登辉因素的进一步发酵，压缩"台联党"的上涨空间，以分散扁、李合流的力道，破解下次"大选"中扁李再次合作的基础。连、宋同时声称尊重陈水扁的"组阁权"，以此来降低李登辉干预人事布局。三是民进党对李登辉产生防范心理。民进党内有派系担心李登辉作用的过度发挥影响到派系的自身利益。民进党高层对李登辉大规模动作表示出担忧，认为其左右政局的旺盛企图心压低陈水扁的声望，造成李、扁关系危机。

选后政治生态仍在变动中，呈现不稳定状态，政党重组将等到2004年"大选"后才会完成。"群策会"暂时承担不了政党重组的功能，无力将泛绿势力统合在"台湾自民党"的名义下。但从选举前后台湾政治中北蓝南绿、泛蓝、泛绿对垒的格局来看,泛蓝系统的松动、下滑不可避免,在面临泛绿系统强劲的挑战时,泛蓝系统的少数危机将有可能使政党重组的脚步率先迈开。只是,那时国、亲、新的政党重组已没有实际的意义。(本文完成于 2001 年 12 月)

2005 年县市长选举及对台湾政局影响

　　2005 年底"三合一"选举、特别是县市长选举是 2008 年"大选"的前哨战,对陈水扁及其民进党当局来说是一场期中考与信任投票,是陈水扁防止"跛脚"的一场权力保卫战,对吕游苏谢民进党"四大天王"来说则是一场接班资格考。对马英九来说则是奠定其泛蓝共主地位、推动泛蓝整合与世代交替的模拟考,更是测试蓝绿政治版图的政治色温表。选举结果不但影响陈水扁的政策走向、民进党的权力生态与接班竞争,也影响 2008 年马英九前景以及台湾是否蓝天再现。

一、选举结果解读

　　12 月 3 日晚县市长开票结果,民进党惨败,哀鸿遍野,一泻千里;国民党"狂胜",战马奔腾,气势如虹。国民党获得 14 席,比上届增加 5 席。亲民党、新党各获得 1 席。加上泛蓝背景当选的台东县,泛蓝合计 17 席。民进党遭遇滑铁卢,只获得 6 席,比上届少 3 席。"台联党" 1 席也没有。泛绿可谓"输脱裤子"。县市议员部分,泛蓝当选 441 席,比上届减少 7 席。泛绿当选 203 席,比上届增加 49 席。无党籍 256 席。乡镇长方面,泛蓝赢得 177 席,比上届减少 23 席,而民进党当选 35 席,比上届增加 7 席。此外无党籍 107 席。(参见表一)

表一:"三合一"选举各政党席次

		县市长选举		县市议员选举		乡镇长选举	
		2001 年	2005 年	2002 年	2005 年	2002 年	2005 年
泛蓝	国民党	9	14	396	408	195	173
	亲民党	2	1	50	31	4	3
	新党	1	1	0	0	0	1

续表

		县市长选举		县市议员选举		乡镇长选举	
		2001 年	2005 年	2002 年	2005 年	2002 年	2005 年
泛绿	民进党	9	6	147	192	28	35
	"台联党"	0	0	7	11	0	0
其 他		0	1	316	256	92	107

我们可以从五个面向解读选举结果。

其一，选举结果是对台湾现有地方政治版图的解构与重组，"南绿北蓝"的政治生态有了结构性的改变。蓝进绿退、蓝升绿降，国民党守住北台湾，夺取中台湾，改变南台湾，"北蓝南绿"的政治分界线由浊水溪南移至彰化与台中之间的大肚溪。台湾东部与外岛也在泛蓝的版图之内。泛蓝取得过半席次且大幅度成长，国民党由现有的 8 席上升为 14 席，泛蓝合计拿下 17 席（含亲民党、新党及无党籍但支持国民党者各一席）。与上届相比，蓝营除了云林之外，保有绝大部分原有执政县市。北部泛蓝领先对手的幅度进一步拉开，攻下了具有指标意义的台北县，周锡玮领先对手 10 百分点、高达 19 万票。攻下了民进党执政了 24 年之久的宜兰这一绿色"民主圣地"，彻底拔除台北至宜兰这一条"绿色走廊"，使北部成为真正意义上的泛蓝天下。特别是在马英九的统领下，国民党大举南下，直捣绿营南台湾腹地，彰化县与嘉义市猪羊变色，"绿地变蓝天"，其中国民党此前从未在嘉义市执政。在南部，蓝营进一步缩小了与绿营的差距，使之前"绿油油"的南方政治由深变浅。与此相反，绿营版图大幅萎缩，被迫退守南台湾，民进党遭受重创，只有 6 席，跌到了 1989 年民进党组党不久时的席次，不但被挤出北台湾，失去了台北县与宜兰县两个战略要地，还在中台湾失守，失去了分别由"新潮流系""正义连线"重兵把守彰化县与南投县。在南台湾，虽然夺取了云林，痛失嘉义市，成为未来马英九南征的战略高地。特别是在台南县、市以及屏东县，民进党的优势正在流失，蓝绿差距进一步缩小，民进党仅以微弱多数取胜，不啻给民进党敲响了警钟。如今，包括台北市在内的泛蓝执政县市人口高达 1565 万，占台湾总人口的 68%。民进党执政人口由原先的 1200 多万、总人口的 54% 锐减为 735 万、占总人口的 32%。泛蓝已如当年民进党那样，对民进党当局完成了"地方包围中央"的战略包围态势，马英九取得了三阶段重返执政地位的第一场胜利。民进党很难抵挡住马英九南下的声势。

表二：台湾近年选举蓝绿得票率

	泛蓝	泛绿	无党籍
2000 年"大选"	60.69%	39.3%	0.5%
2004 年"大选"	49.89%	50.11%	0
2001 年"立委"选举	53.39%	46.61%	0
2004 年"立委"选举	46.85%	43.51%	9.63%
2001 年县市长选举	47.46%	45.27%	7.29%
2005 年县市长选举	52.27%	43.08%	4.84%
2002 年县市议员选举	43.4%	19.8%	34.8%
2005 年县市议员选举	44.18%	24.59%	41.23%
2002 年乡镇长选举	48.1%	20.1%	31.8%
2005 年乡镇长选举	47.54%	24.47%	28.05%

其二，选举结果表明蓝、绿基本盘并没有发生根本性的改变，蓝绿得票率并没有发生大的位移。这次选举投票率只有 66%，选情很冷，民调的不表态、拒访比例偏高，主要是由于民进党的支持者不满民进党中央的腐败与无能，但最后阶段，绿营选民还是"含泪投票"。县市长得票率方面，泛蓝达到 52%，比上届增长 5 个百分点，但民进党在如此不利的大环境中，仍然保持坚固的基本盘，达到 43%。仅比上届下降 2 个百分点。然而，民进党基层实力有所扩大，县市议员与乡镇长的得票率分别上升了 4 至 5 个百分点，乡镇长比上届增加了 7 席，县市议员比上届增加了 45 席。而泛蓝的席次有较大幅度的下跌，其中泛蓝的乡镇长减少 23 席。因此，此次选举蓝绿政治资源的流动及基本盘的变动并不大，即使国民党大胜，也动摇不了民进党的基本盘。

其三，民进党的快速堕落、腐败无能是民进党失败的最主要原因，打败民进党的不是国民党，而是民进党自己。从高雄捷运泰劳案、"公办六标案"、高铁案、"二次金改"图利财团、"中华电信释股案"、到"双陈济州行""总统府炒股案"等，真实透视出民进党高层金权帝国搞权搞钱的丑恶图像。从陈水扁"家臣"陈哲南、马永成、林文渊、到谢长廷陷入"高捷案"、到"新潮流"大老卷入"股市秃鹰案""泰劳案"，从上到下，民进党台面上的政治人物无人能置身风暴圈外，民进党原先"清廉""改革"的光环黯然失色。绿营支持者丧失了对民进党的信心，中间选民对于民进党腐败无能更无法原谅，其中一部分转向支持国民党，选民要给民进党一个教训，成为民进党大败的关键因素。

其四，泛蓝声势上扬与"马英九现象"的发酵，成为压垮民进党选情的重要砝码。自去年"大选"以来，泛蓝便在去年底的"立委"选举中触底反弹，今年马英九赢得党主席以后，跃升为泛蓝的共主，泛蓝气势上涨，支持者的荣耀感上升，求胜意志坚定、求胜欲望迫切。"马英九现象"与陈水扁的"跛脚效应"进入黄金交叉点，马英九取代"台湾之子"，成为台湾新的"政治迷思"。县市长选举是马英九当选主席后的第一场模拟考试，马像铁人一样"一人敌一党"，一人对抗泛绿的扁吕苏谢游"五巨头"。马英九走到哪里，人潮就到哪里，在中南部掀起"马旋风"，对国民党候选人具有强力加持作用，成为最具爆发力的吸票机。陈水扁的"金权帝国"处于快速瓦解之中，难以阻止"跛脚效应"地扩散与漫延，影响力急剧下降。有人形容陈的号召力已排在"碗粿"后面，甚至被视为"票房毒药"。陈水扁慌了手脚，口不择言，口无遮拦，对民进党候选人只有减分没有加分。难怪李文忠明言"没有阿扁的选战，对民进党更好"。

其五，这是一场团结的泛蓝对抗分裂的泛绿的选举。马英九7月胜选后，泛蓝逐步实现整合，国亲新三党在某些县市开展合作，其中国民党将外岛的金门、连江分别礼让给新党、亲民党，在台湾本岛，泛蓝在台北、南投、彰化完成整合。地方派系也团结一致，像高雄县的红派与白派、台中县的红派与黑派等都在国民党的调遣下联手对付民进党。亲民党主要在基隆、花莲、台东以及台中市与参选，但仍与国民党保持君子之争，"兄弟登山，各自努力"。尤其是，泛蓝高层虽然各有盘算，但泛蓝基层自动整合，自动弃保，亲民党成为弃保对象。与此相反，民进党陷入严重分裂、内讧之中，派系斗争如火如荼，"新潮流系"与"正义连线"陷入恐怖平衡之中，互揭伤疤，一方握有"高捷案"，另一方则拿股市"秃鹰案"反制。陈水扁与"新潮流系"形同陌路，各自为战。民进党"四大天王"透过县市长选举展开接班交锋，吕苏谢游各怀鬼胎，互扯后腿。吕秀莲多次唱衰民进党选情，批苏贬谢讽游。苏、谢、游之间也各自毁损对方、推卸责任。民进党部分县市陷入分裂之中，南投就是因为民进党自己分裂选票而丢失的。

二、选举结果影响

此次选举对岛内政局具有深远影响，影响到蓝绿政治生态、"朝野"关系、特别是2008年"大选"的蓝绿布局。具体表现在六个方面。

其一，"后陈水扁时代"提前来临，陈水扁成为"政治稻草人"，其权力"跛脚效应"日趋扩大，"阿扁神话"已到了终结的时候了。未来"令不出总统府"现象将司空见惯。陈水扁决不会坐以待毙，为了延长其政治影响力、遏阻"跛脚效应"的蔓延，未来陈水扁的权力安排与政策方案，具有多种面向。

1. 面临党内接班竞争，陈水扁的政治策略将是选择既能确保他本人、家族及其嫡系利益、又能确保民进党赢得下次"大选"者为优先支持、合作对象。陈有可能调整原先恐怖平衡、扶弱抑强的策略，转而采取顺势而为、有所关爱的手法，培植与他形成政治默契的接班人。选后连续数天，陈水扁并没有公开露面，拒绝道歉，却私下运作，采取三步骤。首先是留任谢长廷，由谢为他挡风遮雨，共渡难关。然后释放邀请在野党"组阁"的风声，转移舆论焦点，并将"朝野"不能和解的责任转嫁到在野党一边。之后逐步化解党内对于接班与"行政院长"人选的不同意见，特别是要阻断"新潮流系"推荐苏贞昌出任"行政院长"的可能性。最后，陈水扁将选择于他有利的人出任"行政院长"，执行他的政策方案，拼政绩。选后陈水扁政治运作策略就是搪塞党内道歉、检讨的要求，率先抢夺"改革"的旗帜，铲除政治竞争对手以及"新潮流系"的威胁，"毁苏灭谢"。今后无论吕游苏谢或其他什么人接班，都需依赖他的合作与支持。如今，陈首先将检讨的枪口对准苏、谢以及对其权力构成重大威胁的"新潮流系"，拿卷入"高捷弊案"的谢长廷、卷入"股市秃鹰案""泰劳案"的吴乃仁们祭旗。选前陈水扁曾公开宣称"高捷案"是谢长廷的事，与他没有关系，而且承认长、扁关系紧张。陈水扁还将压缩苏贞昌与"新潮流系"合作的空间。与此同时，陈水扁将逐步重用原市府团队成员以及亲信、家臣，收编、笼络新的政治盟友，"总统府经济顾问小组"召集人林信义有可能接替谢长廷"组阁"。林信义是单纯的财经人才，与各派系没有特殊的联系，但与企业界关系紧密，与大陆也有一定的渊源，在APEC等国际场合恰当，尤其是任用林，可以满足外界"新人新政新气象"的期待，可以为陈加分。但只要陈自己的权力逻辑与政策思维不做调整，就是神仙也难以挽救他的颓势。值得注意的是，有"圣人"之称的民进党前主席林义雄有可能出面整合、收拾民进党当前混乱局面，甚至不排除出面角逐"总统"大位。

2. 在政策方面，首先"拼经济"，兴利除弊，召开第二次"经发会"，端出政策牛肉，推动"二次金改"，透过"断股改民股"的方式，独肥绿色财团，为未来再次竞选打通金脉。开放外资进入股市，拉抬台股行情，为其最后阶段的施政挽回一点面子。其次"拼宪改",这是陈水扁最有可能、最有兴趣推动的"春秋大业",搞"宪改运动",尽其所能地与在野党妥协,拉拢无党籍"立委",在"立法院"协商出"新宪"版本,在他离任前交给"全民公民",完成一次"公民复决"的程序,陈注重"修宪"的过程,不一定非要修成正果,以便向绿营支持者做出交待,成为绿营唯一共主。再次"拼两岸"。陈水扁两岸政策已走到十字路口,其两岸路线呈现紧缩与开放的两面性,但他已失去改善两岸关系的空间与动力,紧缩是其基本的思维逻辑,迫于民意,也会在两岸政策的实务面做些开放。选举惨败,陈水扁对于两岸政策的影响力、操控能力将不断下降,他面临岛内"基本教义派"的强大牵制压力,不敢轻启两岸和解工程,相反有可能走上对抗的怪圈,否则就会被"基本教义派"质疑是向大陆"投降"。因此与大陆和解、松绑大陆政策对陈是有风险的,相反,紧缩两岸路线与加快"宪改"步伐,是陈水扁操诸在己的两大政策主轴,但在两岸政策的实务面向上,在外资、台资及岛内民意的压力下,陈水扁将分阶段、有步骤、有选择地开放对台湾经济、民生有利的政策,包括展开两岸客、货运直航谈判、开放大陆旅客赴台旅游等。

其二,民进党接班人进入肉搏阶段,他们将挥别陈水扁的阴影,摆脱陈的钳制,走自己的路。败选使民进党接班群体遭遇寒流霜冻,内伤严重。民进党有可能出现权力真空与断层。四大天王中,谢长廷由于"高捷弊案"前景转趋暗淡,真正的黑幕尚没有揭开,经不起高道德标准的检验。苏贞昌虽然在连串弊案中全身而退,但败选使其还需更长时间的"蹲下"才能跃起;吕秀莲、游锡堃能否承担起领导民进党的重任,还是个未知数。因此,岛内有人预估,假如陈水扁仍然不肯培养接班人,执政成绩又拉不上来,谢长廷、苏贞昌有可能放弃 2008 年,明年直接参选台北、高雄市长,徐图 2012 年。吕秀莲长期私下调查"319 枪击案",掌握部分证据,自以为可以要挟陈水扁,奠定她的接班地位,对苏、谢、游不时进行点评。因此有人断言,陈水扁将与吕秀莲合作,让吕参选 2008 年"大选",不论输赢,2012 年时,陈水扁还可以卷土重来,东山再起。吕秀莲已在选后第一次中常会上取得代理党主席的资格。因此,民进党此次失败,对吕秀莲反而是个机会,可以乘机除掉苏、谢两位劲敌。但民进党的权力竞争逻辑不一定容得下吕秀莲。苏贞昌潇洒的辞职行动,反而为他赢得喝彩与同情,因为苏是非战之罪。未来一定会更加紧密地与"新潮流系"结盟,打出"改革"、反省的旗号,与陈水扁进行区隔,要求以高道德标准检验民进党，储蓄政治能量，站上政治制高点，带领民进党走出低谷。在无法获取"行政院长"职位的情况下，苏有可能南下参选高雄市市长，与"新系"掌控的高雄县、台南县、屏东县连结成一体，成为"南霸天"。"新潮流系"将与苏贞昌、罗文嘉等人结合成为政治同盟，成为民进党超级派系，横扫已经"跛脚"的陈水扁及其"正义连线"，左右民进党的接班进程。届是时，民进党陷入"实质分裂"——分裂成"苏派"和"扁系"两大派系。谢长廷如今四面楚歌，遭遇到政治生涯中的最险恶的漩涡，谢系人马纷纷中箭落到实马，包括原高雄市副市长林永坚、劳工局长方永来、自来水公司董事长李文良、"交通部次长"周礼良等。但以谢的聪明，一定握有陈水扁及其"皇帝娘"吴淑珍的劣迹资料，使陈不敢轻使撒手锏，陈谢处于恐怖平衡之中。如果谢能胜出，一定会与"皇帝娘"产生关联性。谢有可能放手一搏，学当年陈水扁，去竞选台北市市长，届时，谢将成为民进党中除陈水扁之外最具民意基础的政治人物，然后争取"总统"候选人资格。说不定谢最后可能峰回路转。实力稍弱的游锡堃并没有放弃竞争，反而也在默默耕耘，借"宪改"博取民进党基层的同情与支持。总之，由于马英九出线角逐2008"大选"的情势大致已定，因此绿营内部的紧迫感与日俱增。民进党2008年"赢的策略"，一是继承陈水扁人气，二是瓦解蓝营组织，三是建立新的明星崇拜。无论吕游苏谢，都将与陈水扁渐行渐远，走自己的路，放手一搏，打拼自己的政治出路。

其三，民进党长期执政态势暂时遭遇重挫，很难在短期内脱离困境，但民进党经过阵痛后将重新出发。败选后一段时间内，民进党转入权力混沌与盘整期，内部派系斗争将进一步激化。选前就已陷入恐怖平衡之中的"正义连线"与"新潮流系"将再度展开殊死决战，双方都将败选的责任归咎于对方，都将对方视为腐败、堕落与改革、清除的对象。有F4之称的罗文嘉、林佳龙、邱太三等人遭遇滑铁卢，对民进党接班梯队而言是一大挫折。但值得注意的是，民进党"学运世代"、新生代包括罗文嘉、林佳龙、段宜康、李文忠等有可能乘势崛起，他们将以"新民进党"自居，以"反省"、"改革"、找回民进党的"核心价值"为诉求，要求寻回民进党的传统价值，掀起民进党有史以来最为激烈的路线争论，斗垮上一辈的旧民进党人，重新赋予民进党新的道德光环与正当性，取得对民进党未来路线的主导权。这批擅长政治谋略与权力算计的学运世代终取代"律师世代"，成为最具实力的政治群体与政治权贵，主导民进党未来的发展。因此，县市长选举挫败，对民进党而言可能是短空长多。在未来的一二年内，民进党还有时间汇聚能量，重整队伍，重新出发。权力重组与路线调整后的民进党，政党体质进一步强化，将更具，届时，国民党如果不思进取，只靠马英九一人冲锋陷阵，是无法蓝天再现的。

其四，"朝野"关系持续紧张，蓝绿激烈对抗仍将是岛内政局发展主轴。在处理"朝野"关系时，陈水扁必将高喊"朝野"合作，提出召开"朝野"政党领袖高峰会的主张，将"朝野"紧张的责任归咎于马英九。陈擅长在马、王、宋之间见缝插针，对王金平、宋楚瑜等施放和解烟幕弹，利用他们的剩余价值，分解马英九高涨的声势。同时得用泛蓝"立委"减少 4 席的机会，强力推动"军购案"与"新宪"协商，在"两岸和平促进法"上拉长"朝野"对决战线，推出系列改革方案，着重针对国民党的党产问题，加速"党产条例"立法与军公教"18% 优惠存利率"改革，清算国民党，打压马英九的声势。与此同时，陈水扁绝不会放慢在地方上的割喉绑桩、招降纳叛的脚步，遏止地方派系倒向马英九的势头。面对陈水扁的毒招与狠招，泛蓝只有以战止战，国民党在取得县市长胜利后，应当乘胜追击，不给予民进党任何喘息的机会，穷追猛打，将揭弊战进行到底，掀开陈水扁以及民进党高官"金权帝国"的黑幕。明年台北、高雄市长选举、后年"立委"选举，蓝绿双方志在必得，蓝绿双方争夺台湾主导权的斗争不会停止，蓝绿之间的攻防日趋白热化，无法超越激烈对垒的格局，"朝野"关系难以缓解。

其五，"马英九现象"犹如当年的陈水扁，成为岛内新的政治神话，在神话破灭之前，会一直向上翻升。马英九成为泛蓝的新共主，声望如日中天。这次国民党的完胜，进一步奠定马英九作为泛蓝共主的地位，给予他更为强大的改革国民党的力量，也使马英九从基层选民中获得整合泛蓝的正当性与原动力。亲民党无法抗拒泛蓝基层要求整合的迫切愿望，国亲整合的步伐将加快。这场选举，马英九对党机器的掌握上逐渐得心应手，在地方派系的整合上被试啼声，地方派系已不再对国民党构成威胁，相反派系需要马的加持与党的支持。民进党执政至今陷入内外交困之中，为马英九的崛起创造了千载难逢的好时机。马英九汇集了天时、地利、人和，历史正站在他这一边。但马英九迈向"大位"的考验还未真正开始，他面临的挑战包括能否处理好连、宋、王之间的关系、有效整合泛蓝，能否彻底改造国民党、能否突破"省籍魔咒"、破解民进党"民粹""亲中卖台"指控以及绑桩割喉等手段，以及美国是否能够接受泛蓝重返执政等。特别是绿营绝不会让马英九轻易获得政权。

其六，台湾已处于政党政治的分水岭上，两党政治初见雏形，"大蓝吃定小蓝"，"大绿吞并小绿"，小党无力抗拒边缘化的趋势。亲民党、"台联党"在台湾地区的政治分配中失去政党的主体性，从地方到"中央"，都已没有太多与各自盟友讨价还价的筹码了，未来只有被收编的命运。亲民党急剧萎缩成泛蓝的一翼，选后将面临出走潮，多达7名"立委"准备"弃橘投蓝"。据说宋楚瑜自己评估，选后能坚持留在亲民党的"立委"只剩3席。宋楚瑜当前的影响力，甚至还不如连胜文。事实上，"扁宋会"之后，宋楚瑜就已变成泛蓝食之乏味、弃之可惜的人物，但宋成事虽不足，仍有可能败事。宋楚瑜陷入"政治狼人"的困境，他的最后一战应该留待明年参选台北市市长，但前景渺茫。后年"立委"选制改为"单一选区两票制"后，亲民党、"台联党"终将曲终人散，走入尾声。

县市长选举勾画出重组后的台湾蓝绿政治版图，也使民进党的政治生态与接班竞争进入新一轮的刀光剑影中，民进党是个多元、柔性、派系自主性极高的政党，历经阵痛，该党可以再生与再造，短时间内就可由谷底向上翻升到顶峰。历史不会简单重复，台湾实现新一轮政党轮替的条件仍在酝酿之中，马英九取代"台湾之子"，成为台湾岛内不满民进党当局者集体想象，演绎着新版的台湾"政治迷思"。台湾就是每十年一轮回，政治神话多了，也就淡而无味、没有新鲜感了。

此次选举对两岸关系的影响是复杂的，表现在四个方面。

第一，陈水扁未来的两岸路线呈现紧缩与开放的两面性。但在政治上紧缩的同时，采取政经分离策略，在两岸政策的实务面向上，在外资、台资及岛内民意的压力下，陈水扁将分阶段、有步骤、有选择地开放对台湾经济、民生有利的政策，包括展开两岸客、货运直航谈判，开放大陆旅客赴台旅游等。

第二，民进党的两岸政策趋于复杂化。就民进党接班人的两岸政策走向而言，一是以吕秀莲、苏贞昌为主，出于巩固基本盘的需要，将走上对抗与强硬方向。二是谢长廷在争夺"总统"候选人资格的过程中，他的两岸政策将趋于保守，因为谢在争取"基本教义派"支持时，必须调整其原先"一中宪法""一国两市"的说法，转向谨慎与保守。但在获得候选资格后，谢的两岸政策有可能趋向灵活务实。就民进党"新生代""学运世代"以及"新潮流系"而言，他们的两岸观将趋于温和理性而务实，在坚持"台湾主体性""台湾优先"的同时，对两岸政策采取积极开放的姿态。

第三，选举结果表明岛内的主流民意仍是维持现状、发展两岸关系，谋求两岸和平、稳定与繁荣的良好环境，反对陈水扁、民进党当局毒化两岸关系、阻挠两岸交流的行径，支持泛蓝在改善两岸关系、推动两岸交流上所做出的努力。因此，大多数台湾民众支持两岸关系的良性发展与和平稳定，成为陈水扁及民进党当局最大压力所在，也是马英九展开其两岸论述的基本素材与政策基础。

第四，马英九赢得上任以后的第一次选举，不但巩固其权力地位，促使他获得改善两岸关系的根本动力。未来马英九将在延续、甚至超越连战的两岸政策基础上，提出更具前瞻性、更为宏观的政策纲领，在制衡陈水扁的两岸政策上发挥一定的功能。但马英九的两岸政策将在务实稳健的基础上循序展开，不会出现重大转折。（本文完成于 2005 年 12 月）

2006—2008 年台湾政局趋势预测

一、2000—2006 年台湾政局演变

2000 年 3 月 20 日，民进党的陈水扁、吕秀莲以 39% 的微弱多数赢得"大选"，首次实现政党轮替，给台湾政局带来巨大冲击。民进党执政六年间，台湾政局始终处于蓝绿两大阵营的激烈对抗之中，动荡不安；经济民生凋敝；社会民心不稳，非但没有"向上提升"，反而在一轮轮"朝野"冲突中"快速沉沦"。陈水扁所标榜的"活力政府""清流共治""绿色执政品质保证"等口号成为民进党执政六年来最大的谎言，金权政治黑幕不断曝光，民进党统治的正当性愈益减弱，统治基础正在流失。

（一）民进党执政乱象丛生，陈水扁推行寡头集权统治，党内"反扁"声浪不断。李扁关系复杂微妙

民进党缺乏治理全台湾的经验，不具备单独执政的能力，很难驾驭复杂多变的台湾政局。有人批评民进党"是最佳的选举机器，但作为"治国"机器，在理念上、能力上都还不足，也未做好准备。"① "拼经济"随时让位于"拼政治""拼选举""拼台独"。民进党执政前期是典型的新手上路，施政没有方向，"一人一把号，各吹各的调"。到后期，则充分显露出"权力的傲慢"，集谎言、失德失格、失信失能于一体，沉溺于"民粹法西斯"的癫狂而不能自拔，荒腔走板，胡作非为。

执政六年内，陈水扁先后换了五位"行政院长"、七次"组阁"，由最初唐飞的"全民政府"到张俊雄的"少数政府"，游锡堃全面执政的"战斗内阁"，谢长廷的"和解共生内阁"，再到目前苏贞昌的"实事内阁"，平均一年换一届，

---

① 台湾《经济日报》，2002 年 5 月 17 日。

大多是短命"内阁"。"内阁部、会首长"更被频繁更换，人亡政息，机构空转。当局政策更是缺乏延续性、一致性，先后抛出了"知识经济方案""8100 台湾启动""挑战 2008 台湾国建计划""新十大建设"等一堆方案，最后都无疾而终。

陈水扁推行寡头集权统治，紧抓决策权与人事权。除"宪法"规定的政策权限外，还透过"国安会"及召集"党政高层会议"等，贯彻自己意旨，凌驾于"行政院"之上，掌控了包括财经、内政、教育文化等种种决策大权。"经发会""大溪会议""三芝会议"等体制外会议强化了陈水扁的决策权。从早期的"党政协商会报""九人决策小组"以及"党政同步"，再到游锡堃"内阁"后期、谢长廷及苏贞昌"内阁"初期的"府、院、党高层协调会议"，陈水扁的决策机制不断变换，但一人决策的本质始终未变。[①] 人事由陈水扁一人把持，所有党、政、军职位，包括"内阁""公营事业"、金控集团以及"军警""司法""检调"人事概莫能外，全得听从陈水扁及其亲信、亲属的调遣，军中时常传出的卖官鬻爵丑闻。用人只问关系亲疏远近与蓝绿立场，不问专业才能，充满酬庸与交易。早期用人上，由陈水扁嫡系与各路投靠人马拼装而成，是典型的"混一色"。而到后期，则全部换成民进党特别是陈水扁嫡系人马，是"清一色"的"扁家军"与"绿色连线"。[②] 今年端午节，身陷弊案危机的陈水扁出于拉拢苏贞昌、"新潮流系"的需要，被迫"下放权力"，苏贞昌成为民进党历史上最有实权的"行政院长"，也使"后扁时代"的"党政合议、集体决策"机制成为一种虚拟的权力想象。

民进党内始终弥漫着"挺扁"与"反扁"的声浪。陈水扁独霸了民进党主要政治资产与资源，"正义连线""新潮流系"挤压了其他派系的生存发展，引起"福利国系""主流联盟"以及"绿色友谊连线"等派系的严重不满。高层、派系、世代间的矛盾频频爆发。特别是在陈水扁第二任期，"四大天王"展开赤裸裸的接班竞争，挑动陈水扁敏感的权力神经。陈采用恐怖平衡术遏止"四大天王"之间的权力竞合，"伸头一刀、缩头也是一刀"。民进党内政治斗争的血腥味越来越重。

以李登辉为首的"台联党"，成立伊始便成为铁杆"台独"势力的大本营与

---

① 倪永杰：《民进党决策体系初探》，《台湾研究》，2004 年第 2 期。

② 苏起：《对台湾"立委"选举、选后台湾政局及两岸关系走向的几点看法》，上海台湾研究所编：《未来四年台湾海峡两岸关系走向学术研讨会论文集》，2004 年 12 月。

急先锋，具有 6%—8% 的选票实力。李登辉多次抛出筹组"本土政党"、筹组"国会"多数联盟的变幻球，在制造"台独"声浪、"毒化"两岸关系、牵制民进党转型等方面，产生极其恶劣的影响。李、扁关系始终处于联合又斗争的微妙复杂状态，增添台湾政局多变性。

（二）"朝野"对峙严重，蓝绿冲突频传

台湾政局处于令人窒息的蓝绿二元对抗、僵持之中，长期笼罩着政争的阴霾。民进党擅长以"民粹法西斯"式的"反中爱台 VS 联共卖台""清廉改革 VS 黑金复辟"等打击泛蓝，展开"割喉战"，扩张绿营政治版图。泛蓝则坚持在野党"监督""制衡"的立场，为民众争福祉。民进党执政的六年内，蓝绿之间先后进行了七场选举大较量，包括：一次"总统"选举（2004 年），二次县（市）长、县市议员选举（2001、2005 年），二次北、高市长、市议员选举（2001、2006 年），二次"立委"选举（2001、2004 年）。蓝绿竞争的焦点主要在于争夺台湾政局发展的主导权，压缩对手的政治空间，扩张自身的政治版图。"朝野"双方围绕相关政策、人事、预算等问题发生多起重大冲突，酿成多次政治危机。包括：2000 年 10 月因停建"核四"而引发的第一次"罢免案"危机，2004 年"3·19 枪击案"与"3·20 公投绑大选"选举危机，2005 年连、宋大陆行引起民进党两岸政策危机、2006 年 6 月因陈水扁家庭弊案而酿成第二次"罢免危机"等。此外，"朝野"之间还围绕二次金改、"农渔会改革"、"监察委员"提名、"党产条例"、"军购案"、"两岸和平促进法立法"、"两岸直航条例修改"等展开激烈攻防。以 2004 年"大选"为分界点，前四年民进党一直处于扩张状态，先成为"立法院"第一大党，谢长廷、陈水扁先后连任成功，得票率也有所增长。在野党则节节败退，连输三场选举，得票率明显萎缩。但民进党在 2004 年底"立委"选举中遭遇重挫，泛蓝保住"国会"多数地位，接连又取得 2005 年底"三合一"选举的压倒性胜利，遏止了连年下滑态势。民进党执政以来蓝消绿长、蓝守绿攻的态势向蓝长绿滞、蓝攻绿守的态势转变，民进党陷入执政以来最大的困境。

（三）泛蓝内部分、合不定，马英九超越"宋马情结""王马之争"，成为泛蓝新希望

2000 年 3 月，以 30 万票差距落选的宋楚瑜在支持者的拥戴下，成立以"人民第一"为宗旨的亲民党，成为台湾政坛一支重要力量，并在 2001 年底的"立委"、县市长选举中异军突起。与此同时，连战当选国民党主席后，展开党务改

造运动。民进党停建"核四"促动国、亲两党联手"罢免"陈水扁。此后，在泛蓝支持者的强大压力下，国、亲两党高层逐渐走上结盟之路，并于 2003 年 2 月正式结成"国亲政党联盟"，推出"连宋配"，挑战陈水扁。最后因陈水扁"两颗子弹"而饮恨败北。出于各自政党发展的需要，虽然泛蓝基层合并的呼声高涨，在选举中自动整合、弃保，但国亲整合的历程充满坎坷。宋楚瑜为保留亲民党主体性，在国民党解除"排宋条款"后，仍拒绝回到国民党。但"单一选区两票制"与"马英九现象"等，加速了亲民党的泡沫化危机，先后有十多名"立委""弃橘投蓝"，迫使宋楚瑜参选台北市市长、推动"罢免案"来拉动亲民党的气势。

透过国民党历史上第一次民主选举，马英九以 71% 的超高得票率战胜王金平，甩开泛蓝内部政治对手的围追堵截，顺利完成国民党的"世代交替"。台湾政治竞争中增添了"马英九"新元素。在连宋大陆行声势的加持下，马英九连续赢得县市长、嘉义市"立委"、台东县长补选等多场选举，一跃成为泛蓝的"新共主"与"救世主"。出访英、美、日、澳、新等国也为马加分不少，声势扶摇直上，并带动国民党声势持续上涨。"马英九时代"已然来临。

（四）"台独"势力狂飙突进，"法理台独"上演最后的疯狂

民进党执政使"台独"势力获得前所未有的发展机会。推动"台独"进程成为陈水扁巩固权力基础、扩大绿营执政版图、打击并清算政治对手的基本策略。陈水扁推动全方位"台独"战略，大肆推进"渐进式台独""法理台独"，进行"正名""制宪"活动。对通过"宪改"进行"台湾法理独立"活动，陈水扁采取两阶段推进的策略，2003 年 11 月通过"公投法"，2004 年 3 月进行"公投绑大选"阴谋，举办"3·20 公投"。2005 年 8 月，台"立法院"临时会通过包括"国会席次减半"、废除"国民大会"以及"公投入宪"等"宪法增修条文"，为通过"宪改"通向"法理台独"铺路。① 为此，陈水扁公开反复鼓吹所谓"国家主权与台湾前途三段论""中华民国四阶段论"，自毁"四不一没有"的承诺，多次扬言未来"新宪法"要注明"台湾不是中国一部分，台湾是 2300 万人民的国家"，屡屡跨越两岸"红线"，制造两岸紧张局势。

大肆推动"文化台独"，毒化台湾社会，扩大"台独"社会基础。打着"台湾优先""保卫本土政权"的招牌，以"爱台""卖台"激化族群对立，在教育

① 倪永杰：《从"修宪案"看陈水扁的"宪改"路线图》，澳门《新华澳报》，2005 年 6 月 22 日。

文化领域全面采行"去中国化""渐进式台独"战略，篡改台湾历史，对全台湾民众特别是青少年学生进行"台独意识"的灌输和洗脑，为推进"法理台独"制造舆论与氛围，[①] 夯打基础。

在民进党当局的竭力推动下，岛内"台独"浊浪滔天，"台独"成为最高的"政治道德"与政治目标。[②] 所谓"台湾主体意识""台湾本土优先"等似是而非的概念被扭曲为台湾"主流民意""主流价值"，"台独法西斯"成为"政治正确"。"台独"在民主外衣的包装下，已完成"台独国家化"的准备。"台独"势力已如水银泻地般全面渗透到岛内政、经、军、"外交"、两岸、文化教育、媒体等各个领域，具备了相当的政治实力。

（五）民进党陷入贪渎泥沼，"清廉"形象坍塌，陈水扁"金权帝国"面临崩解危机

民进党执政六年，经济全面衰退，位居"四小龙"之末，经济边缘化危机严重，当局债台高筑，累计负债高达十兆多新台币。失业率居高不下，每年自杀者达四千多人，民众痛苦指数上升。民进党堕落成"掮客政党"，完全丧失理想与"公平、正义、民主"的价值，胜选成为唯一考量。[③] 当权者大肆鲸吞、掠夺公共资源，民进党高层成为贪渎、腐败的共犯结构，集结为新"黑白金民粹政体"，再次印证了"权力使人腐化"的政治铁律。[④] 民进党已失去对"金权政治"的免疫力，当国民党的"党国资本主义"退出政治舞台时，台湾却遭到以陈水扁家族及其亲信所卷起的"裙带资本主义"的政治黑洞，贪污、无能成为陈水扁"金权帝国"最显著的政治标记。[⑤] 六年内，陈水扁家庭编织绵密的政商网络，所谓"一妻一婿二秘三师四亲家五总管"等陈水扁身边核心人士，纷纷卷入内线炒股、索贿贪渎、卖官鬻爵、贱卖"国产"、土地开发等案件。"台开案""SOGO案""高捷案""股市秃鹰案"等弊案，真实映射出民进党高层搞权钱交易的丑恶图像。在绿化"公营"企业、金改等幌子下，进行"五鬼搬运"的金钱大挪移，视道德为玩物，手法之粗劣、寡廉鲜耻已到了匪夷所思的地步。

---

① 倪永杰：《民进党二次转型初探》，上海《华东理工大学学报》社会科学版，2003年第3期。

② 南方朔文，台湾《新新闻》周刊2002年10月，第814期。

③ 《民进党转为掮客政党，早就沦落了》，台湾《天下》杂志，转引自 http://www.chinareviewnews.com，2006年7月11日。

④ 周阳山：《从新中间路线到选举中心主义》，台湾《中央日报》，2002年6月23日。

⑤ 台湾社论：《裙带资本主义横行，台湾人民该觉醒了》，台湾《中国时报》，2006年5月26日。

连"挺扁"不遗余力的李远哲都看不下去,感叹民进党当局"政绩有限,弊案不少",要求陈水扁"止谤莫如自修"。台 TVBS 民调显示,有四分之三的受访民众认为民进党不廉洁,认为民进党廉洁的仅 14%,创历史最低。[1]民进党原先"清廉""改革"的光环已彻底坍塌,在民进党内外及社会各界的攻势下,陈水扁乌云罩顶,所苦心经营的"金权帝国"已处于崩解的前夜。

二、2000—2006 年台湾政局特点

民进党执政六年来的台湾政局,充满混乱、失序、荒谬及怪悖,具有四大特点。

(一)台湾政治结构呈现出蓝、绿二元对立特征,成为高度不稳定的"双峰社会"

台湾"朝野"竞争已脱离民主竞争、"宪政"规范的常态,充满阴谋、暴力与无常,政坛弥漫一种"民粹法西斯"式的极端冲突情绪,不断上演"零和"政治游戏,政治运作脱离中间地带,呈现出极端化、对立化的特征,扮演关键力量的中间选民只是沉默的一群。[2]执政的民进党用尽一切资源与手段,向对手发动赶尽杀绝的"割喉战""拔桩绑桩""招降纳叛",图谋扩大政治版图。蓝绿内部也充满了明争暗斗,民进党、国民党各自内部,民进党与"台联党"之间,国民党与亲民党之间,均为了各自利益进行政治盘算与攻防争斗。在蓝绿争霸赛中,出现"大绿吃小绿""大蓝吞小蓝"的奇特政治景象。

(二)蓝绿政治实力由"蓝消绿涨"向"蓝涨绿滞"转变

2004 年"320""公投绑大选"成为蓝绿盛衰兴替的转折点。之前,民进党连续赢得两次"大选",陈水扁得票率由 39% 上升至 50% 多,选票增长 150 万,民进党"立委"、县市长选举的得票率维持在 40%—45% 之间,进一步缩小与泛蓝的差距,连续两届成为"立院"第一大党。党员队伍迅速壮大,人数翻番,达到 50 余万,党员素质有所提升,一定程度上淡化了民进党早期草根型、暴力型的政党色彩,突出其"本土政权""主流政党"形象。[3]选举能力、执政能力及危机处理能力均有所提高,左右台湾地区政局、引导台湾地区民意、影响台

① 转引自 http://www.chinareviewnews.com,2006 年 7 月 5 日。
② 吴玉山:《连战登陆,带出台湾新政治》,台湾《中国时报》,2005 年 12 月 29 日。
③ 《成长责任希望——民主进步党党务发展委员会报告书》,台湾民进党中央政策会 2004 年 9 月 26 日编印。

湾社会走向的能力进一步增强。与绿营大幅成长相反，泛蓝丧失过半优势，得票率由 60% 多下降为 45% 左右，失去对台湾地区政局主导权，勉强维持"立法院"脆弱多数与地方多数，乡镇长席次占有率下降，国民党党员数号称有 108 万，但能发挥作用的党员有限。从 2000 年到 2004 年，蓝绿选票差距扩大为 265 万票，泛蓝选票流失约 116 万票，而绿营增加 149 万票。[①]

但自 2004 年底以来，"蓝消绿涨"的政治态势有了新变化，民进党没有政绩、弊案连连，执政基础遭受重挫，绿营的基本盘有所松动，选票有所流失，泛蓝获得了"止跌回升"的战略良机。2004 年底以后，泛蓝持续下滑的态势得到遏止，连续取得"立委""三合一"选举等胜利，地方执政县市达到 17 个。"马英九现象"席卷全台湾，泛蓝迎来久违的政治暖春。

（三）"南绿北蓝"的地方政治版图出现新的解构与重组，"蓝进绿退"成为新的态势

2001 年县市长选举强化了自 2000 年"大选"以来的"北蓝南绿"的政治格局，台湾北部除台北县、宜兰之外的十县市以及外岛均由泛蓝掌控，南部除云林县外十县市则为民进党的天下。泛蓝执政县市数量超过泛绿，但泛绿执政县市人口、面积皆明显超过泛蓝。2005 年底"三合一"选举在一定程度上解构了这种政治格局，国民党固守北台湾，强攻中台湾，转化南台湾，"北蓝南绿"的政治分界线由浊水溪南移至彰化与台中之间的大肚溪，台湾东部与外岛尽在泛蓝的版图之内。值得注意的是，北部成为真正意义上的泛蓝天下，包括具有指标意义的台北县和有绿色"民主圣地"之称的宜兰县。中台湾彰化县与嘉义市"绿地变蓝天"。在南台湾，蓝营缩小了与绿营的差距，使之前"绿油油"的南部政治版图由深变浅。与蓝营大幅成长相反，绿营遭受重创，版图急剧萎缩，不但被挤出北台湾，还在中台湾失守，被迫退守南台湾，只有 6 席，跌到了 1993 年时的席次。在南台湾，民进党的优势也在流失。如今，包括台北市在内的泛蓝执政县市共 18 个，人口高达 1565 万，占台湾总人口的 68%；执政县市面积由选前的 32% 扩大到 69%。民进党执政县市包括高雄市计 7 个，人口由原先的 1200 多万、占总人口的 54% 锐减为 735 万、32%；执政县市面积由之前

———

① 郑进耀、黄创夏：《这样的连宋不值得等待，许信良自己蹩出去干》，台湾《新新闻》周刊 2004 年 7 月 11 日。

的 68% 锐减为 31%。[1]

表：台湾近年选举蓝、绿得票率

	泛蓝	泛绿	无党籍
2000 年"大选"	60.69%	39.3%	0.5%
2004 年"大选"	49.89%	50.11%	
2001 年"立委"选举	53.39%	46.61%	
2004 年"立委"选举	46.85%	43.51%	9.63%
2001 年县市长选举	47.46%	45.27%	7.29%
2005 年县市长选举	52.27%	43.08%	4.84%
2002 年县市议员选举	43.4%	19.8%	34.8%
2005 年县市议员选举	44.18%	24.59%	41.23%
2002 年乡镇长选举	48.1%	20.1%	31.8%
2005 年乡镇长选举	47.54%	24.47%	28.05%

（四）蓝、绿两大阵营争夺"本土政权"主导权、"本土论述"话语权的斗争日趋激烈

目前，蓝绿政治实力不相上下，蓝绿竞争已处于决战的关键点上。民进党及李登辉、"台联党"等通过"台独民粹"手法，以"本土政权"自居，试图垄断"本土论述"市场，建构所谓以"台独"为核心的"台湾主体意识"，突出台湾"主体性"，强化台湾"国家认同"，以对抗"中国意识""大一统思想"。与此同时，给泛蓝贴上"联共卖台""亲中路线""外来政权"的政治标签。[2]泛蓝阵营在绿营的"本土论述"攻势下，长时间无法建构具有说服力的新论述。泛蓝奉行"温和本土"路线，强调"台湾优先，维持现状，经贸第一"等主张。2005 年 8 月以来，马英九着手"本土论述"，"旨在告别国民党传统政治文化，从本土势力手中夺回话语权和诠释权"。[3]马英九从历史与现实出发，提出了"先联结台湾才有中国"的新论述，要求国民党"勇于连结台湾历史，与本

① 文久：《"南北问题"将决定台湾"大选"结果》，香港《广角镜》杂志总第 372 期，2003年 9 月 16 日—10 月 15 日；倪永杰：《"三合一"选举后的台湾政局》，香港《中国评论》2006 年 1月号。
② 章念驰：《"台湾主体意识"辨析与建构新型的两岸关系》，香港《中国评论》月刊 2006年 6 月号；李永炽等编著：《"台湾主体性"的建构》，台湾"群策会"李登辉学校 2004 年版。
③ 陈子帛：《冷眼看台湾"本土论述"》，新加坡《联合早报》，2005 年 8 月 27 日。

土对话"。① 后又抛出"五不、五要"，多次阐述"我是台湾人，也是中国人"的理念，宣称"做一个真正的台湾人就是最好的策略"，旨在拉近与台湾人民的情感。② 但国民党的"本土"论述能否激起岛内民众的共鸣，有待检验。

三、2006—2008 年台湾政治进程前瞻

2006—2008 年台湾政局发展主要围绕三场选举与五大斗争焦点展开。三场选举包括：2006 年底的台北、高雄市长、市议员选举，2007 年底的"立委"选举以及 2008 年 3 月的"大选"。其间，存在"倒阁"后"国会改选"的变数。蓝绿双方都有输不起的压力，前两场是"大选"的前哨战，攸关蓝绿气势消长。尤其是从"立委"选举结果可以预知"大选"端倪。2008 年"大选"最为关键，"赢者全拿"，如果民进党赢得大选，"绿色王朝"将迎来一、二十年的统治期；如果马英九当选，国民党重新执政，有利于泛蓝的发展，两岸关系的危险性也相对降低。

（一）蓝绿阵营将展开三场选举较量

1.2006 年底北高市长、市议员选情，国民党赢面略大于民进党

目前看，郝龙斌代表国民党参选台北市市长，赢面略高于民进党的谢长廷以及亲民党的宋楚瑜。宋如确定参选，可能瓜分部分泛蓝选票，但对郝的冲击不会太大。高雄市市长部分，蓝绿"五五波"，关键在于双方能否完成各自内部的整合。如果民进党在两市皆墨，对其信心、声势等皆是重挫，其结果可能引发党内更大的混乱。如果民进党能赢得一席，则可能由此摆脱目前低迷的政治气氛，重新整合出发。与之相对，国民党若两市全拿，声势、信心、实力势将进一步增强，有利于接下来的两场选举布局；若拿下一席，则维持目前的平盘局面；国民党两席皆丢的可能性不大。

2.2007 年底"立委"选情，国民党优势多于民进党

明年"立委"选举是"国会席次减半"以后实施的第一次"单一选区两票制"选举，对岛内政局的影响巨大。新选制有利于台湾地区政治加速向两大党或两大阵营整合，逐步呈现出"两党制"雏形，对国民党、民进党有利，"台联

---

① 王昆义：《马英九抛出统一条件 反"台独"不赞成"一国两制"》，转引自 http://news.tom. com 2005 年 9 月 8 日。

② 田习如：《我马英九哪有什么现象》，台湾《财讯》月刊 2006 年 1 月，第 286 期。

当"、亲民党都有可能泡沫化,但仍有一定的政治空间。① 同时,"立委"的影响力将大幅扩张,问政将趋向中间、理性,但也有可能加剧"立委"地方化的趋势,导致选举地盘固定化。② 民进党林浊水、沈富雄等人认为"席次减半"将使民进党在"国会过半"的希望落空,因为国民党在外岛及花莲、台东、新竹、基隆、嘉义等十多个地区占有绝对优势,泛蓝"未战先赢",绿营只有拿到六成以上的选票才有可能过半,几乎不可能。③ 日前,民进党内部悲观自估 2007 年底可能只剩下三四十席"立委"。④ 曾有泛蓝学者乐观预估,明年泛蓝将取得"立法院"三分之二多数,北台湾、中台湾是泛蓝的天下,南台湾则是绿营的天下。"台湾智库"的一份研究也表明,除台北县市、高雄市、基隆、花莲、台东、嘉义七县市外的十五个县市 40 席"区域立委"中,国民党当选约 19 至 24 席,民进党约 12、13 席,外岛的澎湖、连江、金门三席与台湾少数民族六席则全属泛蓝。而目前陈水扁的贪渎弊案,对民进党不分区"立委"选举相当不利。⑤ 如果按照 2004 年"立委"选举的结果来推估,在 73 席区域"立委"中,泛蓝可得 40 席,民进党可拿 31 席,其余 2 席为无党籍。⑥ 值得注意的是,民进党掌握选区重划的主导权,有可能做出不利泛蓝的选区划分,最大限度地压缩国民党的政治空间。

3."立委"选举牵动"大选"

"立委"选举将对"大选"形成准"二轮选举"安排的政治效应。⑦ 如果是"反蜜月期选举","立委"选举在前,"大选"在后,两者有间隔,前者成为后者的前哨战,"立委"选举的动力发酵,应该有利于国民党。如果是"蜜月期选举","立委"与"大选"合并举行,届时"大选"选战的光芒掩盖"立委"选

---

① 何辉庆、杨智杰:《第七次"修宪"对"中央政府"体制的影响》,转引自 http://www.taiwanthinktank.org,"台湾智库网宪政改造专案"。

② 陈宏铭:《"国会改革修宪案"通过后宪政体制的走向》,转引自 http://www.taiwanthink-tank.org "台湾智库网宪政改造专案",2005 年 3 月 11 日。

③ 林浊水:《大党恐龙化,小党泡沫化》,台湾《自由时报》,2005 年 5 月 16 日。

④ 台湾《中国时报》,2006 年 7 月 12 日。

⑤ 曾建元:《台湾民主的震荡疗法——选区划分与台湾政党政治》,引自台湾东森论坛征稿区 http://www.ettoday.com/write,2006 年 7 月 6 日。

⑥ 廖达琪等:《"修宪"对"立法院"功能与角色之影响》,台湾《台湾民主》季刊 2006 年 3 月,第三卷第一期。

⑦ 徐永明:《单一选区两票制:"立委"选举与"总统大选"之关联》,台湾"中央通讯社"编:《2006 世界年鉴》2005 年 12 月版。

战，国民党在"单一选区两票制"上的优势不复存在。① 民进党当局正朝"立委"与"大选"合并举行的方向规划。

2008 年 3 月举行的"大选"是未来两年蓝绿阵营真正的决战点。目前看，国民党的马英九、民进党的苏贞昌是最有可能代表两大阵营的人选。目前看，两人自身条件各有优劣，但民进党目前深陷弊案泥潭，马英九声势如日中天，形势对国民党有利。但若要判断最后结果如何，现在尚言之过早。

4. "国会改选"结局难料

"罢免案"之后，"朝野"双方各自清理战场，整理内务，新一轮的蓝绿较量蓄势待发，台湾政局处于新的赛点，面临"倒阁"的新变数。一旦"倒阁"成案，陈水扁具有"内阁改组"或"国会重选"的二种选择。国、民、亲及"台联党"已分别就"倒阁"后的"国会改选"进行部署。但"倒阁""改选"是否出现，需视"朝野"政治策略与政情演变而定。"倒阁"之后台湾政局十分复杂，谁都不敢轻易启动"倒阁""改选"的程序。

（二）蓝绿阵营将上演五大政治攻防

未来两年蓝绿两大阵营之间的重大政治争议、政治攻防围绕五个方面展开。

1. "宪改"争议

以"宪改"名义推动"法理台独"进程是民进党进行"台独"活动的基本策略，也是民进党实现长期执政的重要砝码。陈水扁多次宣示要在任内交出一部"合时、合身、合用的新宪法"，使台湾成为一个"正常、完整、进步、美丽而伟大的国家"。按照陈水扁的三阶段规划，应予 2006 年提出"台湾新宪法"版本，2007 年举行"新宪公投"，2008 年实施"新宪法"。虽然陈目前自陷弊案泥沼，推动"宪改"的"正当性"与能量有所削弱，步骤被打乱，但推动"法理台独"是他转移弊案焦点、进行政治反攻的有力武器。民进党接班候选人也需要通过"宪改"凝聚绿营基本盘，实施"宪改绑大选"的选举策略。马英九不希望"宪改"成为未来三场选举的议题，目前对于"宪改"采取谨慎的态度，主张"行宪重于修宪"，"透过行宪推动实质宪改"，遵守"双首长制精神"，"强化立法功能"，反对陈水扁推动"宪改"。但如台湾社会被陈水扁煽起狂热，"宪改"成为一场运动时，不排除马英九很可能因顶不住压力而放手，"与狼共舞"，甚至为争夺主导权而竞相增加"修宪"筹码，重蹈当年"公投立法"之覆辙。

---

① 陈宏铭：《"国会"改革"修宪"案通过后"宪政体制"的走向》，前揭文；周育仁：《"总统""立委"选举合并，有助换轨》，台湾《联合报》，2006 年 1 月 9 日。

"宪改"必将引起美方与大陆的高度关切，但民进党推动"宪改"的方向不会改变，"朝野"围绕"宪改"的争论将趋于激烈。

2. 两岸政策争议

两岸政策是"朝野"双方六年来政治竞逐的主要战场之一。民进党擅长在两岸议题上进行政治操作，其基本策略包括：政治上对抗，大肆进行"法理台独"与"文化台独"；经贸上，在"积极管理"的前提下实行"有效开放"，苏贞昌一方面推行所谓的"苏修路线"，但又反对泛蓝提出的"两岸关系条例"修订版本，反对真正意义上的直航，以此巩固基本盘并吸纳中间选民。苏贞昌7月底主导的"台湾经济永续发展会议"将成为未来民进党当局两岸政策的重要观察指标。马英九的两岸政策，坚持"中华民国"与"九二共识"，反对"台独"，提议建立"两岸暂行架构""两岸共同市场"，主张"五不、五要"，赞成两岸直航，并以"连胡会"五项愿景作为下阶段两岸关系的发展路线图。亲民党则力推"两岸和平促进法"，修改两岸"直航"条例。可以预期，蓝绿阵营在平时较主要就两岸直航、开放两岸经贸政策等进行较量。但一到选举期特别是2008年"大选"，双方势将无限放大对方的原则立场，以动员各自的基本盘，统"独"争议仍将是主导选举的最重要议题之一。

3. "揭弊"与"倒阁"争议

追查"3·19"枪击案真相、成立第二届"真相调查委员会"，以及深入挖掘陈水扁亲属与亲信弊案真相，是泛蓝戳破陈水扁"清廉"假象、拉动民进党统治基础、摧垮民进党当局的有效手段。陈水扁则借"拉法叶舰案""新瑞都案"、"兴票案"等进行"乌贼战"，以弊打弊，恐吓、反制李登辉、王金平、宋楚瑜、郝龙斌等人。在"罢免案"失败之后，泛蓝并没有放弃"倒阁"的策略，正在为"倒阁"后的政治状况做准备。[①] 有学者认为，马英九也有意"借倒阁、解散国会，提早完成政党轮替"，实现"打扁打苏""除宋灭王"的政治目标。[②] 媒体传出7月初国民党高层专案会议先后拟定9月底、10月中及年底三个"倒阁"时间点。李登辉也要求"台联党"做好年底"倒阁""改选"的政治准备。[③] 因此，不排除今年底以前蓝绿阵营围绕"倒阁"等再进行较量的可能。

① 《国民党暗推倒阁，民进党急备战》，台湾《中国时报》，2006年7月6日。
② 费若本：《马英九请扁入瓮，意在倒阁》，台湾《新新闻》周刊2006年6月15日至21日，第1006期。
③ 韦诗君：《祸起萧墙：罢扁表决，台湾政局发展总分析》，台湾《新新闻》周刊2006年6月29日至7月5日，第1008期。

4.选区重划、党产与"军购案"争议

重新划分第七届"立委"选举之选区，攸关众多政治人物的政治前途，可以预见，选区重划是蓝绿锱铢必较的重大战场。民进党长期要求清查、追讨国民党党产，试图通过"党产条例"。日前正展开网络联署，筹组"公投讨党产大联盟"，准备于明年"立委"选举时进行追讨国民党党产"公投"。"军购案"则是"朝野"双方互丢包袱给对手的政治游戏，为了减轻美方的压力，马英九与王金平商定今年9月"立法院"新会期开始后，尽快处理"军购案"。[1]蓝绿阵营都可能借这些议题发动对对方的政治攻势，引发新的政争。

5.相关法案、人事同意权等争议

未来"朝野"之间围绕三场选举与五大议题的政治攻防，双方策略运用的得失成败，有可能拉动蓝绿双方政治基本盘的变动，撼动蓝绿政治基础，最终影响到2008年"大选"的结果。

四、2006—2008年台湾政局发展态势

判断之一：绿营政治结构面临洗牌，民进党发展势头遭遇重挫，但是否会改变其长期执政的态势有待观察。陈水扁统治的正当性、权威性下滑，不排除提前下台的可能。民进党内接班竞争出现"一人（苏）领先、三人（谢、吕、游）赶超"的局面，谁最后胜出尚存变数。李登辉与"台联党"急于筹组以"清廉本土"为号召的第三势力，成为台湾地区政局的新元素。

（一）陈水扁统治的权威性、政治正当性严重流失，正在进行最后的权力挣扎，仍有提前下台的可能。"宪改"与两岸议题是陈水扁展开政治反扑的最后伎俩

陈水扁无法抗拒"跛脚"的宿命，连串贪渎弊案被揭露加速了陈氏金权帝国的崩解。陈水扁的弊案风暴尚未结束，吴淑珍遭"检调"约谈，女婿遭求刑，陈的权位遭受重击，能否全身而退不得而知。但陈统治的权威性、正当性遭到摧毁，形同"政治稻草人"。"罢免案"零票反对，民意已对他做出裁决，陈水扁基本上被废了大半"武功"。其道德诚信早已破产，有论者认为未来陈水扁已"诸事不宜，任内只剩精神凌迟"。[2]7月中旬，亲绿学者及"社运界人士"发表"民主政治和台湾认同的道德危机"声明，要求陈水扁辞职，对陈水扁的统治地

---

① 台湾《联合报》，2006年7月6日。

② 《陈水扁已诸事不宜，余任内只剩精神凌迟》，台湾《联合报》，2006年6月29日。

位构成新的震撼。陈水扁的权力地位已经岌岌可危。

但不容低估陈水扁政治反扑的意志力与能量。陈水扁将继续展开断尾、自保行动，确保身家性命安全。积极追求绿营"共主"地位，"拉深绿打浅绿"，盾构政治自保盔甲，确保下台后不被清算。在做出"权力下放"的政治宣示后，"苏游体制"协助陈水扁共渡难关。但陈水扁内心未必放心苏贞昌，预估陈水扁不会放弃"恐怖平衡"策略，最后还是要在"四大天王"之间玩弄恐怖平衡游戏。在获得美方暗助后，陈水扁不甘心失去权力，伺机反扑的政治动作越来越强烈。陈水扁日前标榜"政治协商""两岸和谈"只是展现其政治意志的第一步，此后将在反制李登辉、弹压党内"反扁"声浪、拉拢王金平、裂解泛蓝等方面继续出招。

为脱困自保，陈水扁未来可能会有两大策略选择：一是推动"宪改"重新赢得政治制高点，确立其绿营"共主"地位，确保陈本人及亲属、亲信的政治安全，这也是陈回馈深绿支持者的唯一把戏。陈水扁不断宣扬"只要社会条件够成熟，只要人民支持、国会同意"、所有的政党及政治人物都会"低头"，明年"新宪公投""不是绝对完全不可能"。[1] 二是推动所谓"两岸和谈"。美国《华尔街日报》社论认为，在陈水扁挣扎图存的过程中真正有看头的，就是他在求生之外完成的另一件事：两岸关系的修补。岛内也有人认为民进党内的主战力量的政治策略可能是"攘内安外"，未来两岸如何互动最值得观察。[2] 建立"两岸和平稳定架构"是陈水扁念念不忘的政治策略之一，"扁宋会"及多次找王金平商量前往大陆，显示陈并没有在两岸事务上"死心"。但目前看，要陈水扁抛弃"台独"立场，回到"九二共识"的基础上，似乎是缘木求鱼。

陈水扁是否下台仍是台湾政局的焦点议题和演变支点。目前看，如果没有发生对陈水扁更为不利的状况，要求陈水扁下台的声浪难以升高，陈仍可能留在台上苟延残喘，但他仍没有从根本上摆脱困境，仍面临提前下台的危险。如果对陈水扁亲属与亲信弊案的调查有新的重大突破，或是要求其提前下台的民意占据压倒性多数，届时民进党高层恐不得不集体抛弃陈水扁，陈水扁只有提前走下历史舞台。

---

① 陈水扁 2005 年 10 月 28 日在"新兴民主的宪政改造——国际视野与台湾观点"研讨会开幕词；2006 年 3 月 4 日接受日本《读卖新闻》采访。

② 王昆义：《民进党为何保扁》，台湾《自由时报》，2006 年 7 月 4 日。

（二）民进党遭受重大冲击，统治基础正在流失中，但民进党长期执政态势
是否受挫有待观察

连串政治弊案彻底撕掉了民进党长期标榜的"清廉、勤政、爱乡土"的假
面具。前党主席施明德重炮轰击陈水扁仅用6年时间就将民进党前辈们创造的
民主成就挥霍掉了，使"本土政权"蒙羞。在清廉与贪腐的抉择中，民进党选
择了贪腐这一边，使其"在清廉课题上已不再拥有任何道德制高点"，贪污、堕
落成为民进党的"新潮流"。①陈水扁和民进党之间的关系出现了"权宜性"互
动，民进党被迫"含泪挺扁"，因为如果对"罢免案"采取分割立场，袖手旁
观，势必会出现一损俱损的结局，受害最大者不是陈水扁，而是民进党。但是，
民进党虽然暂时获得了喘息盘整的时间，将来失去的可能会更多。②泛蓝虽然
输了"罢免案"，但显然不是白忙一场，从长远看，"国民党与马英九输掉一场
战役，民进党恐怕已输掉整个战场"。③如今，民进党支持者大量流失，政党满
意度跌至18%的历史新低位，不满意度高达68%。④"台联党"公布的民调，民
进党满意度仅剩5.8%，民进党出现"老国民党化"的趋势，已有媒体开始撰写
"预知民进党死亡纪事"。⑤但是，目前只是民进党士气最低迷的阶段，民进党还
有翻盘的机会。民进党的基本盘依然存在，依然掌握着"本土政权"的主流论
述话语权，美方对于民进党执政的支持依然没有改变。未来民进党必定在"清
廉""改革"上下重药，救亡图存。游锡堃要求解决人头党员问题，解散派系。
特别是民进党及接班人有可能与陈水扁进行细部切割。目前，民进党急于清理
弊案战场，摆脱被动挨打局面，脱困盘升。

（三）民进党内继续上演"四大天王"的龙虎争霸赛，"一人（苏）领先，
三人（谢、吕、游）赶超"的局面延续或被终结，将最终决定谁能成为接班人

自从弊案连环爆以来，民进党内呈现出"挺扁"与"反扁""苏游结盟拥苏
反吕灭谢"与"吕谢联手反苏反新系"相互斗争的复杂局面。苏、谢、吕、游
"四大天王"试图与陈水扁做出适当切割，"走自己的路"，保存民进党实力。

苏贞昌目前处于领先的有利地位，试图利用目前陈水扁权力地位脆弱、亟
须苏给予政治保护的时机，进一步壮大政治实力，巩固自身政治地位。策略上

---

① 台湾《中国时报》，2006年6月28日社论。
② 陈子帛：《台湾政局演变中的"近似值"》，新加坡《联合早报》，2006年7月4日。
③ 《别再骂马英九了，他不是高明赌徒》，台湾《中国时报》，2006年6月29日。
④ 台湾《联合报》，2006年6月28日。
⑤ 《民进党变成"老国民党"》，台湾《新新闻》周刊2006年6月1日至7日，第1004期。

与"新潮流系"结盟，苏唱"红脸"、"新系"扮"黑脸"，政策、形象上由蔡英文"柔性辅佐"，搞"苏修路线"、拼政绩、争民意。一旦时机成熟或陷入危机，苏贞昌不排除"弃扁保党"。未来苏贞昌在两岸事务上的角色、功能趋于突出，两岸政策成为苏拼政绩的切入点，他可能会在陈水扁制定的"两岸政策鸟笼"中找到突破口，试图利用陈水扁对他的依赖，摆脱"独派"大老的羁绊，选择中间路线，放手推动"苏修主义"，提前消费马英九的两岸政策利多。"苏修主义"要点包括政治上坚持"台湾主体性"，经济上坚持"政策主动性"，"台湾经济永续发展会议"是苏贞昌最好的表演舞台。① 但在接班地位确定之前，苏贞昌的政治处境仍然危机四伏。他必须慎重处理扁苏关系。苏曾比喻"扁是牛排、自己只是小甜点"，后又透过核心幕僚向外界表白作为政治中人，苏对弊案只能"大悲无言"。② 在"挺扁""弃扁"之际，苏贞昌保住自己却可能保不住扁、保不住党；保住扁，却未必留得住"阁揆"，苏的风险不低。③ 陈水扁对苏贞昌极不放心，"阁揆"究竟能做多久，苏心里没把握，所以有挺苏的"新潮流系"频频对外释放苏权力危急的消息。④ 苏贞昌为增强在党内地位，掌控党的决策权，与"新潮流""绿色友谊连线"等联手，在 7 月 23 日召开的民进党"全代会"上，一举囊括 6 席票选中常委、16 席（有说 17 席）中执委，从而使苏在明年"总统""立委"党内初选中处于有利的战略地位。

与此同时，苏贞昌还必须面对李登辉及"独派"的反弹。李登辉及"独派"人士对苏贞昌不放心，认为"苏游体制"太排外，要求苏不和新潮流结盟。李登辉对于苏及新系的"积极定位、自信开放"两岸政策大动肝火，抨击苏在两岸政策上"暗度陈仓"，"褪去绿色，拥抱财团，悖离本土，拥抱中国"，全面杯葛"台湾经济永续发展会议"。⑤

面对苏贞昌"一人领先"态势，党内吕、谢、游等在旁虎视眈眈，动作频频。吕秀莲连续"尊李联谢拉王挤苏"，不放弃"朝野"喝"蓝海咖啡"的机会。吕未来的着力点仍以"副总统"觊觎"总统"职位。但吕因个性在党内形同"孤鸟"，遭到党内甚至"独派"人士的杯葛，她在代理党主席、"罢免案"

---

① 李孟洲：《苏贞昌走不走两岸政策小径？》，台湾《财讯》月刊 2006 年 3 月。
② 台湾《联合晚报》，2006 年 7 月 14 日。
③ 周奕君：《苏贞昌保扁未必保得住自己》，台湾《新新闻》周刊 2006 年 6 月 15 日至 21 日，第 1006 期。
④ 《"新潮流"示警：扁难料，苏贞昌陷险境》，台湾《联合报》，2006 年 6 月 8 日。
⑤ 台湾《自由时报》，2006 年 6 月 28 日、7 月 17 日。

中的诸多动作让人看破手脚，难有作为。绿营许多人只因不希望吕代理"总统"而反对"罢免"陈水扁。

谢长廷积极展开"先批扁、后拥扁、反苏、反新系"的政治运作。谢在卸任"行政院长"后，频频批扁。谢系政治核心谩骂苏贞昌"输掉贞操"，同时在政坛散布谢系的"福利国"系"立委"与隶属陈水扁嫡系的"正义连线"结盟，将矛头对准苏贞昌与"新潮流系"的消息。在谢确定代表民进党参选台北市长后，谢系开始转变策略，表面拥扁、融苏，暗中积蓄实力，等待机会。台政坛还传出谢拟"认养"30 名党籍"立委"，准备在"倒阁"后奋力一搏。同时与李登辉、"台联党"密切互动。①

"四大天王"中游锡堃最能体现陈水扁意志，最近积极运作"党政合议、集体决策"机制，旨在"防吕""遏苏"，最后虽未成功，但对苏有一定的警示作用。②游与党内"反新系"联手，在民进党全代会达成解散派系的决议，"新潮流系"首当其冲，亦显示"苏游体制"联合中也存有裂隙。

7 月下旬的"经续会"、9 月"立法院"新会期与 20 周年党庆等将是民进党内"四大天王"接班人争斗的重要观察点，年底选举结果也有可能改变"一人领先，三人赶超"的局面。

（四）李登辉争夺"本土"正统，以"清廉本土"为号召的第三势力蠢蠢欲动，图谋填补"后扁时代"的权力真空

如今，扁、李关系已由当年"情同父子"变成宛如寇雠。李登辉多次声称"领导人做不好就换人"，谴责陈水扁"不公不义"，欲将贪渎的陈水扁与"本土"切割，③李登辉倚老卖老，要求"台联党立委"投下弃权票，企图为"吕王体制"暖身。④为抗拒"单一选区两票制"构成的"大绿吃小绿"的泡沫化危机，"台联党"决定与民进党沿着两条线切割：一是"腐败本土"对决"清廉本土"，二是两岸政策。台舆论预计 2008 年前将上演李扁之战与马苏之战两场大战。李登辉的战略思路是："打扁—去苏—拖垮民进党"，一方面不容陈水扁染指他手中的"台独"禁脔，另一方面不乐见民进党在"立委"选举与"大选"中获胜，因此，只有将陈水扁斗倒斗臭、将民进党彻底拖垮，"台联党"才能在

① 周奕君：《谢长廷见缝插针频出招》，台湾《新新闻》周刊 2006 年 6 月 15 日至 21 日，第 1006 期。

② 《防吕效应，吓出"党政合议"》，台湾《中国时报》，2006 年 7 月 19 日。

③ 台湾《联合报》社论：《真本土／假本土：李登辉与陈水扁的战争》，2006 年 7 月 3 日。

④ 香港《文汇报》"文汇论坛"，2006 年 7 月 6 日。

泛绿的政治废墟上与民进党平起平坐，甚至取而代之。① 7 月上旬，民进党抛出欲与"台联党"合组类似"绿色公义联盟"的构想，遭到"台联党"的断然拒绝。"多数党组阁"成为李登辉合纵联横的重要杠杆，正与吕秀莲、谢长廷、王金平、马英九等人暗中接触，谋划成立新的"清廉本土"政权，取代陈水扁，重组"第三势力"。②

判断之二：泛蓝面临重新执政的大好机遇，但内部问题丛丛。"马英九现象"成为台湾政治新神话，能否促成"蓝涨绿消"的黄金交叉仍待观察。马英九"蓝海策略"面临重大挑战，其迎向 2008 年的路途依然遥远。泛蓝整合的趋势难以改变，但合并的道路仍然崎岖。"大蓝吃小蓝"，亲民党将进入尾声。

（一）马英九以"蓝海策略"拓展新政治空间

犹如当年"台湾之子"陈水扁那样，马英九成为台湾新的政治迷思，在神话破灭之前，会一直向上翻升。台舆论认为，马英九 2008 年竞选总方略就是所谓的"蓝海策略"：超越蓝绿之争，站上政治制高点，抛开扁、宋、苏、游、谢、吕的竞争干扰，迎向生机无限的蓝色海洋，拉高声势与人气，创造新政治空间。③ 其政治秘诀在于：对内不卷入泛蓝阵营的传统与包袱纷争；对外勿因蓝绿斗争陷入了民进党方面的缠斗中，否则就"只能在猩红的血海中苟活了"。不陷入蓝、绿之争，以温和、理性、清廉的政治风格与形象甩开对手。站在"情、理、法"的角度，透过现有"宪政体制"与对手竞争，进退有据。同时，以"不粘锅、细腻、拖字诀"来应对泛蓝内部整合问题。④ 马试图以其正当性及超高民意为后盾，压制泛蓝内部的杂音。对于宋楚瑜与亲民党，马英九尽量做到"仁至义尽"，但不会力推国亲整合，以免陷入与宋楚瑜竞争的"红海"中，时间会解决泛蓝整合问题。"单一选区两票制"之后泛蓝整合将水到渠成。结束市长任期后，马英九将展开全台走透透行程，跨越浊水溪，深入南台湾，摆脱国民党传统组织与地方派系的纠葛，直接诉诸选民。⑤ "罢免案"激情之后，马英九重回理性、中道路线，"谋定而后动"，争取中间选民。面对马是"时势所造

---

① 台湾《联合报》社论：《李扁之战 / 马苏之战：2008 的两场大战！》，2006 年 7 月 19 日。

② 韦诗君：《祸起萧墙：罢扁表决，台湾政局发展总分析》，台湾《新新闻》周刊 2006 年 6 月 29 日至 7 月 5 日，第 1008 期。

③ 黄创夏：《马英九的"蓝海策略"》，台湾《新新闻》周刊 2005 年 8 月 18 日至 24 日，第 963 期。

④ 纪淑芬：《马英九统治国民党内幕》，台湾《财讯》月刊 2005 年 11 月。

⑤ 孙庆余：《马英九循阿扁模式崛起》，台湾《台湾日报》，2005 年 7 月 20 日。

之英雄"的讥评，马力图展现领导意志与魄力，塑造"创造时势之英雄"形象。相对于民进党政权的贪腐，马英九极力将自己的清廉、正义形象向整个国民党扩散，力图革除国民党长期累积的沉疴，改革党的体质，重建形象，提高党的战斗力。

（二）马英九面临重大挑战

马英九当选党主席之际，面临党产、宋楚瑜及泛蓝整合"三座大山"。时移势异，如今马英九面临新考验。[①]"罢免案"本是一场对陈水扁的政治公审，最后演变成马英九的政治危机，凸显出马危机处理能力不强、政治抗压性不足、政治格局不高等问题，特别是马的政治领导能力遭到外界质疑，马形象受损，满意度跌破五成，对他不满的民众更从 20% 激增到 34%。[②]但马英九真正的政治考验尚未到来。

在"朝野"方面，民进党拿放大镜检视马，在"本土"、省籍、党产等问题上大做文章，展开系列"打马"行动。面对以"保卫本土政权"为号召，可以无所不用其极的绿营对手，马英九必须提前做好应对"台独法西斯"可能使用的"宪改、公投牌""悲情牌""省籍牌""抹红抹黄牌""美国牌""谋杀牌""紧急状态牌"等万全之策。

在泛蓝方面，马英九也面临连、王、宋及国民党"本土"派的搅局与牵制，"连马不和""马王之争""马宋心结"等甚嚣尘上，成为民进党见缝插针、施放和解烟幕弹、榨干王、宋剩余价值、分裂泛蓝的借口。马英九"不粘锅"的政治个性使马面临"人和"难题。马英九持续以"先政策制度，后人事"的论调阻挡王金平"组阁"，未必令王心服口服。在无法掌控国民党"立院党团"的情况下，马英九不能忽视王的影响力。未来马英九能否彻底改造国民党，展现新气象；能否有效整合泛蓝，妥善处理好连、宋、马问题，营造泛蓝大团结气氛，需要以智慧、诚意与包容来面对，仅以"不粘锅、拖字诀"是难以解决泛蓝内部的问题。

在对外关系上，面对美、日等国的不信任，虽然马英九向美、日承诺他将扮演"负责任的利害关系人"，仍难消除美、日的疑虑，说服对方相信泛蓝执政不会损害到美、日的利益。[③]在两岸关系上，马英九在"维持现状""终极统一"

---

① 《三座大山横在马英九面前》，台湾《财讯》月刊 2005 年 4 月。
② 台湾《中国时报》，2006 年 6 月 28 日。
③ 柯希思：《马英九"总统"路"外交"大布局》，台湾《财讯》月刊 2006 年 5 月。

以及"台独选项"之间左右摇摆，省籍是马英九的"原罪""罩门"，马英九的"新本土论述"能否破除"省籍魔咒"，争取更多中南部本省选民的认同，尚待实践的检验。①

面对民进党苏贞昌、蔡英文这一可能的强势对手，马英九未必占有多少优势。在领导、施政能力方面，马备受外界质疑，而苏贞昌得到的掌声多于马英九；在国际观方面，苏贞昌有蔡英文辅佐，不落马之后；在省籍方面，苏具有先天优势，而马能否破除"省籍魔咒"很难说；在清廉度方面，外界至今尚未抓到苏的贪渎把柄，两人不相上下。值得注意的是，马英九的"蓝海策略"存在战略空虚隐患，蓝营内部不和及地方基层不稳，很可能被民进党乘虚而入，切断马与地方基层的关联，使马在"空气票"的包围中迷失方向。

因此，马英九通向 2008 年的道路近看铺满鲜花，实际远比想象中的曲折、艰难，他真正的挑战尚未开始。

（三）国亲整合容易合并难，亲民党泡沫化难免

未来国亲两党仍将"兄弟登山，各自努力"，既联合又斗争，马、宋各走各的道，但泛蓝支持者自动整合的趋势明朗。亲民党成为一股"不可化约的公分母"，"橘子难于变蓝"，在日益边缘化的过程中，宋楚瑜将可能更多扮演"成事不足，败事有余"的"坏孩子角色"，宋仍是马英九无法回避的政治难题。②宋楚瑜与亲民党的政治空间日趋紧缩，泡沫化的阴霾挥之不去。"扁宋会"之后，宋楚瑜就已变成泛蓝食之乏味、弃之可惜的人物。亲民党"立委"出走潮一次次地重击宋楚瑜，使其陷入"政治狼人"的困境。③2006 年"罢免案"中，宋楚瑜重回泛蓝"鹰派"立场，誓言为台湾"流第一滴血"，拉升亲民党的声势。但在台湾的政治资源分配中，亲民党已失去政党的主体性，急剧萎缩成泛蓝的一翼，缺乏与国民党讨价还价的筹码，未来只剩下被收编的命运。2007 年"立委"选后，亲民党"立委"席次有可能只剩个位数，甚至不如"台联党"。台北市市长选举也许是宋楚瑜的最后一战，除了紧抓深蓝选民别无他途，但前景渺茫。此后，亲民党可能曲终人散，进入尾声。

① 纪欣：《从"扁马会"谈马英九的两岸论述》，台湾《海峡评论》杂志 2006 年 5 月 1 日，第 185 期。

② 陈子帛：《台湾政局演变中的"近似值"》，新加坡《联合早报》，2006 年 7 月 4 日。

③ 秦美华：《善变的老宋让选民很为难》，台湾《新新闻》周刊 2005 年 3 月 31 日至 4 月 6 日，第 943 期。

结语

前瞻2008年，蓝绿之争尚难定论，之前"蓝消绿涨"的政治态势有所改变，绿营面临重新洗牌，泛蓝重新执政的机会增多。如泛蓝又一次失去这次机会，民进党长期执政态势难以改变。目前看来，蓝、绿政治势力上的"黄金交叉"仍未形成，马英九仍未解开通向2008年"大位"的政治密码。台湾政论家南方朔发出警语，未来二年台湾政治上更多不可思议、卑鄙、龌龊可怕的事情，都会在"保卫本土政权"之名下做出来。[①] 以"捍卫本土政权"为号召的"台独民粹法西斯"决不会轻易将绿色政权拱手相让。2008年台湾政局有可能面临一场灾难。

民进党上升的态势暂时遭遇挫折，但从长期看，民进党仍是台湾主流政党之一，垄断了"台湾本土"的论述市场，其掌控局势的能力远在国民党之上。民进党有"四大天王"作为备胎接班人选，中生代、新生代政治明星群体即将崛起。与此相反，马英九之后的泛蓝阵营后继乏人，缺乏重量级政治人物，无法与民进党的中生代、新生代相提并论，郝龙斌、朱立伦、周锡玮等人有待历练。仅靠马英九一人独撑"蓝天"，是无法实现蓝天再现的。即使重新执政，面对民进党的强劲挑战，马英九也很难完全控制局势，在两岸关系上有所为的空间有限。因此，未来两年台湾政局仍将政争不断，动荡不安。特别是2008年执政权究竟会落入谁手，仍在未定之天。（本文完成于2006年7月）

---

① 南方朔：《更严重的事还在后头》，台湾《中国时报》，2006年7月18日。

台湾"南绿北蓝"政治生态特征、成因及趋势

台湾"南绿北蓝"的政治生态是在近年选举中逐渐形成、不断强化的历史沉积,在单一席次的选举中表现得尤为明显。这种地域政治认同在某种程度上与岛内政治发展趋势同步演绎,与台湾南北问题中诸如族群矛盾、社会形态、人口结构等因素互为纠葛,左右着众多层次的选举结果。在持续不断的族群动员下,未来"南绿"将会强化趋浓,"北蓝"则可能弱化转淡。"南绿北蓝"政治版图的改变将是一个漫长而又曲折的过程。

一、"北蓝南绿"特征

一般认为,"北蓝南绿"政治生态是在 2000 年"大选"之后形成的,并于 2001 年县市长、2002 年台北、高雄市长选举结果出炉后得到进一步佐证。此后,"北蓝南绿"政治生态成为学术界描述台湾南北政治版图、剖析岛内历次选举过程与结果的基本方法之一。大多数学者是以蓝绿执政县市、蓝绿南北得票率、选民投票倾向等三大指标来论述"北蓝南绿"政治生态,强调南北差异造就蓝绿双方各自的政治版图。

其一,从蓝绿执政版图来看,北部大多数县市属于泛蓝执政天下,而南部多数县市均由民进党当政。2001 年以来,如果以台中、彰化交界的大肚溪为南北分界,则北部 10 个县市除台北县、宜兰县的"绿色走廊"外,包括台北市、基隆市、桃园县、新竹市、新竹县、台中市、台中县、苗栗县 8 个县市均为泛蓝执政的天下;南部 10 个县市除云林县外,包括彰化县、南投县、嘉义市、嘉义县、台南市、台南县、高雄市、高雄县、屏东县等 9 个县市均为绿色执政县市,纳入民进党的势力范围。与 1997 年第十三届县市长选举结果相比,民进党在北部失去了基隆市、桃园、新竹县市、台中县市等多个具有重大战略意义的县市,在南部只增加了嘉义县,执政县市由上届的 14 个减少为 10 个,执政地

区人口从上届的 71.5% 下降到 54.7%。与此相反，国民党、亲民党、新党的泛蓝阵营执政县市则由上届的 9 个上升为 13 个，执政地区人口从上届的 28.4% 上升到 43.86%。此外，东部的花莲、台东以及外岛的澎湖、金门、马祖则为泛蓝版图。（参见表一）值得注意的是，在 2002 年台北、高雄两市议员选举中，泛绿阵营在南部的优势明显，民进党成为高雄市"议会"第一大党，"台联党"也有收获。泛蓝在南部实力有所下降，但在台北市仍占一定优势，新党还取得 5 席议员的好成绩，进一步突显"北蓝南绿"的态势。

表一 "北蓝南绿"的地方政党版图

县市	1997 年县市长选举	2000 年"大选"	2001 年县市长选举
台北市	蓝	蓝	蓝
基隆市	绿	蓝	蓝
台北县	绿	蓝	绿
宜兰县	绿	绿	绿
桃园县	绿	蓝	蓝
新竹市	绿	蓝	蓝
新竹县	绿	蓝	蓝
苗栗县	蓝	蓝	蓝
台中市	绿	蓝	蓝
台中县	绿	蓝	蓝
彰化县	蓝	绿	绿
南投县	绿	蓝	绿
云林县	蓝	绿	蓝
嘉义市	绿	绿	绿
嘉义县	蓝	绿	绿
台南市	绿	绿	绿
台南县	绿	绿	绿
高雄县	绿	绿	绿
高雄市	绿	绿	绿
屏东县	绿	绿	绿

县市	1997 年县市长选举	2000 年"大选"	2001 年县市长选举
花莲县	蓝	蓝	蓝
台东县	蓝	蓝	蓝
澎湖县	蓝	蓝	蓝
金门县	蓝	蓝	蓝
连江县	蓝	蓝	蓝

其二，从蓝绿南北得票率来看，泛蓝在北部得票率较高，而泛绿则在南部得票率高于它在北部得票率，这由 2000 年"大选"与 2001 年县市长得票率得到印证。

首先看 2000 年"大选"中陈水扁、宋楚瑜、连战三组候选人的得票率，陈水扁在全台湾获得 39.4% 选票，但他在南北得票比例是不均衡的，他在北部 10 个县市获 196.2 万张选票，得票率平均为 35.7%，低于 39.4% 的总得票率，其中得票最高的为长期由民进党执政的宜兰县 47%，最低的新竹县 24.8%，即使在台北市，他的得票率也只有 37.6%。与此相反，陈水扁在南部 10 县市获 176.3 张选票，得票率高达 47.5%，超过全台湾总得票率 8 个百分点，其中最低为南投县的 34.5%，最高的为陈水扁的家乡台南县的 53.8%。陈水扁在 10 个县市领先，除北部的宜兰外，其中 9 个县市在南部。南部的高得票率，且大幅领先宋楚瑜是陈水扁获胜的关键区域，成为民进党的大票仓。宋楚瑜在北部获者 226.7 万张选票，得票率为 41.3%，但在南部只获 101.7 万张，得票率只有 27.4%，与陈水扁的差距拉大到 20 个百分点，其中最低的台南县只有 21.3%。由北部经中部向南部，宋楚瑜的得票率不断减少（41.28%—38.3%—27.4%），而陈水扁的得票率不断提高（35.73%—37.58%—47.48%）。宋楚瑜赢得了北台湾、东台湾和外岛等 15 个县市，却仍追不回来中南部的巨幅落后；陈水扁在中南部 7 个县市的得票，比连、宋加起来还多。南部成为宋楚瑜的罩门，而南部则是陈水扁的大票仓、福地。[①]

其次从 2001 年县市长选举的得票率来看，民进党在北部 9 个县市"一对一"对决中，得票率为 45.14%，与过半的实力尚有一段差距，而泛蓝则大多数

---

① 文久:《"南北问题"将决定台湾"大选"结果》,香港《广角镜》月刊 2003 年 9 月 16 日至 10 月 15 日,总第 372 期。

以过半的实力当选，其中台北市市长选举中马英九以 64.11% 的得票率击败对手，而在台北县、宜兰县则以 3% 左右的微弱差距落选。但在南部十个县市，民进党的得票率高达 59.47%，泛蓝则与对手的差距拉大，在高雄县、屏东县、台南县的差距接近 10 个百分点。因此，2001 年县长、2002 年北、高市长两次选举被当作是继 2000 年"大选"后，强化"北蓝南绿"政治生态的关键性政治资源分配。一般认为，北部泛蓝较泛绿的优势并不大，而南部泛绿则较泛蓝的优势为大，也不利泛蓝的选举（参见表二）。在 2004 年"大选"态势中，"扁吕配"与"连宋配"的多份民调表明，"北蓝南绿"的政治生态不但没有弱化乃至改变，相反呈现出不断强化的趋势，对此次选举结果产生重大影响。虽然蓝绿两大阵营都试图强化"北蓝"、弱化"南绿"或弱化"北蓝"、强化"南绿"，但短期内难以改变这种政治生态结构。

表二：2001 年县市长、2002 年北、高市长选举蓝绿得票率（%）

县市	1997 年县市长选举得票率 1998 年北、高市长选举			2000 年地区领导人选举得票率			2001 年县市长选举得票率 2002 年北、高市长选举		
	国民党	民进党	其他	国民党	民进党	其他	国民党	民进党	其他
台湾地区	42.12	43.32	14.56	23.1	39.4	37.4	35.15	45.27	19.59
台北市	51.13	45.91	2.97	21.9	37.6	40.3	64.11	35.89	0
高雄市	48.13	48.71	3.16	24.	45.8	30.1	46.82	50.04	3.14
基隆市	37.97	42.75	19.28	21.5	30.8	47.5	58.09	41.91	0
台北县	38.67%	40.67	0	22.4	36.7	40.8	48.16	51.31	0.52
宜兰县	46.17	53.83	0	19.5	47.0	33.3	47.18	50.88	1.94
桃园县	42.96	56.2	0	22.2	31.7	46.0	55.24	44.20	0.56
新竹市	42.79	56.11	0	22.4	33.8	43.7	56.1	42.77	1.22
新竹县	32.89	36.12	30.26	20.7	24.8	54.4	53.1	46.3	0
苗栗县	35.37	4.17	54.8	22.2	26.8	50.9	23.88	0	52.57
台中市	41.28	49.57	0	21.2	36.9	41.8	49.08	40.74	10.18
台中县	29.26 24.33	37.6	5.99	24.7	36.5	38.6	49.48	41.02	9.49
彰化县	49.56	48.66	0	25.7	40.1	34.1	41.99	49.17	8.84

县市	1997 年县市长选举得票率 1998 年北高市长选举			2000 年地区领导人选举得票率			2001 年县市长选举得票率 2002 年北、高市长选举		
	国民党	民进党	其他	国民党	民进党	其他	国民党	民进党	其他
南投县	30.11	30.8	31.61	18.2	34.5	47.2	18.76	36.79	50.13
云林县	34.93	29.11	34.04	24.8	47	28	51.53	48.47	0
嘉义市	42.52	5.45	50.23	23.2	47	29.6	4.71	44.84	20.45
嘉义县	53.26	46.74	0	23.1	49.5	27.3	44.25	47.22	8.8
台南市	38.78	35.75	0	25.9	46.1	27.9	37.4	43.23	19.62
台南县	34.27	65.73	0	24.7	53.8	21.3	44.47	51.5	4.04
高雄县	44.69	51.74	0	24	47.1	28.8	29.45	54.8	15.75
屏东县	41.45	55.42	0	27.7	46.3	25.9	40.61	55.37	4.05
花莲县	56.76	43.24	0	19.3	21.4	59.2	39.28	31.37	29.33
台东县	47.64	5.73	46.63	23.7	23.2	53	36.9	17.32	45.77
澎湖县	57.53	42.47	0	23.3	36.8	39.8	55.32	36.25	8.42
金门县	58.61	0	41.39	0	0	0	5.99	6.2	82.85
连江县	61	0	39	0	0	0	44.2	0	55.8

（注：其他类包括亲民党、新党及无党籍）

其三，从选民投票行为来看，北部民众较习惯于投票给泛蓝，但支持度脆弱、投票率低；而南部民众形成了"认同投票"的投票惯性，南部民众偏好泛绿的民进党，习惯于选择民进党，且投票倾向比较稳定、持久、强烈，投票率高，不易改变。甚至在南部出现"死忠本土票"，目前在南部地下流传"宁做乞丐，也要投阿扁""肚子扁扁，还选阿扁"的传言，充分表明南部选民的投票行为中情感的成分居多，特别是在领导人层级的选举中。台湾"北蓝南绿"的政治生态与台湾南北居民不同的省籍结构有着极大的关联。台湾北部属于外省人、客家人密集居住的地区，台北县市、桃园县、基隆市是外省人比例最高的四个县市，合计占全体外省人口数的 49%。历次选举民调显示外省人对于泛蓝候选人的支持率高达八成以上。全台湾有 55 个客家乡镇，主要分布在北部的桃园、新竹、苗栗以及东部的花莲等地，而北部客家人传统上也是泛蓝的重要票源。[①]
与此相反，南部属于闽南人密集居住区域，对国民党的不满情绪比较高，倾向
支持"本土"性更强的民进党。从2000年"大选"的蓝绿双方得票率来看，陈
水扁从闽南人族群中获得46.5%的得票率，而连萧配与宋张配合计只有38.5%。
反映出闽南人对陈水扁认同度高，而外省人、客家人则高度投票给泛蓝。这种
现象在2004年的"大选"中并没有得到改变，相反得到强化（参见表三、表
四）。同时在近一二十年台湾人口迁移中，南部人口中的青壮年、知识水准较高
者不断向北部工商社会迁移，导致南部人口老化与素质下降，对政治鉴别力明
显受到特定政治势力、特别是受狭隘的地方意识所左右。特别是在民进党的族
群意识动员下，南部民众有进一步排斥泛蓝与向民进党靠拢的趋势。在地方性
的选举中，北部与南部民众的投票的行为差异并不大，但在重大单一选举中，
南部民众支持民进党的倾向与对选举的影响更为明显，导致中南部本土意识选
民在2000年选举中高度集中投扁。值得注意的是，北部地区泛蓝占有优势，在
南部地区支持力量较弱；泛绿在南部地区占有较大优势，在北部地区相对较弱，
但泛绿与泛蓝在北部的差距相对较小，但泛蓝与泛绿在南部的差距则较大，从
而在整体上泛绿阵营相对处于优势。

表三：2000年各组候选人在各族群中的支持率（％）

族群	连萧配与宋张配合计	陈吕配	其他
闽南籍	38.5	46.5	15
客家籍	58.8	27.5	13.9
外省籍	80	10	9.2
台湾少数民族	90	0	10

---

① 王甫昌：《族群接触机会？还是族群战争？：本省闽南人族群意识内涵与地区差异模式之
解释》，《台湾社会学》杂志第四期，2002年12月。

表四：2004 年两组候选人在各族群中的支持率（％）

族群	联合报		中国时报		中天山水	
	陈吕配	连宋配	陈吕配	连宋配	陈吕配	连宋配
闽南籍	44	34	40	32	50.6	12.2
客家籍	29	50	35	40	18.4	30.4
外省籍	15	74	7	72	2.8	71.8

（注：联合报发布于 2003 年 12 月 29 日，中国时报发布于 2004 年 1 月 20 日，中天山水发布于 2004 年 1 月 17 日）

其四，策略性投票所产生的"弃保效应"成为"北蓝南绿"政治生态的另一种投射。在单一席次的选举中，每逢三足鼎立，比较容易在南部的本省选民与北部的外省选民中发生"弃保"现象。1998 年台北市市长选举中发生的"弃王保马"与 2000 年"大选"中发生的"弃连保扁"现象，对"北蓝南绿"作了新的注解。1998 年，自信"政绩出色"的陈水扁败给马英九，有分析指出台北市的外省籍选民，超过八成支持马英九，而新党的支持者为了将陈水扁拉下来，策略性地放弃支持同党候选人王建煊，投票给马英九，形成所谓的"弃王保马"。在 2000 年选举中，产生两大选民板块的"弃保"效应，一种是有南部"本土意识"的选民，选票主要在连、扁之间移动；另一种是传统国民党的选票，在连、宋之间流动，主要发生在北部。连战的最后得票比例比预估的少了 6.2%，宋楚瑜多了 1.9%，而陈水扁则多了 3.5%。[1] 连战的选票受到陈水扁与宋楚瑜的两头吸纳，连战可谓两头失血（参见表五）。"弃连"之后，陈水扁得利较多的县市有 11 个，大多集中在南部。而在北部的"弃连保宋"现象并没有完全发酵，显然不够彻底，终于不敌中南部"本土（省）意识"选票强烈的"弃连保扁"行动，导致宋楚瑜当年以微弱差距落败，陈水扁则被称为"南台湾选出的'总统'"。"弃保效应"的一再发生，进一步强化"北蓝南绿"的政治生态。[2]

---

① 盛治仁：《台湾两千年"总统"选举投票行为研究》，台湾韦伯文化事业出版社 2001 年 7 月版。

② 杨宪村：《2004 年台湾"总统大选"前景预测》，引自中国网 2002 年 7 月 26 日。

表五：2000 年地区领导人选举中"弃保"效应

弃保效应类型		县市
弃连保扁		宜兰县、新竹市、台中县、南投县、台南市、高雄县、高雄市、台东县、花莲县
弃连保宋		台北县、台中市、金门县
连两头被弃	保宋多	苗栗县
	保扁多	屏东县
	两方平均	基隆市、彰化县、嘉义县
弃连扁保宋		新竹县
弃连宋保扁		云林县、澎湖县
弃扁保宋		桃园县
弃扁保连		连江县
弃宋保连扁		嘉义市
无弃保		台北市

其五，与"北蓝南绿"政治生态有异曲同工之妙的是台湾民众"北统南独"的统"独"光谱，一定程度上凸显出南北选民的蓝绿地域色彩差异。岛内民众对于中国人、"台湾人"身份认定、统、"独"、"维持现状"的看法相当分歧，但南北不同地区的选民呈现出区域特征。据东吴大学政治系盛治仁的一份研究报告显示，"南独北统"成为"北蓝南绿"政治生态的隐性显现。他针对北高两市民众的统"独"态度作民调，发现在高雄市民部分，若两岸能和平则支持独立的比率为 60%，反对为 35%。若两岸条件相当则愿统一者比反对者少了三个百分点。与此相反，台北市民支持有条件统一的比率为 49.2%，比反对者多了十个百分点，支持或反对有条件"独立"的台北人则旗鼓相当，分别为 46% 与 45%。[①] 当然，台北不一定代表台湾北部，高雄也不一定代表台湾南部，但南北民众统"独"态度上的差异却是显而易见的。

上述五项特征显示出台湾"北蓝南绿"的政治结构属于长期的历史沉积，短期内不容易改变。值得注意的是，"北蓝南绿"的政治生态只是一个相对的概念，此一说法并未在历次"立委"、县市议员及地方乡镇长选举中得到确切的数

---

① 田习如：《"独"票、统票、现状票：统"独"民意现况总探索》，台湾《财讯》月刊 2003 年 11 月。

据证明。民进党在"立委"选举中从来没有在南部任何一个县市中过半，维持在 30%—40% 之间，只有在 2001 年加上"台联党"后得票率才逼近 50%，在台南市两者相加有过 51.6% 得票率纪录。在台南、高雄、屏东 3 个县中，民进党虽然在县长选举中占优，但在"立委"选举中仍居劣势。同时，除少数几个县市长期皆由某些党派执政外，泛绿在南边或泛蓝在北边，并非总居于独占地位，地方县市长变换频繁，选票相差无几。如果以 2001 年的选民数统计，南部 8 个县市的选民数总和约为 500 万，只占全台选民总数的 32.4%，比台北市、台北县和桃园县相加约 560 万，还少了约 50 多万选民。因此，有人对"北蓝南绿"的说法提出质疑，认为反映当前台湾政治生态的多变潜能，难以用如"北蓝南绿"简单的语言来形容。[①]

二、"北蓝南绿"成因

"南绿北蓝"政治态势是近几年来台湾政治所特有的，但这一政治态势出现的原因绝非始自今日，它是台湾社会、政治、经济与文化等各方面因素长期累积、综合影响所形成。台湾岛地域面积尽管不大，但却存在着明显的地域差异，本岛与离岛，东部与西部，尤其是南台湾与北台湾在经济发展水平、社会结构及文化意识等方面存在着较大的差异，而国民党执政时代的"重北轻南"政策及民进党在上台前与上台后所刻意挑起"省籍意识"与"省籍矛盾"的做法，进一步加剧了南北矛盾。

（一）国民党执政时代"重北轻南"政策

国民党自大陆败退台湾之后，以"反共复国"政策为指导，集中力量建设台湾，而在经济实力不足的情况下，将北台湾作为发展的重心，在地方建设、财政税收、都市发展各方面给予了北台湾以大量的政策优惠与财政支持。如以 1995 年为例，是年台北市的财政收入是 1240 亿元新台币，而高雄市只有 527 亿元新台币；2001 年台湾当局给台北市的统筹分配款及其他补助总数是 1159 亿元新台币，而高雄市只有 511 亿元新台币，相差几乎一半，从而加剧了南北台湾在经济与社会等方面发展程度上的差异。这正如台湾媒体所描述："长期以来，政治权力中心在台北，资源分配中心也在台北。台北的发展，远快过其他地区。工业化过程中，农村残破凋零，诱发出人口大迁移。年轻人口纷纷离开

---

① 游清鑫:《台湾政治的北与南》，引自 http://www.twpolitics.com；洪永泰:《真有"南方政治"吗？》，《国政评论》，2003 年 8 月 19 日，引自 http://www.npf.org.tw。

家乡，朝台北集中。台北像一块大磁铁，吸来了劳力，吸来了资金，距离台北越近的，越有机会分享台北资源；离台北越远的，越有可能在发展中被抛掷到后面去。"南部离台北很远，所以随着时间过去，跟台北的差距越来越大。从政治上的差距，演化成社会结构的差距，再到文化认同上的差距。"[①]

（二）南北经济发展程度的差异

南北经济发展程度上的差别是台湾南北差异中最大的差别。自 20 世纪 60 年代中期开始"起飞"后，台湾经济发展总体上比较成功，但在其内部的发展程度上却也存在着不小的地域差异：北部地区工商业比较发达，都市化程度高，经济发展程度相对也高，而南部地区的经济发展比较落后，都市化程度相对要低。

从产业结构来看，北部地区以工业与服务业为主，而南部地区则是工业与农业为多，服务业地位相对较低。至 20 世纪 90 年代，北部地区的第三产业产值占 GDP 的近 70%，而南部则只有 50%。南部的云林、台南、彰化、嘉义和屏东等仍是主要的农业地区，尤其是浊水溪以南的云嘉南地区一向是台湾最大的粮仓。台湾最主要的经济作物——甘蔗集中生产于台南、嘉义、彰化、高雄等地区，特别是屏东县，其稻谷产量是全台的第二位，凤梨产量占全台的 20%，香蕉占近 50%。

从南北企业数来看，北部的工商企业数成长要快于、大于、多于南部。据统计，北部地区制造业厂家数目所占比例在 1954 年是 33%，1986 年是 42%，至 20 世纪 90 年代是 50%，而南部地区制造业厂家数目从 1954 年所占比例的第一位，至 1961 年降至第二位，1966 年降低到第三位，只有 20% 多。20 世纪 90 年代，北部地区工商业数有 36 万家，占近 50%，而南部地区则只有 20 万家，占 27%。

从南北工业产业来看，北部地区的高科技产业发展迅速，而南部则以传统工业与重化工业为主。全台 90% 以上的高科技产业的企业数、产值和就业人口集中在北部，其中又以新竹科学工业园区为多。以 20 世纪 90 年代为例，在全台的 264 家主要信息电子厂商中，分布在北部地区的台北市、台北县、新竹县市及桃园县等地的有 248 家，占总数的 93% 多，只有 16 家分布在高雄县、屏东县等，占总数的比例不到 7%。[②]

台湾南部工业有"两多"：一是多纺织、饲料及食品等传统产业，如高雄与台南两县的饲料工业工厂数在 1999 年占全台的一半以上；二是多污染的重化

---

① 台湾《新新闻周报》，2004 年 1 月 20 日至 2 月 4 日，总第 881—882 期，第 8 页。
② 台湾《资讯电子工业年鉴》1996 年版。

工业，如钢铁、造船、石油冶炼、水泥、化工等工业主要集中在南部地区，高雄县市是台湾石化工业的重心，"中国石油公司"所属的高雄炼油总厂与第一、二、三、四、五等五个大型轻油裂解厂都在高雄地区。工厂在南部，造成了南部环境的严重恶化，但是，总公司设立在北部，因此，南部民众提出"污染在南部，缴税在北部"这样的产业布局不合理。

（三）南北社会发展程度与社会结构的差异

其一：台湾南北社会发展程度的差异。台湾南北经济发展程度的差异也直接导致了南北社会发展程度的差异——都市化的程度有别，可以以都市化的重要指标——人口分布的比例为例：如前所述，早年台湾经济的重心在南部，人口也主要集中在南部地区，如在1811年台湾近195万的人口中，北部只占13%，南部占了67%，余为中部与东部；到1893年，总人口增加到255万，北部与中部人口比例分别增加到26%与30%，但南部人口比例仍有43%；1949年后，二、三百万国民党军政人员自大陆来到台湾，并主要居住在北部。随着工业化的展开与国民党"重北轻南"政策，经济重心的北移，北部人口持续增加，至20世纪70年代，北部人口比例超过南部，1990年北部人口比例达到42%，南部人口比例降至不到30%，中部则为25%。

都市化程度的差异还表现在教育程度上的差别：1989年北部地区学校数占全台各类学校数的近40%（其中台北市占13%），而南部只有30%多（其中高雄市占7%）；北部地区有大专以上文化程度者占30%，而南部地区只有7%。

其次：南北社会阶层上的差异。由于北部是台湾政治、经济与文化的中心，都市化程度相对要高，因此，军公教人员及自由职业者等中产阶级的比例要高；而南部地区的经济结构决定了其社会阶层是以工人与农民为主的劳工阶层为多，如南部地区不少县市的人口结构，到20世纪90年代，农业人口仍然占总人口的一半以上。高雄市就被称作为"劳工都市"。

第三：南北族群分布的差异。台湾社会有四大族群：闽南人、客家人、外省人与少数民族。其中闽南人最多，约占总人口的70%，客家人与外省人各有14%左右，少数民族只有1%多。这四大族群的人口在地区分布上有差异：客家人与外省人主要居住在北部，其中客家人尤其集中居住在桃园县、苗栗县与新竹县市，分别占当地人口的40%、70%与80%多，外省人主要居住在台北市县、桃园县、新竹市等，因此，北部地区虽然还是以闽南人为多，但客家人与外省人的比例相对较高。而南部地区则以闽南人为主体，占地区总人口的90%

以上，在高雄县的美浓镇、屏东县的六堆等地有少量客家人（称"南客"，以有别于居住在桃、竹、苗等北部地区的"北客"），南部的外省人主要在高雄市。这种族群分布上的差异，有利于民进党以民粹主义为工具，操弄省籍情结，营造有利于己的"南部大票仓"。

（四）南北历史文化的差异

由于南部虽然开发较早，但却是典型的以农业为主的社会，因此其文化是相对传统的草根文化，与北部受到较多的西方文化等影响的都市文化相比，南部文化更草莽、更传统、更基层。南部民众较早移民来台湾，与祖国大陆的血缘宗亲关系因年代久远而趋于淡漠。因此疏离感强、认同度低，具有较为浓烈的台湾"本土"意识。而北部地区民众显然是外省籍居多，且教育程度较高，因此疏离感相对较弱。而南部民众的性格具有冒险性、开拓性、斗争性、狭隘性，固执、倔强、情绪化强，有逆反心理，脾气来得快，消失得也快。特别是悲情意识这一特性，过去被李登辉、现在被陈水扁等所利用，成为南北矛盾、族群矛盾与省籍矛盾的工具，也成为民进党当局主导下的"政治正确主义"的社会支持基础。

（五）民进党族群意识

民进党以台湾本省人政党自居，其意识深层尤其代表闽南人的思想意识，[①]有所谓"福佬沙文主义"的思想倾向，如以讲闽南话为荣，甚至在选拔"考试委员"试题中用闽南话出题等。在选举中挑起省籍意识，激化族群矛盾，提出过"台湾人选台湾人当省长""台湾人选台湾人当总统"等口号。由于"选举激化了不只是族群意识形态，还有地域意识形态。选票和区隔市场带来的利益，让许多人纷纷投入在撕裂南北的行动中。"

正是由于历史、经济、文化乃至政治上的多方面因素的综合作用，造就了南台湾与北台湾社会之间在各方面存在差异。对于各方面问题的认识，南北台湾民众的看法都不一样，"从威权到民主，从"大中国"到"本土化"，这是台湾历史过去十几年的主轴，然而民主是什么，"本土化"是什么，其实南部的理解，跟台北都不一样。"[②]

三、"北蓝南绿"趋势

"北蓝南绿"政治生态是在特定的时空条件下生成的，也是在岛内日益频

---

① 台湾《新新闻》周刊 2004 年 1 月 20 日至 2 月 4 日，总第 881—882 期，第 8 页。

② 同上。

繁、日趋激烈的选举氛围中，经由蓝绿双方的政治操作而逐渐发酵、累积的政治图象，它与岛内政治、经济与社会、文化的发展演变构成相互激活、催化的因果关系，只要内外环境没有基本的改变，这种政治生态难以发生历史的断裂而迈向崭新的政治新境。从近期与远期的演变轨迹中可以预见"北蓝南绿"的政治生态呈现出三大趋势。

其一，"北蓝南绿"生态结构将在一段时期内继续存在，但"北蓝"有可能进一步弱化，而"南绿"日趋强化。由于受到"本土化""去中国化"与"渐进式台独"思潮的侵袭，台湾民众特别是南部民众的族群意识时常处于激活状态，以"非我族类、其心必异"作为政治判断标准，每逢选举，便遭遇到有心人士、政客的蛊惑与挟持。事实上蓝绿双方的政治人物都在有意、无意地玩弄这种族群、省籍的游戏。对泛蓝阵营来说，他们要继续巩固在北台湾的优势，最好能扩大对民进党的优势，特别是要强化外省族群的忧患、危机意识，争取客家族群的支持，在南部则极力争取本省选民的理解、认同与支持，降低民进党在南部的支持率。总之就是强化"北蓝"、淡化"南绿"的政治结构。与此相对应，泛绿阵营的策略也是强固"南绿"生态，进一步拉大对泛蓝的优势，使之呈现深绿色彩，在北部则弱化"北蓝"格局，最好是由蓝转绿。由于南北民众政治素养、政治判断力以及资讯拥有量的差异，北部民众很难成为政治人物操控的对象。同时国亲阵营的两岸政策已经大幅度地向统、"独"中间调整，泛蓝开始变色，逐渐由泛蓝向浅蓝、甚至浅绿移动，因此"北蓝"格局将趋一于弱化。与此相反，南部民众易受非理性政治价值标准与政治势力的掌控，"认同投票"现象将得到相当程度的激发与升华，"南绿"的色彩转趋浓烈。在2004年"大选"中，"北蓝南绿"的政治生态进一步强化，民进党赢的策略就是扩大南部县市的领先优势，锁定得票率超过陈水扁上次选举十个百分点以上，各县市至少超过2001年该县市长的得票率，最好达到60%的战略优势。在北部缩小与泛蓝的差距，只要小输就是赢。从《联合报》《中国时报》最近所发布的民调显示，在北部族的大台北地区、桃竹苗地区，"连宋配"拥有较大优势，在10到20个百分点之间；在中部的中彰投，双方旗鼓相当，"陈吕配"有超越"连宋配"的趋势；然而在南部的云嘉南与高屏澎地区，"陈吕配"领先"连宋配"13到18个百分点（参见表六）。民进党内部评估，"陈吕配"与"连宋配"的差距有缩小的趋势，蓝绿双方的差距有时处于误差范围之内。可以预见，在某些政党、政客持续不断的族群动员下，"北蓝"将遭弱化，蓝色由浓转淡，而"南绿"不断增色，绿色板块有可能由南部经中部逐渐向北部移动，加速"北蓝"弱化进程，使"北蓝南绿"的政治生态演变为"北部浅蓝、中部蓝绿交错、南部深绿"，最后实现"绿化"全台湾的目标。

表六：北、中、南两组人选支持率（％）

	大台北		桃竹苗		中彰投		云嘉南		高屏澎	
	联合	中时	联合	中时	联合	中时	联合	中时	联合	中时
陈吕	34	30	30	27	39	35	46	43	48	44
连宋	49	43	48	47	35	32	32	25	35	27

（注：《联合报》民调发布于 2003 年 12 月 29 日，《中国时报》民调发布于 2004 年 1 月 5 日民调）

其二，"北蓝南绿"政治生态能否在"立委"、县市议员、地方乡镇长的选举中表现出来，有待时间的检验。尽管在"总统"、台北、高雄市长及县市长等单一职位选举中，呈现出"北蓝南绿"的生态特征，但在同一选区多数名额如"立委"、县市议员选举中，尚未有足够的数据证明"北蓝南绿"这种生态结构的存在，而在最基层的乡镇长选举中，泛蓝及无党籍占绝大多数，接近八成，而民进党、"台联党"等泛绿势力无法在基层深耕，得票率不足20%，无法体现"北蓝南绿"的特征（参见表七）。而"北蓝南绿"的选举效应能否延烧到"立委"、县市议员以及最基层的乡镇长选举中，与"北蓝"或"南绿"走势、即蓝、绿两大势力消长有很大关联。

表七："立委"、县市议员各政党得票率（％）

选举项目	国民党	民进党	新党	亲民党	"台联党"	无党籍
1995 年"立委"	46.06	33.17	12.95	0	0	0
1998 年县市议员	49.02	15.77	3.10	0	0	0
1998 年"立委"	46.43	29.56	7.06	0	0	0
2001 年"立委"	28.56	33.38	2.61	18.57	7.76	0
2002 年县市议员	35.95	18.19	0	7.01	0	0
2002 年乡镇长	45.40	19.12	0.11	2.16	0.49	31.92

其三，经过一定历史阶段的演进，在一定时空条件下，经过多次政党轮替后，台湾政治结构将朝向成熟的两党政治方向发展，"北蓝南绿"政治生态有可能得到弱化，甚至被彻底打破。从一二十年的长程看，随着有"皇民化"倾向的老一代淡出历史、因南北平衡发展所促成的人口南、北之间双向流动、不同省籍的地域分布趋于平衡、选民政治文化素养的提升、岛内两党政治发展趋势以及国际环境与两岸关系的良性演变等因素，台湾民众的"省籍意识"将趋于淡化，政党认同上的地域差异将趋弱化。政治竞争将导向经济、民生等政策主轴，所谓族群、悲情的动员方式越来越没有效力，得不到大多数选民的回应。台湾政党政治渐趋成熟，超越政党认同上的地域差异，淡化"北蓝南绿"格局，朝向合理、多元、良性的政治竞争迈进。

"北蓝南绿"的政治生态属于历史的积淀，短期内不但难以改变，甚至有可能逆向发展，"北蓝"弱化，"南绿"增色，岛内分离倾向日趋严重，"台独"势力可能主导台湾政治生态的演变，毒化两岸关系，"台独"越来越成为现实威胁，对祖国统一大业以及我国战略机遇期构成严峻挑战。针对"北蓝南绿"的政治生态及其走势，我们应有清醒的认识，发挥对台工作的综合优势，立足长远，真正贯彻"寄希望于台湾人民"，积极争取台湾民心，共同建设、发展、维护好中国人共同的家园。（本文完成于 2004 年 2 月）

2016 台海情势蠡测

2008 年以来两岸关系进入和平发展崭新时代，改变了两岸关系历史面貌，调整了两岸关系固有结构，加快了两岸关系发展进程。面对 2016 年台湾政局翻转与国际态势风云变幻，民进党以"软对抗"替代"硬冲撞"，两岸关系较多可能进入"冷和平"。如何维护两岸和平发展，考验两岸同胞智慧。

一、骨牌效应：从"九合一"到 2016 "大选"

（一）"九合一"酝酿台湾政经结构重大变化

2014 年 11 月 29 日"九合一"选举反映了台湾六个深层次、结构性变化。

1. 蓝绿政治版图发生结构性逆转，"蓝不再大于绿"

"蓝大于绿"已成为过去，泛蓝基本盘丧失原有优势，蓝、绿基本盘已是旗鼓相当、不相上下。国民党的家族政治、地方派系轰然瓦解。未来胜负的关键在于中间选民。游盈隆此前提出蓝、绿基本盘为 36% 对 30%，而蓝、绿之外的中间选民约有 30%。其中 2008 年中间选民投票给马英九，2012 年"大选"中马、蔡在中间选民部分平分秋色，分别为 24.8%、24.7%。[1] 普遍认为 2014 年选举中中间选民绝大多数投给绿营及无党籍候选人如柯文哲。有观点认为蓝绿政治版图仍是旗鼓相当，应该以蓝绿县市议员的得票率来评估双方的基本盘，亦即蓝为 36.87%，绿为 37.08，其余为无党籍 22.65%。[2]

2. 选民结构发生变化，年轻世代崛起并左右选举结果

外省第一代凋零，每年消失 10 万左右，他们原本是泛蓝的基本盘。年轻世代"80、90后"酝酿政治气氛，主导选举成败。20—40 岁人群占台湾人口

---

[1] 游盈隆：《天人交战：2012 台湾"总统"选民的抉择》，台湾允晨文化实业有限公司 2012 年 6 月版。

[2] 黄伟峰：《解读"九合一"选举结果的三项意涵》，《台海研究》，2015 年第 1 期。

的 40%，每年新增"首投族"20 万，四年便增加 100 万。年轻世代的政治投票行为已从"勇于表态、懒得投票"转变为踊跃投票，不但自己投票，积极募款，而且动员父母、亲朋好友返乡投票。据台湾趋势民调显示，年轻族群投票率远高于过去平六成的投票率，20—29 岁达到 74%，30—39 岁高达 78.2%。[①]"80、90 后"是李扁"本土化""去中国化"及"台独"教育所结出的政治新品种，"台湾认同""台湾主体性"、甚至"台独"意识浓厚，经"3·18 反服贸事件"后"反马""反中""反商"的情绪高涨。这群"80、90 后"中一部分是东南亚如越南新娘的后代，他们没有两岸关系概念，只有台湾地区与越南的概念。年轻世代踊跃投票且倾向绿营候选人可能是本次选举翻盘的重要因素。

3. 两岸议题不再是蓝营强项

两岸议题对泛蓝并没有形成加分效应。所谓阶级矛盾、贫富差距、世代剥夺、分配正义、居住正义等议题有取代传统的统"独"、省籍议题的趋势，成为影响选举结果的重要议题。

两岸议题并没有成为此次选举的显性议题，但属于隐性议题，对选举产生深度影响。两岸议题无法为国民党候选人加分，郭台铭出来喊话、国民党打"经济牌""危机牌"、统"独"牌如连战的"皇民说"、郝柏村"中华民国存亡说"等对泛蓝动员没有效果，反而刺激年轻选民、中间选民投绿。

民进党长期炒作"两岸政经利益集团""图利财团""腐败到台湾""今日香港，明日台湾"等议题，在此次选举中得以发酵，成为绿营候选人、柯文哲的竞选利器。[②]民进党到处特别是在中南部释放"票投国民党，台湾变香港"、"国民党不倒，台湾不会好"的"耳语效应"，恐吓台湾选民，影响中间选民投票行为。周边各种矛盾交叉叠加，包括"乌克兰事件"、"苏格兰公投"、香港"占中"等强化了"今日香港、明日台湾"的"寒蝉效应"，也强化了岛内"反中""反商""反权贵"气氛，民进党对于两岸关系和平发展的攻击主导了岛内的民意气氛，引导选民把不满发泄到国民党候选人身上。

4. 台湾民众疑虑增加，民意呈现矛盾

台湾部分民众对大陆机会、市场"既期待又怕受伤害"，想赚钱但又要保持

[①] "台湾智库"委托民调：《"九合一"选举投票行为调查》，引自台湾趋势民调公司网站 www.polls.com.tw。

[②] 范世平：《2014 年下半年两岸关系突变及其影响之研究》，台湾《展望与探索》月刊 2015 年 5 月号，第 13 卷第 5 期。

台湾"主体性"、政治上的"自主权"。"台湾认同"上升、台湾"主体性"意识高涨，对于两岸关系快慢、质量、分配等众说纷纭，有关"世代剥夺"、"图利财团"、两岸竞争、经济依赖导致政治依赖、两岸民众之间好感度下降、负面评价上升等等说法甚嚣尘上。台湾民众"自尊心"受到伤害、自信心下降，各种矛盾影响到民众对于两岸关系的态度。

5. 新媒体打败了旧选战

此次网络工具打败了传统的选战方式。网络聊天如 facebook、"批踢踢"、LINE 等帮助绿营及柯文哲，而国民党的候选人成为嘲笑、恶搞、霸凌的对象。据趋势民调显示，台湾选民获得选举资讯的来源，电视新闻 64.1%、网络新闻 10%、亲朋好友 6.5%、报纸 4.8%、社群网站 2.5%、广播 0.8%。其中电视新闻很多来自网络，说明网络对于台湾选举的影响越来越大。[①]

6. "公民运动"与"白色力量"高涨

台湾社会运动近年有高涨趋势，以前关注人权、环境、弱势正义等公共议题，经过"柯文哲现象"的催化吸纳，"公民运动"转化为"白色力量"向政治与选举领域转换，搭上网络的翅膀，在台湾蓝绿分野中找到了非蓝非绿的灰色政治地带，影响了台湾政治演变的进程。

"九合一"选举"骨牌效应"已经显现，2016 年政党轮替几无悬念。地方选举对于大选具有骨牌效应还是钟摆效应，韩国曾有"钟摆效应"，台湾只是"骨牌效应"。2010 年韩国李明博的大国家党在地方选举中惨遭滑铁卢，但朴槿惠接任党魁后卧薪尝胆，奋起改革，最后于 2012 年赢得大选。但在台湾 1997 年、2005 年地方选举后，都出现"骨牌效应"。"钟摆效应"一般发生在"大选"后选民在地方选举中对于败选者的补偿，尽管最近在地方县市的议长选举中出现局部"钟摆效应"，但"九合一"的"骨牌效应""西瓜效应"盖过了"钟摆效应"。主要在于两场选举间隔太近，国民党短期内无法恢复元气、马英九两岸牌失灵、国民党缺乏强有力的候选人。

（二）2016 台湾剩余悬念

2016 年 1 月 16 日台湾举办"总统"与"立委"两场选举，民进党卷土重来、蔡英文当选几无悬念。没有大悬念，但尚存四个小悬念。

---

① "台湾智库"委托民调：《"九合一"选举投票行为调查》，引自台湾趋势民调公司网站 www.polls.com.tw。

1. 蔡英文得票数能否过半？

蔡英文的得票率是否超过 50%？如果跨过 50% 过半门槛，蔡英文将以绝对多数而非相对多数当选，增强蔡英文选后的自信心与领导力。

2. 谁是老二？

洪秀柱还是宋楚瑜？8 月 6 日宋参选，"身陷泥巴手捧绿"，获得 23% 的支持率，上演"庆祝行情"。经过"9·3 北京阅兵"，宋民调下滑至第三。"新台湾国策智库"民调 9 月 18 日民调，蔡英文 46%，洪秀柱 17%，宋楚瑜从 23% 骤降到 16.7%，跌了近 7%，输给洪秀柱，形成蔡独大、洪居二、宋居三的局面。洪 9 月 3 日闭关，6 日出关，不忘初衷，持续非典型选战，洪选情升温，未来国民党得票率在 30% 以上，宋在 10%。

3. "立法院"谁能过半？

国民党在中南部选情"一潭死水"，中部是"奄奄一息"，北部则是"有气无力"。党内迄今仍有"卡柱"、"换柱"的传闻，争夺选后国民党的主导权，重挫洪秀柱的选情。国民党现任"立委"出现"跳船潮"，甚至出现个别选区无人参选的窘境。在此情境下，民进党有单独过半的机会吗？民进党"选对委"苏嘉全曾豪放宣称将赢得 64 席，可以确定的是，民进党至少成为"立院"第一大党，拥有 50—55 席实力。无论如何，民进党即使不能形式过半，但一定可以实质过半。

4. 谁是关键少数？

如果民进党不能单独过半，亲民党较"时代力量"更有可能成为所谓关键少数，亲民党的政党票应在 5%—10% 之间，获得 5 席左右的席次，在"立法院"具有一定影响力。"时代力量"跨过 5% 政党门槛尚有难度。

（三）选后台湾地区政局预估

选后台湾地区政局可从六个面向进行分析。

1. 民进党应可全面执政，但难以稳定执政，更无法长期执政

民进党较可能从"中央"到地方、从"行政"到"立法"全面掌控局势。但受岛内外、党内外及民进党自身的种种局限，民进党难以稳定执政。蔡英文一当选，问题就来了。两岸之间可能是地动山摇，涉外事务上面临"断交"骨牌效应，TPP、TIFA 谈判进展缓慢甚至无所收获。泛蓝、民间的反制力量扑面而来，柯文哲与民进党貌合神离，成为蔡英文潜在竞争者。民进党"只会选举，不会治国"，执政能力太差，人才严重不足，理论准备付诸阙如，政策过时，不

合时宜，执行更为荒腔走板。更为严重的是，执政后民进党人的贪污腐败难以遏止，派系恶斗将是蔡英文无法摆脱的政治梦魇。蔡英文无法全面主导民进党，其与"新潮流"存在恐怖平衡与相互制约，蔡较可能联合谢系、游系、青壮世代等，与"新系"周旋。蔡英文还会受到"台独基本教义派""新世代台独"的绑架，无法推动民进党的转型，提升党的品质。特别是面对经济全球化、社会"两岸化"的趋势，台湾经济停滞倒退、民生凋敝不堪，满目疮痍，百废待兴，民进党将一筹莫展、束手无策。

2. 台湾仍是"两党制"格局

未来台湾地区政局将是民进党独大，国民党弱化，第三势力昙花一现，难以有更大的作为，可能出现"一大、一中、多小"的竞争局面，侵蚀、动摇"两党制"格局。[①] 国民党对于民进党的牵制力下降，蓝绿竞争进入生死较量，但民进党试图全面歼灭国民党，对马英九、国民党展开系列政治追杀、政治清算。

3. 国民党分裂危机严重

不同于2000年败选后国民党联合亲民党对民进党展开强力制衡，2016年国民党面临"路线"之争与团结问题。人们越来越担心马英九和平开放的两岸路线能否被继承、延续？国民党是否面临新的分裂？国民党由谁掌握？马英九、洪秀柱、朱立伦、吴敦义、王金平等各自扮演哪种角色？传说中的国民党"本土派"有无可能出走成为"台湾国民党"？

4. 柯文哲影响上升

柯力图扩大政治影响，走自己的路，不为蓝绿所绑架。柯在此次选举中四处辅选，扩大政治影响，试图将手伸进"立法院"。但柯文哲难以失去民进党的支持，难以与其分道扬镳，至少要等赢了2018年下届台北市市长再说。观察柯文哲动向的关键有两点：一是能否做好市政，拿出政绩，赢得选民支持，争取连任。迄今为止，柯的政绩乏善可陈，其支持度自"悠游卡"事件后有所下跌。二是能否走出柯文哲独有的两岸之路。沪台双城论坛的顺利举办，为柯提供了政治上的想象空间。

5. 亲民党"泡沫化"，"时代力量"影响不可小觑

亲民党基于自身的政治发展考虑，较可能在"内政"上配合民进党，在两岸政策上配合国民党。但亲民党"泡沫化"危机如影随形。"时代力量"破坏力

---

① 罗芋宙：《有效整合，柯P想当在野阵营的公道伯》，台湾《新新闻》周刊2015年9月3日至9日，第1497期。

不容低估，可能绑架民进党。

6. 台湾社会深度绿化

台湾"主体性"认同上升，台湾社会"反中""反统""反蓝"的气氛持续升高。台湾中间势力受到压缩，务实、温和的力量逐渐集结，民众的"统独观"持续变化，"维持现状"多于统或"独"，对大陆的态尽管负面多于正面，但对大陆的期待多于疑虑。台湾有可能掀起新一轮大陆热、西进热。

二、"冷和平"：两岸之痛

（一）两岸进入"冷和平"的阵痛期

民进党拒不接受"九二共识"，也无诚意、善意回应"大陆和台湾同属一个中国"的核心内涵，对近日张志军提出的两岸关系"一国两部分"的弹性、创意冷漠不理，民进党提不出为大陆所接受、认可的替代共识，缺乏稳定两岸关系和平稳定的诚意与举措。一旦两岸基础不牢，必然会地动山摇。两岸和平发展的道路面临重挫，和平发展的局面难以维持，两岸迎来"冷和平"、冷交流的霜冻期、阵痛期。两岸出现"冷战"（Cold War）的概率较低，但"凉战"（Cool War）已不可避免。① 两岸关系瞬间降温，由热转冷、由快转慢，由密切转为淡漠，甚至出现局部冲突摩擦、停滞反复，两岸荣景不再。

1. 总体冷、局部热；短期冷，长期热

民进党一当选，两岸关系总体冷却降温，动力不足，前景不明，但也可能出现局部升温的现象，形成新的热点。两岸交流重点转向城市交流、基层交流。沪台双城论坛较可能成为两岸城市交流的领先指标，引领两岸互动方向。

两岸关系发展的规律就是在曲折中前进、在前进中调整，每当经过一个阶段的曲折、动荡后，就可能迎来和平、稳定、发展的新阶段。民进党上台后两岸关系短期内面临波折起伏，但长期来说和平发展必然是大势所趋、民心所向，难以阻挡。

2. 官冷民热；政冷经热

民进党上台，两岸官方往来中止，两岸政治面交流停滞，协商中断、协议执行面临困难，国台办与陆委会常态化沟通机制中止。台湾"断交"狂潮不可避免，"国际参与"越来越难。但两岸民间往来所受影响较小，民间交流、经济

---

① 倪永杰：《交流是王道，两岸莫入冷和平》，台湾《联合报》，2015 年 9 月 16 日 A14 版。

合作、文化社会互动仍然维持，甚至可能逆势向上。

3. 绿冷蓝热；南冷北热；本岛冷离岛热

民进党上台执政，较可能执行从严管控、冷却降温的两岸政策，绿营对于两岸交流有所畏惧、并不热心。与此相反，蓝营将更为热衷于两岸交流，造成台湾两岸交流绿冷蓝热的现象。同时，台湾南北、本岛外岛对于两岸交流出现南冷、中北部热、本岛冷、外岛热的景象。2015 年 5 月 23—24 日金门举办"张夏会"，签署金门自厦门引水协议，一举突破了困扰金门发展的"国安"难题，为未来解决福建向金门供电、建设金厦大桥提供了可能性，金厦一体化进程加快。当年"小三通"自金门实施，未来包括金门、马祖的离岛地区有可能掀起一轮两岸热，发挥稳定两岸关系的功能，与台湾本岛的冷漠形成明显的对照。①

4. 两头冷、中间热；普通民众冷、工商文艺界热

台湾不同年龄阶段对于两岸关系的态度有所不同，可能出现年轻、年迈者冷、青壮、中壮世代热的现象。20—29 岁、60 岁以上人群对于两岸关系不热心，甚至冷漠以对，但 30—39 岁、40—49 岁、50—59 岁的青壮、中壮世代人群热心于两岸交流，成为两岸关系中最为活跃的主体人群。②同时，普通民众对于两岸交流积极性不高，但工商界、文化艺术界对于两岸关系的积极性高，非常投入。大陆经济、文化、社会对于台湾的磁吸效应放大，"一带一路"倡议、"大众创业万众创新"等吸引台湾两岸群体，③岛内有可能掀起新一轮的"大陆热""西进潮"。

5. 两岸冷、涉外热

出于遏止中国的需要，美、日频打"台湾牌"，美国台海政策出现"再概念化"的迹象。民进党食髓知味，试图降低对大陆的依赖，加强与美、日、东南亚、欧盟等"国际"社会的联结与依赖，试图扩大"国际"参与空间，参与区域经济整合，甚至扮演制衡大陆的棋子。因此，民进党必然大力推动涉外活动，积极参与国际活动，以涉外热掩盖两岸冷。

---

① 马祥祐：《金门自福建引水签约之研析》，台湾《展望与探索》月刊 2015 年 8 月，第 13 卷第 8 期。
② 台湾《联合报》2015 年 9 月中旬进行的两岸关系民调，台湾《联合报》，2015 年 9 月 16 日 A1、4、5 版。
③ 邱莉燕：《中国掀起最大创业潮，台湾人才恐流失》，台湾《远见》杂志 2015 年 9 月出刊，第 351 期。

（二）大陆掌握两岸关系的主导权

大陆 GDP 已是台湾的 20 倍，每年新增 GDP 等于一个半台湾，广东、浙江、江苏、山东、河南等 6 省 GDP 已超过台湾，两岸实力差距进一步扩大，大陆对台优势日趋明显。大陆已从政治、经济、文化、社会、国际事务等对台湾产生全方位影响，台湾已难以摆脱对大陆依赖。大陆军事实力已对岛内"台独"势力、台军构成强大威慑。经过多年反"台独"斗争与和平发展实践，大陆已拥有丰富的稳定、发展两岸关系的经验。与此相反，台湾 20 年多来没有"大发展"，只有"小确幸"，从自信沦为自卑，全台上下弥漫信心危机，除了在社会制度、生活方式、"普世价值"方面孤芳自赏外，已完全没有与大陆对抗叫板的实力与信心了。"拖"或"斗"，都将使台湾更趋边缘化。除了与大陆和平发展外，台湾别无选择。

（三）民进党难以抗拒两岸和平发展潮流

两岸关系和平发展成为两岸主流民意与跨越海峡共识。八年来两岸和平发展的实践使两岸初步形成全面交流、深度互动、紧密依赖的格局。民进党上台不得不面对对大陆全面依赖的现实，难以违逆两岸和平发展的强大民意，难以抗拒和平发展的历史潮流，否则将付出沉重代价，直至丢掉政权。

（四）民进党保留施行务实两岸政策的空间

近年来民进党与大陆的交流不断，多数民进党籍县市长到过大陆，"谢系""新系"等络绎于途，蔡英文的"小英基金会"也来过大陆。民进党内部出现不少较为理性的声音，先后提出"宪法共识""中华民国决议文""冻结台独党纲"等两岸政策主张，民进党"对中政策检讨纪要"决议加强两岸城市交流。在绿营基本盘扩大、全面执政的情况下，民进党处理两岸关系的信心上升，试图寻求"民共新共识"、维持两岸和平稳定发展。民进党将吸取陈水扁当局教训，两岸政策趋向中间、务实、理性，避免"硬冲撞"，改用"软对抗"，实施柔性、新型"台独"策略。不排除民进党实施有限开放、适度宽松的两岸政策，便利两岸人员往来，搪塞民意，捞取政绩，寻求 2020 年连任。

（五）民进党威胁两岸和平发展

卷土重来的民进党今非昔比，实力上升，走向全面执政。历经执政与在野、党内两岸路线的辩论交锋，重返执政的民进党在对抗、挑战大陆方面更具威胁。民进党依靠"反中""泛蓝分裂"而非两岸路线转型"走完最后一里路"，转型动力下降，相反"台独"驱动力持续上升，待其站稳脚跟、羽翼丰满，民进党就可能利用政权力量全力推动"台独"活动，挑战两岸关系底线。民进党必将催化"西瓜效应"，全面彻底地瓦解泛蓝。国民党难以有效牵制民进党，民进党有可能全面控制台湾政治、军事、"外交"、经济、社会及文化等诸多领域。绿营紧抓话语权，激化台湾"主体意识"，催化"反中""反统"、反商、反蓝的气氛，打击岛内发展两岸关系的力量。美、日基于围堵中国的战略需要，拉拢民进党牵制国民党，并以台湾制约大陆，在东海、南海争议升级之际，美、日更为积极拉拢民进党当局对抗大陆，有可能造成台海、东海、南海"三海联动"的高度危机，威胁我国家主权领土安全。

（六）国际社会两个"不希望"

美日等国不希望两岸关系发展太快、走得太近、两岸紧密依赖融合，但美日也不希望两岸关系走向对抗冲突，重回 2000—2008 年台海紧张动荡的局面，台海成为国际热点，影响美日的自身战略利益。（本文完成于 2015 年 8 月）

蔡英文执政一年来台湾政局发展、特点及趋势

一、2016年台湾政局发展

"5·20"后民进党上台"全面执政"，但无法稳定执政，传统的蓝绿结构已被颠覆，新兴政治势力陷入成长瓶颈，台湾政治各种危机密集爆发，处于深度调整之中。

（一）民进党"全面执政"，无法稳定执政，长期执政成为悬念

不同于2000年陈水扁"少数当选""弱势执政"，这次是民进党首次"完全执政""全面执政"。但半年来民进党执政表现不及格，蔡英文高开低走，辜负选民期待，无法稳定执政。民调快速下降，不满意度飙升，已陷于"死亡交叉"。TVBS民调显示蔡的支持率由就职时的47%，降低为百日时的39%，再到6个月时的26%，而不满意度上升至58%。绿营的"台湾智库""台湾民意基金会"发布的民调支持度跌至40%，不满意度达到42%，《中时电子报》发布的网络民调显示郭名铭的支持率为61%，蔡英文只有24%。蔡英文是台湾地区七位领导人中能力最差的一位，2020年她有可能被民进党换掉。

1. 蔡英文决策、执政品质低下

蔡英文刚上台，采取一条鞭式的"寡头决策"机制，人事上呈现"老蓝男"过度色彩，试图稳住政局。但因为与民进党磨合困难，导致决策与执行、行政与"立法"、政务与党务、"中央"与地方之间出现落差，协调不畅，施政一团乱麻，危机频仍。10月初，蔡英文被迫调整、扩大决策机制，设置10人"执政决策协调会议"，纳入"正副总统"、"总统府秘书长"、"行政院正副院长"、"立法院长"、民进党"立院党团总召"、干事长、民进党秘书长，还邀请民进党地方县市长代表。采取餐聚聊天方式，没有任何会议记录，可能犯下类似韩国朴槿惠"闺蜜干政"的重大错误。"国安会"的功能被弱化，邀请民进党智库执

行长邱义仁参与决策机制，实际上侵犯到蔡英文的权威，传统民进党的势力坐大。

2.绿营内斗激烈，蔡英文遭受各路掣肘

民进党内部派系争斗激烈，吃相难看，捞位置、占地盘、分公营机构职位。"新潮流系"占据民进党的半壁江山，蔡英文被迫联合"新系"，最好还是要被绑架。"中央"与地方、行政与"立法"、政务与党务部门之间矛盾重重，中央难以控制地方，老天王苏、谢、游、吕、扁虎视眈眈。深绿急于"台独""搞公投""正名制宪""重返联合国"，李登辉频繁下指导棋，打乱了蔡英文的政经策略。"时代力量"的激进路线与蔡英文的执政策略发生矛盾，"大绿"与"小绿"矛盾不可调和。

3.民进党只会清算，不会治理

蔡英文打着"转型正义"的旗号，清算国民党党产，通过"党产条例"，成立"党产委员会"，冻结国民党银行账户与资产，目的就是以"法律"手段铲除国民党的经济命脉，使国民党失去政治能量，无法与民进党竞争。与此相反，蔡英文施政没有成绩，"年金改革""司法改革"遥遥无期，"新南向"落空，"新经济 + 2"尚在纸上谈兵阶段，台湾民众、特别是年轻人对民进党执政根本无感。

4.制造政策争议，支持者不断流失

蔡英文上台后多数政策跳票，违背选举承诺，出现"发夹弯"，先后在"年金改革"、"一例一休"、同性婚姻、开放美猪、放弃护渔、放宽核食进口、南海仲裁等议题上，得罪了军公教、劳工、消费者、反核人士、同性团体、中产阶级，与劳工团体、社运团体、青年团体、台湾少数民族团体、知识分子分道扬镳。台湾反民进党的街头运动此起彼伏，成为街头常见景观，"93军公教游行""912旅游业游行""924反迫迁土地正义"等游行抗议活动，"法税改革联盟"成员12月19日闯进"总统府"陈情。蔡英文在网民中的支持度大幅跌落，大数据民调显示蔡英文的满意度只有34%，不满意度高达56%。

5.岛内危机密集爆发

包括统"独"危机、认同危机、世代危机、分配危机、经济危机、社会危机等将密集发生，造成岛内"朝野"矛盾、既得利益与受损阶层矛盾、贫富矛盾、南北矛盾、年老与年少之间矛盾难以缓解，终将拖累、拖垮台湾。

（二）传统蓝绿结构失衡，两党制松动，国民党惨遭政治清算，继续弱化与蜕变

1. 绿营独大，蓝营被严重削弱

传统蓝绿相互制衡的结构已成过去。绿营的基本盘经过 2009、2010 年及 2014 年三次地方选举已经超越蓝营，上升为 55% 左右，蓝营基本盘萎缩至 43%，国民党失去"中央"与"立法"权，在地方处于弱势。对民进党的制衡十分微弱。

2. "两党制"遭到弱化

"一大二中多小"的局面存较长时间，但"单一选区两票制"的选举制度使台湾地区政治中的"两党制"结构较难改变，关键是看国民党的后续发展。

3. 国民党的弱化与蜕变没有改变的迹象

洪秀柱领导下的国民党内忧外患，外有民进党政治追杀与党产清算，内有国民党路线纷争、权力斗争，国民党高层不团结，党内"反洪"势力蓄势待发，都在等着看洪笑话。加上国民党缺乏领袖、选举人才，缺乏经济基础与社会基地，不接地气，国民党长期的地方派系开始瓦解，农渔水利会将被民进党全部端走。国民党犯下致命的策略错误，当遭遇民进党党产清算时，怀有侥幸心理，只打法律战，没有政治战、舆论战，没有发动强大的政治抗争，没有置之死地而后生的决心，就像"待宰的羔羊"，其命运屈辱不堪。明年不管谁当主席，2018 年、2020 年的国民党气势继续走弱。

国民党在丧失台湾"民主化""本土化""台湾主体性"等话语权后，有可能丧失在两岸和平、经济发展等领域的话语权。国民党面临生死存亡的考验。

（三）新兴政治势力表现平平，进入拐点

1. "白色力量"下沉

2014 年柯文哲旋风汇聚"白色力量"，也使第三势力、新兴政治势力备受关注。但柯文哲施政失败，遭到民进党、国民党的双重夹杀，难以挽回选民的支持，其政治生命不再掌握在自己手中，其与民进党或国民党交易的筹码不断流失，2018 年是否参选台北市市长很快揭晓。

2. "时代力量"还有上升空间

"时代力量"摘取"太阳花"尝果实，"116 选举"中"时代"获得 62 万票，得票率为 6.04%。今年 8 月初林佳龙控制的"台湾智库"发布民调，称民进党政党支持度为 29.2%，国民党 17.5%，"时代力量"16%，甚至预测将超越国民

党成为第二党。这是林配合"时代力量"的民调谋略。有民调显示，"时代力量"在南部部分县市的支持度已超越民进党，令民进党人担心。

"时代力量"在"立法院"的表现深受青年世代追捧。拉长战场、主导议题、抢占媒体版面外，还积极经营地方，到处招兵买马，挖掘、培植人才，设立地方党部，准备在2018年的地方选举中大干一场，在市议员选举中大有斩获。

"时代力量"定位"台独"与左翼，争取深绿的老"台独"与新世代青年。"时代力量"与民进党面临竞争大于合作的结构限制，在路线与权力竞争中加大摩擦，翻脸是迟早的事。在"劳基法"修正、"一例一休"政策、日本核食进口、同性婚姻、反对"立院""王柯密商"等议题上与民进党立场南辕北辙，互呛叫骂，特别是也与柯建铭的冲突不断。预计在2020年的"立委"单一席次选举中双方将爆发更为严重的冲突。

（四）岛内上演"台独"进行式，各类"台独"剧本出笼，"台独"风险上升，但仍属于可控状态

民进党再次上台，"台独"势力获得难逢机会。"台独"分子倍受鼓舞刺激，"台独"风险急剧上升。"台独"获得民进党政权庇护，获取大量经费与学术支持，获取社会、舆论、媒体的普遍同情与实际支持，培植肥沃的社会土壤。如今"台独"的政治资源、"政策"环境、"法律"配套、经济支持、社会土壤今非昔比。各领域的"台独"内涵进一步深化，"台独"形式推陈出新。"文化台独""教育台独""生活台独""心灵台独"甚至"法理台独"等都成为政治正确、成为岛内政治现实。民进党撤告"太阳花学运分子"，纵容洪素珠辱骂老兵、撤销"微调课纲"、恢复李扁"皇民化"史教育。鼓吹所谓"转型正义"、提倡"去中国化""去中华化"的"原住民史观"，纵容高中生上演"纳粹闹剧"，蔡英文为纪念的台籍日本兵题写塔名"台湾之塔"、发表悼念讲话，实际上就是为台籍日本兵招魂，从政治、历史及血统上切割两岸命脉。降低"公投法"的投票年龄、降低"公投"门槛、两岸协议监督条例等为下阶段的"法理台独"作了法律上的准备，图纸已经画好，轨道已经铺好，"法理台独"的最后一块拼图的工程只待时机成熟就可启动。但民进党将"公投"当作选举动员的工具，为了反制国民党的反核食公投，"台独"团体可能玩"国歌公投"。

（五）台湾"反中民粹"与和平发展两种主流民意激烈碰撞，台湾民众越来越怀念、支持和平发展

台湾民意始终多元、多变、且多数被少数绑架。民意如流水，民意多元，台湾民众两岸关系方面的民意纷繁复杂，"要尊严、要身份、要参与（国际）、要撤弹、要民主、要透明、要公平、要机会、要红利、要未来选择权"。但目前主要就是两岸民意的激烈较量、碰撞，是维持"台湾主体性"、偏"独"容"独"，还是延续两岸和平发展。因为蔡英文维持现状的承诺失败，台湾民众对于两岸"冷和平""冷对抗"强烈有感，产生痛感。台湾民意发生转换，"反中民粹"已从高点趋向平稳下降，支持和平发展声音增强。《联合报》9月18日发布的民调反映了这种变化：与两岸关系关联度上升，56%的受访者认识大陆来台人士、将近一半的民众去过大陆、三分之一的人本身或有亲友和大陆人士结婚。对于发展两岸关系的态度转趋务实、积极，三分之一的人愿意让自己的小孩到大陆念书、30%的人愿意到大陆工作、超过20%的人愿意到大陆创业，这些数据都是历年来最高。对于统"独"、现状的态度发生变化，主张"维持现状者"下降为47%，主张统或"独"都上升，但主张统的比例上升为17%，涨幅超过"独"的涨幅。63%民众认为中国未来有可能成为世界第一强国。

台湾竞争力论坛民调，显示民众对于身份认同、"九二共识"、两岸关系的态度有了新的积极变化。认同自己是"中国人"从上半年的46.8%上升至52%；不认同者从上半年的45.8%下降到43%。对民进党调整两岸政策的压力上升。有47.5%认为民进党当局应接受"九二共识"以稳定两岸关系，高出不支持者15.2个百分点。

2015年10月台湾"中央研究院"社会学所与美国纽约市立大学研究中心联合举办的民调显示，预期台湾未来"被统一"高达49.7%，"独立"仅剩35.9%。其中主张"台独"者有37%认为台湾未来也会"被统一"。中立者认为会"被统一"高达51.3%。[①]2022年中国的GDP将是美国的77%，我们有理由相信，台湾民众未来将由"被统一"转为"向统""求统"。

二、2016 年台湾政局特点

可用"四不一没有"概括。

---

① 数据引自吴介民、廖美给自由评论网的投书，转自 http://tieba.baidu.com/p/4124743641，最后检索日期 2016 年 9 月 14 日。

一是不均衡。台湾政治生态长期来蓝绿相互制衡的格局已经失衡，传统"两党制"结构也已松动、弱化。这种不均衡性是否进一步强化，尚难定论。

二是不确定。台湾政治已进入高度不确定的时代，台湾政局发展存在高度不确定性，蔡英文治下的台湾政治、经济、社会、涉外、军事、文化等领域充满悬念与变数。国民党、新兴政治势力的发展也充满不确定性。

三是不合作。台湾政治陷入高度分歧，缺乏共识，蓝绿之间、"朝野"之间、世代之间、南北之间、贫富之间只有斗争，没有合作。蓝营、绿营都存在严重内耗，同志比敌人更可怕，特别是在没有选举的时候，内耗争斗更加激烈。

四是不可逆。不论是蔡英文民调、民进党执政品质、国民党未来、柯文哲声势下挫，还是台湾进一步沉沦、边缘化都具有不可逆转的迹象。

没有正义。台湾政治没有"正义"。民进党改写了"正义"的定义，正义成为政治清算、消灭政治对手的遮羞布。虽然蔡英文口口声声转型正义、历史正义、分配正义，但他们的正义只是少数人的权利、少数人的政治正确、是没有是非的正义、甚至没有良知的正义，是反公平、反历史、反趋势的正义，民进党的政治光谱中没有正义。

三、台湾政局未来趋势

1. 民进党执政状况难以改善，品质无法提升。蔡英文民调将荡到谷底，林全下台已无悬念，"新潮流系"进一步威胁到蔡英文的统治。来自绿营内部的挑战高于蓝营、舆论对蔡英文的挑战。

2. 台湾政局将围绕2018年地方选举、两岸关系、转型正义、经济民生、年金改革、"司法"改革等议题展开。

3. 党产成为国民党难以摆脱的梦魇，民进党将透过党产议题持续消耗国民党，卡住国民党脖子。

4. 台湾民意对于两岸关系和平发展渴望将压制"反中""民粹"的声音。

最后，两岸关系成为台湾政局发展的焦点。两岸关系都将深度影响到台湾政局发展，两岸政策就是台湾发展的"政策之母"、核心枢纽，顺势而为，台湾就发展、繁荣；逆势对抗，台湾就停滞、衰败。（本文完成于2017年12月）

蔡英文当政一年执政状态评鉴

一年前蔡英文挟 56% 得票率、集岛内万千宠爱于一身，风光上任；一年后灰头土脸，玩起"神隐"游戏，躲在寓所与儿童、弱势群体相互取暖。岛内民调不分蓝媒绿媒，均显示蔡的满意度与信任度大幅下跌，满意度竟然跌破三成，勉强保持绿营基本盘；而不满意度超过 60%，最高达 76.4%。网络民调中蔡不再是最受关注的政治人物，跌出前十名。《时报周刊》民调称如果郭台铭参选，郭以 35% 的支持率领先蔡英文 11 个百分点。看到这些触目惊心的民调数据，蔡英文还能如当初那样自诩"最能沟通""解决问题"吗？

一、蔡英文执政状况

蔡英文一年来的执政状况荒腔走板、争议频传，已经处于崩盘的临界点上了。可以从三方面解析蔡英文的执政状况。

（一）拼经济无能，拼政治全能

民进党向来是拼经济无心无能、民众无感；但拼政治有力，招招致命，各方"反感"。导致政策争议频传，民怨沸腾。蔡实施一连串"新经济""新南向""舰机自造""前瞻建设"等，名目繁多，但只有举债一招，"前瞻"编列8824 亿新台币特别预算，规避"立院"监督，撒钱给民进党进行"绑桩"。却没有引来外资、助推升级、拓宽市场，而岛内由于"缺电、缺水、缺地、缺人、缺钱"，一批企业如台积电、鸿海、义联将远走美国投资。造成经济增长乏力，预测今年民间投资仅为 1.85%，2016 年只增长 1.47%，在亚太地区表现最差。民众普遍看衰台湾经济，《中国时报》5 月 2 日发布的民调称有 52% 的民众认为经济变坏，变好的只有 10.9%。而《美丽岛电子报》4 月底民调称认为经济变坏高达 80.6%。失业率维持在 3.8%—4% 之间，尤其是青年群体（15—24 岁）失业率升至 12.07%，创 3 年新高。人均收入比 2015 年倒退 2.75%，实质薪资倒退 17 年。年轻人低薪无法解决，徘徊在 22K（22000 新台币）边缘，涨薪、升职无望，引起年轻人极度不满。

民进党搞经济外行，但拼政治绝对内行。重点清算国民党，通过"不当党产条例"，成立专门机构，冻结银行账户，打击"救国团""妇联会"等，断其金脉，卡其喉咙。抢资源、抢位置、抢钱很有门道。一上台，民进党人便瓜分6000 多个当局"肥缺"，打击蓝营人士，排挤文官体系。

因为政治正确，在拼政治的同时引发政策争议，出现"发夹弯"现象，如核能政策。"一例一休""年金改革""同性婚姻""转型正义""司法改革""食品安全"等均引发高度争议，民众对蔡英文各项政策的满意度平均只有 22%，其中两岸低至 18.1%、经济 17.7%、"司改"15.8%。

（二）"柔性台独"，冰冻两岸

蔡英文谋求稳定执政不得不尽力维持两岸稳定，但只求稳定，不求发展，降低两岸联结、依存，使双方民众渐至冷漠、仇视，而非愈走愈近、越来越亲。其政策核心有四。一是虚假"善意"与"承诺"，如承诺按照"宪法""两岸关系条例"处理两岸事务；承认"九二会谈"与"共同认知"，承诺"不挑衅"、"不会有意外"；希望"两个有利于，什么都可以谈"，还有了无新意的"新四不""新情势、新答卷、新模式"的"三新"，等等。二是真实"反中"与对抗。叫嚣"力抗中国压力"，实施"文化去中""法理拆中""经济离中""战略制中"，推动"柔性、渐进台独"，夯实"台独"社会基础、思想基础。三是紧缩政策，放任仇恨。限制交流，刁难赴台交流人员；歧视陆生、陆配权益，甚至不如外籍生、外配；管控意外不力、任凭岛内网络谩骂、仇视大陆情绪发酵，甚至放任"海巡署"射杀大陆渔民；制造"绿色恐怖"，试图制定"反渗透法""保防法"、制造陆生"间谍案"，大开历史倒车。

蔡英文两岸政策"有调整，未到位""有承诺，没兑现"，"不挑衅，却放任意外"。实施"台独"边缘策略，导致"台独"风险持续上升，但仍处于可控状态；两岸关系螺旋下沉，但仍没有"地动山摇"。两岸现状早被改变，虽没有倒退至陈水扁时期紧张动荡的状态，但马英九时期和平发展的螺旋上升景象不复存在。

（三）涉外紧缩，边缘化严重

一年来，台湾涉外领域风声鹤唳，"邦交国"减少，冈比亚与中华人民共和国复交，圣多美和普林西比与台湾当局"断交"。尼日利亚要求迁走"台湾办事处",斐济干脆在台北撤馆。台湾无缘 WHA、ICAO,台湾在国际民航大会、世卫大会的闹场活动成为国际笑话,还被逐出比利时"世界钢铁会议"、澳大利亚的"金伯利进程会议","国际"参与空间全面紧缩。民进党当局"亲美媚日",甘当"棋子",小动作不断,曾以"川蔡通话"搅动中美关系,对"冲之鸟礁"不持立场乞求日本恩赐,却多次遭美、日玩弄勒索。日本以台湾地区开放核灾食品进口要挟民进党当局,美方要求蔡英文开放美猪进口、购买废弃昂贵武器。特朗普政府已明确回归"一中政策",拒绝台驻美机构改名,拒绝二次通话与出售 F-35,高度警惕蔡英文当局成为新的"麻烦制造者"。对于台湾"国际"参与则是"爱莫能助",指责台湾汇率操纵、知识产权保护不力。在中美关系趋稳、中国政府国际影响日增之际,台湾问题不再是中美关系中最紧迫的问题,台湾边缘化严重,台湾当局从"棋子"沦为"弃子"可能性大幅上升。

因此,一年来蔡英文声势高开低走,如今陷于内外交困、四面楚歌,民调进入"死亡交叉"且难以逆转。一年来的答卷根本不及格,可谓"满江红",衰败的趋势已然难以挽回。

二、执政败因

(一)败在无能

蔡英文只是经贸谈判专家,熟悉两岸事务,但缺乏行政历练,2010、2012年败选二次,此前没当过一把手,也没基层县市长经历,领导力、判断力、决断力、视野格局均不够。喜欢"小圈圈用人"、缺乏政治手腕。自诩最能"解决问题""最会沟通",全是骗人。从她一年的表现来看,蔡是台湾地区 7 位领导人中能力最差的一位,难以驾驭台湾复杂的局面。"无能"将是蔡英文无法抹去的政治标签,网络流行这样一副对联讽蔡,上联是"都说英文的英文比英文的中文要好",下联是"其实英文的英文比英文的中文更差",横批:"菜英文"。

(二)败在本性

民进党无法摆脱"只会选举、不会治理""只搞政治算计,不懂经济民生"。民进党缺乏经济、治理人才,党内选举人才辈出,唯独经济、治理人才寥寥无几。如果不懂,应该尊重专业,民进党政治凌驾专业,排挤专业文官,打击文官士气。民进党在行政机构中大量设置政治机要职位,用以安插民进党人员。上台之际,全党上上下下忙着抢位置,瓜分了 6000 多个行政公职、公营机构肥缺。曾经试图废除台湾农、渔、水利会选举制度,改为官派,最后因遭到强力反对而作罢。选举至上、绑桩、缺乏人才、打击专业文官等，导致政策争议频传、执政水平低劣，拉响了民进党的执政警报。

（三）败在政策

蔡英文的政策设计、政策执行问题百出，"一例一休"、年金改革、"同性婚姻"、"司法改革"等重大政策无一不是充满了政治算计与选举考量，缺乏科学依据与可行性论证，经不起历史检验。与此同时，换了位置就换了脑袋，"发夹弯"层出不穷，"废核"目标说变就变，劳民伤财，民众怨声载道。

（四）败在两岸

历史证明，两岸关系影响台湾的盛衰兴亡，两岸关系好，台湾就发展；两岸关系差，台湾就衰退。大陆政策是台湾所有政策之母，积极、开放、友善的大陆政策将打通台湾发展的任督二脉，使台湾内外协调、持续发展。相反，如果实施对抗、紧缩、"仇中"的大陆政策，台湾难以避免倒退的历史宿命、葬送本该美好的台湾前途与命运。蔡英文出于"台独"需要，全面降温两岸关系，推动"柔性台独"与"反中对抗"路线，只求稳定，不求发展，导致两岸全面降温，台湾政治动荡、百业萧条，经济丧失动力、低薪就业日益严重，"国际"参与全面紧缩，民意全面反弹。蔡英文两岸对抗路线必然导致民进党执政的全面失败，台湾边缘化、沉沦趋势无可改变。

三、执政前景

（一）执政困境

蔡英文已陷入执政困境，内忧外患，未来将愈加困难。党内竞争者赖清德威胁加剧，林义雄上街绝食，陈水扁蠢蠢欲动，"时代力量"与民进党的矛盾已经上升。深绿、"台独基本教义派"炮声隆隆，推动"公投、正名"、另组政党，未来蔡驾驭民进党、控制绿营的难度上升。"性格决定命运"，蔡英文的政治性格、决策品质、领导能力无法提升，民进党执政状况将每况愈下，无法改善。

随着国民党新任主席吴敦义整军备战，对蔡英文的制衡力量明显加强，蓝绿将展开新的较量。民意已陷于"死亡交叉"、难以逆转的蔡英文，未来将逐步失去"公民团体"、中间选民、知识阶层、甚至青年群体的支持，"关注世代正义连线"5月17日民调称青年世代对"时代力量"的好感度由一年前的15%上升为49.28%，民进党则从28%下降为8.82%。《美丽岛电子报》民调显示年轻人对蔡英文的满意度只有20.9%，低于全体民众对蔡的满意度11个百分点，而不满意度达到 63.3%。媒体将更严格检视蔡的任何言行。蔡英文在岛内的执政优势正在逐步流失。外部美日等国际社会对蔡英文的兴趣、支持度远不如一年前，大陆的强大"压力"更把蔡压得喘不过气来。蔡英文如何应对岛内外各式挑战、处理改革与发展难题、使民意有感，都是高度挑战。

（二）选举困境

蔡英文任内的执政进程将围绕二次选举进行，2018 年地方选举与 2020 年"大选"。目前看来，民进党受累于执政不力，气势受挫，而国民党有可能实现整合，走出低谷。民进党最可能丢失嘉义市、宜兰县，台北、新北攸关成败，但变数仍多。

2020 年如果泛蓝没有强有力的候选人，蔡英文连任的可能性很高，但其得票率会下降，而且民进党在"立法院"的优势下降，甚至可能失去过半优势。

（三）两岸困局

由于执政失败，为了巩固政治支持度、争取深绿支持，蔡英文的大陆政策缺乏向中间转型、调整的意愿与动能，只能向深绿靠拢、输诚，最有可能逆势操作，实施紧缩、对抗的政策，两岸关系趋势将更加恶化。除了释放虚假的"善意"外，加大对抗力度。抢夺两岸关系主导权、话语权，公然给大陆出难题。加快"文化台独"、类"法理台独"步伐，以"公投法"修订制造两岸紧张、冲突事件，激化两岸民众敌对情绪。严格管控两岸交流，对陆生、陆客设置种种限制，制造"绿色恐怖"。制造海洋事端，在南海、东海事务上进一步配合美、日，损害中华民族利益。

因为忌惮大陆的反制与美国对于民进党"麻烦制造者"的厌恶，蔡英文是否敢于撕下"善意"的面具，放弃"承诺"，走上全面对抗、挑起台海高度紧张动荡，有待观察。

台湾民众对蔡英文执政早已忍无可忍，爆发一系列游行抗争活动，仅在今年 1、2 月全台湾就爆发了 400 多场抗议活动，这离要求蔡英文下台的呼声不远了，这是台湾的新民意。5 月 20 日吴敦义首轮过半、高票当选国民党主席，有利于国民党的稳定、整合，也有利于吴上任后较能做事。这是国民党的转机，这是蔡英文面对的新情势、新危机。

但悲催的是，台湾选举是选烂苹果的游戏，选一个比较不烂的。现在的问题是除了民进党这个烂苹果外，台湾民众还其他烂苹果可以选择吗？（本文完成于 2017 年 5 月）

蔡英文上台时台湾政局特征与趋势

"520"后台湾地区政局陷于结构性裂变之中，民进党进入"全面执政""完全执政"新阶段，但并不能"完全负责"，蔡英文当局领导能力有限，远低于预期，台湾地区政局已显现动荡不稳、危机四伏的迹象。

一、政局新演变

（一）全面执政，难于驾驭全局

2016 年选举结果产生第一位女性"总统"，第二位民进党籍领导人，第三次政党轮替，20 年内出现四位台湾地区领导人。不同于 2000 年陈水扁"少数执政"，此次民进党首次"全面执政"、"完全执政"。从"中央"到地方，从"行政"到"立法"，从社会气氛到舆论媒体，都有利于民进党重返执政。蔡英文执政目标在于顺利上台，巩固政权，稳定执政，徐图连任，以此实现民进党长期执政。

蔡英文的执政策略主要有两个方面。

一方面政策施政上，"内政"优先，"外交"突破，两岸降温。率先处理好台湾内部事宜，蔡英文"5·20"讲话中提出了当前台湾内部亟须解决的 13 个问题，她声言将"解决问题"。未来施政重点包括发展经济、改革"年金"制度、增加就业机会、建立社会安全网、实施"转型正义"、推动"司法改革"等，以此拼政绩，巩固政权。同时谋求"外交突破"，在巩固既有"邦交"的基础上，实现非政府组织的突破。与美、日、印度、东南亚、欧盟等建立利益、安全与价值同盟，实施"新南向"，配合美日，甘做"棋子"。对于两岸关系则全面降温，但力图降低两岸风险，为其执政营造有利的两岸环境。

另一方面权力分配上，"英派"崛起，"派系共治"，合纵连横。并结合非民进党人士，做好接班准备。蔡英文依托"总统"兼党主席的优势，成为党政资源配置总枢纽。在收编"前朝"官员、招降纳叛、培植嫡系人马之际，形成所谓"英派"，一统江湖。蔡英文依循"派系共治"原则，既与"新潮流系"分享权力，在"总统府""行政院""立法院"等形成"英系＋新系"的权力组合；又拉拢"正国会"、谢系等，平衡"新系"，压缩赖清德的发展空间。为了消除民进党"整碗捧去"疑虑，也为弥补民进党充斥选举类政治人才、缺乏治理人才的不足，蔡英文启用蓝营、体制内官僚帮助民进党稳定执政。蔡英文任命林全"组阁"，在"国安""国防""外交"及两岸领域重要职位上大量启用非民进党籍、蓝营人士。包括"总统府秘书长"林碧炤、"外交部长"李大维、"国防部长"冯世宽、陆委会主委张小月、"国发委主委"陈添枝、"退辅会主委"李翔宙、"卫福部长"林延奏等。因此林全"内阁"被外界讥为"老、蓝、男"，缺乏朝气，作风保守，难当大任，难有作为。在非民进党籍人士身旁，蔡英文安排民进党籍担任副手、民进党籍助理担任机要，"老杆新枝"，相得益彰，以此敦促民进党做好全面接班准备，同时加强协调与监督。在"外交部"安排吴志中任"政务次长"、陆委会由"新系"的邱垂正任副主委兼发言人、"退辅会"则安排"新系"的李文忠任"副主委"。

（二）危机四伏，酝酿政治风暴

蔡英文"5·20"后开局不顺，遭遇一连串意外，危机四伏，蔡当局疲于奔命，到处灭火。显示蔡当局执政能力低下，危机处理差。

蔡英文上台二个月内，先后爆发了若干重大危机，包括"桃机淹水"、"华航罢工""台铁爆炸""洪素珠辱骂老兵""雄三误射""火烧车""司法院人事提名失当""驻新代表"酒驾、林全及"行政院发言人"失言等一系列重大事件。有的是天灾意外，但主要是人祸、应对失当，从而造成重大损失，重挫执政形象。表明蔡当局危机预防、风险管控意识弱，领导力、治理能力极差，决策粗糙低劣，无法管控风险，有效应对当前岛内外各种危机，也无法化危机为转机。种种意外事件也显示岛内政治、社会弥漫一股焦虑、绝望的气氛，处于爆发边缘。蔡当局上路不久，发生一系列政策急转弯的"发夹弯"事件，如"重启核一"、取消假日高速公路免费、从"7天国假"到"一例一休"再到"7休1"政策转弯等，引发民怨、舆论哗然。今年经济增长率"保一"无望，甚至有可能负增长，民众痛苦指数持续上升，民怨情绪有可能提前爆发。

林全"内阁"表现极差，民意支持度重挫，预估林全撑不过年底，最迟在明年初"立法院"新会期时改组。陈菊、赖清德将出线竞争。蔡英文上台不到三月"蜜月期"便已结束，面临严峻挑战。甚至有绿营人士也按捺不住投书媒体炮轰蔡英文，声称"绿色会继续执政，但蔡英文只有一任"，不啻敲响了蔡英文的执政警钟。①

（三）全面清算、打击对手

蔡英文当局自知治理无能，无法使人民满意，为消除后患，防止国民党东山再起，便积极利用政权力量打击对手，使其丧失挑战民进党的实力。一是高举"转型正义"旗帜，占领政治正当性，全面清算国民党。污名化国民党为"外来政权"，扣上"不公不义"、"欺榨"台湾人民的大帽子，从道义上彻底剪除国民党、蓝营的政治正当性。蔡英文"5·20"讲话提出成立"真相与和解委员会"，调查、整理国民党所有"不公不义"的"真相"。在蔡英文对台湾少数民族道歉声中，把国民党视同荷兰、日本等"殖民政权"，彻底切割国民党与台湾的联结。与此相配合，民进党还在"立法院"内推动"促进转型正义条例"。二是通过"不当党产条例"，铲断国民党的经济命脉，这是击垮国民党的最有效手段。在"临时立法院会"强行通过的"政党及其附随组织不当取得财产处理条例"（俗称"不当党产条例"），称"政党自1945年日本战败后取得的财产扣除党费、政治献金等，都推定为不当取得，应转移为'国有'"，其实就是针对性地把国民党的党产贴上"不当"政治标签，予以没收充公。"条例"还将产生吓阻民间企业捐助国民党的政治效应。有学者评论"这是一场以'正义'为名的杀戮，对中国国民党做最后的清算。'不当党产条例'是要毁国民党的身，'促进转型正义条例'是要灭国民党的魂。"②

面对民进党的政治追杀，国民党在抗争阻挡无效后，一方面宣布提请"大法官释宪"，但国民党只有35席，准备请亲民党3席"立委"支持遭到后者拒绝。另一方面洪秀柱提出"护宪""护法""不护产"的号召，国民党只关心条例是否"违法""违宪"，准备延长战线，长期抗争。

（四）"两党制"松动，国民党弱化，新兴势力蠢动

台湾"单一选区两票制"较能从选举制度上保障"两党制"格局，但自2014年"九合一"选举之后剧烈的结构性政治变迁已使"两党制"格局有所松动，台湾政治进入"一大（民进党）一中（国民党）多小（"时代力量"、亲民党）并存"的格局。

---

① 《期待谢林司改是败笔》，台湾《苹果日报》，2016年8月2日。
② 张亚中：《仇恨会毁了台湾》，台湾《中国时报》，2015年7月25日A10版。

洪秀柱领导下的国民党仍在低谷徘徊，缺乏中心思想、缺乏具有选举魅力的领袖、缺乏人才，党产面临清算命运，国民党不接地气，各级组织涣散，其在基层的农渔水利会长将被民进党换掉，国民党政党竞争力每况愈下，短期内看不到再起的希望。更令人担心的是有可能朝"本土化"方向蜕变，与民进党"拿香跟拜"，只会越来越丧失国民党自己的主体性与话语权，遭遇边缘化。

互联网与移动媒体的勃兴，及国民党的弱化、退化带给台湾新兴政治势力机会，从柯文哲到"时代力量""绿色社会党""民国党"等新兴政党相继登上台湾地区政坛，有的昙花一现，但"时代力量"摘取台湾社会运动特别是"3·18反服贸运动"之果，挤进"立法院"兴风作浪，备受青年世代追捧，成为政坛新宠，声势扶摇直上。台湾民意基金会最新民调显示，30.4%喜欢民进党、16%喜欢国民党、14.9%喜爱"时代力量"，国民党和"时代力量"相差仅1个百分点。① 不少人预测"时代力量"有可能取代国民党，成为第二大政党。届时，大绿与小绿的冲突对峙不可避免。② 果真如此吗？"时代力量"获得"老台独"、年轻人高度支持，但仅靠黄国昌、洪慈庸、林昶佐等"政治明星"挑战"百年老党"国民党，可能面临多重困难，特别是民进党不会容忍"时代力量"抢地盘、搅局，当初风光无限的柯文哲已进入民调的"死亡交叉"，其兴衰沉浮对"时代力量"的"政治明星"们就是严重的教训。

以李登辉为代表的某些政治势力积极运作成立新兴"本土"政党，企图结合国民党"本土"派、"台联党"等，弱化国民党，与民进党竞争。未来不排除形成两个"本土"政党与多个小党夹缝中求生的局面。

5. "民粹"盛行，民意多变

肇始于李、扁时期的"台独民粹"在民进党胜选后赢得新的发展空间，在台湾"台独"是"政治正确"，只有讲"台独"的自由，没有不讲"台独"的自由，否则被视为政治另类，难有政治前途。民进党是靠"反中民粹"上台，如今对于"民粹"仍不松手，还要推波助澜。"5·20"后台湾社会、特别是网络世界掀起仇视、谩骂陆客的浊流，宣称"没有陆客的台湾风景更美"，竟然得到蔡英文基金会"想想论坛"网站的转发推广，如同火上浇油。发生针对陆客的"火烧车"不幸事件时，台湾网民发出"火烧支那猪"的辱骂，更是冷血、丧失

---

① 林河名：《绿智库民调：蔡支持度降14百分点》，台湾《联合报》，2016年7月27日A4版。

② 游盈隆：《民进党最头痛的对手——"时代力量"》，台湾《风传媒》，2016年8月6日。

人性。

"民粹"在台湾具有社会基础。随着外省第一代的凋零，所谓"80、90后"因为李扁"台独"教育而呈现名为"天然独"实为"人造独"的倾向，其中还有不少青年是东南亚新娘后代，原本就没有两岸关系的概念，对发展两岸关系的认同度偏低，民进党最能赢得年轻群体的支持。岛内媒体、舆论、政治论述都朝向"绿化"演进。

台湾民意朝向多元分歧发展。两岸关系和平发展依然是台湾主流民意，但民众对于和平发展方式、和平成果分配存有分歧。多数民众接受"维持两岸现状"，"急独"或"急统"空间较小，但何谓"现状"、如何维持尚存分歧，各方都在争夺"维持现状"的诠释权、话语权。台湾民众要求保持台湾"主体性"，岛内"反中亲美媚日"、"偏独容独求独"气氛正浓。此外，台湾民众还有各种要求，"要尊严、要身份、要参与（国际）、要撤弹、要民主、要透明、要公平、要机会、要红利、要未来选择权"，显示台湾民意"左"、右倾向混合交融，多元多变且多数被少数"绑架"。

当前民意对民进党有利，但"民意如流水"，蔡英文表现之差及对民意的冷漠甚至逆向操作，一定会引起民众的反感及愤怒，民意迟早弃蔡而去，何时爆发有待观察。

二、政局新趋势

（一）民进党"完全执政"，难以稳定执政、长期执政

不同于2000年陈水扁"少数执政"，如今的蔡英文当局已是"全面执政""完全执政"。民进党的"台独民粹"、人才不足、由于"只会选举、不会治国"导致的治理能力低下、特别是蔡英文自身局限，难以应对民进党党内外、台湾岛内外各类挑战，特别是无法妥善应对两岸及"涉外"事务风险。蔡英文百日执政表现极差，荒腔走板，有可能成为只做一任的领导人。[1]

蔡英文虽有较好的政策规划、政治沟通及执行能力，擅长国际经贸谈判，但蔡从没有当过行政"一把手"，内心不够强大，缺乏恢宏的战略思维与敏锐的政治判断力，在许多重大议题上缺乏主见，遇事闪躲神隐。面对岛内治丝益棼的政经瓶颈与两岸、"涉外"大考，蔡英文根本端不出可行的"政策牛肉"，没

---

[1] 《倪永杰：蔡英文的两岸政策有八个"不"》，引自香港中国评论网，http://www.crntt.com,2016-08-025，最后检索日期2016年8月26日。

有解决问题的办法，甚至"请鬼拿药单"，迟早遭遇民众的唾弃。缺乏全身心投入工作的历史使命感，只专注于她有兴趣、自认为重要的事件，对众多重大、棘手议题放手不管、放任手下处理，其结果可想而知。人们发现，"5·20"后蔡英文应对变局的手法有三，上焉"无为而治"，放任局势走坏；中焉"开错处方"，应对失当为困局火上加油；下焉则是"自己放火"，制造更多困局。① 如此心态，怎能领导台湾？蔡英文被批评为"德不配位"，蔡当局如同菜鸟被讥讽为"菜政府"。据最新民调显示蔡英文，上任后2个月内蔡英文的满意度大跌14个百分点；另一个民调对蔡的满意度微幅滑落，但不满意度由就职两周的12.5%攀升至7月底的36%，徒增近24%。按此预估蔡的民调支持度即将来到历史低位，且不可逆转。按照历史规律，多数领导人"百日定江山"，蔡就任百日表现很糟糕，很难在其任期内形成反转局面。②

蔡英文还将祸起萧墙，民进党内迟早掀起派系斗争风暴。"英派"都是一群没有实力的乌合之众，"新潮流系""正国会"甚至"天王大佬""时代力量"等迟早挑战蔡英文的权威。民进党始终缺乏防腐的免疫机制，多数民进党人仍然沉浸在瓜分、争夺权力的快乐迷幻之中，吃相难看，根本无心政事，在公营事业机构人事争斗中杀得刀刀见骨，完全与蔡英文所标榜的"谦卑、谦卑、再谦卑"背道而驰。因此，蔡英文当局必然难以稳定执政，民进党更无法长期执政。

（二）"绿大蓝小""绿涨蓝缩"难以逆转

在2009年、2010年二次地方选举中，民进党县市长得票率便已超越国民党三个百分点，2014年"九合一"选举中民进党的优势扩大到七个百分点，如果加上柯文哲的票，绿营基本盘已经过半且达到54.51%。民进党地方执政县市达13个，人口为1444万，地方预算高达5877亿；与此相反，国民党只有6个，人口581万，预算仅为2488亿，蓝营地方实力仅为全台湾的三分之一。此次蔡英文得票率56.12%，朱立伦与亲民党宋楚瑜合计43.87%%，绿营领先蓝营十三个百分点。民进党执政后将动用政权力量清算蓝营，压缩对手政治空间，蓝绿差距势将继续扩大，"蓝大绿小"的格局只成追忆，"绿大蓝浊""绿扩张、蓝萎缩"趋势不可逆转。

（三）蓝绿制约失衡，国民党再起充满悬念

台湾政治传统意义上的蓝绿制衡、"二元"竞争格局已经失衡。国民党渐失

① 陈长文：《蔡英文满手善意牌，打成恶意牌》，台湾《中国时报》，2016年7月25日A10版。
② 《五面作战，蔡英文百日政绩堪忧》，台湾《中国时报》，2016年8月5日A15版。

向民进党"说不"的勇气与实力。"行政权"完全由民进党掌控，国民党在"立法院"、地方沦为少数。民进党已完全控制"立法院"，民进党加上"时代力量"合计73席，已近三分之二多数，国民党仅剩35席，离提案"释宪"、罢免"总统"的38席尚有3席的差距。因此，民进党通过法案、人事、预算甚至"修宪案"都已易如反掌，端看民进党的政治需要与冒险意识。

民进党运用政权力量追杀国民党以及蓝营政治人物，血腥场面即将登场。直到把国民党彻底"打趴"。分裂、懦弱、路线摇摆、心存侥幸的国民党就像"待宰的羔羊"，手无缚鸡之力，遑论制衡嚣张的民进党了。

但是，蔡英文、民进党的执政无能以及对政治对手的无情追杀，必将激怒对手，失去民意支持，从而给国民党再起留下了机会与悬念。岛内将掀起一波波反对民进党的社会运动，从劳工、农民到工商界、军公教人员等，都可能掀起罢工、反对"开放美猪"、"向军人致敬"等反对民进党当局运动的高潮。民进党的倒行逆施必将失去中间选民、知识阶层的支持。有专家指出，深绿公开唱衰蔡英文，浅蓝及中间对蔡失望之极，导致蔡支持度大幅滑落到"死亡交叉点"，已失去"精英群"与中间选民支持，蔡基本盘将回到绿营基层"死忠"的"草莽时代"。① 如此，国民党有无机会还需观察两个指标。一是2017年国民党主席选举结果是否异人，二是2018年地方选举国民党能否守住新北、夺回台北。若洪秀柱完成其历史使命、国民党团结应对强敌，国民党再起的机会就会到来。（本文完成于2016年8月）

---

① 桑品载：《小英让中间选民失望了》，台湾《中国时报》，2016年8月4日A10版。

赖清德"组阁"的政治效应及其影响

2017年9月12日，传闻已久的赖清德受蔡英文之命"组阁"，引发台湾政局变动，将对两岸关系产生微妙影响。

一、"赖上林下"：无奈的选择

（一）执政失败，只能换人做

林全施政不力，使原本执政能力太弱的蔡英文当局更是雪上加霜。林全是蔡英文最信任的政治伙伴，充分理解蔡英文的政策主张、施政理念，双方互动良好，配合默契。但"英全组合"政治嗅觉不够灵敏，缺乏政治手腕，无法整合民进党各路势力，在"立法院"内得不到同党"立委"的力挺，而所谓的"英派"不给力。"林内阁"充满一堆"老蓝男"，饱受民进党讥评，深绿及"独派"对批评蔡英文用人不当，换人做的声音始终不绝于耳。尤其是林"内阁"施政能力欠佳，根本应付不了岛内重大政治挑战，犯下一系列政策错误，在"一例一休""年金改革""前瞻建设"等连尝败绩，使蔡英文、林全的支持度全面下滑，蔡的民调跌破民进党的基本盘，仅剩"十八趴"。柯文哲、郭名铭等人犹如横空出世，支持度凌驾于蔡英文之上，严重拖累了民进党执政气势，全党上下士气萎靡不振。如不做及时调整，将使明年民进党县市长选举面临崩盘的可能，对2020年蔡英文竞选连任构成极大威胁。为此，蔡英文、民进党必须改组内阁，因应明后年的选举。

（二）"赖上林下"：政治妥协

蔡英文选择赖清德替代林全，是种迫不得已、既痛苦又无奈的选择，是民进党新一轮权力竞逐过程中蔡英文、"新潮流系"之间暂时性的妥协。不同于蔡林信任有加，蔡英文与赖清德互动长不佳，长期不和甚至交恶，主要是两人经历、性格及理念等方面缺乏交集。在蔡英文与苏贞昌的权力竞逐中，赖清德与苏结盟，站在蔡的对立面。赖与蔡存有权力竞合的矛盾，不少民进党人预估赖清德将是民进党接班人选，赖及"新系"更是跃跃欲试，动作不断，早有取代蔡英文之野心。当蔡英文民调下滑、声势不振时，赖及"新潮流系"加大逼宫力度，要求与蔡分享更多权力，由赖清德取代林全，出掌"行政院"，掌握更多执政资源，否则将与蔡英文切割，由赖清德取代蔡英文，直接上阵挑战 2020 年大位。蔡英文对"新系"的横行霸道芒刺在背，试图利用"英派"，"正国会"、谢系等牵制"新潮流系"，无奈实力不济，难以号令党内各派，在权力、人事、政策等多个方面遭到"新系"的绑架与勒索。从"中央"到地方、从"行政"到"立法"，从选举到执政、从党务到政策，"新潮流系"霸占各个权力领域，对蔡英文的决策与施政产生重大影响，加剧了蔡的危机感。面对"新潮流系"的逼宫，曾传出安排赖清德担任"总统府秘书长"及"国安会秘书长"，被赖一口气拒绝了。如今蔡英文别无选择，只能由赖清德接替林全，发挥赖的政治长项，拼政绩。

但林下赖上，局势并非完全不利蔡英文，甚至赖清德有可能因为失误而提前出局，失去挑战蔡英文的正当性。蔡英文身为"总统"，拥有"行政院长"任命权，重大政策、人事均在"总统"手上，"行政院长"只是执行长，执政好，是蔡英文的功劳，执政不好，完全可以怪罪于"行政院长"。外界评估，"行政院长"虽有资源，但拆损率极高，从目前岛内各项矛盾挑战来看，赖清德做好是项不可能完成的任务，相反赖很有可能犯下错误付出政治代价，黯然下台，提前出局，失去挑战 2020、甚至 2024 年的机会。

赖清德放弃参选，选择北上"组阁"，也是一种无奈的选择。赖清德来自民进党最大派系"新潮流系"，是目前党内最具接班实力的政治明星。但赖清德党内竞争者众，前面有蔡英文这座大山压着，后有台中市市长林佳龙、特别是同为"新潮流系"的郑文灿的追赶。赖清德生于 1959 年，到 2020 年过 60，到 2024 年已经 65 岁，时不我待。稍有不慎，可能与"总统"失之交臂。对赖清德来说有三种选择，一是参选，但风险高、变数多。2018 年北上参选新北或台北，拓展自己的政治版图到北台湾，挑战大位更有把握。如果败选，赖将遭遇重挫，未来的路更难走了。即使选赢了，赖有可能遇到"朱立伦困境"，在新北市任上做困兽斗。而且民进党的政治变化节奏大快，赖有可能等不到参选"总统"的那一天。二是竞争党主席，但可能性低。明年县市长选后抢得党主席，掌控党机器。但蔡英文为了连任一定会控制党机器，不会让赖清德拿到党权。

三是出任"行政院长",离权力核心近,但风险更大。赖从地方晋升到"中央",增加自己政治资本,掌握更多行政、政治资源,可以培植太多嫡系门生。况且有"新潮流系"的全力支持,赖应该做得不会太差,未来就可能离"大位"更近一步。相较于"总统府秘书长"那种闲差,"行政院长"职位太重要了。问题是,"伴君如伴虎","行政院长"做得好坏与去留,全由"总统"说了算。早期李登辉用"行政院长"位置把俞国华、李焕、郝柏村等人搞得灰头土脸、受尽羞辱、狼狈离去。近来陈水扁、马英九、蔡英文先后任用了13位"行政院长",多数身心疲惫、黯然下台,唯有吴敦义后被选副手,更上一层楼。蔡英文生性刚愎自用,对于赖清德防范多于尊重、不假辞色,以赖不妥协的个性,蔡赖决裂摊牌是完全符合政治逻辑。赖清德有无吴敦义的福气,未来先担任蔡的副手,持盈保泰,多数不掌握在赖本人的手上。

对于民进党来说,"林下赖上"也是不得不尔的选择。林全并非民进党,换上民进党籍当"行政院长"符合民进党很多人的心理。但是,民进党内充满了选举人才,唯独执政人才、特别上堪当大任的政治领袖实在太少,党内一度传出让"四大天王"的游锡堃重出江湖"组阁"。环顾党内,也只有让赖清德挑起担子,拼拼政绩,否则明年选举必遭滑铁卢。

"赖上林下"、赖清德"组阁",是民进党内各方妥协的结果,对蔡、赖及民进党来说都是无奈的选择,蔡赖搭配是否成为民进党最强的组合,要看双方磨合能否成功,目前来看仍是个悬念。

二、赖清德困境

蔡赖搭配有待磨合,双方有一定的默契,互有妥协。蔡任命赖"组阁",但赖不得改变既定的政治方向与政策措施,不得擅作主张,蔡明确要求赖清德抓紧落实、执行既定的七项工作。赖延用多数林全时期的人事,不允许"新系"将执政资源"整碗捧去"。与此同时,赖明白作为"行政院长"只有执行"总统"的政策,不能挑战蔡的重大政策、人事权。

蔡英文无法定义"赖内阁"的性质,要求赖自己去决定,赖自许为"做实事"。但不管是"选举内阁",还是"战斗内阁",赖清德必须证明自己有此能量,尤其需要在短期内做出成绩。赖清德一上任,便采取三大策略营造良好的政治环境,争取各方支持,连续抢得媒体的重点报道。一是高度尊重蔡英文。言必称按照蔡英文的指示、规划做事。"内阁"人事多数延任、未做大的调整,只调整了"行政院副院长""秘书长"及"国发会主委""金管会""党产会主委"等。二是放下身段、放软姿态，营造友善的政治环境。上任伊始即拜访苏贞昌、游锡堃等，拜会同党的"立法院长"苏嘉全，还拜会"立院"各大党团。三是多管齐下拼拼政绩。9月14日的记者会，赖清德但端出二道"大菜"。首先宣布重编预算，给军公教加薪3%，拉拢公、教人员，并期待企业涨薪，刺激消费，拉动经济，赖清德声称由此可拉动经济成长率0.6%。其次修改"一例一休"政策，在一个月内提出具体方案，为劳工团体、企业、消费者寻找更圆满的解决方案，让各方满意。赖敢于"打脸"林全，推翻之前的政策，多少是踩了蔡英文的痛处，蔡英文会忍多久？

赖清德这几招，改变不了他所面临的残酷的政治现实，也破解不了他的困境。

一是蔡、赖缺乏互信。俩人性格、理念不合，又各有所图、各怀鬼胎。蔡希望赖帮她拼政绩，赖则希望更上层楼。双方都有不安全感，唯恐被对方算计，所以处处设防。其结果将是肝胆破裂，迟早摊牌。赖暂时不挑战蔡的政策与人事权，但半年后赖一定会将手伸向"国安"、两岸、"国防"等领域，特别是其"台独"立场一定会在教育、文化、"司法"等领域寻找机会、推动"柔性台独"。赖还有可能在陈水扁议题上向蔡英文施压，届时蔡、赖矛盾将全面爆发。

二是赖的性格难以应对各种政治挑战。"性格决定命运"，赖的政治性格决定他无法应对周遭复杂政治环境。赖一上任放低身段、放软姿态，寻求友善的施政环境，但他那拘谨、强硬、冲撞、不妥协的政治本色不会改变。在蓝绿相互制约的大结构与党内互扯后腿、派系竞争的小结构中，赖极有可能与党内、外，甚至与"新潮流系"内部产生重大争议、冲突。赖的政治对手、党内竞争者不会让赖轻易过关，必定设下重重陷阱、百般刁难，致其阴沟翻船。

三是赖的能力、格局无法保证他顺利达成拼政绩的目标。赖深受绿营选民支持，在台南拥有超高支持度、人气爆表，长期笼罩在媒体光环之下，被揶揄为"赖神"，但在台风天却闹出"赖神劝童"笑柄。赖在台南的施政没有亮点，没有像样的政绩，相反却有拒绝市议会、与反拆迁团体冲突的不良记录。特定媒体所做的地方县市长满意度评比是绿营县市长期进行"置入性行销"的结果，花钱买民调，根本不能证明赖清德施政能力。赖长期在"立法院"与地方历练，缺乏高阶政治的训练，缺乏政治高度及敏感度，对于重大议题、重要政策的把握较为陌生，很有可能犯下不可挽回的错误。

四是台湾百病丛生，无人能回天。纵然天纵英明，也找不到好的药方，无法摆脱台湾目前经济、民生、社会、"司法"等困境，难以逆转向下沉沦的趋势，更不必说像赖清德那样的局限者。"立法院"新会期开议后，国民党"立委"将铆足全力给赖清德"下马威"，"新系"20 席"立委"将全力挺赖，但非"新系"的党籍"立委"可能作壁上观，甚至扯其后腿，届时，赖的挑战才要开始。

三、赖清德"组阁"的政治效应及其影响

（一）加剧党内的接班与派系竞争

赖清德"组阁"，实际上拉开了选举序幕，使赖赢得了接近权力高层的机会，领先于党内林佳龙、郑文灿或其他潜在竞争者。拥有"行政院长"职务，一方面增加其政治历练与政治能量，提升赖的格局、视野，增加接班信心；另一方面由此培植接班团队，扩张自己的政治地盘。"新潮流系"改变原先只当老二、与人结盟的战略，开始推出自己人马站上一线舞台，必然引起其他派系的紧张与反弹，"正国会"、谢系、"海派"等加速结盟，牵制"新系"与赖清德，派系之间的恩怨情仇加剧上演。蔡英文此前一直拉拢其他派系求取平衡效果，此后更采平衡术遏制"新系"及赖清德的扩张，维护自身的权力，继续作为民进党的"共主"。

（二）加剧蓝绿之争

赖清德"组阁"就是透过拼政绩达成拼选举的目的，必然会加剧蓝绿竞争。赖清德具有狡诈的政治品性，在追杀国民党、斩断其经济命脉方面的能力远超过林全。预计赖在清算国民党党产、国民党的附属组织如"妇联会"、"救国团"、围剿国民党背后的财团支持者、收编国民党地方派系等方面毫不手软。国民党面临生死之争，最有可能在"立法院"摆开战场，在重大政策、法案、人事、预算等方面进行抗争，国民党还将发动"释宪案"，将使政局更趋复杂。

但赖清德"组阁"而弃选新北，导致民进党在新北、台北没有强将，削弱了县市长选举气势，增加国民党在北台湾的机会，即使台北市，张善政单挑柯文哲还有 55% 对 45% 的把握。由此减轻了国民党在南台湾的选战压力。如果明年县市选举失利，除了挫伤蔡英文的气势外，也将对赖清德造成伤害。

（三）增加两岸关系变数

赖清德获得"独派"支持，坚持顽固的"台独"立场。今年 6 月抛出所谓"亲中爱台"说，似乎与其"台独"立场有所不同，其实赖事后的解释表明"亲

中爱台"不违背其"台独"立场，相反使其政治形象更加包容，有利其吸纳中间及浅蓝选票。赖声称："亲中爱台"旨在"创造平台，让主张想要统一的人先回到亲中，要'独立'的人先后回到爱台，以团结台湾为优先。"不同于马英九的"倾中卖台"，赖"不管任何职务上，都不会改变'台独'的立场，而主张'台湾独立'，也可以和中国做朋友。"显然赖在主张"台独"的基础上讲"亲中"，不改变其"两国论"的立场。

赖清德上任后赖参加"世界科资讯科技大会"，在500多字的新闻稿中，"台湾"出现11次，提及"台湾是一个国家"，显示与其前任林全的明显不同，直呼"中国"，主张"台湾是一个国家。"针对李明哲案，赖不改其惯有立场，直指李明哲"被认罪"，与"总统府"、陆委会的态度明显不同，显示其强硬的"台独"本色。大陆政策、"外交"、"国安"是蔡英文的"总统"职权，短期内赖清德脚跟尚未站稳，不敢踰越倾分际，但时间稍长，赖必定要在大陆政策上着力，突显其在两岸关系上的强硬立场，影响到蔡英文的大陆政策方向，更多可能冲撞到两岸底线。与此同时，利用职权，抓紧推动"柔性台独"，对于教育、文化、"司法"、认同、媒体等加紧推动，甚至透过"公投法"修改，掀起"公投"风波，破坏蔡英文所谓"不挑衅""不意外""不对抗"的承诺，增加两岸关系变数，两岸关系前景不容乐观。（本文完成于2017年9月）

2017 年台湾政局透视及 2018 年前瞻

2017 年的台湾中在争议、彷徨中度过，陷于内耗、空转之中，蔡英文所谓"转型正义"就是政治清算、权力斗争的代名词，两岸僵持、"台独"声浪上涨，社会苦闷、人民迷惘，看不到未来。

一、2017 年台湾政局变化

（一）蔡英文遭遇"新系""独派"挑战

蔡英文 9 月任用赖清德换掉林全，对蔡、赖都是险棋。蔡就任一年多，她的接班人就已提前出炉，面临赖清德的接班挑战，赖在内外政策、两岸路线上时常踩到蔡的职权。如果蔡民调持续下滑，赖有可能提前 2020 年提前上阵，最迟 2024 一定要出马。但蔡握有"行政院长"的提名与撤换权力，台湾历史上历任"行政院长"的折损率极高，少有人能善终。赖清德能否打破这个魔咒？赖清德作为"新系"栽培的接班明星，既有年龄的压力，到 2020 年过六旬，也有后辈竞争压力，林佳龙、郑文灿不比他弱。但赖自恃有"新系""独派"撑腰，冒险辞掉台南市市长。

蔡英文上台一年多，面临权力萎缩的危机，对台湾的掌控能力遭到削弱。但蔡英文、民进党仍将主导台湾局势、主导台湾的内外、大小、政策。

民进党派系分化重组。所谓的"英派""新系""正国会""海派""独派"形成新派系共治结构，但"新系"独大，垄断了民进党执政的多数政、经、社福、军事安全的资源。因为权力、资源分配不均，引发内部权力争斗。下半年暴出的"猎雷舰庆富案"就是新版的"达震案"，将掀开"新潮流系"勾结军方、贪赃枉法的丑闻。

（二）蔡英文执政状况不佳

关键在于决策粗糙、政策品质低劣，玩弄政治游戏。蔡英文组成了体制外的"九人决策小组"，偏重核心幕僚、政治幕僚，大量聘用机要人员，不尊重专业文官，导致意识形态、民粹导向、政治重于专业、少数利益重于民进党与台湾利益、少数核心对抗多数民意的决策特征。包括"一例一休"及其修改、"年金改革""同婚合法""司法改革""原住民转型正义"、空气污染防治、"前瞻建设"、核能政策等政策，无法有效应对"五缺（水、电、地、钱、人）问题。点燃劳工、社运、军公教团体战火，引起社会震荡。

（三）民进党持续对国民党展开政治追杀，直到彻底歼灭

民进党采取四大策略打击国民党。政治上制定"促进转型条例"，铲除国民党的思想灵魂。二是经济上清剿、冻结国民党的党产，切断对国民党的金脉，动用"党产会"与"金管会"，切断国民党获得政治献金的途径。三是废除农田水利会的选举制度，改为官派，切断国民党与地方派系的联结，收割地方派系。四是动用"检调""司法"手段侍候国民党，马英九、蔡正元被困在法院，有被判刑入狱的危险。

（四）国民党持续低迷，政党竞争力持续弱化

如今陷于"三无二不"的无人、无钱、无魂、不接地气、不团结的困境。吴敦义上任后国民党内部整合有所好转，特别是党中央与"立院"党团之间的合作增强。但国民党制衡不力，人为刀俎，国民党成为鱼肉。对于民进党的抄家灭祖行径没有组织起有效反抗，只有零星、局部、单个的抗争活动，没有利用蔡英文执政不力的有利时机，结合军公教团体、劳工团体、社运团体紧密结合起来，掀起强大的反对运动。

（五）新兴势力面临发展瓶颈

民进党与柯文哲走在权力钢索上。柯文哲在双城论坛、两岸论述的表现，压缩了民进党的空间，对民进党造成压力，为了压制柯文哲后续声势、提高对柯讨价还价的筹码，民进党频频打击柯文哲，但柯不跌反升。不管明年柯是否连任，都将对民进党构成重大压力。

"时代力量"党表现平平，发展空间受到局限。主要在于"时代力量"定位错位，只是"台独"代言人，做民进党的附庸、"应声虫"，没有回应年轻人的需求，解决他们求学、就业、工作、生活的困难。黄国昌与其他人的权力争斗使党形象受损。"罢免案"黄侥幸过关，但对"时代力量"构成重大冲击。

二、比较民进党两次执政状况

我们发现，第一次民进党实力不够，相对多数当选，遭遇国亲联盟的强力制衡。缺乏执政经验，对于大陆政策、涉外政策不熟悉，控制不了局势。"国际"局势不利于陈水扁，美国最后把陈当作麻烦制造者。此次执政是完全执政，行政、"立法""司法"全在民进党的掌控之中，没有强大的在野党的制衡，执政经验相对丰富，政治拿捏相对成熟，比较老到。"国际"社会对蔡英文高度同情、认可，"国际"政治的演变对民进党执政相当有利。

在打击政治对手上，民进党两次执政都是无所不用其极，极其狠毒。但蔡英文的政治手腕比陈水扁高明，占据论述的制点点，打着"转型正义"的旗号、选择党产、派系下手，配合司法手段，效果更好。而国民党失去论述市场与舆论支持下，只有被宰割的命运。

在处理两岸事务上，蔡英文吸取上次"急进台独"、得罪美国的教训，不搞急风暴雨式的"急进台独"，在是采取"软台独""柔性台独""渐进台独"策略，从文化、教育、历史领域的实质"台独"入手，进行意识形态、思想、社会领域的精耕细作，培养年轻一代的"天然独""心灵独"，效果更好。"软台独"躲避国际社会的谴责，让大陆找不到出手打击的理由。

三、2017 年台湾地区政局特征

2017 年台湾地区政局出现四个值得关注的现象。

1. 绿强蓝弱的局面将持续存在，很难改变。国民党继续弱化，但新兴、"本土"政党尚难取代国民党，没有形成所谓二个"本土"政党之间的竞争。

2. 台湾地区政治矛盾由蓝绿、统"独"、贫富、世代、正义等多组矛盾交织在一起，但蓝绿、统"独"冲突有所弱化，"转型正义"、贫富、世代等议题受到越来越多的关注，未来有可能成为台湾地区政局主要矛盾。

3. 两岸议题牵动台湾地区政局、台湾社会的变化。两岸僵局一方面使民进党进行认同、"反中""民粹"的动员，另方面使台湾进一步边缘化、空洞化、弱化、虚化，失去两岸关系的主导权、"国际空间"的参与权，失去台湾前途与命运的话语权、制定权。

大肆推动"柔性台独""去中国化"，启动"宪政改造"的列车，通过新版"公投法"，降低年龄、降低门槛，裁撤"公审会"，打开"潘朵拉盒子"，"公投"风潮即将兴起。台海风险急剧上升。

4.台湾地区民意转化、翻转曙光窄现。台湾民众的政治热情下降，年轻人的政治疏离感上升，民众对于蔡英文、民进党满意度下跌，但国民党的满意度、支持度也没有上升。台湾民众对于两岸关系的民意是多元、多变、多数被少数绑架的。但《联合报》11 月 20 日发布的两岸关系民调显露有利的信息。蔡英文的两岸政策不得人心，台湾民众对大陆官方与人民的好感度达到49%，超过负面的 37%。72% 的民众相信中国将成为世界一流强国。愿意西进大陆的民众拉近 50%，特别是 30 岁以下的年轻人愿意来大陆就学、就业的比例达到 53%。

四、2018 年台湾政局走向

明年台湾地方选举成为台湾政局主轴，对台湾政治生态、2020 年选举产生影响。

（一）围绕选举，蓝绿冲突上升

围绕县市长、议员的争夺加剧，值得观察四个指标。一是六都市长选举结果，特别是台北、新北、台中，民进党、国民党谁失去现有席次即为败选，国民党不能失去新北，民进党不敢失去台中。无论国民党还是民进党，要攻下对方一席难度很大。二是柯文哲连任与否一定会牵动台湾蓝绿政治版图与 2020 年选举，民进党最后与柯达成交易的可能性高。三是嘉义、宜兰、彰化、云林等县市长的输赢。增加一两个县市对国民党、吴敦义非常关键，有激励士气作用。但对民进党而言输掉一两个县市尚可承受，对 2020 年不会构成重大威胁。四是蓝绿县市长、县市议员的得票率，这是检验蓝绿、无党派政治基本盘的重要指标。绿营在县市长、议员的得票率将持续上升，国民党得票率持续萎缩。无党籍的空间也将被压缩。

可以确定的是，民进党维持 2014 年选举结果有难度，但国民党要改变2014 年的状况也很难。只是国民党更需要一场胜利开启转折点。

（二）围绕权力，民进党、绿营内斗加剧

一是蔡英文权力基础遭到削弱，面临"新潮流系"绑架，控制民进党的难度增强。赖清德在"新系"、苏系与"独派"的支持下，公然在两岸政策、修改"一例一休"、军公教加薪等方面挑战蔡的权力。赖接班的态势明显，蔡趋向跛脚。二是党内初选导致"新系"与"正国会"之间矛盾加剧。三是民进党中央、民进党高层与民进党地方、基层之间的矛盾公开化。地方对于蔡英文的两岸政策、劳工政策、核能政策不满的声浪涌现。四是民进党与柯文哲、"时代力量"

之间、大小绿之间的争夺进一步呈现。

（三）围绕政策，统"独"矛盾激化

"公投法"将引起"公投"闹剧不断上演，引发两岸新一轮紧张情势。"转型正义"加剧台湾社会撕裂。台湾内部矛盾有可能集中统一爆发，酝酿新的变化。（本文完成于 2017 年 12 月）

民进党转型与决策机制

民进党二次转型动因、内容及其受挫

　　现代政治学意义上的政党转型，包含政党结构的变迁与政治理念的嬗变，反映原有政治秩序的降解与新型政治结构的生成。民进党的政治转型习惯上包括两个部分，一是民进党的党务改造，包括权力结构、组织形态、政策方略的演变等；一是党的发展路线、特别是攸关两岸关系与"台湾前途"的"台独党纲"修整等。后者是转型成败的关键。

　　20世纪90年代中期的民进党转型工程曾引起岛内外广泛的讨论，对民进党形象的重塑及其发展，产生不可低估的作用。那么上台执政以后，民进党是继续转型，向上提升，迈向理性、成熟的现代民主政党，还是彷徨徘徊，甚至大开历史倒车，向下沉沦，沦为集权教条、政商勾结、背离台湾主流民意的政治集合？这种局面的形成有哪些因素、影响如何？未来民进党的转型趋势怎样？这是我们必须严肃面对、认真回答的重大课题。

一、二次转型的历史动因

　　民进党新一轮转型工程肇始于民进党赢得"大选"、上台执政之际。有别于上次转型，这次转型可以称之为二次转型或"执政转型"。当时民进党面临严峻的形势与空前的执政压力，具有特定的历史背景。

　　其一，台湾政局不稳，民进党无法主导岛内政局的发展。政党轮替给台湾政局带来巨大冲击，"朝野"关系剑拔弩张，冲突不断升级。陈水扁处于"三重少数"的困境中——得票率不足四成、民进党在"立法院"席位不到四分之一、陈所属的"正义连线"在党内也属于少数。加上缺乏治理全台湾的经验，新手上路，民进党当局很难驾驭复杂多变的台湾政局。

　　其二，两岸关系僵持。民进党上台执政导致两岸关系处于一触即发的临界点。民进党上下求索，却始终找不到打开两岸僵局的钥匙，使民进党当局陷入长期的惶恐焦躁之中。

其三，岛内民心不稳。台湾民众望治心切，期待弥平族群裂痕，落实"新中间路线"，兑现"绿色执政品质保证"的承诺。强大的民意压力使民进党通过转型争取支持。

其四，台湾经济低迷，振兴经济成为民进党不可能承担的挑战。民进党擅长选举，对财经事务纯属外行，经济是其罩门，加上处处意识形态挂帅，台湾经济的衰退成为民进党当局挥之不去梦魇。

其五，执政能力不足。民进党缺乏治理全台湾的经验，有人批评民进党"是最佳的选举机器，但作为'治国'机器，在理念上、能力上都还不足，也未做好准备。"[1]民进党不具备单独执政的实力，如何领导全台湾渡过各种危机，这是民进党从未有过的挑战。

其六，争取美、日信任与支持。民进党缺乏"外交"人才与经验，处理"国际"事务极为生疏。上台之际，美、日等国对陈水扁当局尚处于观察期。民进党人急于通过转型摆脱"麻烦制造者"的印象，以求得美、日等国的信任。

与此同时，民进党内部也酝酿、催生了一股要求变革、转型的力量。执政之后，民进党的世代交替陆续展开，中生代、新生代成为民进党的中坚力量，扮演转型的先锋角色。大批中产阶级的加入，冲淡了民进党的意识形态，他们对转型的热情与期待，使转型成为可能。

在上述背景下，民进党意识到唯有加速转型才能保证民进党当局渡过岛内政权更替危机，巩固来之不易的权力。民进党"立委"郭正亮主张民进党应告别历史悲情，以更包容和更宽广的视野，开展台湾的新思维："不管是陈水扁的'年轻台湾活力政府'或是李远哲的'向上力量的提升'，都应成为新民进党，乃至新台湾的转型标杆。"[2]有舆论期待民进党转型成为"创新、具前瞻性的成熟政党"，走上"新中间路线"，实现主流政党的梦想。[3]民进党转型目标包括：由长期"为反对而反对"、草根性的在野党嬗变为民主化、制度化、成熟的执政党；由"冲突—反对"的导向型粗放式政党转型为"和解—沟通"导向型的精致式政党；由激进、冒险的"暴力台独党"转型为对两岸关系与台湾前途负责的理性政党；由浮躁偏激的破坏性力量提升为台湾社会中道、稳健的建设性力

① 台湾《经济日报》，2002年5月17日。

② 郭正亮：《变天与挑战》，天下远见出版有限公司2000年版。

③ 台湾《新新闻》周刊2002年10月10日至16日，第814期。

量，真正实践台湾的主流民意与主流价值。

那么，民进党能够承担起这种历史性的期待与考验吗？

二、二次转型内容

面对强大的执政压力与各界对民进党转型的殷切期待，民进党自觉不自觉地启动转型列车。迄今为止，民进党执政转型经历了谢长廷与陈水扁两个阶段。2000年7月谢长廷民在九届全代会上出任党主席，试图在"以党辅政"方面找到着力的空间，提升党中央的决策功能：建立"党政协商会报"机制、参与"九人决策小组"、强化与"立院"党团的协商机制，并与在野党展开沟通。此外，谢长廷在两岸关系方面，提出了"一国两市""宪法一中""不排除统一选项"等说辞，对陈水扁的大陆政策构成相当大的压力。当时，由于民进党中央对陈水扁来说只是偶尔需要借用一下的拐杖而已，民进党中央遭遇边缘化危机。在资源不足、影响力有限的情势下，谢长廷推动民进党改造的各种尝试，一一落空。民进党转型处于原地空转状态。

"立委"选举之后民进党又处于转型的十字路口。2002年4月，九届二次临时全代会通过了"党主席双轨制产生案""副主席一至三席案"等党务改造案，十届全代会后陈水扁正式出任民进党主席，在"党政同步"的架构下展开民进党有史以来最大规模的改造工程。

（一）党务改造

其一，民进党权力结构转型：由多元派系、派系共治的"合议制"，经过派系重组洗牌，走向一元化的"首长制"，其实质为"一人独尊""扁意独霸"。陈水扁成为党内"共主"，在"黄袍加身"后，再披上"绿袍"。而民进党多年形成的政治文化、政治伦理则遭到颠覆性破坏。

民进党长期来多元派系生态与派系共治的运作方式，一定程度上有助于党内多元化及民主化的发展。陈水扁上台之初，民进党呈现出"六个派系并存（即"正义连线""福利国""新潮流""新世纪""新动力"及'台独联盟'），三大派系（即"正义连线""福利国"及"新潮流系"）共治"的局面。对此，陈水扁采行集权化运作方式，不断拉拢、收编其他派系，打击反对者，"凡党内对他不忠，即或忠诚度未达到他要求标准者，无论派系，他都不会赐予权力，还透过运作，使其失势"。① 在此情形下，民进党的多元派系生态及共治的权力结构遭到弱化，"只要他愿意，党即陈水扁，陈水扁的意志就是党的意志。"② 此时，党内已经没有反对者了，民进党已经完全被陈水扁控制了，当初为了摆脱民进党的拖累而退出党务活动的理由不复存在。

经过此次党务改造，"正义连线"成为党内最大派系，陈水扁荣登党内"共主"宝座，依托党中央的平台，寻找到政治操作的一条捷径。从此以后，陈水扁名正言顺地将手伸到民进党中央、"立法院"内，整合"府""院"、党及民进党"立院党团"等系统，在主导决策、推动"立法"、应对在野党挑战等方面较为从容，不再出现多头马车、各自为政的局面，原先来自党内的"石头"或"杂音"明显减少。

但是，兼任党主席对民进党转型有其负面影响，全党上下向陈的个人意志靠拢，其结果可能强化了陈个人的权威与资源，但使党沦落为服务于个人利益的选举机器，逐渐丧失政策思辨与宏观调控的功能。民进党的前途越来越系于陈水扁一人的意志与选举成败，一旦陈陷入权力的迷药而不能自拔、陷入"台独"泥淖而不能超越，甚至失去"总统"大位，民进党将一蹶不振，甚至遭遇覆灭的厄运。③

其二，民进党决策机制转型：由"党政分离"转轨为"党政同步"，民进党走向寡头与威权统治。

由于承诺"退出党务活动"，执政初期，"扁意"容易与党意脱节，甚至凌驾党意，经常造成党、政沟通不畅，党政分离、党政两张皮成为民进党当局政治运作的常态。民进党中央曾试图改变党政分离状态，先后组建"党政协商会报"与"九人小组"，架设党政沟通平台，结果无疾而终。关键原因在于陈水扁并不愿真正释出政治资源与人分享，更不容别人置喙权力大饼。

陈水扁兼任党主席后，党、政权力实现一元化，党、政成为陈水扁政治运作的两支权杖，陈水扁可藉"总统"与党主席双重身份交叉配合现身，决策与执行合一，统一步调，奢求"党政同步、同调与同心"的效果。④ 中常会充当最高决策与协调平台，其决议对从政党员具有约束力。"党政同步"一定程度上改

---

① 台湾《中央日报》，2002年2月11日。

② 台湾《新新闻周报》，2002年7月31日。

③ 郑冠纬：《扁兼党主席后台湾政经局势解读》一文，台湾《今周刊》2002年4月15日。

④ 台湾《自由时报》，2002年4月28日。

变了原先党政分离、党政扯皮的局面，某种程度上挽救了党中央决策边缘化的危机，使党成为名义上的权力配置、决策运筹中心。在今年五百亿公共建设预算案的"朝野"攻防中，民进党不但有清晰的指挥系统，"府、院、党、党团"也各司其职，交互掩护、攻击，展现"党政同步"效益。[①]

但是陈水扁兼任党主席，只能保证民进党中央未来会成为"府"、"院"、党与"党团"这四大权力中枢的沟通平台，却不保证陈水扁愿意让党中央的功能"极大化"，如果陈水扁反其道而行之，让中常会"极小化"，则陈个人可以更加所向无敌。[②]从一年来的运作情形来看，"党政同步"充其量只是一个沟通平台，绝对不是决策中枢与权力配置中心，最多也就是宣达"扁意"的地方。2002年底农渔会改革决策的急转弯充分说明了这一点。因此，"党政同步"本质上只是陈水扁一人权力集中下的"党政同步"。[③]

其三，民进党政党体质转型：由"外造政党"向"内造政党"演变，但"扁意独大""扁系利益高于一切"折损了"内造化"的正面效果。

政党体质"内造化"是民进党转型方向之一，但一直没有具体进展。有人认为，民进党的执政困境，与维持"外造政党"模式有绝大关联。[④]为此，"新潮流系""主流联盟"相继提出"内造化"方案，包括提高公职人员在决策机构中的比例、"虚级化党中央"等。

2001年底民进党成为"立法院"第一大党，"立院党团"成为民进党内一股重要力量，扮演"内造化"的重要推手。搭乘党务改造的便车，民进党"内造化"迅速启动，取得重大进展。公职人员特别是"立委"在新一届民进党中常委、中执委中所占比例大幅提高，15位中常委中出身"立委"者有8位，超过一半，政务官、县市长有4位。35名中执委中，"立委"有17位，县市长4位。即使在11位中评委中，也有3位"立委"，2位县市长。值得注意的是，陈水扁通过"内造化"，如愿让嫡系人马大举进驻中央党部，占领了文宣、青年、妇女、"国际"、族群、社会发展部等主要部门，成为党中央的决策主体与新的权力主轴，构筑"扁家军"坚强阵容。

"内造化"一定程度上缓解了民进党公职人员对于权力的渴望，也有利于民

① 台湾《联合报》，2003年4月14日。

② 郑冠纬文。

③ 台湾《中央日报》，2002年7月22日社论：《权力集中下的党政同步》。

④ 钟年晃：《失落的民进党》，台北商智2001年5月版。

进党的决策导向民意倾斜。但是，"内造化"的结果并不必然保证民进党决策机制的民主化。由于民进党真正的决策核心在于陈水扁及其嫡系人马，而陈水扁及其嫡系的政治利益高于非扁系和民进党，更高于台湾民众的利益，因此民意、党意是很难在陈水扁的决策模式中得到真正的体现。而非扁系势单力薄，无法有效制衡，主导决策方向。中常会、中执委等只是名义上的决策机构，其功能并没有因"党政同步"而得以强化，所谓"内造化"并不能从根本上提升民进党的决策品质。

（二）路线调整

作为民进党战略目标的"台独党纲"没有丝毫松动的迹象，但"台独"策略有所调整，成为民进党应对内外危机与挑战的最高法则。"台湾前途决议文"确定为现阶段民进党大陆政策的最高原则，为民进党转型套上了新的枷锁，成为又一个难解的结。

民进党内有关"台独党纲"修正案的争论经历了三个阶段，分别在2000年的九届全代会、2001年的九届二次全代会及2002年十届全代会，先后形成了"台湾前途决议文效力等同于党纲"及"台湾前途决议文是现阶段民进党大陆政策最高原则"等政策性结论，使现阶段"台独党纲"的修正成为不可能。

在九届全代会上"台独党纲"修正案没有激起半点波澜，提案人陈昭南在会议之前就撤案。大会宣言依然顽固坚持"台湾主权独立"立场绝不改变。民进党九届二次全代会，通过了谢长廷提出的"决议文等同于党纲"修正案，摆出一种"向中间路线转型"姿态，以缓解外界压力，骗取选票。在回答有关"台独党纲"与决议文的关系时，谢长廷解释为"新法律优先于旧法律，特别法优先于普通法。"谢因此招致党内"基本教义派"的激烈修理，斥责谢"学法律太多才会出这种状况"。

在十届全代会之前，是否修正"台独党纲"已成为各界瞩目的焦点，党内中生代"六〇社立委"连署"党纲柔性化"的提案，主要内容为"竞选纲领经党员代表大会通过后，效力等同于党纲"，进一步减缓"台独"条款的效力。中常委陈昭南也提出了修正"公投台独党纲"为"维护主权党纲"的议案，主张深化"台湾前途决议文"的内涵。[①] 这些主张，并没有得到更多的响应。

民进党的"台独"本质在陈水扁就任党主席时得到了进一步沉淀。在他首

---

① 《民进党兜兜转转始终无法抛掉"台独党纲"》，澳门《新华澳报》，2002年7月10日。

度以党主席的身份就大陆政策发表谈话是称："'台湾前途决议文'是民进党党纲的重大里程碑，也是目前处理两岸问题的最高原则"，陈对决议文的解读是："台湾是主权独立的国家，目前她的国号叫作中华民国，任何有关现状的变动，必须经由台湾全体人民来共同决定。台湾从来就不属于中华人民共和国。"[①] 陈要求思考"公投立法"的重要性和迫切性。陈强调"台独党纲"是"台独公投"，而"台湾前途决议文"则是因应现况被改变的"防御公投"。[②] 此后，陈水扁进一步露出"台独"面目，召开所谓的"大溪会议""三芝会议"，叫嚣"一边一国"，推翻"四不一没有"的承诺，推动"公投立法"，要"走出台湾的前途"。公然升高与祖国大陆对抗，在两岸关系上制造事端。

从上可以看出，陈水扁与民进党处理"台独党纲"的基本手法具有在四重特性。

其一，暂时冻结、搁置"台独党纲"，提高"台湾前途决议文"的位阶，使之与党纲具有相同效力。减损"台独党纲"对民进党转型的杀伤力，淡化民进党激进"台独"色彩，对"左"、右两边的政治资源进行收割，增强民众特别是中间选民对于民进党的认同度，搪塞党内务实派修正"台独党纲"的要求，并赢得国际社会特别是美国对它的同情与庇护。

其二，以"台湾前途决议文"造成"台独党纲"不必修、不需修的局面，从而使"台独党纲"真正"永久化""固定化"，强化"神主牌"效力。固守"台独党纲"，不断向"台独基本教义派"输诚：无论如何转型，民进党都不会遗弃其传统支持者，更不会修正乃至放弃"台独"这条民进党的政治生命线。因此，无论如何提升决议文、竞选纲领的效力，都只是民进党向广大台湾民众、特别是中间选民撒出的一把迷魂药，对于那些善良的、对民进党转型抱有幻想的民众具有极大的欺骗性。

其三，高举"台湾优先"的招牌，壮大"本土"势力，加快"台独"脚步。以"去中国化""台独正确"为意识形态武器，采行"文化台独""实质台独""法理台独"战略，"刚性台独"与"柔性台独"、"激进台独"与"渐进式台独"两种手法交叉运用，对民众特别是青年学生进行"台独意识"的灌输和洗脑，为政治"台独"做最后的准备。

其四，尤其重要的是，民进党越来越把"台独党纲"当作应对内外挑战与

---

① 台湾"中央社"，2002年7月30日。

② 台湾《联合报》，2002年8月31日。

危机的治台策略与赢得选举的政治法宝。当祖国大陆强势崛起、"台独建国"遥遥无期时，民进党祭出"台独"策略企求一箭三雕的效果：对外向美、日等国的极右反华势力讨好求偿；对祖国大陆则以"台独"相抗衡，漫天要价；对内则培植"台独"势力，打击、分化在野党与泛蓝阵营。民进党的三年执政实践充分表明"台独"已成为陈水扁基本的治台方略，抽离"本土"的养分，扬弃"台独"政治生命线，民进党将坐困愁城，并随时可能丢失政权。

看来，面对民进党转型的呼声，陈水扁基于巩固"台独"基本票源、拉拢中间选票，以及应对内外危机的需要，祭出"台湾前途决议文"来化解转型的压力，提升决议文等同于党纲，并将此确定为民进党大陆政策的最高原则，这是民进党二次路线转型的实际结果。但"台湾前途决议文"却是上次转型的成果，二次转型并没有深化决议文的论述，跨越"台独"那道政治标杆。民进党转型遇到了决议文这个难解的结，路线转型被推向不可预知的未来。

三、转型受挫原因

衡量民进党转型有没有进展、是否成功有三个基本指标，首先是"台独"路线的调整，特别是"台独党纲"的扬弃与否成为转型成败的关键性指标；其次是民进党能否扬弃在野时期"冲突—反对导向"的思维模式，与草莽、激进、暴力的政党形象相剥离，蜕变为理性、稳健、负责任的"和解—沟通导向"型的现代民主政党；再次是民进党能否与时俱进，与民同在，顺应历史的潮流，提出符合两岸同胞包括台湾同胞利益的核心价值与政策主张，以此引导、形塑台湾社会的主流价值与主流民意。

以此对照，民进党转型的结果与预期目标相反，并没有实现政党形象的重塑、政党体质的强化及执政水平的提高，相反却是民进党走向沉沦与堕落的转折点，转型遭遇重大挫折。表现在以下三方面：

其一，民进党路线转型举步维艰、欲进还退，由原先的"台独党"演变为怯懦而又臭名昭著的"台独法西斯党"。民进党上台后，死抱"台独"与"反核"神主牌不放，在台湾社会进行民粹动员，对岛内政治生态进行"爱台""卖台"二分式切割。[①] 所有人事、决策，以所谓"去中国化""台湾优先"为标杆，不问是非，只看是不是"台独"同路人，以击溃泛蓝阵营、壮大本土势力为终

---

① 台湾《新新闻》周刊 2002 年 11 月 28 日至 12 月 4 日，第 821 期。

极目标。南方朔发现民粹法西斯和道德法西斯变成了民进党"新的主流、新的武器",正进行新一轮的政治清算。①

其二,民进党政党形象急转直下,已经集结成为全新的"黑白金体制"。编织绵密、紧凑的政商网络,告别早先的反商情结,逆转为"政商勾结",腐败、堕落在党内迅速滋生蔓延,民进党已对黑金失去免疫力,买票、贿赂、婚外情、性骚扰等丑闻频传。

其三,民进党权力结构与运作机制并没有适应执政的需要,执政水平仍在低挡位上徘徊。在扁系一枝独秀的情况下,党内其他派系相继收编,寡头统治破坏了派系共治与利益均衡的原则,党内民主空间受到挤压,党内竞争机体日趋萎缩,在应对岛内激烈的政党竞争中渐处下风,破绽百出。党籍"立委"李文忠称其最大焦虑是"不知为何而战"。原任职"总统府"的曾昭明更担心民进党缺乏改革方向,最后可能被保守力量带着走。②

造成民进党转型受挫的原因是复杂多元的,主要有五个方面的原因。

(1)民进党转型动力不断流失。民进党转型不是自发自觉的行为,而是高度压力下的产物,一旦压力消失,民进党的转型便失去了根本动力。上台两年多来,民进党的执政压力呈现递减的迹象。首先是大多数民众对民进党执政由期待变为失望,由热情变为冷漠,以至于没有期待,民进党的执政压力反而不如刚上台时那么大。其次在野党对执政党的制衡力大不如前。人们发现台湾的两个反对党,"本质上并不是'动员性政党',无法借着经济问题而转化为政治反败为胜的资本。"③面对屡屡不能整合的泛蓝阵营,陈水扁显得踌躇满志,危机感明显减少。此外,民进党内要求转型的呼声逐渐减弱,许多中生代、新生代进入民进党权力核心,对转型民没有当初那么热情。当执政危机解除时,民进党上下如释重负,转型动力被不断地稀释、离析,转型搁浅是迟早的事。

(2)民进党的历史包袱与政治性格使其跨不出转型的实质性步伐。首先是民进党权力体制上的缺陷,民进党各级权力机构主要依据地方山头与派系实力按比例产生,最关心自身的利益,既无兴趣、也缺少前瞻的眼光考虑民进党的长远发展。真正倡导、支持转型的民进党人很难进入最高权力机构,在党内曲高和寡。其次民进党派系斗争的局限,党内山头林立,相互制约,形成共识、

---

① 台湾《新新闻》周刊2002年10月10日至16日,第814期。

② 参见《学运世代》一书。

③ 南方朔:《困境与超越》,台湾《中国时报》,2002年5月20日。

通过决议很难，尤其像"台独党纲"和修改更是牵一发而动全身，争议性极大。再次是民进党的党员结构、基本支持者对转型的缺乏热情。"本土意识"及"台独思潮"禁锢了民进党人的政治思维，难以对中道、理性的执政转型真正产生兴趣与追求。

（3）民进党转型只是党内权力布局的需要。转型成为陈水扁整肃异己、培植党羽、揽权集权的工具与撒手锏，谢才廷在党内位置大幅滑落，非扁系人马日趋边缘化，激起新一轮的派系争斗，导致转型的正义性、正当性基础不断流失。服从于权力斗争的需要，没有设计出一套可长可久、确保成功的机制、制度，缺乏组织人事上的保障。因此，转型的功利性、投机性远大于正义性、理想性，被贴上污名化的标签。

（4）"台独"基因成为民进党转型的结构性障碍。在民进党三成多基本票源中，除了反国民党与少量的中间票外，大多是传统的"台独基本教义派"铁票。民进党不敢失去传统人群的支持，无法与他们做一历史性的了断，无法剪除与"台独"势力的脐带，唯恐失去来之不易的政权。民进党在向中间、中道力量转型中瞻前顾后，但一旦"台独"票源出现松动，民进党便立刻退缩到传统的立场来固票，转型便嘎然停顿了。民进党的战略选择是必须充分满足传统支持者的要求，除非民进党的支持者中中间选民的比例超过的"台独"票源，民进党才有可能对"台独党纲"作实质性的修正。民进党越来越把"台独纲领"当作是一种政治图腾与治台策略，兼具内、外功能。可见，民进党转型不进反退，是民进党"台独"基因作祟、发作的结果。

（5）岛内蓝、绿对峙的政治生态使民进党自我矮化、自甘堕落，缺乏向上提升的勇气与力量，在政党恶斗的泥淖中不能自拔。在台湾特殊的政治生态中，族群、省籍对立日趋严重，蓝、绿壁垒分明，使得民进党一举起"台湾本土"的招牌便轻易博取大多数本省选民的支持，成为"立法院"最大党。在面对"三通"问题时，民进党以为"即使在'三通'上让步，也未必能抢夺到多少'泛蓝'支持者的选票，但肯定先会让'泛绿'支持者质疑他对台湾的忠诚。"[①]这种基本认知促使民进党优先选择从族群对立中捞取政治利益，这成为民进党的政治本能，转型只能是一种点缀。

民进党转型受挫极大地限制了民进党自身发展的空间，民进党仍是"动员

---

① 王家英：《两岸"三通"的美国因素》，香港《新报》，2002 年 11 月 20 日。

性政党"、"民粹式政党"和"市场性政党"的混合体，并不能为台湾提供长治久安的大格局。①转型受挫也对台湾政党政治的发展产生不良示范，使台湾政治发展的路越走越窄、越走越艰难。民进党视"台独党纲"为政治生命线，困守"台独"樊篱，无法开启改善两岸关系的大门，对两岸关系的发展将产生负面影响。

结语

民进党二次转型不是出于历史的自觉，而是在执政压力下做出的政治姿态。在对民进党体质进行战术层次的修补之后，转型遭遇"台独"基因的阻碍与损耗。所谓转型早已流变为无人喝彩且遭污名化的口号而已。因此，在从在野党成为执政党的历程中，民进党并未脱胎换骨，向上跃升，而是不断沉沦、扭曲，跨不出转型的实质步伐。

未来民进党的转型之路依然曲折坎坷，党务改造有可能进一步深化，在"党政同步"的架构下，落实"内造化"的真谛，为求得政策、人事的和谐，陈水扁可能释出一定的资源与他人分享，使"扁意"一定程度上倾听党意乃至民意。然而，"台独党纲"是民进党解不开的结，民进党不会轻易修正乃至抛弃"台独党纲"，切断与传统支持者的脐带，实现向中间、中道的转型。除非理性务实、成熟负责的中间选民成为民进党的主要支持群体，"台独"基因得到"新中间"因子的改造，"台独党纲"才可能真正成为民进党的历史文献。因此，转型将是民进党长期的历史任务。

执政后的民进党理应站在时代的高度，以宏观的视野，以对历史负责的态度，前瞻性地规划、推动政党转型，突破政党格局，化解"统、独"情结，超越历史悲情，跨越"台独"标杆，彻底抛弃"台独党纲"，稳妥、理性处理两岸关系，实践主流民意，真正转型为台湾社会稳定、中道的建设性力量。（本文完成于2003年6月）

---

① 参见南方朔文。

"新民进党运动"简析

2005 年 10 月初，年底县市长选举候选人登记尚未完成，以台北县长候选人罗文嘉、"新潮流系"总召集人段宜康等为代表的民进党青壮代、新生代投出一记选举震撼弹，发起所谓"新民进党运动"，在民进党内引发重大政治裂变，但在陈水扁及民进党高层淡化、打压运作下，"新民进党运动"喧嚣不到一个月便偃旗息鼓。但"新民进党运动"仍然余波荡漾，其对民进党年底选情甚至党内政治生态的影响，仍在发酵之中。本文试图对"新民进党运动"的背景、意图、内容等作一评析，厘清其本质意图，并对其发展态势作一前瞻。

一、背景与意图

"新民进党运动"在县市长选举前夕酝酿、发动，形成政治冲击波，有其特定的背景，包括二大方面的背景。

从近因来分析，有两方面因素。

其一，民进党陷入空前的政治危机之中，政党形象低落，理想放空，民进党长期标榜的"改革""清廉"的招牌已经褪色，逐渐丧失蒙蔽民众的功能。有舆论认为民进党执政面临腐化与改革路线受挫的双重困境，逼着执政者走向保守，在人权、环保、劳工权益保障、社会福利、教育改革、公营媒体公共化等方面，越来越背离在野时期的立场，也愈失去原本支持者的认同。[①] 自今年 6 月以来，民进党当局连续爆发"股市秃鹰案"、"马屁桥"、"高铁案"、"高雄捷运泰劳案"、二次金改图利财团、"中钢"董事长林文渊巨额分红等重大弊案，贪渎、腐败、腐化、无能成为民进党的代名词，不重伦理、吃相难看，民进党执政仅仅五年，却早已遗弃进步价值，印上了"黑白金政体"的烙印，重创陈水

---

① 顾尔德:《只靠啄木鸟？》，台湾《中国时报》，2005 年 10 月 10 日。

扁及民进党形象。谢长廷"和解共生"的概念难以改变"朝野"僵局，风灾水灾让谢"内阁"慌了手脚，施政上一筹莫展，没有成绩单，令人失望。据《中国时报》9月底在民进党党庆时发布的民调显示，民众对陈水扁的不满意度高达47%，42%对民进党失望，而满意的创25%的历史新低。有关政党清廉度的民调，46%的民众质疑民进党的清廉度。民调还显示民进党不但失去中间选民的支持，连"基本教义派"也有所松动。与此相反，国民党的满意度一直维持在40%的高位以上，特别是马英九赢得国民党主席选举胜利后，马的声势扶摇直上，给民进党的接班人们造成巨大压力，民进党内普遍担心2008年有可能崩盘。

其二，民进党年底"三合一"选举的选情处于极度低迷之中，党内普遍弥漫信心危机，使身处选举第一线的民进党籍候选人备感压力。民进党9月中旬内部民调显示，当时民进党的选情还处于审慎乐观阶段，南台湾的台南县市、高雄、嘉义县等处于稳定领先态势，甚至台北县、彰化、南投、屏东、云林及澎湖也处于微幅领先状态，罗文嘉的民调首次超越国民党的周锡玮。[①] 但到9月底，民进党的选情急转直下，亮出危急信号，受到一连串弊案的冲击，罗文嘉的选情开始逆转，重新居于下风，原先民进党领先县市领先幅度缩小，宜兰、嘉义市等地选情频频告急，民进党选情开始下滑，急坏了民进党中央。民进党候选人首当其冲，备受煎熬。罗文嘉以及此次有五位成员参选县市长的"新潮流系"眼看民进党选情不断不滑，苦思对策。段宜康承认是选举才让他们对现阶段民进党的困境感受深刻，年轻世代必须有所作为，改变目前低迷的局势。最后祭出以反省、改革为内核的"新民进党运动"大旗，与民进党执政无能、形象堕落做出区隔，展开自力救济行动，试图挽回颓势，实在是迫于无奈。

从远因来分析，有三方面因素。

其一，"反扁"早已成为民进党内一股潜流。民进党的派系共治与山头主义，构成大鸣大放的草根特性，这是民进党传统政治文化的内核。但陈水扁"帝王心态"与家长式集权统治，用人上首重忠诚度，搞"家臣政治"，极大地压抑、摧残民进党的传统政治文化，党内早已怨气冲天。特别是民进党的年轻世代，无法接受陈水扁这种反民主的家长式作风与家臣哲学，出现反弹是迟早的事。尤其是当陈水扁权力"跛脚效应"日趋明显时，党内反弹、批判的声浪会接踵而至，而且愈来愈强烈。"新民进党运动"首先将批判的矛头对准陈水

---

① 台湾《中国时报》，2005年9月19日。

扁，让陈情何以堪！

其二，"新潮流系"的派系竞争特质为"新民进党运动"进行了理论准备与组织保证。"新系"是民进党内组织严密、擅长理论思考与政策辩论的超级派系，培养了一批理论骨干，热衷于诠释民进党的理念、核心价值，主导党的发展战略与改革路线。民进党历次路线斗争与政策辩论，"新潮流系"无役不与。但是民进党上台后，"新潮流系"一度被贴上"保皇党"的标签，引起"新系"上下的警惕与反省。他们试图保持自己的政策思辨能力，保持派系的自主性，透过政策辩论与权力竞争，争夺民进党未来发展的主导权，壮大"新系"。去年"3·20"选举之后，"新潮流系"的骨干人物如段宜康、李文忠等人结合罗文嘉、卓荣泰等人，发动"新文化论述"。此次"新系"核心人物再次与陈水扁嫡系的罗文嘉结合，积极主导、推动"新民进党运动"，这是"新系"抢夺民进党的发展路线、透过辩论扩充"新系"实力的策略运用。

其三，最重要的原因在于，民进党的年轻世代、特别是"学运世代"更着眼于选后对于民进党主导权的掌握上，试图加快党内世代交替步伐，在未来党内权力竞争中占据有利位置。他们的考虑是：一是年轻世代希望超越他们的前辈，与旧民进党人作出切割。只有将民进党的堕落、无能归罪于上一辈，年轻世代才能享受改革、清廉、进步、公平、公正的光环，实现他们自身的政治利益。二是年轻世代希望走自己的路，找到发挥的空间。面对"后陈水扁"时代，罗文嘉等人已充分感觉到必须依靠自己力量，重新定位他们在民进党发展历史上的角色、功能，在关键时期作出对民进党有重大影响的事情，才能在与同辈的竞争中脱颖而出，提高自己在政坛上的分量。三是只有发动"新民进党运动"，才能加快民进党世代交替的步伐，由年轻世代主导民进党未来发展路线，取得对于民进党未来的主导权，尽快站到民进党第一线，到2008年时成为民进党最重要的力量，即使民进党输掉2008年选举，他们马上可以取代陈、苏、谢等"律师世代"，将目标瞄准2012、2016年选举。

不难看出，罗文嘉、"新潮流系"发动"新民进党运动"，与选情低迷有着密切的关联，首要目标是要赢得年底选举，也着眼于年轻世代、"新潮流系"在未来民进党权力格局中的战略位置，期间不时闪烁着党内接班竞争的影子。

二、过程与诉求

"新民进党运动"经历了酝酿发动、发酵、派系恶斗以及派系收兵等四个阶段，从最初的提出，到党内发酵、媒体大幅报道、正反双方激烈交锋，再到陈水扁公开批驳，最后是"新民进党运动"提前收场，前后历时不到一个月。

（1）酝酿发动阶段。9月下旬，在陈水扁携苏贞昌等人赴中南美洲访问时，罗文嘉与"新潮流系"总召集人段宜康、中国时报记者何荣幸等少数人秘密聚会，商讨选情与对策，决定发动"新民进党运动"，并于10月1日召开记者会，批评民进党党庆已沦为民进党苏谢吕游等"四大天王"接班造势的场合，民进党已失去反省能力与活力。他们希望结合民进党内的新生代，以及部分党籍县市长候选人，发起"新民进党运动"，重拾当年民进党"改革""进步"的理想，找回民进党"自由、民主、公平、正义"核心价值，展现与旧民进党不同的新气象。他们还公开呼吁陈水扁调整"新宪"策略与方向，将更多心力放在人民关心的社会公平、正义议题上面。

（3）政治效应扩散阶段。事实上，早在"新民进党运动"发动之前，党内一批青壮派"立委"拟组成西南"自保运动"，针对民进党的问题进行改革。一石激起千层浪，罗、段等人的呼吁，迅速得到"新潮流系立委"的广泛响应，李文忠、林浊水率先呼应"新民进党运动"，发起74名党籍"立委"支持题为"支持反省、蜕变重生"连署，希望由此使民众恢复对民进党的信心。李文忠强调，连署自清运动还将陆续展开，包括三个层面，一是针对重大失职、丑闻等案件，要求立即处理、办到底。二是协助当局完成曾经宣誓过的改革运动。三是要求"国会"自清，确立利益回避、行为自律、严拒自肥等"国会自律"三原则，进行跨党派连署。此后不久，"新系立委"林树山发动89名包括"台联党"的绿营"立委"进行连署，矛头直指陈水扁的家臣、"中钢"董事长林文渊，要求他吐出一年4000万的红利配股分红，并连署修改"财团法人法"，处理支领巨额双薪人员。10月12日，在陈水扁发表开展六大"改革"的"双十讲话"之后，民进党籍县市长以罗文嘉联合"新系"的邱太三等十四人借力使力，连署发表四大执政公约，承诺当选后将以高道德标准，落实"公平、正义、清廉、改革"的民进党核心价值，让民众重拾对民进党的信心。这些自清连署活动，与"新民进党运动"遥相呼应，给陈水扁及民进党高层极大压力。

苏贞昌对于"新民进党运动"采取先观望、后跟进、最后淡化的立场。苏贞昌在国外听到罗文嘉等人的动作后，立即指示党部秘书长李逸洋在第一时间发表新闻稿，称"民进党会以最高的标准要求自我，以最大的勇气落实改革"。此后，苏贞昌宣称民进党没有新旧之分，也没有世代差别，是日新又新的政党，坚持品牌、改革进步。10 月 8 日，苏在罗文嘉的造势场合，强调"宁可失去政权，也要守住改革与清廉的招牌"。9 日，苏发表《啄木鸟与青蛙宣言》，称改革与清廉，是民进党存在的核心价值，苏贞昌称今天的民进党，需要许多啄木鸟，要揪出党内坏分子。也需要青蛙，为改革政策大鸣大放。① 民进党中央党部迅速成立"新民进党运动因应小组"，由副秘书长、"新潮流系"的颜万进主持，党部多位一级主管参与，他们围绕"新民进党运动"展开讨论，酝酿成立论坛，提出具体计划。民进党中央还针对卷入"泰劳案"的陈哲南大动作成立调查小组。

（3）派系恶斗阶段。由"新潮流系"主导发动"新民进党运动"招致陈水扁嫡系"正义连线"、谢长廷所属"福利国连线"的强烈质疑与全面反扑，一场"改革"反省运动迅速演变成赤裸裸的派系斗争。"正义连线"秘书长高志鹏反对这种"红卫兵式"的作法，称如果连署就能展现自清，那这样的改革未免也太廉价。"福利国系"秘书长李俊毅称罗文嘉是想在自己与民进党之间建立一道防火墙，减低民进党高层对他选情伤害，但画清界线无法解决民进党的问题。针对"新潮流系"将"新民进党运动"导向"清君侧"的逼宫方向，"正义连线"全面反击，要求成立"股市秃鹰案调阅委员会"，全面清查该案藏镜人、"新系"大佬、证交所董事长吴乃仁。民进党大佬、"考试院长"姚嘉文、"立委"林重谟也跳上火线抨击罗文嘉等人为选举而高喊"世代交替"，点燃党内"新旧世代之战"，把自己装扮成年轻的政治偶像，以改革自居，抹黑别人。

（4）派系休兵阶段。陈水扁对于"新民进党运动"采取损害管控与压制淡化的策略。一方面，陈水扁不能不对要求反省、改革的声音做出一些回应。10 月 6 日，陈水扁绕开检调单位，指令高雄市代理市长叶菊兰成立调查小组，对高雄市历届市长吴敦义、谢长廷、陈其迈等展开调查，同时明确要求卷入"捷运泰劳案"的"国策顾问"陈哲南、"总统府顾问"陈敏贤辞职，陈试图与陈哲南做出区隔，保住他自己。后又劝导林文渊吐出巨额分红。在"双十讲话"中，陈水扁推出六大改革，并要求民进党成立廉政委员会，以高道德标准检验民进党。他声称如果他涉入弊案，他愿意放弃"总统"的刑事免责权。另一方面，陈水扁极力压制、淡化"新民进党运动"影响。"新潮流系""清君侧"的逼宫行动，惹恼了陈水扁，让陈十分不快，陈水扁也极不谅解罗文嘉与"新潮流系"的人纠缠在一起。10 月 13 日，在"府院党"高层座谈会上，陈水扁跳上火线，

① 台湾《中国时报》，2005 年 10 月 9 日。

对"新民进党运动"使出撒手锏，宣称他对"新民进党"的名称采取保留态度，要求吸取当年"新国民党"失败的教训。后在电视采访中，陈水扁当场将"新民进党运动"改名为"清廉改革运动"，唯恐造成困扰，让人见缝插针。与此同时，陈水扁要求苏贞昌召集各派系要角座谈，下令派系休兵、派系和解，今后不再提"新民进党运动"。

在陈水扁大动作亲自上火线灭火后，"新民进党运动"的核心人物趋向消极，罗文嘉对于陈水扁大动肝火始料未及，被迫封口。"新潮流系"决定暂停"新民进党运动"的推动工作，暂缓"国会自律"提案，至此，"新民进党运动"偃旗息鼓，只留下一堆"反省""改革""清廉""公平""公正"的名词，以及赤裸裸的权力争斗痕迹。

针对"新民进党运动"，国民党刊登广告，称与黄信介、施明德等旧民进党相比，陈水扁、罗文嘉、陈哲南、邱义仁等人早就是"新民进党"，他们是"贪污、腐化、特权、无能"的代名词，"新民进党"早已进行五年了。

三、本质与前景

"新民进党运动"是选举前夕在民进党内外交困下，党新生代所发动的一场仓促的自省、自清与自救的脱困行动，等同于自力救济，本质上属于选举策略与权力运作范畴。其中有关"新民进党"的真正诉求并没有得到充分的展开与论述，改革的标的被刻意的模糊，相反只见派系间的唇枪舌剑、刀光剑影。具有三点基本特征。

其一，"新民进党运动"的动机并不单纯，充满了选举考量，也无法超越权力竞逐的思维逻辑。反省、改革本身具有正当性，但当改革成为选举的手段、特别是作为权力斗争、壮大派系的工具时，改革的正当性就被动摇了。联合报民调表示，有五成选民质疑罗文嘉的动机是为了选票，即使是民进党支持者也有三成三怀疑罗的动机是为了选票，泛蓝及中间选民则多质疑罗是为了摆脱民进党士气低迷的困境。[①]"新民进党运动"的发动者，自身就是特权的享受者，由他们反省特权、腐败问题，缺乏正当性。像罗文嘉，如果没有陈水扁嫡系身份的加持，他就不可能越过李应元等人，在没有经过党内初选的情况下，轻易取得台北县长候选人的资格，空降到台北县。至于"新潮流系"，更是民进党执

---

① 台湾《联合报》，2005年10月15日。

政的最大受益者之一，派系势力大肆拓展，邱义仁、吴乃仁、洪奇昌等大老拥有大量政治、财经资源，占据一大批党政军职位，享有特权。他们无法与民进党的理想堕落、权力腐败画清界线。由享受特权而反特权、而检讨民进党的腐败、清廉问题，其正当性何在？"新民进党运动"的失败是必然的。

其二，"新民进党运动"点燃了派系争头与世代交替的敏感神经，成为民进党内既得利益者与失势者、失落者之间、老一代民进党与年轻世代、民进党高层与基层之间的一场政治较量。段宜康辩解"新民进党运动"不是名词，而是动词，只要革新成功，大家都是新民进党，不成功大家都是旧民进党。发动者原本想通过"反省""改革"而对党内政治生态进行洗牌，改变民进党发展的障碍，但遭遇民进党旧有权力结构的全面围剿而遭到瓦解。特别是碰触了陈水扁权力跛脚的敏感神经，引起陈水扁的全力宰制而不可避免走向绝境。

其三，"新民进党运动"触发了民进党内政治接班的敏感神经，必然引发民进党接班人之间的新一轮竞争。"新民进党运动"一开始便闪烁着民进党接班竞争的蛛丝马迹。年底选举是苏贞昌关键之战，面对低迷的选情，苏贞昌等不到陈水扁关爱的眼神以及行政系统的支援，只好自己拼选举，否则苏年底就得走人，遑论在接班竞争中胜出。[1]苏贞昌因与"新潮流系"存在或明或暗的结盟关系，在台北县与罗文嘉勾连成利益共同体，同时"新民进党"的检讨方向指向陈水扁及谢长廷的行政系统，所以苏对于"新民进党运动"采取积极呼应的态度，希望强化与罗文嘉、"新系"的合作，从被迫"蹲下"的困境中脱困，摆脱陈水扁对他的打压，甩开党内接班竞争者对他的围追堵截，为他后续的接班竞争奠定优势。因此苏贞昌的策略，就是与"新民进党运动"积极链接，随时准备接收"新民进党"成果，往自己身上聚拢"反省""改革""清廉"的光环，拉高自己的声势，挫败谢长廷。与此相反，谢长廷对于"新民进党运动"采取冷嘲热讽的态度，他宣称执政的理想应该必须在射程范围之内，不希望变成内部互相推诿或相互攻击。在这种矛盾纠葛中，"新民进党运动"早已陷入接班人之间权力博弈的多重变数中，最安全的方式就是鸣金收兵。

虽然"新民进党运动"已经退场，但选后不无卷土重来的可能。罗文嘉多次强调"新民进党运动"不会因为选举结束而停止。李文忠表示，如果不喜欢"新民进党"这个词，那就不再提，不过改革还是要继续下去，只是推动的方式

---

① 林晨柏：《电火球亮得正是时候》，台湾《中国时报》，2005年10月12日。

可能会做调整，甚至是从台面上化为"地下活动"。

最近，在民进党选情持续下挫之际，陈水扁突然转变策略，对"新民进党运动"采取正面肯定的立场，10月29日当晚，陈水扁在为罗文嘉辅选场合，称他是"百分之百的支持"罗的"新民进党运动"，"清廉执政，大力改革"。不久，传出李文忠出任罗的竞选总干事，表明"新民进党运动"有可能成为下阶段罗，甚至民进党的选举主轴。

事实上，不论选举结果如何，选后罗、段都可以继续"新民进党"的议题，营造对自己有利的局面。假如民进党赢得选举，可以说成是"新民进党运动"的成绩，有关的讨论得到鼓舞，因此要继续推动、深化"新民进党运动"，甚至会有潜在的"总统候选人"靠过来，试探水温，是否能承接这个"新民进党运动"的大旗，作为"总统"大选的主轴。如果选举输了，陈的威信大受影响是必然的，谢与苏的政治前景也肯定蒙上阴影。失败的原因顺理成章地归结到党内对"新民进党"的打压，党内要求反省、检讨的声浪将会高涨，"新民进党运动"将再次成为焦点，甚至成为民进党的主流论述，世代交替将加速展开。[1]因此，选后，"新民进党运动"不会销声匿迹，相反有可能得到更多的支持与响应，更为活跃，"新民进党运动"得以持续进行下去。（本文完成于2005年12月）

---

① 徐永明:《又是鸡兔问题》，台湾《中国时报》，2005年10月16日。

陈水扁当局决策体系、决策过程及决策特征

　　决策是政治行为中的核心环节，它是权力运用中公民、投票人、政党、利益集团领袖和直接决策者各自行使权力、互相影响和互相作用的过程。其中决策机制、决策过程以及决策思维成为考察一个政府决策行为的基本指标，决定了决策品质的高低。[①] 陈水扁当局的政治决策行为不但形塑台湾自身的发展，也对两岸关系与亚太局势产生影响。因此，研究其决策体系，对我们了解当前陈水扁当局的政治运作、政策走向等将有所裨益。本文运用现代政治学中相关的决策理论，对的决策体系、决策过程、决策模式进行剖析，以厘清民进党人的决策特征与决策思维，把握政治决策的基本脉络。

一、陈水扁当局决策体系

　　政治学认为决策体系中包含有决策系统、信息系统、智囊系统、反馈系统和执行系统等。其中决策系统是决策体系的核心部分，决策者应以大量资讯为依据，运用知识和经验，对智囊提出的多项对策、方案进行比较、权衡，选定最佳方案加以执行，并在执行过程中不断修改、完善，保证决策目标的实现。

　　台湾当局的决策体系，主要是指"中央"层级的如"国防政策""外交政策""大陆政策"以及财经、教育文化、公共安全等重大政策的决策。按照当前台湾政党竞争的格局，台湾的决策体系具有三个面向，一是当局行政体制内的决策体系，主要包括"总统府"与"行政、立法、司法、监察、考试""五院机构"。二是执政党的决策体系，如当年国民党的中常会，如今民进党的中常会等。三是党政体制外的临时性的决策机制。这在李登辉当政时就已存在，如1990年的"国是会议"、1996年的"国发会"。陈水扁继承前任衣钵，加以发扬

---

　　① 查尔期·林德布洛姆：《决策过程》，上海译文出版社1988年版。

142

光大，召开"经发会"，在"总统府"内设立诸如"两岸跨党派小组""总统府人权咨询小组""总统经济顾问小组"等，虽然定位为"总统"的咨询机构，但都不同程度上参与、影响决策。这三个层面的决策体系相互影响、交替运用，有时是经由党的中常会形成决策后交由体制内的机构执行，有时由临时性的决策编组发挥决策功能。但从陈水扁当局三年来的政治运作来观察，更多的是通过行政体制内的决策体系直接形成决策，然后贯彻执行。

（一）当局体制内的决策体系

当今台湾当局的决策体系规则来源于的 1948 年制定的"中华民国宪法"与前后历经六次修改而成的"宪法增修条文"，它们构成了台湾决策体系的基本框架。台湾政治体制属于所谓的"五权架构"，由"行政、立法、司法、监察、考试""五院"组成，"总统"与上述"五院院长"都具有职权范围内的决策权，但"总统"的决策权与裁量权显然凌驾于"五院院长"之上，其中有关"总统"与"行政院长"的职权关系最容易引起争议，常成为政治斗争的导火索。

其一，"总统"具有最高决策权与裁决权，"国家安全会议"成为"总统"的最高决策平台。"动员勘乱时期临时条款"与"宪法增修条文"突破"中华民国宪法"框架，变造出"国家安全会议"这一"宪政怪兽"，将台湾的政治体制导向类似无须对"国会"负责"大总统制"。"国家安全会议"隶属"总统"，赋予"总统"决定"有关国家安全的大政方针"的权力，包括"'动员勘乱大政方针''国防重大决策''国家建设计划纲要''总体作战之决策与指导''国家总动员之决策与督导''战地政务之处理'及其他有关'动员勘乱'重要决策事项等"。[1]2003 年 6 月，"立法院"通过"国家安全会议组织法"修正案，对"有关国家安全大政方针"的范围做了新的界定：包括"国防、外交、两岸关系及重大变故之相关事项"。这一条款赋予了"总统"对一切事务展开决策的"法源"。[2]在实际政治运作中，"国安会"的业务无所不包，除了"国防、外交、两岸关系"外，凡是"总统"感兴趣的事项，大到方针政策，小到人事经费，都可以打着"有关国家安全大政方针"的幌子，在"国安会"进行具体运作，贯彻、落实"总统"意旨。"国家安全会议组织法"规定："国家安全会议"以"总统"为主席，会议讨论事项由"总统"裁决，与会人员意见仅备咨询。

---

[1]　齐光裕:《"中华民国"的宪政发展》,台湾扬智文化股份有限公司 1998 年版,第 13—14 页。

[2]　台湾《中国时报》,2003 年 6 月 6 日。

会议做出的决定，经"总统"核准后交付有关机构实施。[①]因此，"总统"可以透过"国家安全会议"召集"文武百官"举行相关会议，作成决策交付有关部门执行。在实际的政治运作中，"国家安全"涵盖的范围被无限地放大，"国安会"名义上只是咨询机构，但实际上却成为一个实权性的决策机构，但"立法院"无法对"国安会"进行有效监督。吕秀莲曾公开批评"国安会"权力过大，直接指挥"部会首长"，其影响力甚至超越了"正、副总统"，这种体制已影响到施政。[②]在李登辉后期，像应对"九五、九六年台海危机"、抛出"两国论"和一系列"外交活动"，都是在"国安会"里运作，它与李氏主导的国民党中常会构成"李记政权"两个制度性的决策机构。[③]陈水扁上台后，同样对于"国安会"的职权爱不释手，但在具体运作过程中出现不少弊端，成为在野党杯葛、嘲弄的对象。

其二，"行政院长"只是"总统"决策的幕僚长与执行长，"总统"重于决策，"行政院长"重在执行。"行政院长"对重大决策具有一定的参与权，特别是在具体施政方面具有较多的决策自主权，但他必须尊重、服从"总统"的最后决策，当两者发生冲突、矛盾时，得优先服从、执行"总统"的命令，哪怕是错误的决策。一旦决策失误，"行政院长"成代罪羔羊，须向"立法院"负责。陈水扁当政后，多次出现"总统"否决"行政院长"决策、批评行政当局的情形。尤其是"总统"拥有重大人事权，"行政院长"由"总统"直接任命而无须"立法院"同意，删除"行政院长"重大政策、人事之副署权，"行政院"所属各"部会、委、局、署"约七十多名全台湾最高级政务官须经"总统"同意任命。因此，没有最后决策权与人事权的"行政院长"只能充当"总统"的幕僚与执行长，唯"总统"马首是瞻，难以坚持己见。

其三，"立法院"在台湾当局决策体系内的地位每况愈下，对"总统"与"行政院长"决策权与行政权的监督、制衡不断减弱。具有最高决策权的"总统"无须到"立法院"接受质询。"立法院"是最高"立法"机构，其职权包括：制定法律、议决预算案、议决重大事项权如变更重大政策；行使同意权，如对"总统"提名的"司法院""监察院""考试院"正、副"院长"等行使同

---

① 薛文郎：《"中华民国宪法"与"立国"精神》，台北高立图书有限公司 2000 年 8 月版，第 120 页。

② 台湾《民众日报》，2003 年 8 月 4 日。

③ 王茹：《台湾"宪政"变迁中的"国安会"与"总统"权力》，《台湾研究集刊》2003 年第 2 期，总第 80 期。

意权；对"总统""副总统"提出弹劾、罢免案，对"行政院长"提出不信任案，但弹劾、罢免"总统"案、"倒阁"权的行使门槛非常高，不容易通过。目前"立法院"对"总统"的人事权、重大政策、预算等进行牵制，国亲两党主要依靠"立法院"这个政治舞台，发挥泛蓝"立委"相对多数的优势，对民进党当局展开监督与制衡，对抗、竞争多于协商、合作，以此争夺对岛内政局发展的主导权。

其他如"司法院正副院长""大法官""监察院正、副院长""监察委员""考试院正副院长""考试委员"等也具有业务范围内的一定的决策权，如"大法官会议"做出"司法解释"具有法律效力，2001年初，"大法官会议"对"行政院"停建"核四"做出"司法解释"，实际上宣布了停建"核四"的"不合法性"。但因为上述人员的权力来源于"总统"的提名，实际上无法对"总统"的决策权构成真正的牵制作用。

因此，在台湾"宪政结构"中，"总统"居于决策的核心地位，"总统"借由"国安会"这个平台，过度发酵所谓"有关国家安全大政方针"涵盖范围，无限扩张、放大"总统"的决策权与行政指挥权，使"总统"具有幕后操控与现身第一线多重角色选择，且不必承担政治责任。"总统"可通过"国安会"，直接操作"国防、外交、两岸关系"的大政方针，也可对财经、文化教育、社会政策等提出自己的构想。同时，"总统"紧紧抓住重大人事提名权与任命权，建立广泛的政治同盟，确保政策的贯彻执行，削弱"立法院""司法院""监察院""考试院"等机构对"总统"权力的制衡。当然从实际的政治运作来分析，由于陈水扁的权威、声望不够、资源有限，陈水扁在某些时候不得不放低姿态，拉拢某些特定的政治人物，尊重包括"立法院长"王金平、"司法院长"翁岳生、"监察院长"钱复等人的决策权、决策参与权，以此换来他们政治上的配合支持。

（二）民进党的决策体系

按照政党政治的常理，重大政策应由执政党在党内作成决策后，交由从政党员与党籍"国会议员"贯彻执行。因此，党的决策应先于、甚至高于"宪政体制"内的决策系统。但民进党当局实际政治运作的情况并非如此，甚至完全相反，这与民进党的政治性格与权力机制有关。民进党在野时，采取派系共治的"合议制"，最高决策机制属于中常会，党主席没有单独裁量权，其权力与其他中常委相差无几，派系间的利益综合是最主要的决策方式，重大政策基本上是在中常会内协商、表决通过后方可成为党的政策，产生政治效力。① 陈水扁仓促上台后，民进党的决策机制并没有立即进行调整以适应执政的需要。相反，因为选前退出民进党党务活动的承诺，陈水扁很长一段时间不参与民进党中常会，谢长廷领衔的党中央并不能发挥党应有的决策功能，对岛内重大政策、人事等产生影响。最初形成"党政协商会报"，有人称之为"餐会决策模式"，包括每周二晚间陈水扁与"行政院长"唐飞的例行餐聚、周三上午陈水扁与民进党主席例行餐会、周三中午党政协商例行会报。"核四风暴"后，进入"府院"、党与"立院党团""三合一"决策时期，取消前一阶段的"餐会决策模式"，陈水扁召集"总统府""行政院"、党中央与"立院党团"高层举行"府院党扩大决策会议"，组成"九人决策小组"，成员包括"正、副总统""行政院长"、民进党主席、府院党三位秘书长、党团负责人二位，对外发言由"行政院秘书长"负责。每周二晚间举行，相关决议交由第二天的民进党中常会讨论执行。② 以此加强党政沟通、协调，发挥党的辅政、强政的功能，但效果不彰，胡忠信批评"九人小组"为"背书小组"。③ 党中央的决策功能并没有得到陈水扁的尊重，民进党中央只有被动配合陈水扁的决策，党、政之间、"立院党团"与"行政系统"之间、"中央"与地方之间沟通不畅，龃龉不断。2002 年初，游锡堃出任"行政院长"后，"九人小组"停止运作。2002 年 7 月陈水扁正式兼任党主席，实施"党政同步"，党内"合议制"逐渐被"首长制"代替，"派系共治"走上"扁系独治"，重大事项经中常会讨论后由陈水扁"裁示"。表面上看来民进党的中常委们参与了决策，让陈水扁有机会听取中常委们的意见、建议，似乎民进党中央的决策地位提升了，但实际上只是强化了民进党落实陈水扁个人意旨的功能，突出了"以党辅政""以党强政"的功能，却与决策的民主化、科学化无关，只是扩大了的"九人决策小组"，民进党的多元性格呈现出一元化的危机。需要特别指出的是，陈水扁在处理"宪政体制"内决策体系与民进党中央决策体系这两者关系时，采取选择性的利己、方便原则，需要争取党内人士支持的事项交由中常会内讨论通过，其余则基本上透过"国安会"机制进行决策，最近一年来政治运作对此作了明证。

① 刘国深：《当代台湾政治分析》，台湾博扬文化事业有限公司 2002 年版。
② 高永光、刘佩怡：《陈水扁决策模式之探讨》，国家政策研究基金会：《国政研究报告》，2001 年 5 月 14 日，引自 http://www.npf.org.tw。
③ 胡忠信：《权力的傲慢》，台北商智文化 2001 年版。
林莹秋：《阿扁"总统"的主意是谁出的》，台湾《财讯》月刊 2003 年 4 月，第 253 期。

（三）体制外的决策机制

体制外的临时性决策机制弥补陈水扁当局体制内决策体系的局限与不便，使决策具有更大的自由度与灵活的空间。体制外的决策机制早在李登辉当政时就已存在，如1990年的"国是会议"、1996年底的"国发会"，目的是利用体制外的民进党等在野力量为李登辉的决策背书。陈水扁继承前任衣钵，加以发扬光大，2001年召开"经发会"，达成322项共识。2002年召开"府、院、党"高层参加的"大溪会议"、"三芝会议"，对台湾发展战略做出重大调整，建构"安全、民主、经济"的"三锚论"。在"总统府"设立诸如"两岸跨党派小组""人权咨询小组""总统经济顾问小组"等，虽然定位为"总统"的咨询机构，但都不同程度上参与、影响决策。此外还有社会人士不属于任何机构、组织、团体，却能以个人身份影响、参与民进党当局的决策，这些决策案例也屡见不鲜。

上述三大决策体系成为进行决策的基本框架，陈水扁在启动这些决策机制时，依据方便、快速、利己原则（包括有利于民进党、有利于"正义连线"），经常违反决策程序，不遵守决策规则，经常出现在没有采集相关资讯、不尊重专业建议的情况，导致决策过程的草率粗糙与决策品质的低劣。

二、陈水扁当局决策过程

在民进党当局的决策过程中，只有少数人、特定利益团体才能够影响或参与决策，大多数民众无法参与、甚至无法知悉决策内幕。依据美国政治学家林德布洛姆提出的决策梯级原理，综合党、政与临时编组三大体系的决策机制，台湾当今的政治决策体系呈现出多层次决策梯级：从核心到边缘，由直接到间接，从上往下共分五层决策链。其中"总统"及其核心幕僚，如当年苏志诚、如今的马永成等，处于决策体系的最高层，拥有最后的决策权、裁量权。第二层的决策体系则为"副总统""行政院长""总统府正、副秘书长""国安会秘书长"和民进党秘书长等职位，辅助"总统"展开决策，参与、甚至分享"总统"的最高决策权。第三层次的决策体系则是"立法院长""司法院长""考试院长""监察院长"等，享有职权范围内的决策权，甚至参与部分最高决策。第四层的决策体系是"国安会副秘书长"、"国安会咨询委员"、"国安局局长"、"行政院副院长"、"政务委员"、民进党中常委、民进党"立院党团"干部如召集人、干事长等，参与、辅助最高决策者作出决策。第五层级如"总统府资政"、

"总统府顾问"、"国策顾问"、"行政院"各"部、委、署、局"政务官、高级文官、"大法官"、"考试委员"、"监察委员"等，他们也参与职权范围如财经、司法、考试、监察等领域内的决策活动，或提供决策咨询、起草政策方案等。

不难看出，这一决策梯级从上到下，决策权总体上呈现递减的趋势。但处于这一决策链中的个人因为与最高决策者的远近亲疏，其对决策的影响力也有所不同，特别是有些人即使决策位阶不高，对决策影响力却很大，甚至成为决策权威。更令人匪夷所思的是，一些体制外的人士，也可能因为拥有与决策者的特殊管道而影响、左右决策。如抗 SARS 期间，因为陈水扁医疗小组执行长、新光医院副院长黄芳彦的一通电话，促成陈水扁直接下令台北和平医院封院。

如果对上述决策阶梯进行横向扫描，就可发现陈水扁的决策图。围绕陈水扁从内到外形成核心—内圈—中圈—外圈的决策圈。参与陈水扁的决策圈可以从他们与陈水扁的亲疏远近、职位、专业功能等作出区分。处于决策核心人物包括"总统府秘书"如马永成、林锦昌以及"总统府秘书长"。他们几乎参与了台湾当局的一切重大决策，陈水扁在决策时对他们的依赖极为严重。其中马永成长期追随陈水扁，了解陈所有的公私事与优缺点，对政治操作、利益算计自有一套，不仅是"童子军团"团长，更是"国政中枢"、核心中的核心。离陈水扁第二近的则是"总统府秘书"林锦昌，他是陈的文胆与化妆师，其地位已超越原先的罗文嘉。历任"总统府秘书长"也处于陈水扁决策核心圈，如今的邱义仁更在陈水扁的决策核心中扮演关键角色，被喻为陈水扁的"军机处大臣"。处于决策内圈的则有"行政院长""国安会秘书长"（丁渝洲、庄铭耀除外）、"党政同步"后的民进党秘书长、民进党"立院"党团总召集人、干事长等，他们对于陈水扁的各项决策参与程度很深，众多决策都有他们的影子。处于决策中圈的则包括"陆委会主委"蔡英文、"财政部长"林全、"台湾智库"董事长陈博志、"总统府副秘书长"陈哲南、吴钊燮、"行政院秘书长"、民进党"正义连线"的骨干人物如"立委"罗文嘉、高志鹏、陈其迈、蔡煌郎、"行政院人事局长"李逸洋、民进党主席特别助理、民调中心主任陈俊麟、"中国事务部"主任陈忠信、"国际部"主任肖美琴等。其中有些人的决策功能可替代性很低，陈水扁对他们不但在职务上尊重，更在专业上依赖。如蔡英文在"国安"、两岸和国际经贸领域的政策主张，基本上被陈水扁采纳。林全、陈博志在财经方面的建议方案较易受到陈水扁的青睐。处于决策外圈的人物比较多，像民进党中常委、中执委、"正义连线"的其他成员、"新潮流系""福利国系"等派系领袖等，也有机会参与决策。此外，陈水扁当政后迅速向财团靠拢，具有财团背景与"独派"色彩的人士也处于陈水扁决策外围圈，以各种方式、通过各种途径不断地影响陈的决策，如兆丰金控、长荣集团的郑深池、国泰金控的蔡宏图、原新光医院副院长、现仁济医院院长的黄芳彦、中钢董事长林文渊、"独派"军师黄文局、前陈水扁财务长黄维生等。这类人物可能在某些时候、某些方面影响或参与陈水扁的决策活动，实现其左右决策的目的。[①]

参与陈水扁决策链的人，可分为三大类，一是长期追随陈水扁，属陈的嫡系，其中不少人出身于陈水扁的"市府团队"；二是具有专业背景，都对陈忠心不贰，为陈的"渐进式台独"战略出谋策划，但不会逾越分际；三是民进党内实力派人物或具有"独派"色彩的社会人士，对陈巩固统治具有特殊功能。这些人基本上按照各自的职位、专业发挥参与决策、辅助决策、影响决策的功能，只是各人参与的程度、影响的大小各不相同。

下面具体分析陈水扁当局的"安全"、"国防"、"外交"、大陆政策、财经五大决策体系的运作过程。

"国家安全"决策过程。决定"国家安全"的大政方针，是"总统"的基本职权，通过"国家安全会议"这个平台进行决策管理，实施危机研判、危机处理，采集相关信息，对各种方案进行沙盘推演，权衡利弊后作成决策。"国家安全会议"由"总统"主持，出席人员包括"副总统"，"总统府秘书长"，"总统府参军长"，"行政院"正、副"院长"，"内政部长"，"外交部长"，"国防部长"，"财政部长"，"经济部长"，"陆委会主委"，"参谋总长"，"国安会秘书长"，"国安局长"等13人。每遇重大或紧急突发事件，可能影响台湾"安全"时，"总统"便可视需要召开高层"国安会议"。在今年美伊战争期间，陈水扁多次召集相关人员进行此类会议，讨论战争对台湾造成的影响，研商对策。另外，"总统"也可根据议题性质临时指定有关人员列席与会。如在抗SARS期间，陈水扁指定"卫生署长"、相关医院院长参加"高层国安会议"，共同讨论抗疫事宜。台湾当局启动"国安决策机制"时，有很大的操作空间，不受时间、议题的限制，确保陈水扁能够对岛内各项事务进行全方位掌控。台湾当局内部有主张缩小"国安决策机制"参与人数，认为"国安会"主要处理外来危机为主，与会成员应以军事、"外交"（大陆）、情报、经济为核心，当危机的严重性愈强烈，

---

① 林莹秋：《阿扁"总统"的主意是谁出的》，台湾《财讯》月刊2003年4月，第253期。

参与决策的人数宜少不宜多，以 5—8 人为最佳组合，包括"正、副总统""行政院长""国防部长""外交部长"或"陆委会主委""经济部长""国安会秘书长"，外加"国安局长"与"参谋总长"。① "立法院"已同意扩大"国安会"机构编制，增加"咨询委员"与研究人员，"国安会秘书长"康宁祥决定在"国安会"内设立两岸、"国防"、"外交"、危机处理、国外经贸、国内产业等六大任务编组，强化"国安会"的危机预警研判与对策应因能力。

"国防"决策过程。台"宪法"规定"'总统'统率全国陆海空军"，于 2002年 3 月实施的"国防法"规定："'总统'为决定'国家安全'有关之大政方针，或为因应'国防'重大紧急情势，得召开'国家安全会议'。"同时责成"'行政院'制定'国防政策'，统合整体'国力'，督导所属各机关办理'国防'有关事务"。台湾当局的"国防政策"决策机制架构依次为"总统府""国安会""行政院"及"国防部"。其中"国防部"主管全台"国防事务"，提出"国防政策"建议，并制订军事战略。重要"国防政策"、人事、预算等均由"部长"核定，实施军政、军令一元化的"国防体制"。② 但是由于陈水扁对军方并不信任，陈的一些军事战略、"国防政策"构想，均是透过"国安会"运作，其中现任"国安会副秘书长"柯承亨长期担任陈幕僚，陈的军事战略大多数出自柯之手，包括 2000 年 6 月陈水扁提出的"境外决战"概念。③ 其他如康宁祥、陈必照、林中斌、民进党"立委"李文忠等对陈水扁的军事决策具有较大影响。

"外交"决策过程。"外交决策机制"主要由"总统""国安会""行政院长""外交部长"组成，其中"国防部""经济部""陆委会""侨委会"等部门参与相关议题的"外交"决策活动。民进党中央的"国际事务部"、民进党籍"立法院外交委员会委员"也参与部分"外交"政策的决策活动。一般的"外交"政策由"外交部长"作成，但重大议题，如对美"外交"、"总统"出访等则由"总统府""国安会"主导。2003 年初，为强化"美台关系"，"总统府"与"国安会"秘密组成一个名为"台美关系专案会议"的统合运作机制，涵盖"外交""国防""经济"等部门，属于"国安会"体制下的任务编组，围绕"美台军售"、稻米谈判、米酒进口、开放农产品及知识产权等涉及"美台利益"的

---

① 张中勇：《强化国家安全决策体制之道》，引自 http://www.inpr.org.tw/inprc/pub/jounals/130-9/ m136_3.htm。

② 台湾《2003 世界年鉴》，台北"中央通讯社"2002 年 12 月版，第 163 页。

③ "2001 年台湾安全展望白皮书"，"台湾综合研究院战略与国际研究所"2001 年 3 月版。

敏感问题，进行跨"部会"的整合与研讨。由"总统府秘书长"邱义仁与"国安会秘书长"康宁祥共同主持。相关成员包括"国防部长"汤曜明、"外交部长"简又新、"经济部长"林义夫、"陆委会主委"蔡英文、"国安局长"蔡朝明、"总统府副秘书长"吴钊燮、"国安会副秘书长"柯承亨、"总统府秘书"刘世忠、民进党"国际事务部"主任肖美琴等。① 在对日"外交"方面，2001 年春，在"总统府"内设立了"对日工作专案小组"，由"总统府秘书长"主持，"国安会""外交部""经济部""农委会""侨委会"等部门参与。2002 年 2 月，"行政院"也设立"对日工作小组"，由"外交部"结合民间力量，成立"对日关系联谊会"，全力开拓与日本的实质经贸关系。②

大陆政策决策过程。国民党当政时设立了台湾当局大陆事务体系，包括"总统府"、"国统会"、"国安会"（含下属的"国安局"）、"行政院"、"陆委会"、海基会、"国防部军情局""法务部调查局"，以及国民党中央陆工会等机构。其中"总统府""国安会""行政院""陆委会"以及国民党的陆工会等机构组成大陆政策决策体系，"国统会"具备咨询功能，"陆委会"、海基会、"法务部调查局"等则执行大陆政策。陈水扁上任后，沿袭了李登辉时期大陆政策体系框架，只是抽离了国民党陆工会的决策角色。民进党当局的大陆政策决策体系主要包括"总统府""国安会"（含下属的"国安局"）、"行政院"、"陆委会"、"国防部军情局"等。"党政同步"后，陈忠信所在的民进党"中国事务部"也构成了大陆政策决策体系的一环发挥一定的功能。"总统""国安会"对重大政策行使决策权，"行政院"负责一般性大陆政策之决定与执行，在决策过程中，由各机关依其职权承担幕僚作业，由"陆委会"综合协调、审议。"陆委会"则负责全盘性大陆政策及大陆工作的研究、规划、审议、协调及部分跨"部会"事项之执行工作，并对"立法院"负责。陈水扁虽然承诺"四不一没有"，但长期不召开"国统会"，却设立了体制外的"两岸跨党派小组"，作为"总统府"的咨询机构，就两岸重要事务提供咨询意见或结论决议，"总统"则视其重要性与权威性作成决定是否采用。由于国、亲两党的缺席，"跨党派小组"事实上无党可跨，形同虚认，除了达成"三个认知、四个建议"的所谓共识外，无所作为。2002

① 海江田：《美国看阿扁越看越满意——美伊战后"台美关系"增温内幕》，台湾《财讯》月刊 2003 年 5 月，第 254 期。
② 李中邦：《台日关系 VS 中日外交，究竟谁是赢家？》，台湾《海峡评论》月刊 2003 年 4 月，第 148 期。

年 7 月，因应两岸加入 WTO 两岸交流新形势，陈水扁一度准备"调整处理大陆事务的组织架构，重新思考海基会的定位和角色"，释出"两岸三通可以考虑授权民间谈判"的信息，试图与大陆建立新的协商、谈判管道，重启谈判机制。在陈水扁的大陆政策决策体系中，"陆委会"蔡英文深受陈水扁信任，掌握决策主导权，始终扮演着扁当局大陆政策看门人的角色。[①]

财经决策过程。财经决策机制包括"总统""国安会""行政院长""行政院副院长""经济部长""财政部长""经建委主委""央行行长""主计长"等。唐飞时期设立"行政院财经小组"，唐飞自任召集人，据说陈水扁亲自"旁听"。张俊雄出任"行政院长"后，陈水扁在"总统府"举行"扩大财经会议"，纳入"国安会"成员，重大财经政策由陈水扁亲自决策。游锡堃转任"行政院长"后，"总统府"、"国安会"准备设立涵盖"府、院"的"经济战略小组"，因"行政院"的反对而作罢。2003 年初，"国安会"再次设立"经济小组"，由"国安会秘书长"主持，"总统""副总统"列席，固定成员包括"总统府秘书长""央行行长""财政部长""台湾智库董事长"陈博志，但"行政院院长""副院长"未曾参加。讨论议题则以"行政院未注意到的财经政策"，以示对"行政院"的尊重，淡化"国安会"跳过"行政院正、副院长"直接找"部会"官员议事的色彩。对此，游锡堃在"行政院"内设立了"财经会报"与"行政院重大财经情势会报"，作为策划财经政策、协调相关部门的机制，并引入"国安会"官员参加。[②]事实上，游锡堃的财经政策经常遭到陈水扁的否定。游所提出的"挑战 2008——国家重点发展计划"已遭搁置。2003 年 6 月，陈水扁设立"总统经济顾问小组"，萧万长担任召集人，再次强化陈水扁对于财经政策的决策主导权。萧计划在取得"行政院"的"理解"后，针对议题请"部、会首长"指派下属事务官与会，直接沟通执行面的困难点，并找产、学界人士一起讨论。

三、陈水扁当局决策特征

民进党仓促上台执政，人才储备严重不足，尚未摆脱在野时期的草莽习性，没有形成自己的执政论述，决策思维停留在原始的摸索而没有理性的求索与升华，因此，民进党上台以来的决策过程印上了盲目、粗糙、简单化的烙印，有时甚至是荒腔走板、毫无章法，陈水扁个人意旨贯穿了决策的全过程，决策品

---

① 台湾《财讯》月刊 2003 年 4 月，第 253 期。
② 台湾何适非：《扁、游、林拼经济内幕》，台湾《财讯》月刊 2003 年 4 月，第 253 期。

质的低劣成为陈水扁当局决策难以抹去的标签。

（1）一人决策、寡头决策、少数决策多于集体决策、民主决策，陈水扁个人意旨与陈少数幕僚的意见浓缩为民进党当局的最高决策意旨。美国政治学家阿尔蒙德认为历史上有四种决策形态，包括弱的集体型、强的集体型、弱的个人型以及强的个人型，其中当政者的智慧、想象力和个性对决策形态产生重大影响。①陈水扁一项重要的人格特征就是缺乏安全感，与人交往没有信心，除了长期跟随他打天下的嫡系心腹之外，能与陈交心交底的人少之又少。即使对于党内同志，他也要分出亲疏远近。所以他不愿意与人分享权力，不容人染指他的决策权，重大决策基本上依赖身边少数几位幕僚，引来"童子军治国"的讥评。自从启动"党政同步"机制后，民进党陷入一元化、"一言堂"危机中，"派系共治"被"扁系独治"所取代，进一步助长了陈水扁一人决策、寡头决策的倾向，"密室政治"盛行。一旦出现政策偏离自己意旨，陈水扁非要进行矫正手术，决不容任何人侵犯他的决策权。从唐飞、张俊雄到游锡堃，时常因政策分歧遭到陈水扁的修理。

（2）体制内决策与体制外决策交叉并存，并以临时性任务编组活化决策机制。陈水扁刚上台执政时，因为退出民进党党务活动的承诺，主要启动体制内机制展开决策，并透过"国安会"这个平台，设立名目繁多的"对美小组"、财经小组、"人权小组"等临时性的任务编组，以求强化决策功能。但陈水扁对于体制外决策机制存有严重的偏好倾向，这种不受监督、完全按个人意旨行使的决策模式成为超越、纠正体制内决策的一种工具，也成为陈水扁笼络特定对象、巩固或延续统治的有效方式。从早期的"两岸跨党派小组"，后来的"九人决策小组"，到最近的"抗SARS小组""总统经济顾问小组"等，都具有这样的功能，因噎废食、叠床架屋、以会养会的情形时有发生。舆论称由于陈"好自操事，把原有的机关部会弄萎缩、玩瘫痪，致使党政决策机制，完全丧失应有的功能。"②

（3）选举至上、意识形态成为陈水扁当局决策思维的核心。政治学家总结的政治决策模式多达七种，包括理性决策、渐进决策、体系决策、精英决策及

---

① 加布里埃尔·A.阿尔蒙德等：《比较政治学：体系、过程和政策》，上海译文出版社1987年版，第295—299页。

② 李沂：《一人兼听天下，我把"阁揆"变不见了》，台湾《中央日报》，2003年5月28日。

博弈决策等。[①]的决策机制是上述模式的综合与变异，但其本质无疑是选举导向型的利益决策模式与冲突导向型的意识形态即非理性决策模式。为了追求有利于执政与延续执政的决策效益，民进党高层从上台的第一天起就开始拼选举、拼连任了，一切政策、人事、经费优先考量选举利益，哪里有选票，决策就往哪里倾斜，分阶段、分步骤、分层级展开决策行为，所谓"拼经济、拼改革"也反映了民进党当政者一切以连任为首要考量的决策游戏规则。民进党执政三年来，陷入"台独"意识形态泥沼，决策时强调"台湾优先"，以"去中国化""渐进式台独""文化台独""法理台独"为终极目标，以"爱台""卖台"二分法制造族群对立，优先发展"扁系"利益、民进党利益以及泛绿势力，压缩、围剿泛蓝势力，向"政治台独"迈进。"泛政治化"的结果就是牺牲公平、正义与专业，只要"政治正确"，就可坐享决策利益。

（4）投机性、随意性、盲目性伴随陈水扁当局决策的始终，完全背离现代政治决策中理性、民主、科学的原则。陈水扁是个典型的机会主义者，喜欢信口开河，擅长短线操作，凡事皆以胜选为主要考量，讲话不但忽强忽弱，而且还会忽软忽硬。[②]陈水扁的政治人格就是政治争胜强于政策争辩，所谓理念可以因政治斗争让步。由于信奉"是什么，做什么，做什么，像什么"的格言，决定了陈水扁以满足选民对于"总统"职位的要求与期待为第一考量，面对不同对象，他完全可以做出错乱而矛盾的决策来。台湾政治评论家胡忠信称陈水扁是典型的律师人性格，一切方案、人才以"实用"为优先，能上报纸标题的尤其重要，他只想做"下游厂商"。陈水扁没兴趣找人进行冗长、耐心的决策讨论。他的决策咨询对象，大都是与陈相处较为自在的"童子军"而已。[③]陈水扁与李登辉对于智囊的看法迥然不同。李相信体制外的和尚好念经，培植了大批私人亲信智囊，一直在幕后享有崇高的决策地位，收取巨大决策效益。[④]陈水扁则尚未建立起自己的决策智囊体系，对于专家学者的建议，则以实用主义标准进行取舍。除"台湾智库"的陈博志曾对财经决策有所参与外，民进党的"绿色智库"包括"台湾智库""台湾产业科技协进会""台湾产经建研社"等，大都没有得到应的尊重与发挥。[⑤]既没有专业意见的支撑，缺乏全局观，又深

① 王沪宁:《比较政治分析》，上海人民出版社 1987 年版。
② 新加坡《联合早报》，2002 年 8 月 5 日。
③ 胡忠信:《权力的傲慢》。
④ 陈孔立:《台湾历史与两岸关系》，台海出版社 1999 年版。
⑤ 汪莨:《民进党的绿色智库概览》，香港《广角镜》月刊 2003 年 6 月，第 369 期。

陷于选举至上与意识形态的泥沼，不屑实验现代政治中理性、民主、科学的决策准则，的决策过程难以超越狭隘、偏执的集合，在不断的自我否定、相互否定、上下否定、前后否定中趋向紊乱与沉沦，决策急转弯、决策大逆转时有发生。多头马车、朝令夕改、朝三暮四、昨是今非的决策习惯，重创民进党当局的威信。如陈水扁对于"三通"，一会儿说"三通"是必走的路，一会儿又说"三通"不是万灵丹。对于地方金融改革，曾信誓旦旦称"即使动摇国本、失去政权也要办下去"，但在农民上街游行后他就偃旗息鼓了。一幕幕荒唐决策戏码，早已使陈水扁失信于天下。

陈水扁当局的决策机制处于动态、多变的调适中。从早期的"党政协调会报""九人决策小组"，到"党政同步"，甚至各种议题架构下的党政沟通机制，包括以"度假会议"形式出现的"大溪会议""三芝会议"，民进党的党政互动机制并不少，却没有功能上的有效发挥，关键在于民进党当政者无法体会现代政治决策中理性、多元、科学、渐进的真谛，奉陈水扁及其少数幕僚的意旨为最高决策圭臬，"扁意"超越党意、凌驾于民意之上，体制内的决策机构得不到陈水扁应有的尊重与支持，生成众多体制外的临时编组，紧锁决策权，干预行政权，当缺乏广泛厚实的专业意见支持、以选举与意识形态为杠杆左右决策时，盲目、粗鄙与低劣成为决策的唯一宿命。（本文完成于 2004 年 4 月）

民进党派系

2008 年民进党政治接班态势

2008 年民进党政治接班问题是观察陈水扁之后绿营内部权力与资源分配的核心问题，也是关系到 2008 年民进党能否长期执政的重要课题。根据民进党的政治文化与权力、实力逻辑，从目前态势分析，具有角逐 2008 年民进党"总统候选人"资格的人选主要包括苏贞昌、谢长廷、游锡堃，吕秀莲以及可能的"黑马"人选、不久前脱党的林义雄等。这些接班"天王"尚处于"人人有希望，个个没把握"的状态，须经历各种接班选拔赛，最后于 2007 年 3 月间通过民进党党员投票（占 30%）与民调（占 70%）初选机制的筛选，真正成为接班人，历经一番龙争虎斗。目前看来，民进党接班态势呈现"五强（苏谢吕林游）相争、四强（苏谢游吕）火拼、三强鼎立（苏谢游）、二强（苏谢）领先"的基本特征。在研究苏、谢、游、吕、林五巨头政治经历、政治性格、政治班底及其政治理念的基础上，比较各自的优、劣势，再就接班态势做一剖析。

一、民进党接班"五巨头"简介

（一）谢长廷

男，生于 1946 年，台湾台北市人。妻子游芳枝，育有一子一女。台湾大学法律系毕业，日本京都大学法学硕士、京都大学博士课程结业，律师高考第一名及格，司法官特考通过。

政治经历：谢政治历练完备，政治经验丰富，既有行政经验，又有选举经验。属于民进党辩护律师世代，早年与陈水扁并驾齐驱，光芒甚至盖过陈水扁，是民进党内的"智多星"。1981 年当选台北市议员，与陈水扁一同进入市议会，一跃成为党外新生代政治明星。曾任党外"公政会"秘书长，1986 年参与发起筹组民进党和党纲、党章的起草，是"民主进步党"的命名者。1991 年当选"立委"，连任三届。1992 年发起组织"福利国连线"，1994 年与陈水扁竞选党内台北市市长提名时落败，从此开启了政坛上"长扁之争"序幕。1996年与彭明敏搭档竞选"副总统"，跌入政治生涯低谷，1998年当选高雄市市长，开启政治第二春，2002年底成功连任高雄市市长，成为名副其实的"南霸天"，声势逐渐上升。连任八届民进党中常委。2000年7月当选第九届民进党主席。2005年初出任"行政院长"，跃上政治高峰，成为民进党内最具实力的政治接班者之一。①但在"行政院长"任内损兵折将，身陷"高捷弊案"疑云中。谢从政路上最大阴影就是"长扁之争"，每次都以谢的让步而告终，谢心有不甘。2005年陈水扁出于政局和解需要与接班平衡考虑，不得不用谢。县市长选举期间陈水扁称"高捷案"是谢长廷的事，与他无关，谢则影射"皇帝娘娘"吴淑珍涉嫌弊案。长扁心结始终无法释怀。

政治性格：属于谋略型政治人物，性格沉稳。谢长廷是民进党内最具哲理与人文思考的政治人物，具有文体素养，早年曾是体操选手。谢设有"新文化基金会"为他拓展政治人脉。政治身段柔软细腻，以柔克刚，政治手腕灵活、务实，较能兼顾各方。富有幽默感，处处机锋，充满玄机。协调、沟通能力很强。处世圆融，但在处理人际关系时显得太过聪明。使他不太相信别人，降低双方的信任感。具有强韧的政治生命力，时常绝处逢生，柳暗花明，一向习于反败为胜。善于智取，决不硬拼，政治博杀的勇气稍弱，时常在关键时刻退让。②

政治派系与班底：谢早就建立"福利国连线"，作为自己的人才基地，但由于对别人的不信任，使谢无法放手培植自己的嫡系人马，缺乏像陈水扁身边罗、马那样的资深战将。但自高雄市市长、党主席以及"行政院长"任内，"谢家军"成员日渐壮大。谢在用人上是五湖四海，什么人都取用，一旦出事，由当事人自行承担责任，谢概不负责。"福利国连线"成为谢长廷的近卫军，谢家军集结在"行政院"内各大重要职位以及高雄市政府、民进党中央党部内。"主流联盟"给予稳定的支持。谢的核心人马包括前"行政院秘书长"卓荣泰、"行政院长办公室主任"林耀文、前"新闻局长"姚文智，前"人事行事局长"张俊彦，"福利国连线"召集人李俊毅、"立委"管碧玲、王世坚、高建智、徐国勇、郑运鹏、谢欣霓、前民进党主席特助、现任台湾"国家政策研究基金会"特约研究员陈建仲、原青年部主任王铭源等。原先在高雄市政府任职的谢系人马曾

① 林莹秋：《谢长廷一人之下，万人之上实录》，台湾《财讯》月刊，2005年第2期。

② 《谢揆作风，谈笑间处理政务》，台湾《联合报》，2005年4月18日。

进入"行政院"任职，包括原"内政部次长"林永坚、原台湾自来水公司董事长李文良、原"交通部次长"周礼良、"法务部次长"汤金全等。此外，留在高雄市政府内的谢家班成员则有社会局长洪富峰、研考会主委谢云娇、民政局长许仁图、原劳工局长方来进等。谢长廷与李登辉、"台联党"也有较深渊源，谢长廷下台后第一位寻求合作的对象就是李登辉。原属谢嫡系弟子的刘一德加入"台联党"任副秘书长，赵天麟则加入"台联党"后选上高雄市议员，"台联党"的曾灿灯等人也与谢长廷关系紧密。[①]

政治理念：谢长廷属于民进党内的务实温和派，主张"台独"，支持"公投新宪"，主张两岸政策积极开放，赞成"三通"，自称是"内阁少数"。他在两岸问题上提出过四大论述，与陈水扁及其他接班人具有明显的区隔：一是最早提出"台湾命运共同体"的概念，包括"台湾优先"、文化、环境及弱势优先。2001 年在民进党全代会上将"台湾前途决议文"位阶提升，视同党纲。1993 年曾来大陆了解台商投资情况。二是 2000 年 7 月提出"一国两市"论，称依照"宪法"和"两岸关系条例"，高雄和厦门同属一个中国领土，属于"一国两市"，建议展开两市交流。三是提出"统一选项"论，称"民进党不排除统一"，"统一可以是一个选择，但不能是唯一选择"。四是在同年 11 月提出"宪法一中"论，认为"中华民国宪法本身就是一个中国架构，现在只是如何解释一个中国而已"。2001 年初又提出"境内香港"构想，主张两岸"三通"前在台湾部分县市划定特区，吸纳陆资入台。在《反分裂国家法》通过时，谢长廷表示两岸处于"准战争状态"。与民进党的其余接班人选的政治理念比较，谢长廷的两岸政策较为明晰、务实。

（二）苏贞昌

男，1947 年 7 月 28 日出生于屏东望族家庭，祖父考取清朝秀才，父亲苏启东，妻子詹秀龄，育有三女。毕业于台湾大学法律系。

政治经历：苏贞昌与陈水扁、谢长廷等同属于民进党的辩护律师世代，但成名晚于陈、谢，与他们显赫的政治资历相比，苏在民进党内的资历稍逊一筹。但苏贞昌政治经历比较完备，政治经验丰富。苏不到 24 岁当上律师，前后十年。期间当选过台北青商会会长、全台湾青商会副会长。高雄事件之后出任姚嘉文辩护律师，由此踏入政坛，参与党外运动。曾是党外"公政会"要

① 杨瑞雪：《"福利国"山头势力大公开》，台湾《财讯》月刊，2005 年第 2 期；纪淑芳：《谢揆用的是些什么人》，台湾《财讯》月刊，2005 年第 3 期。

角，也是民进党创党 18 位成员之一。1981 年返乡参选省议员，当选并连任一届，与游锡堃、谢三升并称"党外三剑客"。1989 年当选屏东县长，开启政治新页。四年后意外落选，陷入低潮，北上担任民进党中央秘书长，1994 年与陈定南搭档，竞选台湾省副省长，第一次具有全台湾选举经验。1995 年底苏高票当选台北县"立委"，1997 年底依靠卢修一的惊天一跪，当选台北县长，成为台湾第一大县的百里侯，政治声势一日三涨。2002 年成功连任。在 2004 年"总统"选举中扮演超级"轿夫"角色，为陈水扁赢得选举立下战功。但因锋芒太露，被陈水扁调入"总统府"内"就近看管"，2005 年 2 月，在陈水扁意志下，被迫转任民进党主席，与"行政院长"失之交臂，使苏产生"蹲下是为了跃起"的怨恨。虽然选赢了"任务型国代"，却因县市长选举惨败而辞职。多次遭受陈水扁"不要冲过头"的当头棒喝。2006 年 1 月下旬出任"行政院长"。

政治性格：属于埋头苦干型政治人物，是民进党内最擅长派系运作与选举的政治人物之一。由于苏自主性高、企图心强烈，被视为很难驾驭的政客。[1]具有律师性格，是脾气急躁的"完美主义"者，对每件事情都要求严谨、精准、确定，一丝不苟。苏有政治洁癖，爱惜羽毛。重品德更甚于能力，尚未卷入重大弊案，是民进党执政五年后尚能保全名声的少数几位政治人物之一。苏作风强势，做事雷厉风行，富有冲劲，有工作狂之称，要求自己永远做好准备，永不懈怠。苏喜欢橄榄球比赛，他有句政治名言："台湾南北冲冲冲"，但崇尚"老鹰哲学"，该冲才冲，决不冲过头。[2]相信"人生剧本早已写好，但没有办法偷看，只能全力以赴。"对苏来说，每件事都在冲，绝对不会只有三分钟热度。[3]

富有幽默感，言辞犀利，是民进党"名嘴"，擅长调动现场气氛，常拿自己的秃头开玩笑，自我嘲讽，自曝其短，喜欢讲各种笑话，荤素搭配，笑料十足。演说具有煽动力。善于做人，富有亲和力与感染力，台北县长任内能够安抚好 29 个乡镇各大派系要角，并在选举中拉拢到多位泛蓝的乡镇长挺他。具有放手搏杀的政治赌徒性格，政治韧性强，抗压性高。有连任屏东县长、参选省长失利、2005 年县市长选举失败的经验教训，善于从失败中获取教训，不断调整、成长，具有多次从政治低谷向上翻升的政治磨炼，意志顽强，永不服输，愈挫

---

[1] 张友骅：《民进党"四套马车"接班人之争》，香港凤凰网 2005 年 8 月 23 日。
[2] 台湾《自由时报》，2005 年 4 月 10 日。
[3] 何荣幸：《冲冲冲——苏贞昌电火球智慧王的执行力》，台北天下出版社 2003 年版，第 17、33 页。

愈勇。愈是陷入困境,愈能进行危机处理。①

政治派系与班底:与陈水扁、谢长廷不同,苏贞昌并没有刻意经营团队,没有建立起自己的派系,派系色彩淡薄,擅长争取跨派系的支持。早年参与谢长廷的"福利国连线"活动,在台北县长任内透过副县长、"新潮流系"的林锡耀与"新系"建立固定、畅通的沟通管道,与"新系"互动密切,如今已形成政治结盟态势。对下属要求严格,他可以容许部属犯错,却无法忍受部属准备不足、不够尽力及一错再错。苏的用人都是就地取材,没有刻意培植自己的班底,与谢家军相比,严格意义上的苏系人马不多。迄今为止,他的班底相对较为年轻资浅,但团队纪律严明,凝聚力强,富有朝气与冲劲,战斗力强。来自"新系"的秘书刘导则进入"总统府"担任文稿小组组长,原机要秘书吴秉叡当选"立委"。其他子弟兵包括原台北副县长廖志坚(现任客家电视台副执行长)、民进党台北县党部主委张基长、板桥市市长张宏陆、现任职高雄港经济开发区的曾参宝、原县府主任秘书吴泽成、原县府顾问陈柏森、原民进党台北县党部主任、中常委蔡宪浩、中执委张登瑞等。在"立法院"的苏系人马则有"立委"林育生、郑朝明等。苏在学界的代理人则是台大社会系教授林万亿等。②

政治理念:苏贞昌属于民进党内地方实力派,不属于"台独基本教义派",但与"基本教义派"互动良好。对于政治理念的阐述较少,从未到过大陆,没有发表过明确的两岸政策主张。苏认为台湾"已是主权独立国家,名字叫中华民国",坚持"台湾主体性",支持"正名""公投新宪"。反对以"党对党"的方式进行两岸事务性谈判,强调两岸交往必须坚持"国对国"的对等原则。③连宋访大陆时,苏曾表示两岸同文同宗,地理位置相近,可以互补互利。主张两岸问题能开放就开放,不必刻意限制。④苏认为当务之急是把意识形态放在一边,在统"独"争议中求同存异,避免挑起族群对立,提升"台湾竞争力"。在"总统府秘书长"与民进党主席任内,苏突出其所谓"台湾主体意识""台湾优先"色彩,反对《反分裂国家法》,多次谩骂大陆,以民粹的方式煽动岛内民众敌视大陆的情绪。值得注意的是,与苏结盟的"新潮流系"积极调整调两岸政策,提出了"积极定位,自信开放",明显与陈水扁做出区隔。"新系"设立筹

① 章念家:《苏贞昌真人真相真性情》,台湾《财讯》月刊,2004 年第 6 期。
② 赵丰年:《苏贞昌准备先蹲后登顶,苏系人马大校阅》,台湾《财讯》月刊,2005 年第 2 期。
③ 台湾《台湾日报》,2005 年 4 月 1 日。
④ 台湾《中国时报》,2005 年 4 月 1 日。

组"两岸政经学会"，出版杂志，推动两岸交流，动作之大令人侧目。① 未来苏的两岸政策是否全部或部分接受"新系"的政策主张，有待观察。

（三）游锡堃

男，生于1948年，台湾宜兰县人。毕业于台湾东海大学政治系。妻子杨宝玉，系林义雄堂妹。同母异父妹妹夏梓晏，现任民进党秘书处政务副主任，前夫系陈菊弟弟，现夫曾昭明，曾任"总统府秘书"。

政治经历：出身贫寒，37岁时才念完大学。年轻时曾任公司业务员。早年投身党外运动，有"党外三剑客"之称。1981年当选省议员时年仅33岁。连任一届后，于1989年当选宜兰县长，连任至1997年。1998年受陈水扁邀请担任台北捷运公司董事长，与陈水扁结为政治盟友。1999年出任民进党秘书长，为陈水扁排除参选障碍，辅助陈水扁选赢2000年"大选"。民进党执政后，先后出任"行政院副院长""总统府秘书长""行政院长"等职，是陈水扁任内任职时间最长的"行政院长"。陈水扁连任成功后，游积极改变风格，展现自己的主见，显露出争取接班人的企图心，一度侵犯到陈水扁"外交"、两岸事务的决策权，引起陈的不快。2005年初回锅"总统府秘书长"兼任"总统府性别主流化咨询顾问小组"召集人，协助陈水扁展开"宪改"作业，县市长选举期间下乡辅选，搭建政治人脉。民进党败选后，辞去"总统府秘书长"职务，投入民进党主席选举并当选。1月26日正式接任。

政治性格：游具有"海绵型"的政治人物特质，在民进党的接班群体中，不像陈水扁、谢长廷有着明星般的魅力，不像邱义仁有诸葛之智，也不像张俊雄长袖善舞或是苏贞昌灵活。最后却因为他这种"海绵般"的不争锋的个性，跃升到"三王一后"的地位。② 游锡堃自喻"台湾水牛"，个性沉稳内敛，不太威胁到别人的势力范围，党内戏称其为"憨堃"，意谓没有心机、做事有点憨。个性唯唯诺诺，欠缺魄力与格局，稳健有余开创不足。对陈水扁最为忠心，摆在任何位置都愿意配合陈水扁的需要，深为陈水扁信任，是民进党内最合扁意的不二人选。善于沟通协调，作风低调，较为清廉。

政治派系与班底：游锡堃实际上就是陈水扁的人，没有自己的派系，他的班底来自陈水扁以及"正义连线"的人马。人称游是"没有自我，班底半稳"，

① 台湾《中国时报》，2006年1月3日；《联合报》，2006年1月9日。
② 《"新政府"、新挑战：打造台湾未来31位新"阁员"》，东森媒体科技公司2000年8月版，第400—408页。

对陈之忠心，令陈点滴在心头，被讥为"阿扁傀儡"。[①] 在竞选党主席时，游得到了"正义连线"与"新潮流系"的双重支持，甚至苏系人马也拔刀相助。游的政治班底主要包括宜兰县长时期"宜兰帮"及在"行政院长"期间培植起来的，核心人马包括原"行政院秘书长"叶国兴、"研考会主委"叶俊荣、原"新闻局长"林佳龙、"文建会主委"陈其南等。出任民进党主席后，游以中央党部为基地，大量培植游系人马。游兼任宜兰同乡会理事长。

政治理念：游具有强烈的台湾"本土"意识，主张"台湾独立"，"行政院长"任内推动"公投立法"与"3·20 防御性公投"，积极策划"公投新宪"活动，主张修改"国号"，实施"公投制宪"。

（四）吕秀莲

女，单身，生于 1944 年 6 月 7 日，台湾桃园人。毕业于台湾大学法律系，美国伊利诺伊大学与哈佛大学法学硕士。

政治经历：属于民进党"美丽岛世代"。早年曾被蒋经国延揽担任"行政院谘议"，提倡"新女性主义"，设立"保护你专线"。后投入党外运动，曾任美丽岛杂志副社长，高雄事件后被判入狱 12 年，1985 年获释。此后从事民间"外交"活动，20 世纪 90 年代初成立"台湾加入联合国促进会""台湾国际联盟"，积极推动台湾"参与联合国"运动，主办世界妇女高峰会。1996 年为李登辉聘为"国策顾问"。1997 年当选桃园县长。2000 年当选"副总统"，2004 年连任。期间兼任"总统府科技咨询委员会主任委员""中华文化复兴运动总会副会长""人权咨询小组召集人"，发起筹组"民主太平洋联盟"，打着"人权、民主、和平、爱心"的幌子，从事"烽火外交"活动。2004 年底，吕秀莲设立"GO GO GO"联合办公室，分别由"国家展望文教基金会""台湾心会"及"台湾民主太平洋联盟促进会"组成，吸纳"台湾国际研究学会""台湾战略研究学会"以及"推动民主太平洋联盟国际筹备处"等机构力量。2005 年底代理民进党主席。

政治性格：吕秀莲自视甚高，主观性强，性格孤傲，勇于任事，快人快语，好发高论与怪论，喜欢批评别人，口无遮拦，争议性极高。吕对其所坚持事务，很少顾及旁人感受。心狠手辣，不按牌理出牌，民进党人私下称其"吕后"。具有权谋特质，擅长权力斗争，善于操作媒体及利用性别优势，争取舆论与外

界的同情。① 喜欢将"总统府"内幕通过媒体曝光，曾酿成"嘿嘿嘿""总统府绯闻案"的轩然大波，与媒体对簿公堂。自喻"深宫怨妇"，多次与陈水扁翻脸对干。其政治性格中的冒险性、不可预测性远高于其他接班人选。

政治理念：吕属于死硬的"台独基本教义派"，顽固坚持"台独"立场，主张"台湾独立"，要求以"公投"方式实现"台湾主权独立"。通过"台湾共和国宪法"，反对发展两岸关系，反对"三通"。

政治派系与班底：吕秀莲在民进党内属于"孤鸟型"人物，在党内"没有朋友，没有班底"，曾参加"正义连线"运作，但不属于任何派系，独来独往，经常得罪人，党内人缘极差。与"新潮流系"结怨甚深。虽然设立了"GO GO GO"联合办公室，但她的交往圈仍非常狭窄，她的政策智囊主要是从事媒体的"胡宪强"（即胡忠信、杨宪宏与苏进强）等人，其中胡忠信、苏进强已与吕渐行渐远，而杨宪宏仍是吕最为倚重的重要策士，杨担任吕所主持的"总统府人权咨询委员会"委员。吕的助理还包括"独派"团体内的少数学者，如"台湾心会"的郑钦仁、淡江大学公共行政系的施正锋等人。

（五）林义雄

男，生于1941年8月24日，台湾宜兰县人。毕业于台湾大学法律系，美国哈佛大学公共行政硕士。

政治经历：属于民进党"美丽岛世代"。早年曾任律师，后投入党外运动，1977年当选台湾省议会议员。高雄事件后被判入狱，期间发生林宅灭门血案，其母与双胞胎女儿三死一伤，林也由此成为为台湾"受难"的资产。1984年出狱后游学英、日、美等国，研究政府组织与运作。20世纪90年代初发起成立"慈林文教基金会""核四公投促进会"。后加入民进党，1998年接替许信良出任民进党主席，辅助陈水扁当选"总统"。此后即与民进党高层渐行渐远。经常在全台湾进行徒步苦行活动，不断在"核四公投"等问题上向陈水扁施压。2005年底县市长败选后，林义雄发出了重返政坛的震撼弹，先后发出三封公开信，分别致信陈水扁、游锡堃及全体民进党党员等，反对游锡堃参选党主席，最后说服、拱出"新系"的翁金珠参选党主席，林认为老实憨直、没有权谋、单纯的人，才是人民所需要的民进党主席。② 前"立委"王丽萍成立"再造民进党行动联盟"，打出"清新改革，再造党魂"旗号，为林未来的政治动向留下令

---

① 《破解吕氏兵法七大杀招：遇上吕秀莲哑巴吃黄连。》，台湾《新新闻》周刊，第981期。

② 台湾《中国时报》，2005年12月21日。

人想象的空间。①1 月下旬宣布退出民进党。

政治性格：林义雄在民进党内具有民进党"良心""圣人"的称号，是民进党内的政治"独行侠"，择善固执，甚至偏执，不容易与人相处，有人格上的清高洁癖，洁身自爱。坚持以"高道德"标准要求别人，民进党上台后，林不愿与当道者同流合污，与陈水扁等民进党高层相处不快。绿营内部有人认为林义雄没有执政包袱，个人的道德、操守没有瑕疵，未来只有林的人格特质才能"剋马（马英九）"。②

政治理念：林属于民进党内"台独基本教义派"，是老牌、死硬的"台独"分子，早年便鼓吹台湾"住民自决"与"公民复决"，炮制一部"台湾共和国宪法"草案，主张制定"新宪"，成立"台湾共和国"。

政治派系与班底：林没有自己特殊的班底与人马，"慈林文教基金会"与"核四公投促进会"内的骨干成员，具有一定的影响力与凝聚力，但没有特别能干的战将，与"三王一后"相比，显得势孤力单，既没有班底，也无政治资源。但林以其死硬的"台独"立场与"道德光环"吸引党内"基本教义派"与支持民进党改革、清廉党员的支持，在民进党基层还有一定的影响力。

二、接班"五巨头"优、劣势比较

目前台面上的谢、苏、游、吕、林等五巨头，都不是民进党的新人，其政治性格、政治理念、政治班底等，各擅胜场，各有优劣。

其一，从政治派系与班底来看，谢长廷、苏贞昌占有明显优势，分别拥有"新潮流系""福利国连线"的鼎力相助，游锡堃亦有派系奥援，唯有吕秀莲、林义雄没有任何派系支持，只有诉诸党意、民意。苏贞昌虽然自身没有形成独立的派系，但派系色彩淡薄的苏善于争取民进党内跨派系的支持。如今他虽然公开与"新潮流系"保持距离，但实际上"新系"挺苏不遗余力，双方结盟态势日趋明显。有了强大的"新系"的襄助，苏贞昌比其他接班人选更容易赢得党内初选的胜利。虽然苏的核心班底比较年轻，缺乏"全台湾选战"的经验，但有"新系"的邱义仁、吴乃仁们的出谋策划，在选举场上苏不会吃亏。谢长廷拥有"福利国连线"的强大后盾，谢家军控制过行政系统，在党务系统亦有谢系人马。游锡堃则获得了"正义连线"的全力支持，陈水扁及其嫡系人马经

---

① 台湾《台湾日报》，2006 年 1 月 11 日。

② 台湾《台湾日报》，2006 年 1 月 9 日。

过权衡，为了牵制苏、谢两大政治对手，最后可能支持游出马竞逐。吕秀莲、林义雄都没有派系可以动员，吕依托"GO GO GO"联合办公室，积极与蔡同荣的"台独联盟""绿色友谊连线"（以旧美丽岛系为主）合作，同时争取包括"北、中、南社""台湾教授协会"在内的"独派社团"支持，以便赢得党内初选的胜利。林义雄则以他的"慈林文教基金会""核四公投促进会"为主体，争取民进党基层主张改革者、特别是自主性党员的支持，但难度较高。

其二，就政治资源而言，谢、苏、游占有较多政治资源，苏当过屏东、台北台湾南北两个大县县长、民进党主席，现任"行政院长"；谢、游均担任过"行政院长"，而吕、林资源稀缺。谢的资源曾经占有优势，特别是谢曾经握有行政大权，经费预算与人事权是谢扩充人马、抢占政治地盘的最大法宝。而苏贞昌取代谢长廷"组阁"，则轮到谢长廷"蹲下"，被迫归隐民间，期待"落叶发新芽"，从民间再出发。

其三，就领导能力而言，谢长廷、苏贞昌优于吕秀莲、游锡堃及林义雄，谢、苏在高雄市市长、台北县县长任内，均有较为出色的成绩单，其中谢长廷的政治手腕、政治手法等高于苏贞昌，苏则在政治意志、工作拼劲上优于谢长廷。游锡堃在三年的"行政院长"任内表现平平，施政能力普遍遭到质疑。

其四，就政治形象与政治声望而言，苏贞昌、林义雄的政治形象受到民进党支持者的较多肯定，既有坚定的"台独"立场，又能与民进党的传统价值包括改革、清廉、公平、正义、乡土等相链接，本身比较清廉，尚未卷入重大弊案等。与此相反，谢长廷如今陷入高捷弊案的泥沼无法自拔，高捷案的内幕尚未真正掀开，可能成为谢的"死穴"。谢政治生涯是另一个重大阴影就是"宋七力骗财案"，谢氏夫妇均信仰宗教上的"分身"，与"神棍"无法厘清关系，遭人物议。吕秀莲、游锡堃的政治声望比较低，很难赢得民进党党员的支持。

其五，就政治理念而言，苏贞昌、吕秀莲、游锡堃以及林义雄的"台独"立场最能获得民进党支持者特别是党内"台独基本教义派"的支持与青睐，苏贞昌至今没有发表过明确的两岸政策，使苏具有较大的政策空间争取党内的支持。而谢长廷"一国两市"论、"宪法一中"论等明确的两岸主张在党内的支持声音较弱。谢长廷为争取党内更多基层的支持，可能修正其温和立场，转而趋向强硬。

此外，就陈水扁个人对各接班人的好恶而言，陈水扁最偏好的人选是游锡堃，有舆论认为，游锡堃才是陈水扁心目中的"接棒人真命天子"。而游不被人看好的弱点——缺乏主见，唯上诺诺，可能在陈水扁眼中，正是他所需要的强项——陈水扁正好借此垂帘听政，操控游锡堃执行"没有陈水扁的陈水扁路线"。① 对于苏、谢、吕、林则有程度不同的厌恶，陈对苏贞昌较为忌惮，对谢长廷则是讨厌，对吕秀莲则是唯恐避之不及，内心则深恶痛绝，对林义雄的软硬不吃、不向其低头也是无比厌恶。因此，就陈水扁内心而言，陈将首选游，但在游无法赢得选举的情况下，可能选择与苏合作，而决不会任凭苏、谢、吕、林成为民进党的"总统"候选人。当然，陈水扁对于接班人选的影响究竟有多大，尚难定论，但苏、谢、吕、游、林心中都明白，假如没有陈水扁的公开或暗中支持，任谁都不太容易成为民进党的"总统"候选人。

综上所述，比较而言，谢、苏、吕、游、林均有各自优、劣势，其中各人的政治谋略、政治实力与政治博杀意志等将决定最终的胜负，其结果可能要到2007 年 3 月党内初选结果出炉后方能揭晓。

三、民进党接班态势

距离民进党接班人选出炉还有一年多，民进党的接班态势尚不明朗，依然存在各种变数。

其一，延续民进党执政、确保"本土政权"不被轮替是各接班人的共同意旨。在此框架内，苏、谢、游、吕、林等人合纵连横，相互争斗。确保民进党长期执政、确保所谓"本土政权"不被颠覆，是民进党甚至泛绿阵营上下一致的战略目标，任何分裂行动、影响民进党政权延续的行为都不能被民进党绝大多数支持者所接受，倘若有人"霸王硬上弓"，其结果可能将遭到绿营选民的唾弃。在此大结构下，民进党五巨头只能厚植接班实力，不断扩张政治地盘，广结善缘，广布人脉，全力寻求泛绿支持者的支持，或是透过派系动员，或是诉求民进党核心价值赢得支持。其中，苏、谢、游更多地运用派系、人头大户进行组织动员，而吕、林等人可能透过占领道德制高点，险中求胜。有人断言吕秀莲将以"三一九枪击案"内幕要挟陈水扁与民进党，甚至可能采取"罢免"陈水扁的超常规手段继任"总统"，打乱民进党接班秩序。② 可以预见，吕秀莲欲使接班赛成为超常规赛，摆脱党内游戏规则，寻找登上权力宝座的旁门左道，

① 澳门《新华澳报》，2005 年 11 月 14 日。
② 富权：《民进党四大天王争霸露端倪，游锡堃可能是黑马》，澳门《新华澳报》，2005 年 11 月 14 日。

但苏、谢、游等人自认实力过人，期待透过党内机制解决接班纷争。因此，这场接班选拔赛必然是场龙争虎斗，残酷而又血腥，其中苏、谢之间，将持续上演"毁苏""灭谢"计划，吕秀莲则对各接班人敲山震虎，游锡堃伺机而动，林义雄另辟蹊径，寻求制胜宝典。

其二，"五巨头"都没有分裂民进党的本钱，民进党选民也将抛弃脱党者，基层党员成为制约民进党接班竞争的安全阀。在马英九超高人气的压力下，民进党甚至绿营无法冒险分裂成两组以上的候选人。虽然脱党参选的可能性依然存在，如吕秀莲、林义雄等，但他们必然要承受巨大的压力与风险，一旦民进党败选，他们就须承担绿营败选、"本土政权"沦陷的全部责任，被打成泛绿的罪人。同时，民进党支持者不允许党内竞争者走火入魔，也难以支持背离民进党旗帜候选人。① 按照泛绿选民的忠诚度与投票习惯，是不会投给脱党参选候选人，脱党参选者，拉不走民进党的基本选票，无法左右选举格局。分裂对民进党及脱党参选者而言都将是两败俱伤，对民进党各接班人而言，脱党参选是下下策。

其三，"五巨头"可谓"人人有希望、个个没把握"。苏、谢、游处于领先态势，吕、林紧追其后，谁都没有必胜的把握，谁都不敢小觑对手、自我松懈。苏、谢比吕、游、林等人具有更多的优势，处于领先的状态，苏、谢接班实力处于伯仲之间，但是苏、谢均没有绝对的把握。考虑到政治形象、政治声望以及政治博杀意志等因素，苏赢谢的概率略高。特别是苏取得"组阁权"后，接班的砝码将进一步向苏贞昌倾斜，除非苏步谢后尘，同样陷入施政困境。

其四，"五巨头"已离析出三种结盟态势：苏游结盟、谢吕结盟以及林义雄孤军奋战。县市长选举结束后，经过党主席选举，各接班人之间的合纵连横出现新的动向，苏系人马及其"新潮流系"明确支持游锡堃竞选党主席，苏、游结盟的态势较为明朗。与苏、游相抗衡，谢系人马结合吕秀莲的力量，全力相挺蔡同荣，虽然吕成立监督联盟追查"高捷弊案"、邀请新任县市长座谈侵犯谢的利益与职权，但面对苏游结盟态势，谢吕不得不联手抗衡。败选后的林义雄则登高一呼，拱出"新潮流系"的翁金珠出马竞逐，为民进党接班格局投下重大变数，林代表了民进党传统改革、清廉的价值。

此外，陈水扁将拉动权力杠杆制造接班"恐怖平衡"，甚至改变接班方程

---

① 《百家争鸣，刺激后扁时代提前到来》，台湾《中国时报》，2005 年 5 月 27 日。

式，防止及延缓权力"跛脚效应"，"扶弱抑强"是"后陈水扁时代"的权力运作逻辑。在陈追求自身利益极大化的情境中平衡接班态势，"垂死"打压苏、谢、吕、游、林接班巨头，扩张"陈氏权力法则"的边际效应，使各接班人不能不仰仗他的权力恩赐。2005 年以来，陈水扁先后提出"领袖是自然形成，不可能内定""真英雄要气长""偷跑的会气短"、接班竞争应该"照步来"等，频频为接班竞争降温。陈水扁作为现任者，对于民进党的接班态势具有不可低估的影响力，甚至不排除构成苏、谢、吕、游、林接班之路上的重大障碍，最终改变接班方程式，除非各接班人分别与陈结成利益共同体，确保陈卸任后陈水扁本人及其嫡系、家人的利益。但在苏、谢、吕、游先后被轮番"修理"，陈所塑造的天威难测的吓阻效果逐渐弱化，往往东厢刚灭火，西厢又冒烟。[①] 民进党败选后，演变成"挺扁"与"反扁"两股势力的对抗，苏、谢、吕、游、林则在其中寻找最佳战略位置。吕秀莲、林义雄旗帜鲜明地发动了"反扁"的行动，而苏、谢则在"挺扁""反扁"上捉摸不定，苏、谢策略首先要争取陈水扁的支持，假如陈成不了自己的助力，也要防止陈成为阻力。同时，苏、谢力图摆脱陈水扁的阴影与牵制，与扁作出适度"切割"，走自己的路，厚植接班实力。谢长廷在进行"阁揆"保卫战之际，摆出不惜与扁决裂的姿态。游锡堃除了"挺扁"外别无选择。陈水扁究竟是顺势而为，支持最有实力战胜马英九的接班人，还是只顾自身利益，逆向操作，违背党意与民意，硬推弱势者参选，值得观察。

四、2008 年民进党接班模型

排除民进党与"台联党""建国党"及无党籍合组"总统"选举搭档的可能性，民进党接班组合可以分成两大类，一种是苏、谢、游、吕、林各自与其他人配合，另一种是苏、谢、游、吕、林相互组合。因此民进党的接班模式约有六种，一是苏某配，如苏游配、苏蔡（英文）配等；二是游某配，如游苏配、游叶配等；三是谢某配，如谢叶（菊兰）配；四是吕某配，如吕谢配；五是苏谢配；六是林（义雄）某配，如林谢配、林游配等。当然也不排除其他黑马人选组合。现对上述接班组合进行模拟与评估。

（一）谢苏配（苏谢配）

面对马英九的超高人气，民进党以及泛绿选民将要求民进党各接班人联合

---

① 香港凤凰网 2005 年 8 月 23 日。

起来，而谢、苏凭一己之力无法独自赢得"总统"选举的胜利，在谢长廷容易妥协退让的情况下，"苏谢配"成局的可能性是存在的。当然，苏将给予谢长廷较大的政治空间，甚至有谢以"副总统"兼"行政院长"的可能性。另一种可能是，苏贞昌做出妥协，谦让谢2008年选"总统"，2012年时再由苏选"总统"。

（二）苏某配

以苏贞昌代表民进党挑战"总统"大位，苏挑选游锡堃或蔡英文作为副手，与泛蓝候选人决战。两种组合对苏来说各有利弊，关键是陈水扁与"正义连线"的利益考量。如果苏贞昌要争取陈水扁与"正义连线"的支持，有可能说服"新潮流系"接受"苏游配"，在"新系"与"正义连线"之间谋求妥协，照顾双方利益；如果苏试图摆脱陈水扁及"正义连线"掣肘，可能选择"新系"推荐人选，如与蔡英文搭配组合。

苏游配的优势在于，苏能获得陈水扁及其"正义连线"的支持、配合，苏有了陈水扁的支持，较易战胜谢长廷。但苏游配有可能伤害苏长期的政治盟友"新潮流系"，除非苏能说服"新系"接受苏游配，并给予"新系"重大政治利益。苏游配存在明显的弱点，游锡堃能力、形象一般，无法与苏构成互补关系，弥补苏的不足，为苏开拓票源，在与泛蓝共主马英九对决时，苏游配缺乏必胜的把握。此外，游作为陈水扁的政治盟友与执政团队重要成员，应该承担民进党腐败与无能的责任，与游配合，可能伤及苏的改革、清廉形象，失去民进党基层党员的支持。因此，苏贞昌对此组合心存犹豫，内心可能是排斥的。

苏蔡配最受苏贞昌盟友"新潮流系"的青睐，这一组合的优势主要在于：一是苏贞昌可以因此获得"新潮流系"的鼎力支持；二是苏蔡配具有较好的互补效果，蔡英文对于"国安""外交"、大陆政策以及经贸等领域较为熟悉，专业上受肯定，可以弥补苏在此方面的不足；三是作为专业女性，可以为苏蔡配争取到妇女与中间选票；四是蔡原属于李登辉人马，与李及"台联党"关系密切，其强硬的两岸政策可以争取到民进党内"基本教义派"及"台联党"的支持；五是苏蔡配在应对马英九的胜算高于苏游配及民进党的其他组合。当然，苏蔡配能否为陈水扁与"正义连线"接受，关键是双方能否找到利益平衡点。

（三）谢某配

以谢长廷为主的政治组合，谢叶配则是比较好的竞选组合。现任高雄市代市长叶菊兰与谢长廷具有较好的互补功能，叶作为女性、客家人，使其顾及到性别平衡，争取客家票。同时，叶在绿营内部拥有"台独国母"的名号，比较容易争取"台独基本教义派"的支持，相对比较清廉，尚未捅出重大弊案（有人质疑叶在"交通部长"任内有不法事情），可以争取到民进党内要求改革、清廉者的支持。而叶任"交通部长"时与前来争取预算的苏贞昌闹得很不愉快，使苏叶配的可能性大降低。①

（四）游某配

游锡堃在陈水扁的鼎力支持下，战胜其他接班者，其可能性已大幅上升。游作为前任"行政院长""总统府秘书长"，政治资历、辈分高于苏与谢，游苏配、游谢配成局的概率也不低。一旦苏蔡配无法与陈水扁保持高度合作的情况下，游叶（菊兰）配可以作为备胎人选，在时机成熟时取代苏蔡配，成为陈水扁以及民进党的首选。其中关键因素还是在于陈水扁的权力意志。

（五）吕某配

如果吕秀莲出奇制胜赢得民进党"总统"候选人资格后，她的副手人选较多，包括谢长廷、苏贞昌、甚至游锡堃都有可能成为其竞选搭档。其中谢长廷与吕有较好的互补功能。与吕的强硬相比，谢比较柔软，理念相对温和，可以缓和吕的强硬形象，有利于争取中间选民。在党主席选举中，吕秀莲与谢长廷共同支持蔡同荣、联手对抗苏贞昌及新游泳系支持的游锡堃，预示吕、谢联手有可能性。

（六）林某配

林义雄如果赢得党内初选，他将彻底改造民进党，与民进党现有结构中权力人物作出明确切割，有可能考虑清廉、女性等因素，组成林翁（金珠）配、林蔡（英文）配等。也可能与苏贞昌、谢长廷结合，组成林苏配或林谢配。

综上所述，从目前民进党的接班态势来说，苏某配、谢某配的可能性略高于吕某配、林某配以及游某配，其中苏游配、苏谢配、苏蔡配、谢叶配的可能性较高，苏谢配对马英九的威胁最大。由于影响民进党"总统"候选人的变数很多，离民进党党内初选还有一年多时间，其中某些政治事件特别是重大弊案，将影响民进党接班生态，改变民进党接班进程，不排除民进党接班群体中出现黑马人选。（本文完成于 2006 年 1 月）

---

① 林莹秋：《人事卡位大战：苏游谢吕叶个个感觉良好》，台湾《财讯》月刊，2004 年第 6期。

苏贞昌团队发展历程与政治特征

一、苏团队概述

不同于陈水扁、谢长廷早在一、二十年前便形成自己的嫡系班底，虽然同为民进党"律师世代"，苏贞昌早期并没有刻意经营自己的政治团队，也没有建立起自己的派系，即使在屏东县长、"立委"及民进党秘书长任内，苏贞昌依然没有组建自己固定核心的班底，直至1997年第一次当选台北县长之后，苏贞昌才依托台北县这一政治地盘，逐渐组建自己的嫡系人马与智囊、幕僚团队，培植政治班底，历经"总统府秘书长"、民进党主席及"行政院长"等重大政治职位后，苏贞昌团队才逐渐成形，自成一格，成为当今台湾政坛最具战斗力的政治组合之一，成为苏贞昌竞逐"总统"大位的主体力量。目前，有"苏家军"之称的苏贞昌团队纵横党务、行政、学界等部门，从"中央"深入到地方各角落，横跨"立委"、县市议会系统，并在财经工商界、媒体、宗教、社会团体中均有一定势力，影响政治、操纵选举的能力日渐提高。

苏团队的核心成员包括："行政院政务委员"林锡耀、林万亿、"行政院公共工程委员会主委"吴泽成、"新闻局长"郑文灿、"行政院长办公室"成员张宏陆、吴祥荣、李博荣、"行政院"有给职顾问黄姮娥、台北县党部主委张基长、民进党中评委蔡宪浩、"立委"吴秉叡、客家电视台执行长廖志坚等人。

此外，苏团队成员还包括"行政院副院长"蔡英文、"行政院秘书长"刘玉山、"内政部长"李逸洋、"新潮流系"前任"立委"李文忠、"总统府文稿小组"组长刘导、民进党中执委张登瑞、"经济部加工出口区管理处长"曾参宝、原县府顾问陈柏森、民进党"立委"林育生、郑朝明、肖美琴等人。①

---

① 赵丰年:《苏贞昌准备先蹲后登顶，苏系人马大校阅》，台湾《财讯》月刊，2005年第2期。

二、苏团队形成与发展

苏贞昌团队的形成与苏贞昌跌宕起伏的政治人生有着密切关联。苏政治经历比较完备，政治经验丰富。苏的经历主要包括：十年律师，一届青商会长，两届省议员，一届屏东县长（1989—1993 年）、民进党秘书长（1993—1995 年）、一届"立委"（1995—1997 年）、两届台北县长（1997—2004 年），以及"总统府秘书长"（2004 年 5 月—2005 年 1 月）、民进党主席（2005 年 1 月—12 月）与"行政院长"（2006 年 1 月迄今）。

苏团队形成经历了早期（1989—1997 年）、中期（1998—2004 年）及近期（2005 年以后）三个阶段。苏担任屏东县长、民进党秘书长及"立委"任内属于早期阶段，苏贞昌党内派系色彩较为淡薄，参与谢长廷的"福利国系"活动，此时苏团队尚处于发轫阶段，只有少数几名助理，包括张基长、张宏陆、廖志坚等大学毕业后即进入苏团队，担任苏的"立委"助理。虽然人数不多，但大多成为苏团队的核心人物，可以说是苏团队中的"近卫军"、嫡系中的嫡系。二届台北县长任期是苏团队发展壮大阶段。1997 年苏贞昌当选台北县长之后，迫切需要组建自己的政治团队，林锡耀、曾参宝、吴泽成、林万亿、蔡宪浩、吴秉叡、李博荣、陈柏林等此时相继加入苏团队，崭露头角，原先嫡系人马张宏陆、张基长、廖志坚等得到更多的政治历练，迅速成长。在此阶段，苏透过副手林锡耀与"新潮流系"建立固定、通畅的沟通管道，双方逐渐形成政治结盟态势。2004 年下半年苏贞昌离开台北县地方政坛进入"总统府"以来，苏贞昌政治生涯揭开崭新一页，苏团队发展历史进入近期阶段，获得全面发展机遇，进一步壮大。自转任"总统府秘书长"后，苏历经民进党主席、"行政院长"等职，积极部署接班之争，苏亦由"地方诸侯"向更高政治职位攀登，一度跃居"四大天王"之首。苏也加快拉拢各方人马，大举引进各方具有政治谋略、论述能力与选举策略的政治精英，党内众多人马亦开始投奔苏系。擅长民调与选举的吴祥荣此时被苏看中，担任"总统府秘书长办公室"主任，后又一路跟随苏到中央党部、"行政院"。"新潮流系"成为苏贞昌团队主要来源，郑文灿、颜万进等相继加入苏阵营，一时间苏团队人才济济，战斗力大增。

三、苏团队来源与分布

（一）苏贞昌团队人员的来源

苏贞昌团队来源主要有三个部分。

一是嫡系子弟，包括张基长、张宏陆、廖志坚、李博荣、吴秉叡等人，如今成为苏团队最贴靠苏贞昌的"近卫军"。他们原属政治新鲜人，大学毕业后即进入民进党政治圈，先后从苏贞昌"立委"时期助理群，一路追随苏转战各大政治舞台。他们是苏团队嫡系中的嫡系，对苏的服从性最高，最能理解、贯彻苏的政治意旨，最能捍卫苏的政治利益与政治形象、声誉。

二是"新潮流系"要角。苏担任台北县长后逐渐淡化"福利国系"色彩，寻找新的政治结盟对象，并开始与"新潮流系"合作，特别是透过林锡耀这一窗口与"新系"展开长期政治结盟历程，"新潮流系"部分骨干成为苏团队中要角，属于苏团队中的加盟兵团。苏任台北县长时期，林锡耀出任副县长，李文忠曾任苏机要秘书，刘导也进入苏团队，后随苏进入"总统府"，负责文稿小组。苏贞昌出任民进党主席后，先后引进"新系"大将包括副秘书长颜万进、文宣部主任郑文灿等人。林锡耀、郑文灿等人较苏团队张基长、张宏陆等嫡系核心，年龄稍长，政治历练较多，经验更为丰富，成为苏团队中最具政治经验与谋略、最具决策能力与执行力的一群人，跻身于苏的决策核心，拥有重大资源。

三是各路加盟成员。随着政治企图心的日趋旺盛，苏贞昌开始从民进党内年轻一辈的政治人物中物色幕僚与助理，一批优秀人才也纷纷看好苏的政治前途，投入苏团队阵营，包括吴祥荣、现任"行政院长办公室"成员黄致达等。苏任党主席时，延揽陈水扁"五虎将"之一的李逸洋出任中央党部秘书长，后又任命李为"内政部长"。苏出任"行政院长"后，亲"新潮流系"的蔡英文任"行政院副院长"，"苏蔡配"之说不胫而走。2006年年民进党全代会期间，曾传出党员大户陈胜宏的"绿色友谊连线"加入苏系运作，郑文灿将苏系、"新系"与"绿色"的合作称之为"苏新连线"。最近，苏贞昌安排刚落选台北市议员的"绿色友谊连线"成员昌莹莹担任"行政院"参议，拉拢之意明显。

（二）苏贞昌团队的分布与功能

苏贞昌团队分布在如下三个方面。

一是行政系统，"行政院"如今是苏团队大本营，苏系人马主要集中在行政体系担任"政务官"，大多数担任"部""会"首长与局、处长，并占据大量机要、"参议""顾问"等重要职务，包括蔡英文、林锡耀、林万亿、郑文灿、吴泽成等人，成为苏贞昌的决策核心，分别为苏贞昌负责财经、工商、建设、环保、社会福利、公共工程、文宣等事务。

二是民意代表系统。苏系"立委"号称有13名之多，包括吴秉叡、林育生、郑朝明等人，肖美琴如今积极参与苏系政治运作，并在民进党中常会上为苏发言。此外，至少还有5席市议员。他们承担为苏政策辩护、制造舆论、地方动员等功能。此外，苏系"立委"与20多席"新潮流系立委"紧密合作，为苏护航。

三是党务系统。苏团队部署在党务系统的核心成员包括现任民进党中常委、"立委"吴秉叡、中执委许金纯、中评委蔡宪浩、涂荣征、台北县党部主任张基长等人。在2006年7月民进党权力结构改选中，苏贞昌掌握5席中常委（包括苏本人、杨秋兴、刘世芳、吴秉叡以及陈菊）、13席中执委等。他们承担在党务系统为苏保驾护航、捍卫苏系利益、进行组织、派系动员，确保苏在党内初选中胜出。

四是学界盟友。苏贞昌积极谋求与学界建立对话、沟通的管道，苏主要透过现任"政务委员"林万亿与学界互动，网罗人才。包括现任"财政部长"何志钦、原"行政院金管会主委"施俊吉等，都是林穿针引线向苏推荐的人才。

苏贞昌与军方的渊源比较少，但有一个人值得注意，现任"国防部国会联络处""少将"处长杨乃声。杨毕业于陆军官校五十二期，是苏任台北县长期间陆军北部作战区工兵群指挥官。当时台北县每逢发生天灾，杨所属的工兵部队总是在第一时间接受苏的指挥，备受苏赏识。杨后调任"国防部长办公室"行政事务副处长，苏贞昌出任"行政院长"后将其调至"行政院长办公室"任职。2006年5月底陈水扁宣布"权力下放"后，苏将其调任现职。

四、苏团队政治性格与政治理念

（一）苏贞昌团队的政治性格

苏团队政治性格受到苏贞昌个人政治性格及其用人哲学的强烈影响。

一是苏团队具有坚强的团队合作意识，配合密切，凝聚力强。苏团队特别强调团队配合，协同作战，反对个人英雄主义，做事中规中矩，政治作风严谨，较为低调保守。苏团队唯苏"马首是瞻"，护主心切，以苏贞昌的政治意志为意志，时时刻刻捍卫苏贞昌的利益，在发展谋略、组织动员、派系合纵连横等方面发挥突出作用。从早期的嫡系子弟张基长、张宏陆，廖志坚，到此后的林锡耀、吴泽成、曾参宝、李博荣、吴祥荣、郑文灿等，团队合作意识非常强烈，配合默契，互为声气，一致对外，共同捍卫、维护苏团队的政治利益与声誉。

二是苏团队政治意志坚定，战斗力、决策力、执行力、危机处理能力较强，个个都是精兵强将，好斗狠勇，都是台湾政坛上"狠角色"，具有较强的"开疆拓土"能力。[①]苏贞昌本人政治意志顽强，具有放手搏杀的政治赌性，政治韧性强，抗压性高。[②]苏贞昌从严治理苏团队，治理甚严而被认为接近"酷吏"，自称有"恐怖意志力"，有"铁血宰相"之称，苏作风强势剽悍，做事雷厉风行，富有冲劲，有工作狂之称。[③]强调务实，注重细节，对每件事情都要求严谨、精准，做事有板有眼，一丝不苟，特别注重施政魄力与危机处理能力。苏团队长期接受苏严酷管理与训练，苏就任"行政院长"后对"阁员"十分不留情面，人在外头就在外头骂，人在质询台上就在台上骂。2006年底，苏办公室主任吴祥荣忍受不了苏的严酷管教而传出倦勤之意。与谢长廷对手下"放纵式"的授权相比，苏则属于"紧盯式"授权，紧逼盯人。苏可以容许部属犯错，却无法忍受部属准备不足、不够尽力及一错再错。正因为苏贞昌这种完美主义个性，他的团队才被打造得纪律严明、战力坚强，排除万难贯彻命令，具有高度抗压性。虽然跟随苏贞昌做事压力倍增，但只要能通过考验与磨炼，多半就能具有独当一面的作战能力。"纪律严明，将士用命"。1999年"九二一"大地震时，时任工务局长的吴泽成救灾出色，受到各界赞赏，甚至军方派人前往取经。在苏贞昌的不断操练下，苏团队意志坚定，作风顽强，执行力可圈可点，决策能力、危机处理能力较强。也使苏团队较少犯错，战力强劲。

三是苏团队属于多元组合，相互交融。苏贞昌用人坚持就地取材，较少派系色彩，用人上则坚持四点：一是重视操守；二是就地取材，唯才是用；三是淡化党派、省籍意识，苏强调他在台北县重用的林锡耀、曾参宝、吴泽成等人，只有林是民进党籍；四是强调团队合作，反对个人英雄主义。苏贞昌称"你一组织所谓自己人，等于立即把其他员工划成外人，结果你反而是少数，最后就是一群逢迎拍马、刻意讨好的人围在你身边"。[④]苏团队来源多元，备有各式人才，相互取长补短，激荡出智慧火花。

四是苏团队多属幕僚型，缺乏政治帅才。苏嫡系成员较为年轻，富有朝气与斗志、冲劲，政治历练完备，具有丰富的基层组织动员与高层政治斗争经验。但由于苏贞昌具有强势、霸气，导致苏团队中，大多属于幕僚型人才，缺乏战

① 鲁袁淳：《特写游、谢、苏幕僚群》，台湾《新新闻》周刊2006年4月27日，第999期。
② 章念家：《苏贞昌真人真相真性情》，台湾《财讯》月刊2004年6月。
③ 纪淑芬：《铁血宰相苏贞昌》，台湾《财讯》月刊2006年3月。
④ 何荣幸：《冲冲冲——苏贞昌电火球智慧王的执行力》，台北天下出版社2003年版，第161—165页。

将，缺乏具有选举魅力的政治人才，张宏陆首战板桥市市长便宣告失败。与扁系、谢系战将云集相比较，苏团队政治意志坚忍，较为低调，但缺乏选战型人才，服从型、幕僚型人才较多。

五是苏团队纪律严明，相对清廉、干净。苏贞昌具有政治洁癖，爱惜羽毛，选拔人才标准"重品德更甚于能力"。在"红包文化"盛行的台湾，与扁系、谢系人马相比，苏团队较为干净，苏系人马尚未涉入重大弊案，大多数成员操守较为清廉。只要操守出现问题，苏立刻换人。当初颜万进涉嫌北投缆车案之际，苏曾当面警告过颜在生活、交友上要有所收敛，案发后，苏责令颜立即请辞下台。日前传出苏团队核心之一的张宏陆在参选板桥市市长时，收受 500 万政治献金，引起媒体关注。

（二）苏贞昌团队的政治理念

一是属于民进党内温和、务实派，反对急躁冒进的"台独基本教义派"。苏贞昌本人属于民进党内地方实力派，较少阐述其政治理念，信奉以民生福祉为优先，不属于"台独基本教义派"，但与"基本教义派"互动良好。与陈水扁、谢长廷团队不同，苏贞昌及其团队大多数成员从未到过大陆，缺乏与大陆接触交流的经验，没有发表过明确的两岸政策主张。但苏有位秘书詹俊彦在台大"国发所"就读期间专门研究大陆对台政策，并来大陆交流时认识了四川姑娘娶为妻子。

二是具有强烈的台湾"本土意识"。苏贞昌及其团队坚持"台湾优先"。苏认为台湾"已是主权独立国家，名字叫中华民国"，坚持"台湾主体性"，支持"正名""公投新宪"。[1] 在"总统府秘书长"与民进党主席任内，苏突出其所谓"台湾主体意识""台湾优先"色彩，反对大陆通过的《反分裂国家法》，多次谩骂大陆，以"民粹"的方式煽动岛内民众敌视大陆的情绪。

三是以"苏修"为核心，具有"台湾主体性"与"政策主动性"的双重面向。连宋访大陆时，苏曾表示两岸同文同宗，地理位置相近，可以互补互利。主张两岸问题能开放就开放，不必刻意限制。[2] 苏认为当务之急是把意识形态放在一边，在统"独"争议中求同存异，避免挑起族群对立，提升台湾竞争力。值得注意的是，与苏结盟的"新潮流系"以"积极定位，自信开放"与陈水扁的"积极管理、有效开放"政策相区隔。[3]（本文完成于 2007 年 1 月）

---

① 台湾《台湾日报》，2005 年 4 月 1 日。

② 台湾《中国时报》，2005 年 4 月 1 日。

③ 台湾《中国时报》，2006 年 1 月 3 日；《联合报》，2006 年 1 月 9 日。

谢长廷团队发展历程与政治特征

2007 年 5 月，谢长廷在民进党"总统"初选中意外赢得出线权，8 月"长昌配"成局，谢长廷跃升为"后陈水扁时代"民进党选举与权力运作核心，谢长廷团队也因此赢得了与马英九团队一较高下的机会。包括李应元、卓荣泰、林耀文、姚文智、许仁图、赵天麟、李俊毅、徐国勇、管碧玲等谢系代表性人物，俨然是绿营中最为炙手可热的焦点，新谢系成为民进党历史上继"新潮流系""扁家军"之后最为强大的派系组合。

一、谢团队的形成与嬗变

民进党内最善于培养弟子、组织团队的莫过于陈水扁、谢长廷两人，但陈早在"立委"、台北市市长时代就培养出罗文嘉、马永成、林锦昌等明星班底，而谢长廷则因谢本人太过聪明，不必借手他人的情况下，并没有全力培养嫡系子弟。从政早期的谢长廷缺乏坚强有力的团队，所谓谢系"五大弟子"无法与陈水扁的罗、马两员大将相提并论，但自当选高雄市市长、出任"行政院长"后，谢长廷的政治舞台迅速拓展，谢团队迅速膨胀，一度呈现出"枝繁叶茂"的荣景，颇为壮观。直至 2007 年 5 月在初选中出线，谢长廷迎来了政治生涯的新高峰，以谢为核心的选举团队应运而生，谢团队进入全新的发展阶段。

追溯谢团队的形成历程，可以划分为早、中、近期三个历史时期，也即早期的谢"议员""立委"时期，时间跨度是从 1987 年至 1997 年共十年；中期的高雄市市长、民进党主席、"行政院长"期间，从 1998 年至 2005 年前后共七年；近期则以竞选台北市市长、参与党内初选及代表民进党参选"总统"阶段，从 2006 年初迄今。早期成员较少，属于草创期，中期团队急速扩编，属于成型发展期，近期团队迅速膨胀，属于选举整合期。

（一）早期草创阶段

从 20 世纪 80 年代末、90 年代初，谢开始物色、网罗、培植一批助理为其工作，并以"新文化研习营""新文化工作队"为基地，培植、选拔政治人才。"美丽岛事件"后，谢投身于政治运动，自 1987 年当选台北市"议员"以后，1989、1992、1995 年先后三次连任"立委"，谢陆续选拔一些助理进入他的"国会办公室"工作，训练他们成为谢团队的最初成员，包括卓荣泰、廖彬良、徐国勇、刘一德、王铭源等人先后投身于谢氏门下，成为谢政治路上的重要助手，号称谢早期"五大弟子"，追随谢的历史长达 20 多年。其中现任"总统府副秘书长"卓荣泰位居"五大弟子"之首，被谢系弟子称为"大师兄"，与谢的亲密关系无人能出其右，具备谢"肚里蛔虫"的本事，最能忠实反应谢的想法，有谢"传真机"之称。王铭源曾任"国代"与民进党青年部主任，廖彬良曾任台北市议员，刘一德曾任"国大"代表，后担任"台联党"的副秘书长。1996 年"宋七力事件"发生时，"五大弟子"准备开记者会力挺，结果刘一德、廖彬良没有出现，这让重视忠诚度的谢长廷将培植重心转移至其余三人身上。此后，"绿色和平广播电台"董事长高建智与谢的长期金主王世坚填补刘一德、廖彬良留下的政治空缺。高接手卓荣泰的政治地盘，从台北市议员一路当选到"立委"。

除了"五大弟子"之外，谢透过"新文化研习营""新文化工作队"网罗、培训一批嫡系人才，像姚文智、林耀文、赵天麟、阮昭雄等人均在此一时期加入谢团队，但早期角色并不突出，直到谢团队发展到中期与近期以后，方成为谢团队核心。

早期谢团队成员较少，屈指可数，政治能量、战斗力不算最强，但凝聚力较强，与谢相知相惜、荣辱与共，对谢的感情最深，对谢最为忠诚，算是谢重点栽培的嫡系子弟。他们追随谢的政治路程最长，有的长达一、二十年，现已成为谢参选"总统"路上最为重要的核心近卫军，是谢团队中最了解谢内心思虑、最能把握谢的政治逻辑与选举策略、最能贴近并分享谢长廷政治利益的一群人。

（二）中期扩展阶段

1998 至 2005 年，是谢团队形成的最为重要阶段，可谓谢团队发展成型期。期间，谢长廷先后担任高雄市市长、民进党主席以及"行政院长"，谢的政治舞台迅速扩大，谢培植嫡系团队的用心迅速膨胀，大批成员蜂拥而至谢氏门下，谢团队进入前所未有的发展黄金期。

有"南霸天"之称的谢长廷首先在"高雄市市长"任内，大量罗网、培植、重用嫡系，结成分工严密、利益紧密的"高雄帮"，称霸南台湾。当年追随谢长廷南下高雄少数助理，包括姚文智、林耀文、赵天麟、阮昭雄、陈建仲等人跃升为谢团队核心，追随谢从台北转战高雄，又从高雄杀回台北。姚文智、林耀文等则成为谢身边红得发紫的嫡系人脉，可谓谢团队的核心。而谢早期的五大弟子，有的自立门户，留在台北当"立委"、议员，逐渐拥有一片天；有的则因"宋七力案"另谋他途。

此时谢长廷市府团队算是混合编组，类似"拼装车"。一部分是由陈水扁的台北市政府官员转战高雄，如陈菊（社会局长）、许瑞峰（社会局长），一部分属于谢就地取材，充满了与当地政治势力妥协的人选，兼收并蓄，包括副市长李登木、林永坚等多数属于当地政治人物，有的甚至出身于国民党，如姚高桥。其他部分属于专业人士，为谢重用。谢市府团队较为重要的官员包括林永坚、吴孟德（都发局长）、李文良（建设局）、林向恺（财政局长）、管碧玲（文化局长）、许仁图（民政局长）、张俊彦（市府秘书长）、周礼良（捷运局长）、林钦荣等，成为民进党内赫赫有名的"高雄帮"。与早期不同，谢"高雄市市长"任内开始充分授权，林永坚因为忠、勤获得谢充分信任，不吝拉拔、调教，过去土气、嗓门大的林，逐渐由外人眼中的"蛮牛"转型为"智慧牛"。2005年谢出任"行政院长"后，林永坚、李文良、周礼良、张俊彦等人先后北上，随谢进入"行政院"位居要职，后因不适应台北政治生态而纷纷离职丢官走人。

自2003年第二任市长任期开始，谢开始重用嫡系人马，将他们推至政治前台，在民进党的政治舞台上崭露头角，包括姚文智、林耀文（新闻处长）、谢云娇（研考会）、柯宗廷（海洋局）、洪富峰（社会局）、薛兆基（市长办公室主任）——浮上台面。而追随谢到高雄的赵天麟、陈信瑜等先后成功当选高雄市议员，各拥一片政治舞台。

2000年6月至2002年6月期间，谢兼任民进党主席，台北、高雄两边奔波。谢启用一批年轻党工，包括主席特助陈建仲、文宣部主任郑运鹏、青年部主任王铭源等人先后跃上政治台面，但这批党部新贵大多数并没有如高雄市府内的谢团队那样大红大紫，其中王铭源闹出性骚扰丑闻而辞职，与谢长廷渐行渐远。郑运鹏因参选"立委"而与谢渐行渐远。只有陈建仲进入"行政院侨务委员会"任副职。陈建仲加入谢团队比较晚，长期扮演谢"台北分身"角色，陈志在"外交官"，是谢身边少数几位具有处理国际事务经验与能力的幕僚。

谢长廷在"行政院长"期间"问鼎大位"之心开始膨胀，着手人事布局，到处招兵买马，收编人心相当用心。谢利用"行政院"的舞台，培植、收编了一批人马，谢团队迅速扩编。此阶段谢最大的收获就是收编了时任"行政院秘书长""劳委会主委"的李应元，并与代理"高雄市市长"的叶菊兰结成战略联盟。李应元曾是海外"台独联盟"重要成员，一度被视为陈水扁的人马，进入"行政院"后，逐渐向谢长廷靠拢，在2007年党内初选的关键时刻，辞职挺谢，冲击苏贞昌的选情。如今，李应元成为谢竞选团队的执行总干事，地位如热中天。叶菊兰具有强烈的"独派"色彩，2005年接替谢长廷代理"高雄市市长"，与留在高雄市府的谢团队合作默契，谢也视叶为理想的副手人选。

谢长廷"行政院长"时期的近身幕僚，多在地方历练养成，并不能很好适应台北的政治气氛。谢"院长"办公室秘书包括余若、张嘉玲、杨士谦、李坤城、徐世雄等。余若出身20世纪60年代末，追随谢长达十几年。张嘉玲，出生于70年代，属于谢新文化工作队成员，能力肯定，"本土"意识强，早期只讲闽南语，谢曾考虑让她出任高雄市政府新闻处长。目前担任"长工之友会"青年部执行长，负责谢长廷的青年军。杨士谦熟悉、了解谢的情绪变化，掌握谢系人脉。李坤城曾任职记者、民进党中央党部文宣部，在高雄市政府负责文稿业务。徐世雄也出身媒体，当过民进党高雄市党部执行长。这批助理主要扮演幕僚角色，参赞机要，较少与民进党中央权力核心有太多的互动。

由于拥有高雄市政府、民进党中央党部以及"行政院长"的政治资源，谢长廷得以培植起自己的行政、党务团队，与早期的"五大弟子"相比，此时的谢团队，具有较多的地方行政与中央党务经验，具备一定的行政与治理能力，拓宽了谢团队的政治格局，不再只是地方基层选举层次的简单组合。

但此时谢团队也是良莠不齐、龙蛇杂处，充满争议性。当初谢南下高雄，追随者少，只有吸纳各方人马组建市政团队。同时碍于高雄当地的政治现实，被迫与当地政治势力妥协，就地取材，谢因此被讥评为"什么争议性的人才都敢用"，其中民政局长王文正卷入"玉皇宫案"。谢所属的高雄发展联谊会负责人徐正朝、萧玲慧等亦于近日遭到检方起诉侦办。

（三）近期选举整合阶段

谢团队第三阶段就是从2006年辞去"行政院长"、参选台北市市长，历经台北市市长选举、党内初选等。在此期间，谢的政治行情一日三涨，迎来了政治生涯的巅峰。谢团队因此大红大紫，水涨船高。

谢通过台北市市长选举的博弈，赢得了个人在民进党内翻盘的机会。为了布局台北市市长与"大选"，谢长廷采取当年设立"新文化工作队"的策略，于2006年5月先后在北中南三地成立"长工工作室""长工之友会""长工志工团"，深入各地基层进行选举布桩，大肆敛财。由姚文智、民进党中执委陈一平等人负责。高雄工作室由陈锡淇、林进树、张清泉等人负责。"总统"大选启动后，成立谢长廷青年军，争夺青年票源。而"长工之友会"的组织动员工作交由林永坚负责。长工会采取蚂蚁雄兵，每30个人组成一个长工会，党工职及一般人士都可参加，与扁友会限定非党籍人士参与并以县市大区域为主的方式不同，长工会更深入基层，吸纳各种潜在支持者。预计在全台成立一万个长工会，达到遍地开花、蚂蚁雄兵的效果，发动基层组织动员。

参与台北市市长与党内初选期间，围绕在谢长廷身边的谢系团队主要成员分为三个系统，包括嫡系幕僚许仁图、姚文智、林耀文、阮昭雄、赵天麟、前"立委"萧裕珍等人。政务官系统的卓荣泰、李应元、叶菊兰则从旁协助，拉抬谢声势。"立委"系统则充当谢的大桩脚，包括徐国勇、高建智、王世坚、李俊毅、管碧玲、谢欣霓、黄剑辉、林国庆等人。各司其职，相互配合。林耀文担任幕僚长任务，负责整合统筹，为谢所重用；阮昭雄负责筹办相关活动，文宣部除了负责谢文稿的李坤城外，赵天麟担任发言重任。"立院"攻防则由管碧玲、徐国勇、谢欣霓等人负责，台面下姚文智也不缺席，还有林国庆、王世坚等作后援。期间，谢系爱将谢欣霓因告发马英九"特支费案"而一战成名，成为"打马"急先锋。

赢得初选后，谢长廷始向"内阁"各部会、"公营企业"、民进党中央党部等系统进行人事布局，安插嫡系人马，抢占最佳的战斗位置。许仁图出任民进党中央党部副秘书长，负责组织事务，形同谢在党务系统的"分身"与管家。此外，已就位的公营企业谢系人马主将林钦荣出任"营建署长"、张丰藤出任"环保署政务副署长"、前高雄县长工后援会会长赵健在出任唐荣铁工厂总经理、洪富峰转往公营事业发展。前"行政院副院长"吴荣义出任台湾证券交易所董事长、前高雄市副市长林永坚担任关贸网络公司董事长。未来随着选战的进一步启动，谢系人马将控制更多的公营企业机构。①

如今，民进党内各路人马纷纷向谢长廷靠拢、投注，谢团队超越"新系"

---

① 《谢长廷人马进驻"内阁"等重要岗位全力辅选》，引自中国新闻网2007年9月21日。

及扁系，成为民进党内超强的政治集合，谢系人马无论在选举场合，还是"立院"系统，都是一股引人侧目的独特力量，外露呼风唤雨、趾高气扬之势。

二、谢团队来源、分布与功能

（一）谢团队来源

谢团队来源主要包括谢长廷自己培养与沿途收容、加盟两大部分。

一是谢长廷亲自培养，新文化工作队为基地，培养谢系"青年御林军"。谢长廷于1986年提出"新文化理论"，当选"立委"后创办"新文化杂志"，设立"新文化基金会"。1992年开始举办"新文化研习营"，招募大专学生参加营队活动，成立"新文化工作队"，迄今为止已办理过十五届。主要吸收大、专学生，谢每届亲自"加持、灌顶"，择优加入谢团队。谢视此为挖掘、培养、笼络嫡系子弟的基地。其中不少队员，成为谢团队的核心内围，有谢长廷"子弟兵"之称。他们视谢长廷为"政治恩师"，长期围绕在谢长廷身边，唯谢是从，获得谢氏政治秘诀真传，先后厕身于谢的"立委"助理、高雄市市长秘书、局处长、"行政院长"机要、"行政院"内重要职位，获得参赞机要、组织动员、文宣造势的机会，政治经验较为丰富。选举期间，则在谢的选举中心从事文宣、组织动员，参与、规划谢的公、私行程。现居于谢竞选总部核心部位。包括林耀文、姚文智、赵天麟、谢云娇、张嘉玲等人，先后担任新文化工作队长。其忠诚度与向心力强。谢拔擢青年不遗余力，一出手就是最重要的位置，只要条件够好、敢冲，就能扛着"谢家军"的旗号打天下。有人批评谢"太溺爱子弟兵"，恐将成为谢未来的绊脚石。有趣的是，曾任第六届队长李厚庆以及杨培嘉，后追随苏贞昌，党内初选期间挺苏与谢拼杀。

二是半路加盟，沿途收容、甚至招降纳叛。谢长廷用人哲学就是"拿来主义"，为其所用，不计其党派、派系与地域。谢团队不回避有争议的人，甚至最有争议的人他都敢用。谢在处理人际关系上，除了三不五时秀几句充满禅机的政治语汇，让人充满想象空间的政治操作模式与柔软身段，让谢招降纳叛、广结善缘，斩获颇丰。谢南下高雄后，尽管"人进人出"，始终表现出好聚好散的态度，并且不吝扮演"贵人"的角色，让谢家班人马在各个角落发展。谢长廷善于盘活政治资源、拉动职位效益，善于透过某一个政治职位的调动使其团队一直往外扩张。谢长廷每接一个新的位置，就会启用新的人，就会有新的人加入他的团队中来。谢长廷自从当选"高雄市市长"、走出"宋七力事件"阴影之后，以前看衰谢政治前景的人陆续改变看法，随着谢长廷政治上的拨云见日，开枝散叶的谢家班人马、遍布党内外的友谢人士亦已排好阵仗。扮演精锐坚实的挺谢、援谢部队角色，甚至原"台联党立委"曾灿灯也与谢保持密切互动，为谢所用，说谢的好话。选举期间，谢长廷用人逻辑就是希望把民进党各派系的人都能够网罗进来。目前谢团队成员，有的是谢以前团队的人，有的则跟谢没有直接关系，但谢有办法把这些人招揽过来。比如，谢当选"高雄市市长"以后，吸收了林永坚、管碧玲、张俊彦等人。张俊彦原为前任吴敦义时期官员，后为谢留任，后随谢北上任"行政院人事局长"。谢时刻用心收编其他派系成员，有情有义，让人对他死心塌地忠心。如在"立委"选举中落败的汤金全，由谢安排出任"法务部政次"；因高雄捷运崩塌下台的周礼良出任"交通部政次"，林永坚出任"内政部政次"。谢当民进党主席的时候，重用郑运鹏任文宣部主任、谢欣霓当他的组织部主任。当然，谢团队中的核心成员，还是那些长期跟随他的那些人。有人观察谢长廷身边，只有"近臣"，很难称得有真正核心。

（二）谢团队分布

目前，谢团队阵容整齐，火力较强，士气旺盛，处于谢团队历史上高峰阶段。谢团队主要分布在三个领域。

一是组织、行政系统，包括选举总部、各地、各系统辅选机构。分为政策策略、文宣、组织动员等部门。其中谢竞选总部是谢嫡系子弟的大本营，居于选举总部核心位置。李应元担任竞选总部执行总干事，林耀文处于决策中枢，最能代表谢的内心想法。许仁图坐镇中央党部，紧紧抓住党辅选机器，李俊毅等则为民进党中执委，日前在中执会内炮轰游锡堃"人格分裂"。林永坚负责长工扁友会的组织、训练、动员工作。"立委"黄剑辉则负责台湾"活力旺中业企业"协会，承担组织动员工作。张嘉玲负责谢长廷青年军工作。

二是"立委"系统。谢系"立委"以李俊毅、徐国勇、管碧玲、高建智、谢欣霓、王世坚、林国庆、黄剑辉、李镇楠、王定宇、曹来旺等人为主。在"新潮流系"逐渐式微后，集结已久、声势越来越壮大的谢系颇有取代之势。凡亲近谢长廷者都被归为谢系人马，虽无明定的派系名称，李俊毅等人坚称他们只是"挺谢立委"，在王世坚被施明德教训之后，谢长廷也公开否认王是他的人马。谢系"立委"默契及向心力之强，已对其他派系形成莫大威胁。这批谢系"立委"，主要以地方型"立委"为主，形象、素质无法与"新系"相比，是谢团队对外攻击的炮手，为谢长廷扮演攻击、"打手"的角色，往往是"恶人先告状""疯狗乱咬人"。谢系"立委"与谢高唱"和解共生"、超度众生的形象形成极大反差，好斗狠勇，口无遮拦，攻击对手不留余地，往往给政治对手造成极大压力，风评极差。"立法院"向来是谢系人马的重镇，谢长廷能够在民进党内初选大败苏贞昌，谢系"立委"扮演相当关键的角色，因此，"立法院"也是谢系人马布局的重点。在下届单一选区两票制选举中，管碧玲、徐国勇、王世坚、高建智以及姚文智等人都将投入"立委"选战。

三是基金会、行业协会。谢长廷先后设立过"新文化基金会""高雄发展联谊会""新文化联谊会""十八罗汉会""高雄港湾文教基金会"等，以及青年、妇女、网络协会以及各类行业协会如青商会、扶轮社、狮子会等，均有谢系子弟参与其中。属于谢团队的外围机构，充当招募人才、募集资金、选举动员的功能，谢长廷安排嫡系子弟负责，主导高雄发展联谊会、新文化联谊会、十八罗汉会的徐正朝、萧晋财、张志荣等人成为谢团队套取政治献金的"白手套"。"高捷案"中巨额政治献金，高捷叶姓董事将资金打入徐与张的相关账户内。[①]经历多次选战的谢长廷不走大企业、大财团路线，而是以"聚沙成塔"方式，将经营重心放在中小企业团体，慢慢积累资源。亲近谢长廷的人士指出，谢长廷和企业界人士，都会保持一定的距离，并经常提醒办公室人员说，只收小额捐款、避免大额捐款，而且，所有捐款收据都会保留、建档，非常注重细节。

（三）谢团队功能

谢团队以谢长廷为主帅，周围布满嫡系弟子，散布在党、政、地方各个系统内。依据各人与谢长廷的亲疏远近、参与内幕决策的深浅，可将谢团队划分为内、中、外三圈，结构严密，层次分明，对外统一步骤，三圈联动呼应，形成有效、密集的团队作战攻势。

一是内圈，系谢阵营的决策核心与政治发动机，居于谢团队的内核，主要是谢长廷嫡系子弟兵，人员在十人左右。核心圈包括谢的嫡系子弟，以卓荣泰为首，包括林耀文、赵天麟、姚文智、阮昭雄、陈建仲、徐国勇等人，他们追随谢的时间最长，有的长达20多年，与谢有革命情感，都是在谢政治生涯的早期、甚至低谷时来到谢身边，陪谢打过几场硬仗，与谢互动最为密切，长相左右，情感最为浓厚，最能懂得谢的思维与策略，卓荣泰号称谢的"传真机"，这

---

① 台湾《中国时报》，2007 年 6 月 9 日。

批人也最能护卫谢的政治利益，是谢团队中嫡系中的嫡系。最能获得谢的赏识与信任，也最能获得谢的提携与厚爱，最能享受与分配到谢的政经资源。

内圈中人参与谢的全部重大决策过程，决定谢的政治策略、选举谋略、对外宣传、组织动员工作，包括谢的公开、秘密行程、公私事宜，均透过内圈子弟进行安排。内圈是谢团队政治行动的决策核心与发动者，有时也扮演攻击角色。当谢团队中、外圈功能不彰时，谢团队内圈将直接扮演冲锋、攻击的角色，站上第一线，火力全开，护卫谢系利益。如在2006年谢长廷仓皇下台落魄之际，姚文智、林耀文亲上火线，口出恶言，谩骂苏贞昌"心眼太小""输掉贞操"，一吐谢心中恶气。

但谢团队的政治能量、政治胆识并不是民进党中的一流人才，远不能与陈水扁的罗、马两员大将相媲美，也无法与"新潮流系"同日而语。虽然能力不强，但谢嫡系子弟排他性最强，尤其在谢初选出线后，谢系子弟全力防堵扁系、苏系、"新系"、游系人马进入竞选总部，即使"长昌配"成局后，谢团队嫡系仍有意无意地防范非嫡系成员，希望独享谢长廷的政治利益，不愿分人一杯羹。

目前，李应元、卓荣泰、阮昭雄、赵天麟、李俊毅、林永坚、徐国勇、高建智等属于谢团队的内核，参与谢长廷的重大决策活动，并执行有关决定，发动相关"立委"等进行对外说明、展开措施攻势。

二是中圈。扮演谢团队政治前锋角色，以谢系"立委"为主，部分参与决策活动，但主要承担执行谢系内核所决定的对外阐述、说明谢系政策主张、政治立场、态度等，特别是要承担谢系对外攻击任务，攻击政治对手，攻势凌厉，徐国勇、管碧玲、李俊毅、高建智、谢欣霓、王世坚、林国庆、黄剑辉等人成为"打马"急先锋，充分体现出谢团队好斗狠勇、奸诈权谋的政治特征，在台湾地区政坛上独树一帜，令人刮目相看。

三是外围。谢阵营外围系由各地、各行业的选举后援会、大桩脚组成，他们具备替谢选举动员的功能。其负责人直接向谢负责，可与谢直接对话，一定程度上扮演谢团队对外界、与基层交流的窗口，但较少参与谢团队的内部决策，主要为谢在各地展开组织动员与拉票活动。

谢团队唯谢长廷马首是瞻，由谢亲自拿定主意，交由内圈幕僚研商具体方案、措施，然后交由中、外圈的谢团队执行，务求取得效果。

谢团队政治组合较有立体层次感，选举、幕僚型人才储备较为充裕。谢长廷管理谢团队的模式与苏贞昌完全不同，苏贞昌基本上与幕僚在一起讨论，头脑愈灵活、点子愈多、愈能解决问题的人最受重视，导致苏系有将无兵，没多少人为苏在外拼杀。而谢习惯单线指示、开导、点拨，予人神秘感，习惯在开会后和幕僚私下谈话，弟子们也都自动地一个一个排除等候。时常幕僚间彼此不知道对方和主子说了什么，当然也营造了每个人都很重要的感觉，每个人都有成就感，喜欢拼出头。造就谢长廷"有将又有兵"，而苏贞昌只有行政团队的"将"，而没有可以带头冲杀的"兵"。"将"是几位分摊谢长廷核心意志的几位幕僚，包括林耀文、李坤城、阮昭雄等；"兵"则是所谓的谢系"立委"。[①]

三、谢团队政治特征

（一）谢长廷的用人哲学

谢团队具有非常显著的政治特征，与"扁家军"、苏系、"新潮流系"以及马英九团队具有截然不同的特质，媒体对谢团队的评价不高，常遭物议为"打手""三教九流""政客马戏团"等，公众形象不佳，负面新闻居多，正面评价较少。

谢团队特征与谢长廷喜欢用什么样的人有关。谢的用人哲学包括三个方面。

一是实用主义。与马英九用人首重操守与学历、犹如"丈母娘选女婿"，谢长廷用人则重视需求与能力，所以马团队一开始就以形象良好见长，而谢团队则是路遥知马力、"操"过才知好。[②]

二是重视忠诚度。比较谢长廷与苏贞昌两人的用人，谢重视幕僚对他的"忠诚度"，苏则以"聪明才能"为优先考量。谢长于招降纳叛，到处招兵买马，但对反叛者必铲之而后快。那些背叛、损害谢系利益的原谢系弟子都遭到谢系的围剿，包括早年"五大弟子"之一的刘一德、王铭源，近期的郑运鹏等人，已很难再入谢门，重作冯妇。谢对于子弟行为，能挺则挺，不挺就切割，否认与已有关，甚至否认是谢系弟子。包括对王铭源在中央党部时期的"性骚扰案"，谢也力挺，因为王并没有向谢讲真话。

三是重伦理更重实力。谢长廷曾提出用人上"搛菜哲学"，就是菜没有转到你面前就不要硬搛，不但难看，而且会滴得满桌酱汁。等转盘转到你面前再搛菜，不但姿势优雅，且一样吃得到菜。对于一般弟子，谢基本上按资历予以培

---

① 苏奕荃：《谢长廷谷底翻身靠用兵遣将》，台湾《新新闻》周刊 2007 年 4 月 19 至 25 日，第 1050 期。

② 洪美华总策划：《新双城记：谢长廷与马英九的黄金交叉》，第 23 页。

养、安排职位。[①]但谢又是很"惜情"的人，用人时原则上会优先考虑追随谢时间久、有参与历史与贡献者。但谢也常不拘一格用人，破格拔擢，只要够条件，实力强，敢冲敢拼，能助谢一臂之力，谢往往一出手就委以重任，"大阿哥"林耀文在谢的拉拔下横空出世，年纪轻轻就出任高雄新闻处长、"行政院长"办公室主任。[②]

（二）谢团队政治特征

谢团队既具有谢长廷本人政治性格的投影，也有团队自身的多重性格。陈文茜评价谢长廷是一个多重人格的政治人物，时而仁慈、时而刻薄，时而鼓吹"和解共生"，让人为他展现政治家的风范而感动，但有时又非常格局狭小。而谢团队的一些人，或许也正代表着谢长廷心中的阴暗面。[③]

一是资浅，排他性强。谢长廷是民进党内"智多星""点子王"，主意特别多，他的脑袋永远比别人好使，脑筋永远比别人转得快，与陈水扁相反，谢不太需要助理为他出主意，谢都是自己出主意、自己身体力行，谢的幕僚永远跟不上主子的思路，导致谢对幕僚缺乏充分授权，无法培养出独当一面的助理群。[④]从谢与子弟兵的关系来看，谢能力过人，弟子对谢的依赖超过谢对弟子的依赖，弟子对谢的需要多于谢对于弟子的需要。谢几次绝处逢生、柳暗花明、开低走高，谢最大的贵人就是他自己。谢长廷早期行事严厉、授权不够，又由于谢因"宋七力事件"困扰，幕僚纷纷求去另辟天地，谢对人一直好聚集好散的态度，"留不住人""人进人出"，几乎是伴随谢许久的阴影。同时谢对人不太信任、缺乏诚意，更不太愿意授权，导致助理缺少政治发挥空间。谢在早期的助理们来来往往，一直留不住人长期困扰着谢，也是谢团队早期难以茁壮成长的关键因素。因此，谢从政生涯中的最初阶段缺乏固定且资深的智囊、助理群。

不同于陈水扁台北市府时代"罗马"明星式幕僚烘托，谢从政20余年，外界始终很难辨识出谁是最核心、讲话能够充分代表谢意志的"大师兄""大阿哥"或"二阿哥"。充其量，依其亲疏远近、参与程度，以及不同决策需要，依稀描绘出谢长廷身边的一扇扇窗口，依不同功能、阶段性需要有不同咨商对象或幕僚圈。

---

① 郭琼俐：《打铁街少年——长廷故事》，台北布克文化 2005 年版。
② 洪美华总策划：《新双城记：谢长廷与马英九的黄金交叉》，第 23 页。
③ 引自中国台湾网 2007 年 5 月 14 日。
④ 洪美华总策划：《新双城记：谢长廷与马英九的黄金交叉》，第 119 页。

尽管资浅，能力不强，但谢团队是个相对封闭、高度排他性的政治组合，特别是随着谢在党内地位的水涨船高，仿佛谢已赢得 2008 年的"大选"，谢嫡系子弟时刻防范其他派系的人马进入谢团队内，更不容他们占有一席之地。

二是奸诈且善变。谢长廷在台湾政坛有"九命怪猫"的称号，屡仆屡起，使谢"隐忍"的性格转化为"阴狠"的思考。谢团队久经磨炼，在一次次政治缠斗中练就一身独门政治武功，具有"狠""诈""忍"的政治特征，苏贞昌曾公开抨击谢太"奸巧"。谢系"立委"长期充当谢长廷的政治打手，在有关"高捷政治献金""玉皇宫案""特支费案"中，谢系"立委"积极为谢辩护，已经到了没有丝毫廉耻的地步。在民进党"立委"初选中，谢系给对手"新潮流系"扣上"十一寇"的帽子，王世坚谩骂肖美琴是"中国琴"，黄剑辉为赢民调，偷设电话造假，事情败露后仍狡辩、抵赖，死不认账。谢系子弟兵和谢长廷的言行举止却相当不一致，曾是谢系子弟的郑运鹏谴责谢系"立委"一手镰刀，一手佛经，人前牵手，背后下毒手。

在谢长廷的影响下，谢团队历经过这几年的南征北讨，也练就一身能说会演、能战甚至能哭会斗的"政治功夫"。谢团队强势剽悍，好斗狠勇，攻击政敌火力实足，拥有多次反败为胜的经验，谢长廷团队的韧性与作战力是相当强。[①]谢系更是民进党内的"打马"急先锋，惯用"抹黑、抹红"伎俩，无所不用其极。2007 年 6 月，马团队透过"立委"蔡锦隆揭发谢长廷"宗教骗票"，谢系谢欣霓、徐国勇立即回批给蔡扣上另一枯桩"脚尾饭事件"大帽子，并按铃控告蔡，把蔡吓了回去。预计 2008 年"大选"，谢团队必打"泥巴战"，在攻击、谩骂、设计、陷害对手的技巧上推陈出新，登峰造极。

谢系犹如双头马车，引发"两个谢长廷"的疑虑。谢长廷自有一套论述和主张，若叫号称谢系子弟兵的"立委"王世坚、徐国勇等人重述他的理念，却可能是不知所以然，形成极大反差。

谢团队属于政治变色龙，多变且善变。谢最为擅长发动嫡系部队攻击主要对手，结纳外围团体打击次要政敌，利用政坛新手诋毁老政客，待大局一定再倡导"和解共生"，事后采取"大街骂人，小巷道歉"的手法。在此问题上苏贞昌、"新系"都吃过谢团队的亏。

三是选举非治理团队。谢团队本质上属于典型的"选举机器"，甚至是"打

---

① 纪淑芬：《马谢团队出列，"总统大选"起跑》，台湾《财讯》月刊 2007 年 6 月，第 303 期。

手"组合，可以为赢得选举不择手段，采取一切阴谋诡计，置对手于死地。谢团队阵容强大，但大都是"打手"型选手，却算不上强大的执政、治理团队，找不出几个像样的施政人才。在"行政院长"任内，谢团队状况百出，表现荒腔走板，让人跌破眼镜，根源就在于谢团队只有政治、选举高手，但缺乏高水准的专业、治理人才，谢团队的行政经验也仅局限于高雄的地方事务。在谢团队中，既有"镇压言论及新闻自由"（过度处罚"无线电视卫星台"TVBS）的前"新闻局长"姚文智，又有"涉嫌在办公室里安装一大堆电话去混淆民意调查结果"（非法干扰民进党党内初选）的"立委"管碧玲、黄剑辉等人，更有醉酒后在大街上到处骂人"立委"王世坚，简直就是集"台湾政客马戏班"成员之大成。

谢团队缺乏政策幕僚，缺乏"国安"、"外交"、"国防"、两岸政策、财经等领域的专家人才，负责谢2008年"大选政策白皮书"的林向恺学经历不够，虽然曾为谢起草过竞选台北市市长"政策白皮书"，但难以承担起"大选"层次的政策智囊角色，可谓"蜀中无大将，廖化作先锋"。也只有临时拼凑草台班子，拉拢其他派系幕僚进行政策演绎，包括柯承亨、陈明通、林万亿、张旭成等人参与其中，抛出的"政策白皮书"的水准低劣，饱受抨击。日前为回应马英九提出的提出"双航圈，双中心"的规划构想，谢长廷召开记者会提出他两岸经贸政策构想，但只闻"口水"，不见"牛肉"，最后演变成"统派经济"与"独派经济"对决的无聊攻击之中。[①] 因此，有人称"如果说马团队是个物以类聚的小团体，谢家军则像是三教九流的集合体。"撇开陈水扁搅局的因素，如果谢长廷2008年败选，最可能就是败在这一群风评不佳的谢系人马身上。[②]

四、谢团队2008选举策略透视

（一）竞选架构：单线领导对长扁共治

迄今为止，2008谢长廷选举架构呈现出由谢单边领导与扁、长双核心主导（"扁长共治"）、双主轴（"入联公投"与"台湾维新"）出击的态势。

一是谢长廷一开始就试图打一场自己主导的选战，呈现谢式选战风格，单边作战，单线领导。谢多次强调他负责选举成败，"国政听扁，选举听谢"，希望充分借助"府、院、党"及民进党"立院党团"以及"台联党""独派"大老

① 《菜色单薄，谢长廷的财经幕僚该多用功》，台湾《中国时报》，2007年7月3日社评。
② 《谢长廷团队是"政客马戏班"惹人讨厌》，香港《大公报》，2007年7月18日。

的资源，但要尽可能排除陈水扁、游锡堃、苏贞昌、吕秀莲以及"新潮流系"的干扰。"谢叶配"破局后，谢成功主导了"长昌配"，随后联手苏贞昌、叶菊兰搭建所谓选战"黄金铁三角"，主导选举格局与选战大小事务。谢于近日展现强势，对外强调，陈水扁主持"国政"，他负责选举成败，试图为未来的选战结构定调。

此前，谢长廷竞选总部初步架构包括，竞选团队主任委员张俊雄，总指挥原为游锡堃，但游辞职后，应由新任党主席兼任。总干事卓荣泰（谢系），执行总干事李应元（谢系），选举策略及政策发展委员会主委吴乃仁（"新系"）。谢长廷弃有"战略之神"、发明"割喉战术"及"两颗子弹诡术"的邱义仁，而另找自己亲信、选风较为正派的李应元，似乎反映了谢长廷喜欢打一场不同于"割喉战"的另类选战，但谢团队绝不会只进行一场"君子之争"。[1]

谢阵营于 7 月下旬设立"选战策略小组"，位阶属于整体作战指挥中枢，包括策略设定与调整等。马永诚、罗文嘉、陈其迈、林锦昌、林德训等人相继加入，邱义仁也参与其中，负责谢阵营与"府、院"沟通。但在谢竞选总部内，扁系人马马永成、林锦昌、林德训等虽参与谢竞选部事宜，但始终无法窥其堂奥，不得其门而入，徘徊于决策核心之外。但在陈水扁出任党主席后，这种局面有可能改变。

谢竞选总部真正决策核心还是谢系嫡系子弟，包括李应元总绾全部竞选事务，卓荣泰从旁辅佐，林耀文、赵天麟、阮昭雄、林永坚、姚文智、林向恺等分居选举各大部门，并陆续将许仁图等人安排到中央党部。游锡堃辞职、陈水扁兼任党主席后，将有更多的谢系人马入驻中央党部，整合党机器。自今年 8月起，谢系人马已陆续进驻"内阁"，公营事业、"立法院"，抢占重要职位，募集资金、开展动员。

在执行总干事之下，将设立多名副总干事，分别督导文宣、动员、组织、活动、行政、研究群。目前，各群负责人陆续到位。各组群由副总干事担纲，文宣群为陈其迈，组织群为高志鹏，动员群为苏嘉全，活动群为蔡煌琅，清一色的扁系人马。行政群下设候选人办公室、文稿智囊室。研究群下辖民调部、战备部、舆情部。文宣媒体群下设文宣部、新闻部、媒体公关部、网络部等。动员群下辖妇女部、青年部、活动部、劳工部、中小企业部等。组织群下辖组

织部、长工之友会、社团部、客家部、"原住民"部、海外部等。另设"国际事务部"，由亲"新系"的萧美琴负责。

自赢得党内初选以来，谢长廷在始整合党内其他派系上有所进展。包括属于陈水扁嫡系的"扁友会"与"长工之友会"合并为"长工扁友会"，扁系大将陈其迈、罗文嘉、马永成、林锦昌、高志鹏、蔡煌琅先后入驻竞选总部。8月"长昌配"定局后，苏系及"新系"人马陆续进驻竞选团队。"新潮流系"中以陈菊为首包括李昆泽等"南流"早就加入挺谢阵营，"北流"的李文忠、段宜康、魏明谷、彭绍瑾、唐碧娥等人也陆续进驻谢营。林锡耀接任台北县竞选总干事，吴乃仁也于近期加入谢选举阵营，负责策略及政策发展委员会。从事民调的"新系"成员陈俊麟也加入谢团队为谢执行民调事务。民进党各县、市长、党部主委、以及各党籍"立委"成为谢在当地的辅选桩脚。包括台湾南部民进党执政县市长陈菊（高雄市）、杨秋兴（高雄县）、苏焕智（台南县）、许添财（台南县）、曹启鸿（屏东县）、苏治芬（云林县）、陈明文（嘉义县）等。

二是选战的另一核心则是陈水扁的"总统府"及其所控制的"行政院"与中央党部，"长扁共治"，构成党内双头马车。陈水扁兼任党主席后，形成长扁共治的新格局，政务、选务分立，长扁开始新一轮权力竞争。谢长廷的选战布局遭到党内各派系的掣肘与阻挠，陈水扁及党内其他派系不愿看到谢系独大，不愿谢系单方面主导此后民进党权力结构，选战的双核心架构必然出现。

谢长廷对于扁系人马和"新潮流系"，始终存有戒心，但为了胜选，谢又不得不借助"新潮流系"的选战经验和扁系吸收深绿选票的能力。[1]谢长廷缺乏号令三军的优势，一来在"国安"、军情领域，全党还是陈水扁最懂，二来真正能号令"府、院、党"的，只有陈水扁一人，三来谢家军"纪律不够"严明，陈水扁不想让民进党变成"谢系"与"非谢系"之分，否则明年大选只是谢系的事，民进党连庄也就化为泡影。同时，谢长廷虽然试图"单核心"运作，却没有和扁翻脸的本钱，在团结为上的压力下，长扁之间不得不发展一种全新的合作关系——不撕破脸、不破坏团结，但可延续民进党执政的共同利益。[2]目前，在游锡堃惨赔退场后，谢"忧愤成疾"闭关，扁、长之间缺少了政治润滑剂，扁、谢公开爆发冲突不可避免。扁在等谢交"兵权"、谢在等扁"加盟"，两人虽是"2008绝不能输"的命运共同体，双方还是想把筹码都搬出来"超级比一

---

① 澳门《新华澳报》，2007年5月22日。

② 林莹秋：《长扁之争"第三集"》，台湾《财讯》月刊2007年6月，第303期。

比"。双方人马不断利用各种场合放话、各自"清点人数"评估实力，等候"记名表决"时刻来临。[①] 陈水扁宣称将作谢长廷的轿夫与长工，但其实是扁彻底挟持了谢，扁藉大选来漂洗其贪腐斑垢，确立其深绿"台独神主牌"的地位。其结果，谢长廷反而成了陈水扁的长工，谢长廷反而成了陈水扁的轿夫！[②]

陈水扁紧紧抓住选举主导权，强力推动"入联公投"，将选举主轴锁定在高度敏感的统独议题上，"9·15公投护台湾"大游行将之推动推至高峰。扁系人马大举入驻谢竞选总部，包括邱义仁、林锦昌主导"行政院"，协助张俊雄推出一周一利多政策，陈其迈、马永成、罗文嘉、林德训、高志鹏、蔡煌琅等扁系人马相继入驻谢竞选总部，主导选举策略、文宣与组织动员。陈水扁爱将林文渊重新入主中钢，抓住南台湾金脉与人脉。陈水扁兼任党主席后，扁系人马即入控制党机器，谢只有释放资源，联合苏贞昌、"新潮流系"，才有与扁对抗的资本．谢长廷更无法摆脱陈水扁的左右，跳不出陈的选举布框框，谢长廷在未来选举之路危机四伏。有媒体评论，现在的谢长廷，犹如走入森林的旅人，突然被一只猴子从背后掐住了脖子；众人的目光必然对那只猴子较对那名旅人更好奇。旅人若不甩掉猴子，将被勒得窒息；若想甩掉猴子，又必被猴爪抓得面目全非。[③]

（二）竞选模式：高雄模式对台北模式

由于存在选战的双核心架构，谢长廷面临着高雄市市长选战模式与台北市市长选战模式的争执与抉择。谢在近年高雄、台北市市长选举中，形成了2002年"高雄模式"（打陈水扁的"总统牌"）与2006年"台北模式"（拒绝"许纯美效应"）的选择。如果谢坚持选举由他负责，谢将采台北模式，对"许纯美"敬而远之，问题是谢长廷能不能主导选战？陈水扁怎么会善罢甘休？若采"高雄模式"，打陈水扁"总统牌"，谢一方面担心陈水扁对谢长廷的选情形成包袱，另一方面也要千方百计地降低陈水扁的助选功能，防止陈未来成为"太上皇"。[④] 在陈水扁取得党主席的裂衫后，谢长廷只能在"台北模式"与"高雄模式"之间挣扎。

---

① 台湾《自由时报》，2007年10月6日特稿。
② 台湾《联合报》，2007年10月5日社论。
③ 台湾《联合报》，2007年5月29日社论。
④ 台湾《联合报》，2007年5月29日社论。

（三）选举策略

按照谢长廷与谢团队选举逻辑以及最近民进党内权力结构的演变态势，谢未来选举的模式特征应该具有如下多重组合特征。

策略之一，谢团队分工合作、各司其职，交叉补位，分进合击，适度切割，谢走"走自己的路"，将团队集体作战效益发挥到极致。谢团队"立委"将扮演前锋主攻、强攻角色，揭发、猛攻对手马英九的各大案件，巩固绿营基本票。谢本人则重于论述、善后角色，强调谢的能力，多塑造领导者形象，与马英九做区隔。前锋带动后卫，主攻、强攻结合辅攻、佯攻，南北呼应、左右夹攻。文宣上主帅与团队唱双簧、扮红白脸，团队扮恶人，谢唱红脸争中间票，擅长切割，不但与陈水扁等切割，也与谢团队中的恶劣形象者切割，浑水摸鱼。

策略之二，采取单线、多边、复式组织动员模式，结合党、政、"立院"系统、社团、公营企业等，全面动员。

策略之三，文攻武吓，"左手佛经、右手镰刀"，"人前握手，人后下毒手"。这是谢团队的最为拿手戏码，对待党内同志如此卑鄙低劣，对待泛蓝马英九的手法可想而知。谢擅长运用嫡系部队攻击主要对手，结纳外围团体打击次要政敌，利用政坛新手诋毁老政客，待大局一定再倡导"和解共生"。谢长廷最擅长的方法并不是推出什么理念、远景，而是用啄木鸟的方式，死啄对手的一个小小虫洞，最后啄出一条小小虫，或者是一根小木丝也好，从而证实这一棵树已经病入膏肓，令人望而弃之。未来，谢长廷啄马英九的力度必然更猛。[1]

策略之四，招降纳叛、拔桩固桩，催化"西瓜偎大边"效应。谢将直接深入基层大搞直销，把资源、经费直接撒到街道里弄、乡里基层，紧握每一双手、锁定每一张选票。

策略之五，选战双主轴，将硬性的"入联公投""党产公投"议题配合软性的"台湾维新""幸福台湾"。日前，叶菊兰代谢演讲时提出了"入联维新"的口号，将两者柔软地串联在一起，收割左右选民的支持。

策略之六，合纵连横，左右逢源，与李登辉、"台联党"结成策略联盟。谢长廷试图利用与李登辉的暧昧关系，达到"双赢"目标。李登辉长期挺谢不遗余力，最近，就"入联公投"一事李要求陈水扁少管未来谢长廷的事，"台联党"呼吁由谢长廷出面整合绿营"立委"提名策略。

---

[1] 钟维平：《"勇脚马"对决"不死鸟"：图穷匕首见》，香港《中国评论》杂志 2007 年 5 月 23 日。

五、谢团队前景

（一）积蓄力量、等待时机

谢长廷曾多次公开表明，2008 年"总统大选"是他的最后一战，如果"322"落选将退出政坛。但是谢长廷在落选后并未如言退出政坛，先是试图继续留任民进党主席，后又设立"台湾维新基金会"、组建所谓"影子内阁"，设立网站，拉拢岛内年轻群体，试图继续延续其政治影响力。谢系称"影子政府"网络平台只是第一步，还将成立"智库"，谢在选后已邀请部分卸任"政务官"加入，未来将加强公民社会互动。

2008 年 5 月 22 日，谢长廷的台湾维新"影子政府"网站正式运作。"影子政府"由谢长廷担任总召集人，叶菊兰担任执行长，谢系青年军分担"影子中央政府、影子行政院、影子立法院、影子司法院、影子考试院、影子监察院"的召集人和执行长。该网站则是由谢系青年军筹划，主要是针对现行"五院"架构进行政策监督，由网络公民自由批判、讨论；未来还会陆续增设网络电视台、网络电台等。"影子政府"的内容及属性，不同于为准备上台执政而设的"影子内阁"，也不同于学术团体的智库，介于两者之间。谢长廷希望透过"影子政府"的对话来创造一种新的政治文化和"国家治理模式。"

2008 年 6 月谢长廷、"台湾长工会"捐助 500 万元基金成立"财团法人台湾维新基金会"，"以推广"台湾维新观念"，研究"国家"政策，培育青年关心公共事务，促进"国家"进步与发展为宗旨"。谢长廷为董事长，董事包括叶菊兰、李应元、林耀文、郑丽君、陈忠源、杨蕙如、张哲扬、刘义治等。

目前，追随谢长廷的核心幕僚有林耀文、张嘉玲、郑丽君等人。林耀文担任"台湾维新基金会董事"，张嘉玲、郑丽君则是"台湾维新基金会"以及"影子政府"的公关代表和新闻发言人。

（二）各奔东西、自寻出路

谢败选后，谢团队除少部分继续跟随谢长廷外，大多数自谋生路，各奔前程。李应元转任云林县副县长，与苏治芬暗中较劲、争夺县长候选资格；卓荣泰坚决推辞出任民进党内负责组织的副秘书长；赵天麟出任民进党青年部主任、阮昭雄任副主任；谢欣霓转战电视台担任节目主持人；李俊毅、管碧玲则继续在"立委"任上与谢遥相呼应。谢团队已经风光不再，渐趋没落。

结语

2008 年是谢长廷政治生涯的最后一战，赢者全拿，整碗捧去，延续谢的政治生命；输者，谢必然要面对全党乃至绿营的批判，成为沦丧"本土政权"的罪人。"大选"期间，谢长廷及其团队大打"族群牌""抹红牌""抹黑牌"，使用一切正当与不正、合法与不合法手段，实施一切阴谋与阳谋，欲置马英九于死地。然后，由于岛内第二次政党轮替的气氛已经成熟，谢长廷终于败下阵来，谢的政治生涯走向终点，谢团队也是树倒猢狲散，各奔前程去了。（本文完成于 2008 年 1 月）

苏贞昌当选党主席后的政治困境及其两岸政策走向

一、弱势当选

民进党党主席选举及其结果牵动民进党权力结构与2016年"大选"态势。这次党主席选举呈现"五人参选，一人独大、天下围苏"的局面。选举极其激烈，有看点，但没有亮点，也缺乏高度、缺乏深度。唯一议题就是要求苏贞昌承诺不选2016。党内非苏系不但"卡苏"，而且集体"打苏"，摆明"拱蔡（英文）"。蔡英文、谢长廷、游锡堃及"基本教义派"形成结盟态势，联合"卡苏"。苏贞昌则与"新系""绿色友谊连线"（陈胜宏）联手抗衡。参选人之一的蔡同荣攻击苏贞昌缺乏领导格局、破坏党内规则擅自参选台北市市长。许信良攻击苏贞昌不近人情，后又搞绝食。面对上述"围殴"之举，苏贞昌摆低姿态，高举"团结免战牌"，主动拜会党内各派首领，包括蔡、谢、游及狱中陈水扁。与此同时，勤跑基层，进行广泛动员。

此次拥有投票权的民进党党员数为163808人，投票率高达68.62%，前二届分别为51%、58%，创历年新高，显示民进党党员高度关心党的发展与前途。与高投票率相反，苏贞昌得票率创下历年最低，仅获得55894票、50.47%得票率。这是自1998年民进党主席党员直接投票选举以来得票率最低的党主席，成为弱势党主席，面临提前"跛脚"困境。其余苏焕智得票率21.02%，吴荣义14.73%，蔡同荣11.28%以及许信良2.49%。

二、权力危机

苏受到党内反苏势力的严重牵制，可能一当选就面临"跛脚"危机。

一是苏面临党内其他派系的残酷竞争。谢长廷、蔡英文、游锡堃曾与苏在党内初选中杀得"刀刀见骨"，苏、蔡曾为了苏抢先台北市市长闹翻，"大选"

期间苏没有为"宇昌案"力挺蔡。他们有可能对苏处处杯葛、事事抵制，"基本教义派"对苏向来不假辞色。而苏系势单力薄，苏系蜀中无大将，只有一群小幕僚，靠与"新系"结盟而苦撑坚忍，分享权力。

二是苏贞昌痛失自己的政治地盘，腹背受敌。新北、台北是苏长年经营的根据地，但遭到蔡英文、谢长廷的侵蚀蚕食，影响到2014年地方选举的布局，更对苏挑战2016构成重大威胁。苏贞昌虽然赢得党主席选举，但苏系及与其结盟的"新系"的地方党部主委人选多数落选，表明苏贞昌实力受到严重削弱。包括新北市苏系子弟兵张宏陆败给蔡英文指定的前民进党发言人、学者罗致政，苏系人马盘踞新北市十一年的历史宣告终结。台北市"新系"的李建昌败给谢系的庄瑞雄，台中"新系"的陈大钧败北，台南赖清德支持的"新系"人选庄玉珠败给对手许添财系统的蔡旺铨。在21个县市党部主委中，"苏新系"仅在宜兰、屏东拿到2席。

三是新一轮的苏蔡竞争已经成形。苏竞逐党主席就是为了挑战2016，这是他最后的机会，不会轻易放弃，一定全力以赴。而蔡英文侥幸躲过败选检讨后，已将目标锁定2016年"大选"，苏、蔡之间的战略对峙日趋明显。蔡英文已公开誓言要使自己成为选项，不让609万选票的人气散掉。于是蔡成立基金会，设立办公室，维系"小英之友会"，培养嫡系人马，"520"前后连续质问挑战马英九，试图维持政治再起的能量与曝光度。据台湾《财讯》最新民调显示，33%挺"小英"再战2016，只有27%挺苏。有蔡英文在旁边虎视眈眈，苏贞昌难以酣畅淋漓地挥洒权力，施展抱负。

三、三大关卡

一是党内人事布局与资源分配。包括中央党部、2014年选举提名。苏必须学会与人分享权力，不能整碗端去，这样他才能走得更长、更稳。"蹲下是为了跃得更高"，这是谢长廷的政治信条，但苏也试图在中央党部人事安排上向非苏系释放善意，体现"派系共治"的特色。苏的策略就是倾全力提拔"苏新连"人马，也策略性地拉拢一些谢系、游系人马，但一定严密防堵蔡系人马。他分别找来谢系的李俊毅、游系的林右昌担任副秘书长，"独派"支持的吴钊燮、曾为扁系的刘世忠等人也受到重用，似乎有一番新气象。但细看中央党部人事名单，"苏新系"执掌核心职位，包括林锡耀任秘书长综理党部事务，苏系的林育生担任另一席副秘书长，李文忠、廖志坚负责组织与文宣两大核心部门。苏还彻底排斥蔡系人马，仅萧美琴因"国际"事务专业而留任"智库"副执行长。关键看2014年县市长、议员"七合一选举"提名名单。

二是打赢2014年地方选举。巩固"南绿北蓝"态势，攻下一两个泛蓝执政的县市，如果苏在"五都"选举中拿下"三都"，攻下台中或新北市，苏的机会相应增多。如果败选，苏将梦断2016，一切都玩完了。届时蔡英文可能仍是民进党最具实力的挑战者。

三是处理两岸议题。两岸议题向来是民进党的罩门，当年许信良提出"大胆西进""强本西进"成为民进党最为进步的价值，陈水扁因"新中间路线"上台，但后来违背"四不一没有"承诺，搞"一边一国""法理台独"，终止"国统会"运作将两岸关系推向危险境地。蔡英文仍继续陈水扁衣钵，催化"台湾主体性"，搞"柔性台独""价值台湾"，无法获得民众对她的执政信任。蔡英文败选关键在于难以摘除两岸罩门，败在两岸政策上。对比蔡英文，苏贞昌并没有具备处理好两岸议题的时空条件。

四、四大难题

苏贞昌面临重大挑战，有四大难题。

一是摆脱两岸罩门，民进党败选后，党内"主流"观点自称没有输，只是没有赢而已，离胜选只差"最后一哩路"。实际上民进党败在两岸议题、败在"台湾共识"。蔡英文不承认"九二共识"，坚持"一边一国"，搞"价值台独"，寻求两岸"多边互动架构"。蔡的"十年政纲""台湾共识""和而不同、和而求同"空洞模糊，被讥讽为"空心菜"，无法赢得民众的信任，不但不可信，而且不可行，民进党上台，无疑就是台湾沉沦、苦难的开始。苏贞昌处理两岸议题的能力远不如蔡英文，苏上台后，能否处理好两岸议题是其最重大考验。

二是搞好党的团结。苏与谢长廷、游锡堃关系很差，无法调和。与蔡英文存在权力竞争的结构性矛盾。除权力矛盾外，苏向来"人和"存着问题，苏对人、对事极其苛刻，缺乏宽容。未来民进党的人事、资源是否被苏"整碗捧去"，要看苏的格局与为人有无调整。

三是增强党的体质。如今民进党，已没有形象、没有论述，缺乏人才，缺乏政策。形象上无法改变，特别是无法与陈水扁贪腐有效切割。苏贞昌选前选后都去探望牢里的陈水扁，受扁及"一边一国连线"的牵制。论述上提不出新的进步价值，包括对"美牛案""油电涨价""证所税"没有提出民进党自己的政策版本。近十年来也没有培养新的人才，都是老朽、"天王"们霸占政治舞台，世代交替也因苏贞昌、谢长廷等人的重出江湖而戛然停止。苏贞昌领导下的民进党能否扮演一个合格的反对党有待观察，民进党较多可能仍是一个"逢中必反""逢马必打"的非理性政党。从苏就任党主席后拒绝"马苏会""美牛案"强力动员等政治举动来看，苏贞昌重复当年蔡英文的对抗路线。

四是消除外界包括美国的不信任。美国当年深受陈水扁之害，也对蔡英文失去信任。蔡败选后怪罪美方放弃中立助马，拒绝美国在台协会的薄瑞光见面要求，让美国人颜面尽失。如何重建民进党与美国之间的互信关系，考验苏贞昌的智慧，而苏与美国素无渊源，也缺乏国际观。

五、两岸政策走向

苏贞昌的两岸政策受到党内外、岛内外各种因素的制约，缺乏调整的时空背景与内外条件。

一是民进党的两岸政策、所谓转型早已沦为各派系、政客权力斗争的工具，口中喊转型，心中想夺权。凡是苏贞昌提出的政策主张，都有可能受到谢、蔡、游等的反对，让苏一事无成、一筹莫展。

二是受"台独基本教义派"的牵制。民进党45%选票中，约20%属于"基本教义派"，包括"一边一国"连线，数量不算多，但声音大、破坏力强，民进党内任何政治人物都得向他们低头，被他们牵着鼻子走。苏贞昌难以同他们抗衡，甚至可能无限讨好深绿。

三是缺乏人才、没有思想理论准备。民进党的两岸人才还是陈水扁时期的那批人，"亲绿智库"学者都怀有深绿意识形态，对大陆没有善意、没有祝福，只有唱衰大陆，"冷战"思维强烈。"新潮流系"也已凋零。当年许信良提出"大胆西进""强本西进"理论，促成民进党的转型，现在民进党没有多少进步价值提出来。

四是苏贞昌自身的局限。苏对两岸事务钻研不多，有人批评苏头脑空空，政策空洞。苏也可能无法超越谢长廷的"宪法一中"、蔡英文的"和而不同、和而求同"。

五是苏贞昌无法与国民党、马英九的两岸开放路线、和平发展路线竞争，更难以超越。

六是美国方面对苏贞昌调整两岸政策、对民进党转型怀有疑虑。美方战略就是利用民进党牵制国民党、马英九"亲中"，降低两岸关系发展速度，以台湾牵制大陆。

在时空条件不具备的情况下，预估苏贞昌的两岸政策策略有所调整，但不会到位；民进党有所转型，但不会成功，最后只会流于口号。

苏贞昌曾有"苏修路线"，也提出过"台湾共识"，称"生存是王道，民主是基石"，完全不知所云。但苏贞昌可能利用败选检讨形成的共识、党内外对于调整两岸政策的期待，走一条稳健的"台独"路线，走一条"不叫台独的台独路线"，即"立场坚定、态度友好，策略灵活"。具体有两个面向。

一方面，苏贞昌两岸政策的核心仍是坚持"台独"。顽固坚持"台湾前途决议文"，强调"2300 万人决定台湾前途命运"，绝不接受"九二共识"、"一国两区"，更不接受"两岸同属一中"。苏在就职讲话中提出三项保证，即保证台湾"是台湾人的台湾""所有台湾人的台湾""世世代代人的台湾"，内涵就是柔性"台独"。苏有可能突出强调以所谓"民主""人权"作为两岸交流重要内容。

另一方面，面对两岸关系新情势，苏贞昌将对两岸政策作策略调整，也就是战术、技术的修补。苏称以开放的态度、灵活的方法去面对大陆，要自信积极与大陆互动，不只是了解"现在的中国，经济的中国，更要了解未来的中国、经济以外的中国及广大的庶民中国"。苏可能允许部分党公职人员不计名义赴大陆交流，欢迎大陆人员赴中央党部、民进党智库交流，他也可能亲自接待大陆学者。苏可能鼓励党籍县市长到大陆交流、做生意。

苏将恢复"中国事务部"，甚至成立"中国政策委员会"。苏允许谢长廷负责两岸政策。但苏谢对于两岸政策内涵、处理程序存在歧见。谢主张先辩论，再担任职务。而苏反对党内辩论，就怕被谢及党内不同声音牵着鼻子走，坏了他的两岸政策节奏与方向。

目前看来，两岸政策调整对苏贞昌来说没有急迫性，对他打赢2014 年"七合一"的地方选举不但没有加分，反而有可能因调整政策而招致"台独基本教义派"的激烈反弹，落得"偷鸡不成蚀把米"的尴尬。如果苏选赢2014 年，并拿到2016 年参选权，苏将会在2016 年"大选"期间抛出他极为动听的两岸政策，甚至超过2012 年时的蔡英文。但苏贞昌能否迈过2014 年这一大关，还是个未知数。

因此，苏贞昌领导下的民进党能否从两岸关系的反对者、破坏者转型为合理的监督者、参与者，还有待观察。苏贞昌真的还有很长一段路要走。

　　大陆方面对民进党交流的大门始终是开着的，但关键是要民进党解除自己设置的"台独"障碍。民进党当务之急，是要加强对大陆的了解，减少误解与曲解。着力消除对大陆的敌意、攻击，减少对两岸关系的干扰、破坏，在此基础上逐步调整两岸政策。民进党的政治人物有责任教育、引导绿营支持者理性、务实面对大陆和平发展，面对两岸关系全面快速发展的事实，做两岸关系的务实派、促进派、推动者，而不是相反。（本文完成于 2012 年 6 月）

民进党执政后派系结构、运作模式及其政治冲突

2016 年 1 月 16 日选举改变了台湾地区政治生态，也引发民进党派系结构、权力运作的重大变化。民进党实现了"全面执政""完全执政"，从"行政"到"立法"、从"中央"到地方、从社会氛围到舆论媒体，都在民进党的掌控中。同为绿营的"台联党""时代力量""建国党"等难以取得筹码与民进党分享权力，泛蓝阵营的国民党、新党亦无法对民进党构成威胁。由此刺激了民进党各路人马对于党政权位与政治资源的争夺厮杀愈演愈烈，必然影响到蔡英文的稳定执政、长期执政。

一、派系结构

民进党向来具有"派系共治"的传统，依据派系竞合规则织成政治运作网络。2008 年蔡英文主政民进党后，民进党派系获得新一轮发展契机，2016 年胜选后形成"英派"一统江湖，"新潮流系"与"正国会"相争，谢系、苏系式微，"海派"初试啼声，"独派"则"拥扁自保"。

（一）"英派"横空出世

自 2016 年 1 月赢得选举，蔡英文在民进党内地位飙升，定于一尊，无人敢撄其锋、挑战其权威。蔡成为民进党历史上声望最高的党主席，获得了远较陈水扁更强的权力，其所拥有的政治资源甚至超越了当年的李登辉，一跃成为民进党、甚至全台湾的资源配置中心，成为真正的绿营"共主"。一时间，民进党各大派系、政治人物纷纷向蔡英文靠拢交心，"党内无派，只有英派"成为现实。

2008 年蔡英文出任党主席后便开始培植自己的"英派"，利用党主席、"总统"候选人与当选者的有利身份，打着"世代交替"的旗号重用、培植嫡系人马，压缩党内"天王"大佬的政治舞台，组建蔡英文自身权力"近卫

军"——"英派"。而"英派"是 2014 年蔡英文再度执掌民进党，特别是成为民进党"总统候选人"后才被广泛使用的概念，其涵括的对象要比"英系"更广。[①]2015 年 9 月，蔡英文首次鼓吹"英派"，定义为"一群想要改变台湾命运的人"，后在《英派：点亮台湾的这一哩路》一书中明确"英派"不是一个派系或一个政党，而是"每个认真砌砖、勇于做梦的台湾人"。[②]本文所说"英派"只是派系研究视角下辅佐、捍卫蔡英文权力、政策的嫡系人马，对蔡忠诚、影响并分享蔡政治资源的一群人，"新潮流系"如郑文灿、蔡其昌等人具有双重效忠的特性。[③]

"英派"有五个来源。一是培植、重用亲信、近臣，如肖美琴、郑丽君、姚人多、罗致政等均获得发展机会，出任党政要职。二是收编陈水扁"正义连线"骨干成员，包括苏嘉全、刘建忻、陈其迈、林锦昌、林德训、黄志芳等。三是收编扁当局"前朝"官员，如林全、张景森等，集结在"小英基金会"进行政策研拟，描摹执政蓝图。四是招降纳叛其他派系要角，如原许信良人马洪耀福、陈明文、吴钊燮、桃园农会的黄金春等人。五是吸纳李登辉时期体制内的旧雨新知，从而使"英派"具有横跨蓝绿的气象，如林碧炤、傅栋成、詹志宏等人。上述构成"英派"核心，分别为蔡英文从事选举、组织、文宣、"内政"、两岸、"外交"政策等事务。

如今，"英派"占据了民进党当局最主要的权力位置，成为决策、资源分配枢纽。包括：前"总统府秘书长"林碧炤、代理"秘书长"刘建忻、"副秘书长"姚人多，"总统府办公室主任"詹志宏、"国安会秘书长"吴钊燮、"国安会咨询委员"傅栋成；"行政院长"林全、"行政院政务委员"张景森、"文化部长"郑丽君、"行政院副秘书长"施克和；"立法院长"苏嘉全、"立委"陈明文、陈其迈、肖美琴、罗致政、郑运鹏、庄瑞雄；民进党中央党部秘书长洪耀福，等等。在 2016 年 7 月 17 日民进党十六届第一次"全代会"选举中，"英派"分别获得 6 席中执委与 2 席中常委，仅次于"新潮流系"。"英派"在"立法院"内筹组"台湾世代协会"次级团体，容许其他派系参加，构建跨派系的同盟。

如今，"英派"占领了"总统府""行政院"、党中央的主要职位，决策完全

---

① 马牧原：《民进党党职改选，看英系的第一仗》，台湾《财讯》周刊 2016 年 7 月 14 日，第 507 期。

② 蔡英文：《英派：点亮台湾的这一哩路》，台湾圆神出版社有限公司 2015 年版，第 270 页。

③ 吴陈舒：《民进党的"英派"形成及其影响》，《现代台湾研究》，2016 年第 6 期。

由"英派"承担,"行政院""立法院"等由"英派"控制,"新潮流系""正国会"、谢系、苏系、扁系等分享权力,地方县市则由各派系共治。

（二）"新系"纵横政坛

"新潮流系"始终是民进党内最具实力的刚性派系,也是民进党再次执政的最大赢家。2008 年以来,"新潮流系"因为地域、职位、理念的因素分化成所谓的"南流""北流"。"南流"代表人物如高雄市市长陈菊、台南市市长赖清德等人,早已形成各自势力范围,自成一脉,但仍与"北流"维持良性互动、紧密合作。桃园市市长郑文灿备受蔡英文青睐,成为快速跃升的民进党"明日之星"。"北流"维持刚性运作,纪律严明,依然好勇狠斗。2016 年 3 月间以家规开除"新系大佬"洪奇昌之举引起外界关切。段宜康、徐佳青（兼任中央党部副秘书长）等强势运作,维持"新系"血统的"纯洁性",防范他人渗透,捍卫派系利益。

如今"新系"掌握着党内最多政治资源,从决策高层的"国安""外交"、"国防"及两岸体系,到"中央"各大"部会首长"、县市长,从重要行政机构到"立法院"内各重要委员会、各县市议会,从第一线职位到隐身幕后、参赞机要的幕僚,甚至被称为"肥猫"的公营事业董事长、总经理等,都是"新潮流系"不容他人置喙的禁脔。台湾有舆论如此形容"新潮流系":"从公职人员到地方诸侯、从'立法委员'到'行政部会',低调散居的'国营'事业,都有神秘的'流'影。'新潮流'二百多位成员,却能在蔡当局四五千个职位中,抢下重要版图,左右政局。"[1]在蔡英文的人事布局中,"新潮流系"占有一大批重要职位,如"国安会副秘书长"陈俊麟、陈文政,"行政院副院长"林锡耀,"法务部长"邱太三,原"农委会主委"曹启鸿,陆委会副主委邱垂正,"退辅会"李文忠,原"劳动部副部长"郭国文,"侨委会副委员长"田秋堇,"教育部政次"蔡清华,"公共工程委员会会主委"吴宏谋等。"新系"掌握了"立法院副院长"关键位置,蔡其昌出任"立法院副院长",历经磨炼后有望成为未来"立院"掌门人。

"新系"据有"三都"（高雄、台南、桃园）四县市（屏东、彰化、新竹、宜兰）,拥有 22 席"立委",占"立院"席次 19.4%,拥有 10 席中执委,在 10 席票选中常委中占有 3 席,加上陈菊、赖清德、郑文灿当然中常委占有 6 席,

① 许秀惠、陈玉华等:《神秘暗巷里的最强政团》,台湾《今周刊》2016 年 12 月 5 日,第1041 期。

真可谓"撼山易、撼新系难"，对蔡英文来说犹感芒刺在背。

"新系"阵容强大，已形成老、中、青接班梯队，既有陈菊那样的重量级政治"大姐大"，又有"赖神"赖清德那样的接班明星，还有郑文灿、蔡其昌那样的政治明星，以及段宜康、徐佳青、吴思瑶、梁文杰等一批干将。"新系"有计划培养各式人才，除了选举人才外，还长期精心栽培"国防"、"外交"、两岸、财经、社会等各类人才，已伸手到党政军各领域，成为民进党内最具政策设计、论述能力、执行能力的派系，无论"正国会"、谢系、苏系都难以望其项背。蔡其昌如此形容"新系"："新潮流的人才库丰富，要什么人，就有什么人。有段宜康那种斗鸡；也有我这种圆融处事，派系跟事业一样，要求永续经营，就要推出不同产品供选择。"①

（三）"正国会"异军崛起

视游锡堃为精神领袖的游系实现世代交替，出身于民进党"学运世代"、台中市市长林佳龙担纲操盘成立"正常国家促进会"（简称"正国会"），参与其中的有"立委"高志鹏、陈亭妃等。在本届"全代会"上夺得6席中执委与2席中常委，加上林佳龙的当然中常委，声势直逼"新潮流系"，甚至传出"龙系"之说。未来将以台中市市长、基隆市市长、"立委"、市议员等为权力运作平台，与"时代力量"结成政治同盟，依靠奇美等企业财团雄厚经费支持，并由"台湾智库"提供政策后援。"正国会"策略旨在以台中为政治中心，推出陈亭妃、高志鹏、林佑昌等竞逐台南、新北、基隆市市长，形成"北余天、中佳龙、南亭妃"的政治布局，结成"正国会"绿色政治地带。高志鹏收编了"台独大佬"辜宽敏的"新台湾国策智库"，作为政策与选举智库，将与林的"台湾智库"互相配合，紧抓议题主导权。"520"前后林佳龙陆续抛出"立法院"迁移台中、设立"国际NGO中心"、由台中、基隆牵头扮演民共交流先锋，突破当前两岸僵局等政治性议题，林已成为民进党"学运世代"中挑战政治大位的可能选择。值得关注的是林佳龙领衔的"正国会"将与"时代力量"结成路线价值同盟，顽固坚持"仇中""反中"路线，曾任林佳龙副手的潘忠文一上任"教育部长"便撤销"微调课纲"，力推"文化台独"，抢攻深挖深绿选票，挑战"新潮流系"的老大地位，其实力与影响不容小觑。林佳龙已显现问鼎大位的心志，其政治动向牵动台湾政局变动。

① 许秀惠、陈玉华等：《神秘暗巷里的最强政团》，台湾《今周刊》2016年12月5日，第1041期。

（四）谢、苏系式微

包括谢长廷、苏贞昌、游锡堃、吕秀莲等民进党"天王""美丽岛世代""律师世代"都逐渐退位，淡出民进党政治舞台，"学运世代"甚至更年轻的民进党政治人物崭露头角。谢长廷出任"驻日代表"，找到对日关系的新天地，有利于扩大谢长廷本人的影响力，但削弱了谢系在岛内的发展。谢曾透露，他去日本后，"从此就没有什么谢系，大家都是英派。"于是谢系"立委"庄瑞雄悄悄转投"英派"。谢系长期缺乏县市长平台，只获得"环保署"（李应元）、"行政院发言人"（童振源、徐国勇）等位置。谢系子弟管碧玲与赵天麟因争夺高雄市市长而闹内讧，未来难与"英派"的陈其迈、"新系"支持的刘世芳及林岱桦等抢夺高雄市市长位置。而姚文智准备参选台北市市长，面临与柯文哲的苦战。林耀文在竞逐"中评会"主委时落败，本届中常委选举谢系挂零，但谢系在中常委选举中投票给"海派"，未来仍可能获得"海派"的支持。

苏贞昌在与蔡英文的长期竞争中落败，苏系实力严重受损。曾传出苏有可能被派驻新加坡，遭到苏本人的拒绝。苏系的蔡宪浩仍当选中常委，吴秉睿及苏贞昌女儿苏巧惠、弟子张宏陆、吕孙绫、陈赖素美等进入"立法院"。未来苏系可能与"新系"结盟，寻找政治发展机遇。

（五）"海派"初试啼声

以三立董事长林崑海为首的"海派"强势介入民进党党职选举，一举拿到2席中执委，并与谢系合作夺得1席中常委，其代表人物如"立委"王定宇更是臭名昭著，引发舆论挞伐与党内反弹，既违反民进党当年政治退出媒体的主张，又惹来媒体介入政党的议论。"海派"未来较可能与"正国会"、谢系合作，与"新系"合作的可能性较低。

（六）"独派"拥扁自重

扁系的"一边一国"连线由陈致中持续运作，成为"独派"发声、要挟蔡英文的利器，仍有一定影响。辜宽敏、黄昭堂等人不甘寂寞，时常发言影响视听，但其影响力日渐衰落中。

民进党各派系实力参见表一、表二、表三。

表一：民进党中执委名单

派 系	姓 名	备 注
"新系"	潘孟安、沈发惠、林宜瑾、陈启昱、李昆泽、吴思瑶、蔡宗伦、陈素月、张胜富、陈赖素美	10 席
"正国会"	陈亭妃、高志鹏、郭昆文、汤火盛、陈茂松、林德福	6 席
"英派"	陈明文、李茂源、黄金春、陈淑华、苏震清	5 席
苏系	蔡宪浩、郑宏辉、黄俊哲	3 席
"绿色友谊连线"	陈胜宏、许西彬	2 席
谢系	赵天麟、管碧玲	2 席
"海派"	林莹蓉、王定宇	2 席

表二：民进党中常委名单

姓 名	派 系	备 注
潘孟安	"新系"	屏东县长
沈发惠	"新系"	新北市议员
林宜瑾	"新系"	台南市议员
陈明文	"英派"	"立委"
黄金春	"英派"	桃园农田水利会长
陈亭妃	"正国会"	"立委"
高志鹏	"正国会"	"立委"
蔡宪浩	苏系	中常委
陈胜宏	"绿色友谊连线"	中常委
林莹蓉	"海派"	高雄市议员

表三：民进党中评委名单

姓 名	派 系	备 注
邱议莹	"新系"陈菊	"中评委主委"
陈宗彦	"新系"陈菊	台南市民政局长
陈大钧	"新系"陈菊	蔡其昌办室主任

续表

姓名	派系	备注
陈坤荣	"新系"陈菊	郑文灿办公室主任
蔡易馀	"英派"	"立委"
曹来旺	"英派"	前"立委"
黄玉缇	"英派"	"中执委"
陈明泽	"正国会"	高雄市议员
林宝兴	"正国会"	"中评委"
李余典	苏系	新北市议员
罗文崇	"绿色友谊连线"	新北市议员

二、运作模式

（一）蔡英文把控党政军情

蔡英文出任"总统"并兼任党主席，按照"宪法"与党的规定，蔡集党政军警情（治）大权于一身，作为"总统"，拥有"国安""国防""外交"及两岸职权，具有任命"总统府秘书长""国安会秘书长""行政院长"及其各"部会"首长、"国安局长""司法院长""监察院长""考试院长"等主要机构负责人的权力。作为党主席，掌握党机器，享有各级党部人事权、各级选举党籍候选人提名权等。蔡英文透过决策权与人事权，加强对于党政军情各种系统的渗透与控制，加强对于民进党、绿营各路人马的甄拔与管控。蔡英文成为台湾权力资源配置的总枢纽，在其下设立各系统的次枢纽，也是各系统的总枢纽，再分设次次枢纽，直至权力的最底层，每个权力枢纽对上一级枢纽负责。

为应对执政危机、强化决策功能，蔡英文调整原先的寡头决策、分类决策机制，转而采取一条鞭式、集成"府、院、党及地方代表"的决策机制，亲上火线指挥，强化协调，加快节奏，削弱"行政院长"权力。10月开始每周召开"府、院、党及地方"九人"执政决策协调会议"，来自"总统府""行政院"、民进党"立法院"党团、民进党中央以及地方执政县市代表参加。令人瞩目的蔡英文邀请民进党智库执行长邱义仁重出江湖、坐镇决策，其结果必然侵蚀蔡英文的决策权。与此相应，蔡英文调整人事，"总统府秘密长"林碧炤黯然辞职，"国安局长"由扁系人马"玉山帮"的彭胜竹接任，原陈水扁军事幕僚柯承亨挤下陆委会副主委张天钦出任海基会秘书长。① 此一决策机制遭到广泛讥评，吕秀莲抨击存在"胜选迷思、用人唯亲、价值模糊"等三大盲点。②

（二）"英派"为主、"新系"为辅

蔡英文仅靠"英派"难以走完"最后一里路"，也无法实现稳定执政、长期执政的目标。蔡英文权力配置模式就是"英派为主、新系为辅，派系分赃"。从"总统府""国安会""行政院"到"立法院"都遵循这一模式。"总统府"的林碧炤与刘建忻、"国安会"的吴钊燮与陈俊麟（"新系"）、陈文政（"新系"），"行政院"的林全与林锡耀（"新系"）、"立法院"的苏嘉全与蔡其昌（"新系"）等都是这种权力组合模式，甚至在"行政院"相关"部会"中也出现类似安排。

（三）合纵连横、互为制衡

蔡英文占据权力制高点，采取结盟、平衡策略，与各派系合作，又使其相互制衡，对各派系又拉又打。"新系"实力雄厚，长期与苏系、"绿色友谊连线"结盟，有所谓"新苏连"之说。未来最有可能"英派"拉拢"正国会"对抗"新苏"联线，林佳龙"正国会"最可能与林崑海主导的"海派"结盟，当年游锡堃、林佳龙透过三立电视制造"十一寇事件"，与"新系"怀有新仇旧恨，矛盾冲突迟早引爆。

（四）派系智库化发展

为因应执政、扩张政治地盘的需要，民进党各大派系纷纷设立智库，以政策、议题为导向，研拟政策，主导议题，影响时势，并培植干部，深入基层，抢占媒体版面。"英派"陈明文成立"台湾世代教育基金会"，研拟政策，发布民调，举办研习营、观摩团、记者会，锻炼骨干、培植人才，捍卫蔡当局。③ "正国会"除了林佳龙经营的老牌"台湾智库"外，高志鹏收编了辜宽敏的"新台湾国策智库"，并交给陈水扁之子陈致中经营，具有双智库配合运作的实力。苏系亦不落人后，在民调专家吴祥荣的操盘下成立"新未来智库"，为苏系"立委"问政提供政策咨询、问政议题及政治方案。④ 这种派系智库化运作某种程度上缓解民进党各派弱智化、权斗化倾向，但究竟对民进党实质政治能力有多少帮助存在极大疑问。

---

① 彭惠仙：《小英的另类闺蜜们》，台湾《中国时报》，2016 年 12 月 21 日 A10 版。
② 台湾《联合报》，2016 年 11 月 21 日。
③ 黄骅渊：《派系再起? 绿 3 智库紧邻"国会"较劲》，台湾《上报》，2016 年 1 月 7 日。
④ 同上。

（五）蓝虚绿实，绿营接班

蔡英文为了实现稳定执政目标、消除各界疑虑，在第一波人事安排上采取"蓝绿搭配、蓝虚绿实、绿营接班"模式，即由蓝色、原国民党体制内培养的人才出任相关部、会一把手、民进党人则扮演副手的权力安排。如"外交部"的李大为与吴志中搭配，陆委会由张小月与"新系"的邱垂正组合。"退辅会"由原"国安局长"李翔宙当家，"新系"的李文忠出任"副主委"。这批民进党副手其实比一把手更受信任，掌握实权与政策，随时可以扶正接班。为了就近监管非民进党官僚，蔡英文派遣大批民进党幕僚担任他们的机要，既理顺工作关系，确保上下沟通顺畅，又锻炼了民进党的年轻世代。但蔡英文这套人事安排，在民进党遭遇不小的阻力。

三、路线与权力冲突

政治的核心就是争夺决策权与分配权，本质就是权力斗争。蔡英文胜选后民进党的权力冲突主要围绕两岸路线与人事权展开。

（一）路线冲突

民进党内出现深绿"独派"与浅绿"维持现状派"的路线冲突与权力较量，在岛内外掀起新一轮的"台独"浊流，在民进党"全代会""入联"、修改"公投法""大法官"提名等节点中制造声势。蔡英文竞选与执政的政策核心要点在于"亲美联日抗中"或"亲美日、远大陆"，其两岸路线定调于"维持两岸现状"，其在"520"演讲中，提出"宪法说""两岸执政党对话说""区域合作说"等，但蔡说一套、做一套，甚至做的与说的完全相反，"520"后立即撤销"微调课纲"，对"学运"头目撤诉。此举刺激"独派""正国会"抢攻深绿票源，要求蔡英文特赦陈水扁，甚至在"全代会"提案要求落实"转型正义""撤废'中华民国'"，修改华航为台航。"正国会"与偏激的"时代力量"相互取暖，在"立法院"内修改"公投法"、限缩陆配权益等。高志鹏更是一马当先提出"去孙中山化"，要求所有公家机关撤除中山画像。"独派""正国会"都是当年制定"正常国家决议文"的核心势力，未来仍将坚持深绿路线，抢攻深绿"基本教义派"选票，区别于"新潮流系"的"知中路线"。与此相对，吴子嘉、郭正亮则提出"维持现状案"，以新法取代"台独"党纲与"台湾前途"、"正常国家"两个"决议文"。但其命运犹如当年"冻独案"再次被蔡英文冷处理，交付中执委讨论。此前谢长廷、童振源主张的"宪法一中""中华民国决议文"等论点，部分被纳入蔡英文"维持现状"的论述，也因为进入蔡英文体制，不再继续坚持。看来，两岸路线冲突将伴随着民进党权力斗争的始终，愈演愈烈。

8月底，李登辉、吴澧培、蔡明宪等公开挑战"台海红线"，要求蔡英文推动"正名制宪""加入联合国"，甚至裁撤"外交部"、陆委会，成立"推动加入联合国部"。10月蔡英文提名的"司法院长""大法官"提名人许宗力、许志雄在"立法院"公开主张两岸是"特殊国与国关系"。人们越来越担心民进党透过"大法官"进行"释宪台独""判例台独"。[①] 在"公投法"修改过程中，尽管排除两岸议题纳入"公投"内容，却当作"两岸协议监督条例"的对象，特别是降低投票年龄、大幅降低提案、成案、过关门槛，"法理台独"风险陡然上升。

（二）权力角逐

民进党赢得政权，可以安排的行政、公营事业机构职位至少有6000多个，甚至可能多达上万个。"520"前后民进党内的权力争夺围绕五波人事展开，各派系互有得失。

第一波是争夺"立法院"主导权。2016年2月新一届"立法院"组成前，民进党内爆发"立法院长"争夺战。有"民进党立院党团永远的总召"之称的柯建铭侥幸赢得"立委"选举后，早就瞄准"立法院长"位置，但遭到"英派"陈明文、苏嘉全的坚定狙击。最后在蔡英文、"新潮流系"的夹击下，败下阵来，只能续任"总召"。蔡英文在"立法院"摆出"苏蔡配"架势，要求保持议事中立，不介入党务。

第二波争夺是"内阁"人事。林全"内阁"呈现"老、蓝、男、外（涉外）、守（保守）"特点，引发民进党内部的反弹与阻挠，但最后还是被蔡英文压了下来。"行政院"重要部会都由民进党各派系瓜分，包括"内政部""交通部""经济部""法务部""农委会""环保署"等重大机构。

第三波争夺党权。蔡英文兼任党主席，修改党规，出任公职人员不再兼任党职，以免"以党领政"。"520"前任命洪耀福担任秘书长，主持党务，各派系均入驻中央党部。在"520"后民进党地方主委的争夺中，林佳龙拔得头筹，其支持的人选抢得新北、台中主委，特别是林力挺的余天在蔡英文后援下，击败苏系、"新系"联合推荐的新北市副议长陈文治，表明蔡英文出手阻挡"新系"赖清德挺进新北市。桃园、台南、高雄主委都由市长支持的人选夺得。

---

① 倪永杰：《李登辉们绑架蔡英文》，台湾《中国时报》，2016年9月30日。

在 7 月 17 日举办的民进党十六届第一次"全代会"上，各派系卯足全力拼 11 名中评委、30 名中执委及 10 名票选中常委，最后"新系"势如破竹，"英派""正国会"殿后，苏系、"海派"均有斩获，唯独谢系落败，没有中常委、中评委，只有 2 席中执委。

第四波争夺在于公营事业、基金会、农渔水利会长。为了平息绿营内部的埋怨，在公营事业机构、银行金控、证券机构、农渔水利会人事人安排上，蔡英文改以"政治任命"自己人，使得绿营各大诸侯、地方派系、从北至南行动起来全力争夺，完全不同于林全"组阁"时处处碰壁的窘境。由于"新系"的林锡耀占据"行政院副院长"的关键位置，"新系"人马大量进占公营事业机构。"中油"、台盐、台湾自来水公司董事长由曾任高雄市副市长的陈金德、陈启昱、郭俊铭担任。"新系"大佬吴乃仁女儿吴怡菁出任台苯董事长，华航董事长何煖轩属郑文灿推荐人选，台肥董事长苏焕智则属陈水扁人马。台湾高铁由蔡英文信任的江耀宗获得，台湾烟酒公司董事长则由"英派"陈明文推荐的嘉义副县长吴容辉担任，前"立委"张学舜出任圆山饭店董事长、贺端潘出任董事。"中钢"是最大"金鸡母"，每年超过 2800 亿营收，手上有 200 多亿现金及超过 4400 亿固定资产。陈菊试图染指"中钢"，有意推荐林文渊担任，但"总统府"方面看中江耀宗，其人事迄今仍未来决策，而是由"中钢"原总经理代理。"财政部"公股小组及台湾银行系统所指派的金融机构董事、独立董事与董事长、总经理总计有上百位，其人事多数由林全主导。公股行库董事长包括台湾金、兆丰金、合库、华南金、第一金、彰银、土银、台企银、此外汉翔、台湾中华电信等一大批公营企业人事落入民进党之手。[1]

民进党各派早已觊觎台湾各大农渔水利会，包括 22 个市、县农会及其下辖的 319 个乡镇农会、39 个区渔会及 17 个农田水利会。民进党试图修改规则，废除选举制度，把农渔水利会人事改为"行政院农委会官派"，后因各方反弹，被迫搁置。虽然在今年 2 月农会基层选举中民进党折戟沉沙，但在不久的将来，农渔水利会落入民进党之手不可避免，沦为民进党选举桩脚，国民党地方派系面临灭顶之灾。

第五波争夺则是"内阁"改组与 2018 年地方选举。2016 年 8 月底以来，蔡英文在"独派"压力下，将更多人事向深绿倾斜。先后撤换童振源、林碧炤

---

① 纪淑芳：《完整揭露绿营大军压境政府周边单位》，台湾《财讯》双周刊 2017 年 2 月 16 至 22 日，第 1563 期。

等，任命田弘茂出任海基会董事长。"外交"、"国发会"、证交所等"老蓝男"遭到点名下台。2017年春节之后，林全"内阁"小幅改组，调整"劳动部""农委会""卫福部"及"科技部"人事，但依然无法减缓岛内对民进党执政不力的批评，林全政治前景堪忧。如今台湾已进入2018年县市长选举提名时程，民进党各路诸侯开始争逐2018年"六都"与县市长、县市议员的候选人提名，新北、台北、高雄及台南人选最令人关注，陈菊、赖清德及柯文哲的动向攸关民进党的整体气势与2020年布局。高雄将是"新系"、"英派"及谢系缠斗，新北是新苏联线对抗"正国会"与"英派"的结盟，台南则演变为"立委"黄伟哲、"正国会"陈亭妃与赖清德支持的颜纯左、林俊宪相争的局面。民进党较多可能继续与柯文哲合作，否则可能面临失去台北的风险，增加民进党连任的难度。

蔡英文为了巩固执政地位，更好地控制民进党与全台湾，将对各派系采用平衡术，加强宏观调控，以利益为诱饵，策略性地拉拢或打击某个派系，造成各派相互制衡，使各派系有求于她，而她却能摆脱各派系对她的掣肘。各派系也将合纵连横，钩心斗角，扩大自身利益与政治地盘。民进党内部权斗戏码将赤裸裸上演，异常惨烈。

（三）冲突趋势

一是蔡英文与各派系分享权力，但内在冲突不可避免。现阶段蔡英文不得不与"新潮流系"合作共赢，但双方的冲突为时不远。蔡与陈菊、赖清德的关系有点特殊。在新北市党部主委选举中，蔡英文支持余天阻挡"新系"与苏系联合支持的陈文治当选。[①] 蔡不愿赖清德北上竞逐双北市长成为现实，着力压缩赖的政治空间。有舆论戏称赖能否北上参选，关键在"蔡意"。

二是非"新系"结盟对抗"新、苏"连线。蔡英文较可能拉拢、联合游锡堃"正国会"、谢系等制衡"新系"，蔡英文还可能培植"新系"的郑文灿、蔡其昌等牵制赖清德，"新系"则与苏系、"绿色友谊连线"结盟反制。[②]

三是"新系"与"正国会"激烈争夺。"新潮流系"盘踞在高雄、台南、桃园及屏东、彰化、宜兰、新竹"三都四县"，同时掌握了"中央"众多重要"部、会"、"立法院"、相关县市议会。而"正国会"将组建纵贯南北的台南、台中、

① 束沐：《倪永杰："新潮流系"将进一步架空蔡英文》，引自香港中国评论网，2016年12月30日，http://www.crntt.com/crn-webapp/mag/docDetail.jsp?docid=104525358，最后检索日期2017年1月8日。

② 黄驿渊：《派系再起？绿3智库紧邻"国会"较劲》，台湾《上报》，2016年1月7日。

新北绿色版图，挑战"新系"。同时，林佳龙将与"时代力量"结成战略合作，在绿营内部裂解"新系"政治版图。

四是"世代交替"加速。民进党"天王"纷纷退隐，"美丽岛世代""律师世代"交棒，"学运世代"、地方诸侯、"绿二代"乘势崛起。谢长廷、苏贞昌、游锡堃逐渐老去，而民进党的中壮世代、"学运世代"已经跃进民进党政治核心，"天王们"的子女、助理也脱颖而出，卖力表现。为与"时代力量"争夺年轻群体，民进党全力扩招年轻党工，"青商会"在会长侯宗延的率领下集体入党，未来将有更多的年轻人加入民进党队伍中来，密集进入党政各系统、地方发展，成为民进党的新生血液。

结语

2016 年政党轮替本是民进党转型升级的历史契机，但民进党难以摆脱派系政治的窠臼，依然热衷于权力追逐，沉湎于"台独"游戏，依循派系平衡、分赃的线性逻辑从事政治运作。蔡英文无法以其非传统民进党政治人物的特质带领转型，反而东施效颦组建嫡系"英派"抗衡派系勒索绑架，导致民进党体质无法提升，反而持续弱化与僵化，终致民进党难以稳定执政，长期执政只是痴人说梦而已。（本文完成于 2017 年 4 月）

民进党选举策略

2004 年蓝绿选举策略比较

2004 年台湾 "大选" 对蓝绿双方都是一场生死存亡之战，陈水扁以 50.11%、不到 3 万张选票的微弱差距，惊险过关。比较蓝绿双方的选举策略，梳理陈水扁险胜的蛛丝马迹，有利于更好地认识选举结果。

一、陈水扁选举策略

由于民进党的基本盘不足四成，陈水扁要跨过 50% 的当选门槛难度非常高，陈水扁只有出奇招，反守为攻，为民进党的选举历史导入 "新思维"，发酵 "台湾意识"，实施 "公投绑大选" 与 "割喉战" 策略，不断炒热自己的选情。最后，陈水扁以枪击案使选情一夕翻盘，从献金案、内线炒股案中侥幸脱身，涉险连任。陈水扁的选举策略，可以概括为 "一条主线、三项主轴、四民手法及五大战略"。

（一）一条主线与三大主轴

发酵 "台湾意识" 突出 "台湾主体性"，强化 "台湾本土认同"，成为贯穿选举的一条主线。这是陈水扁整合民进党、团结李登辉及其 "台联党"、凝聚泛绿阵营的重要法宝，促成陈水扁选票成长、从困境中突围。民进党内不少人虽然反对吕秀莲却被迫 "含泪辅选"，其动因在于他们并非支持陈水扁本人，而是支持陈水扁背后的政治图腾——台湾意识。[①]

与 "台湾意识" 这条主线结合，陈水扁曾将此次选举定位为 "一边一国对一个中国" "拼经济、大改革" 对 "黑金复辟、老人政治" "本土对非本土、爱台对卖台" 的选举。此后，陈又提出了选举的三项 "竞争说"：即 "相信台湾，坚持改革" 与 "唱衰台湾，反对改革" 的竞争、"一边一国，维持现状" 与 "一

---

① 《台湾意识，阿扁赢的关键》，台湾《中国时报》，2004 年 3 月 22 日。

① 《台湾意识，阿扁赢的关键》，台湾《中国时报》，2004 年 3 月 22 日。

个中国，改变现状"的竞争、"全民公投，催生新宪"与"剥夺公投，民粹修宪"的竞争。去年12月11日"陈吕配"正式搭配后，陈水扁放弃"拼经济"的口号，将重点锁定在所谓的"相信台湾，坚持改革"，配合"顾台湾，拼中国；顾人民、拼幸福"的选举口号，在选举的最后阶段则极力淡化陈水扁与连宋的竞争，扭曲为"亲中"与"保台"路线之争、陈水扁与大陆的"圣战"。由此表明，陈水扁以"明示改革、暗示台独"的手法，兼顾基本盘的巩固与中间选民的争取，试图由政治议题的发酵，掩盖民进党处理经济民生问题的无能，将选举拉回到民进党擅长的政治议题战场。三大主轴的核心就是政治正确至上、"台湾本土认同"，紧紧围绕"台湾意识""台湾本土认同"，一点一滴地累积胜选的资本。

（二）"四民"手法与五大策略

陈水扁擅长以所谓民粹、"民主"、民意、民生的基本手法鼓动选情、拉抬声势。

一是"民粹"手法：即打出"省籍牌"、统"独"牌与"两岸牌"。以"爱台""卖台""本土""非本土"的二分法，给连宋扣上"联共卖台""中共同路人""中国游说团"的帽子，无端指摘"中共暗助国亲"，巩固绿营基本盘。二是"民主"手法：即打"改革牌"，反"黑金"。不遗余力地攻击"连宋配"是"黑金复辟""老人政治"，力图重塑民进党"清流""改革"形象，提出"一任大扫除，二任大进步"，要求民众再给陈机会。三是操弄"民意"：打"公投""制宪"牌。陈水扁先后抛出了"一边一国""全民公投、催生新宪"等政治议题，紧跟李登辉的"台湾正名运动"，然后以"公投绑大选"，借由"防御性公投""防卫性公投""和平公投"的不断变幻，进行"228守护台湾"造势，以"台湾第一次，世界都在看"、"公投第一，台湾100"等捆绑"总统"选票，给选民服用政治兴奋剂，暂时忘却经济萧条、荷包缩水的痛苦，误导民意、欺骗民意。国亲在"公投""制宪"问题上被迫跟进，被陈水扁讥讽为"拿香跟着拜"。四是民生手法：打"政绩牌""建设牌"，推销"五年五千亿"的所谓"新十大建设"，有利于地方上拔桩绑桩的政治勾当。

与"四民"手法相配合，陈水扁在选战技术上推陈出新，以五大策略深化、发酵"台湾意识""台湾认同"这条选举主线。

一是区域选战策略：即深化"南绿"，淡化"北蓝"，巩固南部票仓（高高屏、云嘉南），向中部反攻（中彰投），深入北部（大台北与桃竹苗）挖票。结果，陈水扁在南部大赢 60 万票，中部蓝绿几乎平手，泛蓝失去中部优势，而北部只是小输，"南绿"的格局北移，由彰化的浊水溪往北推进到台中的大安溪。

二是玩弄"两岸牌"：陈水扁以胜选为中心，以紧张、缓和的两手策略，在两岸问题上不断出招，凝聚绿营支持者，吸纳中间选民与台商票，追求选票的极大化。紧张方面包括高喊"一边一国""公投""正名运动"，"制宪"等。缓和方面则是抛出"三阶段直航说""一原则、四议题"，规划两岸"九人小组"，建立"和平稳定互动构架"，对台商展开笑脸攻势。

三是笼络特定人群：确保闽南人利益，讨好客家人，积极争取年轻选票。此次民进党在蓝军的"客家庄"攻城略地，大有斩获。

四是进行负面选举。发行"非常光碟"，点名媒体"五大寇"，大肆炒作党产、家产以及"打老婆"等议题，透过地下电台造谣污蔑。分化蓝营内部，见缝插针，控制媒体，进行"置入性行销"。

五是进行"割喉战"。邱义仁在"新潮流"内部会议上首次提出"割喉战"策略，即利用经济诱惑、司法迫害等手段，拔桩绑桩，招降纳叛，挖泛蓝桩脚，催化"西瓜效应"。选前一周，邱义仁透露，台北县投靠民进党的选票达到 5%，换算成全台湾选票就是 1.4%，桃竹苗收割到 10%，换算成全台湾选票则增加 1.3%，中彰投也成长 10%，换算成全台湾选票则增加 1.9%，三大区块相加达到 4.6%，若再加上民进党最强的南部，已达到 6% 的"割喉战"目标。[①]

但"割喉战"效力比不上枪击案。当民进党大老沈富雄选前最后两天现身、重创陈水扁选情后，陈水扁最后以"割肚皮"的流血方式，塑造出他为台湾"挡风挡雨""挡子弹"的受难"英雄"形象，以"天佑台湾"的诉求，博得大部分未表态选民、特别是中南部民众的同情。同时，启动"国安机制"，限制 20 万军、宪、警人员的投票权，这批人大多数属于泛蓝支持者。陈文茜评估，最后一天的那记黑枪，使连宋的民调滑落了 5%。沈富雄选后分析陈水扁胜选的策略时称，有四颗子弹帮了陈水扁："聪明"的真实子弹，国民党没有银弹，擦枪走火的"废票弹"，以及"公投"的"空包弹"，这四年种不同的子弹造成这场选战的高度戏剧性。[②]

---

① 台湾《中国时报》，2004 年 3 月 15 日。
② 台湾《台湾日报》，2004 年 3 月 23 日。

二、连宋选举策略

作为挑战者的国亲两党高层，围绕巩固泛蓝基本盘、吸纳中间选民、拉拢分化泛绿阵营这一核心战略，从资源整合、路线定位、形象塑造、选举主轴、组织动员等方面建构了一整套文韬武略。但选战一路下来，蓝军给人的印象就是"一招半式闯江湖"，以不变应万变。当民进党炒热选战、回笼基本盘后，国亲还没有找到激发支持者热情的出口。11月初，"连宋配"领先的局面被终结、选情陷入胶着，泛蓝内部主战派声浪上涨，开始调整策略，转守为攻，以战止战，以毒攻毒，遏止民调下滑趋势，在"313反扁大呛声"游行中将连宋选情拉至最高点。最后功亏一篑，罪不在战。

国亲的选战策略可以概括为"一个核心，三大主轴，打好四张牌"。

（一）"一个核心"

国亲的选举口号是"拼经济、拼和平、救台湾"，核心论述则为"二次政党轮替""改变就有希望"，终结民进党当局。

（二）"三大主轴"

一是强打经济民生议题，淡化政治议题。二是坚守"中华民国"立场，对抗"台独牌"，即以"中华民国对抗台湾共和国"、以"维持现状对抗破坏现状"。三是以"温和本土"的"全民大和解"对抗陈水扁的"族群大冲突"。三大主轴的核心价值就是倡导未来台湾的"大联合、大和解、大建设、大改革及大发展"五大愿景。

（三）打四张牌

一打远景牌、政策牌。向选民描绘未来愿景，以政策盾牌迎接民进党意识形态攻势。连战提出财经"四五六"政策，承诺执政后将让失业率小于4%，经济增长高于5%，"国民平均所得"增加到1.6万美元，6年内让财政回复平衡。提出"四年两兆"中长程公共建设计划，提出"区域政府"概念，提高竞争力。

二打两岸牌。国亲提出的两岸政策包括"台湾优先，维持现状，经贸第一"、"台湾领先，繁荣再现，搁置争议"。面对陈水扁的"公投"牌，国宋最后将两岸政策演绎为"维持现状、没有时间表、发展经济"三段论，要将"统独问题交给后代子孙解决"。连战提出了"两岸和平路线图"，包括五个步骤，在当选后就职前访问大陆，要求大陆冻结、拆除沿海导弹部署；展开两岸直航谈判，一年内海运直航、两年内空运直航；两岸就共同参与国际社会进行协商；签订自由贸易协定；签署和平协议。国亲的大陆政策较获台商支持，不少台商踊跃回台投票挺连，效果显著。

三打"公投新宪台独牌"。国亲在 11 月初改变淡化政治性议题的策略，在"公投""制宪""台独"方面主动迎战，以毒攻毒。由反对到支持"公投立法"，在"立法院"主导通过包括"防御性公投"条款在内的"公投法版本"。后又要求在"320"投票时进行"族群和解、教改、债留子孙、健保双涨、高雄自由贸易港"五项"公投"，以反制"防御性公投"。最后还提出年底选举时举行台北、台中、高雄县市合并"公投"，切割民进党的选票。尤其值得关注的是，连战提出"新宪三部曲"与"新宪十原则"，让陈水扁与民进党措手不及。王金平称泛蓝未来不排除"台独"选项，连战将两岸关系简化为"一边一国"。人们突然发现"公投""制宪""台独"不再是民进党的专利，对稳信泛蓝南部的"本土"票具有一定作用。

四打选民区隔牌，重点争取中间选民。国亲着重在争取农渔民、客家票、年轻人、台商、妇女票以及中间选民方面下猛药，尤其是"募兵制"赢得不少年轻人的心。国亲吸引中间选民的策略包括：强打经济民生议题、淡化政治议题；提倡政策辩论，打一场高格调、温和理性的选举；标榜"温和本土路线"，将"统独"光谱移向中间；突出国亲对于弱势群体的照顾、对于社会正义、公道的追求，连战提出当选后捐出薪水、捐出政党选举补助款、财产信托；突出连战、国亲团队稳健、负责任、有能力的形象；连战还在"世代交替"、辞党主席、推动"两党制"、国亲合并等问题上主动出招；在"313"造势活动上，连宋夫妇五体投地亲吻台湾土地，表达爱台湾之心，等等。这些策略对于中间选民具有一定的道德吸引力。

国亲的选举策略有得有失，有精彩也有败笔，有些效果明显，有些不尽如人意，在某些方面还出现战略真空，成为蓝军的软肋，其致命的关键是战略纵深不够，缺乏选举进攻动力，被民进党钻了漏洞。尤其应对枪击案失当，低估枪击案对选民投票的影响，没有要求立即中止选举，却主动取消当天所有造势活动，而绿营集结支持者，在地下电台传播国亲与大陆联手"谋害"陈水扁的谣言。陈文茜对陈水扁枪伤的质疑，某种程度上伤害了中间选民、中南部民众的同情心。枪击案使连宋的选情急转直下，最终失去"二次政党轮替"的机会。

三、蓝绿策略异同

（一）这是一场不对称、非常规选举

寻求连任的一方进行一场资源无限、手段无限的选举，而挑战的一方则面临资源有限、策略有限的艰难选举。以"君子对小人""绅士对魔鬼"来形容选举双方一点也不为过。执政的一方拥有各种资源，却使用一切合法、非法手段，不承担任何责任，要尽人间一切阴谋诡计，挑战、拆解现有体制，以赢得选举为最高目标。而挑战、在野一方则处处捍卫现有体制，承担无限责任，无论其战略还是战术，处处受制于人，与陈水扁相比，根本不具备挑战者优势，双方高下立判。最后泛蓝只有将虚拟的基本盘优势给弱化掉了。

（二）蓝绿选举思维存在本质的差异

陈水扁的选举思维是以"冲突—妥协"为导向，而泛蓝的选举思维是以"负责—和谐"为导向。陈水扁以"冲突"凝聚基本盘，拉抬选情，催化"西瓜效应"，以"冲突"吸纳中间选票，弱化蓝营凝聚力，这是陈水扁以少胜多、积小赢为险胜的关键。与此相反，泛蓝上下都以台湾地区的安定、和谐为重任，倡导族群、社会的和解，塑造理性、负责的政党形象，力图发酵经济民生议题，却不敌陈水扁"公投""制宪"等政治性议题的煽动，处于被动挨打的地步，无法占领选举的制高点，失去选举主导权。

（三）蓝绿选举策略的本质特征都是扬长避短，虚实结合

一方面以巩固各自的基本盘为首要任务，然后抢攻中间选票，最好再从对手阵营里挖到一些票，绿营首创"割喉战"，建立奇功，并在催化"西瓜效应"方面收取一定效果。另一方面，绿营从南台湾的大票仓出发，挥师北上，直捣蓝营北部票仓；蓝军则在北台湾集结，拥兵南下，蓝绿双方在中台湾狭路相逢，一决高下。只是由于泛绿的基本盘略小于泛蓝，争取中间票的压力更重。而那出真相未明的枪击案戏码成为扭转选情的关键。

陈水扁赢在"台湾意识"的炒作与"公投绑大选""割喉战""割肚皮"策略，连宋败在策略混乱、议题模糊、没有强化挑战者地位、失去选战制高点。国亲指摘这是一场"不公平的选举"，"疑云重重"，不清不爽，陈水扁赢得不那么光明磊落，所谓台湾"民主选举"成为世界笑柄。不规则、超体制竞争将成为台湾未来选举的常态，陈水扁将背负"作票"骂名，难以洗涮政治道德的谴责。台湾地区政局进入危险的高原期，两岸关系的回转空间日趋狭小。（本文完成于2004年5月）

2012 民进党败选检讨、缺失及影响

2012 年"总统""立委"选举备受各界关注，这场选举是对两岸关系和平发展路线、成果的检验，也是对民进党重返执政投下的反对票，不但牵涉民进党权力结构的变动，而且攸关民进党路线转型，对两岸关系和平发展的重要性不言而喻。蔡英文的败选，不但重挫民进党重返执政的气势与信心，引爆民进党内部权力、路线争斗，而且折损了蔡英文的领导形象，显示民进党迈向执政显然还有很长一段路要走，不只差"最后一哩路"。

一、败选真相与根本原因

（一）败选真相

民进党及绿营支持者对于 2012 年"二合一选举"抱有极高的期待，以为凭借 2008 年以来民进党止跌回升、经过"立委"补选、2009 年县市长、2010 年"五都"市长选举累积起来的高涨声势，甚至依凭蔡英文的超高人气，重返执政乃属情理之中，并不是遥不可及的梦想。但选举结果令民进党人士"跌破眼镜"、备感挫折。

2012 "大选"结果：马英九、吴敦义得票率为 51.6%，获得 6891139 票；蔡英文、苏嘉全得票率为 45.63%，获得 6093578 票。宋楚瑜、林瑞雄得票率为 2.77%，获得 369588 票。马英九赢得选举，蔡英文落后对手 80 万票而败选，票数差距超过预期。但蔡英文较上届谢长廷选举得票率增加 4.08%、票数增加 64 万票。

"立法院"部分：国民党当选 64 席，比上届减少 17 席，占全部"立委"的 56%，其中区域得票率 48.18%、44 席；政党不分区得票率 44%、当选 16 席；台湾少数民族 4 席。

民进党当选 40 席，比上届增加 13 席，仅占"立法院"的 35%。其中区域

得票率 43.80%、当选 27 席；政党不分区得票率 34%、当选 13 席。台湾少数民族当选 2 席。民进党离过半的 57 席尚差 17 席，但实力大为增强，其对马英九执政的牵制力、破坏力愈来愈强。

此外，亲民党当选 3 席，占总席次的 2.65%，其中区域得票率 1.33%，政党得票率 5.49%，当选 2 席。台湾少数民族当选 1 席。"台联党"当选 3 席，占总席次的 2.65%，其中政党得票率 8.96%，当选 3 席。无党联盟 2 席、占 1.8%。其他 1 席。

败选后，党内有人为蔡英文开脱责任，认为蔡的得票较谢长廷增加 64 万票，"立院"席次增加 13 席。蔡英文及民进党中央核心并不愿真正面对蔡英文败选事实，而是着重强调蔡英文带领民进党止跌回升的贡献，蔡英文为民进党留下了 609 万张选票、45% 得票率的政治资产，蔡及身边核心幕僚对于败选定调为"没有输，只是没有赢而已"，"离胜选只差最后一哩路"。

实际上，除了以 80 万票超预期的差距输掉"大选"，蔡英文败选的真相指标还有三个方面。

一是蔡英文在南部铁票区的收获不如预期，在高雄、屏东、台南、云林、嘉义等南部绿色执政区域、传统的绿营大票仓仅赢马英九 53 万票，没有达到大赢 70 万的预期目标，更无法与 2004 年陈水扁大赢连宋 75 万票相比。

二是南部绿营投票热情低于北部、低于全台湾。传统上绿营支持者会踊跃投票，其投票积极性高于泛蓝支持者，南部投票率应高于北部、高于全台湾。但结果是原先蓝冷绿热、北部冷南部热的投票现象有所改变，呈现出蓝不冷绿不太热、北、中部不太冷而南部不太热的情形，泛蓝大本营的台北、新北、基隆、桃园、新竹、苗粟、台中、彰化、南投等县市平均投票率为 74.62%，而绿营大票仓的高、屏、云、嘉、南的平均投票率只有 72.94%，低于全台湾 74.38% 的投票率，不但当年踊跃投票场景不再，投票率远低于 2004、2008 年，而且低于北部近 2 个百分点。[①]其意义表明民进党在南部的铁票开始生锈，蔡英文无法激起南部民众的投票热情。

三是蔡英文的得票率在多个县市、多个选区低于同党的"立委"候选人，在民进党选举历史上绝无仅有。蔡英文在 19 个选区得票率输给同党的"立委"候选人，并且在民进党执政的台南市、屏东县的得票率低于"立委"得票数，

---

① 倪永杰:《2012 年台湾"大选"的观察与启示》，香港《中国评论》2012 年 2 月，第 170 期。

在台南市蔡只赢马 20 万票，而同党五名"立委"赢国民党 24 万票。在屏东蔡只赢马 6 万票，而同党"立委"赢国民党 8 万票。在高雄市、宜兰县蔡与同党"立委"的得票数非常接近，而在国民党执政的台中、基隆、新竹、澎湖、台东等市、县得票率低于同党"立委"。说明作为"总统候选人"的蔡英文不但没有发挥"母鸡带小鸡"的选票叠加效应，反而出现"母鸡得票比小鸡还少"的吊诡现象，这在民进党的选举史上极为罕见。

面对这些败选真相，蔡英文及其幕僚极力回避，唯恐被人揭穿"皇帝新衣"，招致严厉检讨。

（二）根本原因

民进党败选的真正原因不难寻找，既有绿营基本盘稍逊一筹，又有选战策略不当、组织动员不力的因素，还有候选人"梦幻形象"破灭、领导能力局限等问题。更重要的是民进党难以跨越两岸罩门、无法处理两岸关系，难以赢得民众信任，导致民进党、蔡英文最后败北、无功无返。

具体而言，主要有三大方面。

一是蔡英文否定"九二共识"，违逆和平发展的主流民意。民进党、蔡英文欲以虚无的"台湾共识"取代两岸基础的"九二共识"，引起台湾多数选民忧虑，怀疑一旦蔡英文上台将造成两岸关系重趋紧张动荡，和平发展顷刻受挫，成果红利得而复失，损害台海和平与台湾民众福祉。蔡英文拒不接受"九二共识"，先称"九二共识"不存在，就没有承认不承认的问题；后称这是国共之间的共识，没有获得台湾民众同意，故不能接受。而蔡英文所抛售的"台湾共识"内容模糊，不知所云，只是"维持台湾现状与民主机制"，其潜台词实际上就是"台湾前途决议文"，一搞"台独"，二搞"公投"。[①] 蔡英文上台的后果就是把台海两岸置于新的紧张动荡之中，葬送两岸和平发展的全部成果。不要说大陆方面不信任蔡英文，就是美国方面如白宫国家安全顾问多隆尼等也对蔡英文处理两岸关系的能力高度质疑。因此，蔡英文难以赢得民众信任，无法赢得半数以上民众的支持。

二是蔡英文形象破功，领导能力不足，不具备领导台湾的资格。谢长廷曾比喻蔡英文为台湾政治市场的"新品种"，具有"非典型"政治魅力。但蔡英文的致命伤在于不确定性，并在关键议题上讲不清楚，这是蔡留给台湾选民最大

---

① 倪永杰：《评蔡英文"价值台独"的内涵与策略》，香港《中国评论》2011 年 12 月，第 168 期。

的疑问。① 因为"领十八趴骂十八趴""执政时建核四，在野时反核四""反国光石化"等前后矛盾现象百出，人们普遍质疑蔡英文"换了位置就换了脑袋"。而具有重大图利嫌疑的"宇昌案"终使蔡英文刻意标榜的"梦幻""清新"形成破功，未利益回避成为蔡英文的致命伤，中间选民投蔡的意愿削弱了。蔡英文无法寻觅到合适的副手人选，最后只好与苏嘉全组合，结果不但没有为她加分，反而扣分。民进党在野4年，人才严重不足，蔡英文又拼凑不成像样的执政团队，只能依靠陈水扁时期的旧官僚，扁贪污团队的"班师回朝"也伤害到蔡英文的形象。蔡英文作为候选人没有能力整合、团结民进党各派全力投入选战。苏贞昌无法接受党内初选中蔡英文的不择手段，在选举期间只为苏系及亲苏系辅选。蔡英文也搞不定竞选总部，由吴乃仁、林锡耀把持的竞选总部全力排挤非"新系"人马，即使与吴具有革命情感的邱义仁也遭排挤，不得其门而入，无法为蔡英文谱写当年"战略之神"的神话。竞选总部被指责为历史上排他性最强、整合性最差的"哼哈"二将。② 更重要的是，蔡英文缺乏执政能力与危机处理能力，无法处理两岸问题，无法领导台湾地区渡过欧债危机，给台湾民众一个和平、稳定的生活。蔡"十年政纲"也是白忙一场，根本解决不了台湾经济、社会所面临的困境。她的多项社福政策因为缺乏经费而沦为空谈。蔡端不出任何切实可行"政策牛肉"，被讥讽为"空心菜"。③ 根据"总统制"的八年法则，选民通常会给现任者连任的机会，除非现任者的政绩乏善可陈，或有重大弊案，否则选民一般不会把未来四年的执政机会给予一位充满不确定性的新人。因此，蔡英文败选，就是台湾民众对蔡的一次不信任投票。④

三是选战策略连续犯错。蔡英文及其竞选总部在选举中连续犯下众多重大选举策略错误。包括：低估宋楚瑜参选决心，没有充分运用"老宋牌"牵制马英九；面对马英九强打"危机牌"束手无策；低估苏嘉全"农舍危机"的冲击；发布错误的"二元柿子"广告却没有及时纠正；"大联合政府"不但不加分，还引来各种非议；爆料"陈盈助事件"过头引发反弹伤了民进党自己；李登辉选

① 《蔡英文选后首度面专访，谈民进党未来、中国、宇昌》，台湾《天下》杂志2012年3月21日至4月3日，第493期。
② 苑力丸：《千错万错都是"新潮流"的错？》，台湾《新新闻》周刊2012年2月2日至8日，第1300期。
③ 李彦谋：《民进党输掉"总统"的四个理由》，台湾《新新闻》周刊2012年2月2至8日，第1300期。
④ 廖坤荣：《"经济投票"决定选局》，台湾《中国时报》，2012年1月15日。

情最后夜为蔡站台等于吃了民进党"豆腐"却成全了"台联党";竞选总部中了"马办"执行长金溥聪欺敌战术,使民进党最后阶段误判民调,认为马、蔡选情胶着、打平,蔡英文胜选在望。[①]民进党擅长文宣战,但蔡英文无法主导选战议题、占据媒体版面。蔡英文锁定阶级、社会议题,争取"中南部、中下阶层、中小企业",但蔡将台湾贫富差距、南北问题都归诸马英九的开放政策,无法获得"经济选民""两岸选民"及中间选民的认同,甚至南部部分绿营选民也因担心失去既得两岸经济红利而放弃投票甚至转而支持马英九。选战策略最大的失误在于蔡英文一开始就否定"九二共识",使民进党失去弹性空间。

蔡英文试图打一场不同于传统民进党选举模式的"非典型选战",虽然博得一定媒体掌声、政论家的青睐,但中看不中用,不合绿营选民的"重咸"口味,无法激起绿营选民的投票热情。败选的关键在于蔡英文否定"九二共识",失去多数民众信任,同时犯下了战略与战术的双重错误,即使神仙也难以挽救,最后以六个百分点之差败北。

二、败选检讨及其缺失

(一)党内各方检讨

2012 年"大选",选情扑朔迷离,惊心动魄,但结局情理之中,顺理成章。马英九连任、蔡英文败选,应是合乎情理的结果,但民进党上下多数不如此想,对蔡败选感到"意外"、备感挫折沉痛,原因在于绿营均对蔡英文胜选怀有极高期待。投票前夕,民进党高层评估蔡英文选情转向乐观,各种民调、地下赌盘均支持这一判断,由亲绿学者主持"未来事件交易所"选前最后发布投注蔡英文的加权平均价格为 50.3%,超过马英九 43.6%。地下赌盘下注马赢蔡的票由100 万、80 万不断下调至 20 万、10 万票,甚至有开出马、蔡的"PK 盘",表明马陷入苦战,而蔡的选情趋于乐观,甚至出现反转。民进党中央民调中心的报告声称蔡英文选情已追平马英九,蔡英文赢定了,因为按照历史惯例不表态选民多数为绿营支持者(此次不表态选民中泛蓝支持者增多)。他们据此推估蔡应赢马一个百分点、约 10 万票左右。但开票结果令民进党高层跌破眼镜,绿营支持者陷入难以接受的痛苦之中,党内弥漫着失败主义气氛。选后谢长廷承认

---

① 林莹秋:《吴乃仁、邱义仁渐行渐远》,台湾《新新闻》周刊 2012 年 2 月 2 日至 8 日,第1300 期。

民进党错判民调，犯了大忌。[①]

回顾民进党选举历史，胜选皆大欢喜，选战中所有的失误都可以被原谅，派系间所有的恩怨都可以放下；但一旦败选，主帅、选战操盘者就成为检讨、斗争的对象，芝麻小事都会被拿出来检讨，有人遭围剿、被斗臭，甚至可能被斗垮，永世不得翻身，还有人被迫发誓，如谢长廷当年发誓"永远退出政坛"，只是政治人物的承诺没有人相信。蔡英文经党内初选、侥幸险胜苏贞昌，过程备受质疑，苏贞昌及其子弟们根本不服气。蔡英文此次败选，自然难逃检讨命运。

岛内舆论率先揭开检讨序幕。政论家胡忠信认为民进党败选可归纳三项因素："九二共识"承认与否问题、陈水扁所留下的负面政治资产以及蔡英文的领导力。[②]另一位政论家江春男则认为民进党犯下许多错，主要是自我封闭、误判情势。选民最关切的是，两岸关系和民生经济这两大块，民进党有想法没办法，空有主张却没对策，无法赢得更大信赖，种下败因。他认为民进党本来就是"本土"政党，立足于台湾岛这块土地，以台湾人利益为利益，根本不必"台独"神主牌。[③]这些言论，与民进党重要人士的观点较为一致，唯独与蔡英文、民进党中央的检讨方向不相符合。

民进党向来是大鸣大放的政党，蔡英文以高人气败选，引起党内一片哗然，要求检讨的声浪扑面而来，胜选的期待越强烈，败选检讨的压力也就越强烈，射向蔡英文的炮火尤其猛烈。中执委洪智坤对党中央关起门来的检讨不以为然，批评民进党过度保护蔡英文，气氛"让人窒息"。他举出败选的三项因素，包括议题设定失败、危机处理失当及决策核心失能，打了一场没有大脑的选战，每项因素都与蔡英文有关。前陆委会副主委游盈隆也加入战局，直接把矛盾指向蔡英文，要她承担责任。这种火药味极浓的批斗声音一度压得蔡英文及竞选总部抬不起头来，但党内多数人还是就事论事，针对败选的各个层面进行探讨。包括谢长廷、吕秀莲、许信良、赖清德、陈菊、苏治芬、郭正亮、林浊水等均发表了意见。

他们从两个方向加以检讨。一是路线检讨，一是选战技术检讨。他们认为

①　李彦谋：《民进党输掉"总统"的四个理由》，台湾《新新闻》周刊2012年2月2至8日，第1300期。

②　胡忠信：《败选后陷入迷宫中的民进党》，新加坡《联合早报》，2012年3月1日。

③　江春男：《民进党应抛弃台独党纲》，台湾《苹果日报》，2012年2月22日。

路线战略是决定选战胜负的关键，包括选战策略、组织动员、文宣议题、候选人形象等属于选战策略层面，其得失成败是有机会补救的，但战略层面犯错则是致命的，民进党的战略错误难以靠战术正确弥补。

多数人把检讨重点集中在路线战略，焦点就在两岸议题，认为两岸政策成为民进党最大罩门，胜选的"最后一哩路"就是两岸路线。许信良表示，民进党否定"九二共识"犯了严重的战略错误，蔡英文一开始反对"九二共识"，把话说死，丝毫不留缓冲空间，导致选战后期被人质疑无法维持台湾地区现状。[①]前"中国事务部主任"的董立文认为回避"九二共识"是败选关键。他称在选前最后阶段，当企业主、农渔民、就连摊贩都出面力挺"九二共识"时，两岸议题的政治意涵完全导向"经济化"，但民进党却完全回避。[②]谢长廷认为"大选"期间的两岸政策影响了蔡英文选票的扩张。"中国政策很重要，但此议题很敏感，若变成批斗，会让支持者失望。"吕秀莲发表题为《民进党"总统"败选的焦点与盲点》万言书，分别从"民进党的执政之路还有多远""百万票误差谁之过""世代交替：历史断层与经验断层""错估情势：宋楚瑜参选与首投族""小英旋风？小猪旋风？""俄罗斯娃娃——谁的贪腐印记""'总统'的宪政大权：国防与外交""包道格与台商：美中共管台湾"等八个部分。其分析之全面、深入甚至超过民进党中央的检讨报告。云林县长苏治芬认为"十年政纲""台湾共识"太深奥，选民没感觉。多数民进党"立委"认为民进党就败在两岸议题。蔡煌琅称：两岸问题的确是民进党败选的主因，此次"大选"，民进党已被操作成为反商、反两岸交流的政党，成为民进党最大包袱。面对、正视两岸问题，不能再有鸵鸟心态，否则下次"大选"仍会碰到同样的问题，"经济选民"就是民进党的"最后一哩路"。[③]郭正亮认为不承认"宪法"的政党很难执政。

与上述观点稍有不同，林浊水强调败在选战策略。林同意两岸出问题是败选主因。但他认为败选与"九二共识"无关，而是两岸政策前后不一贯，政策跳跃，ECFA 从一开始杯葛到概括承受，导致公信力受伤，社会无法信任。[④]"立委"黄伟哲主张党内就两岸路线公开讨论甚至大辩论，不但可呈现多元声音，还可借此凝聚共识。高雄市市长陈菊、台南市市长赖清德不满检讨太慢、

① 《许信良：否定九二共识严重战略错误》，台湾《中国时报》，2012 年 2 月 14 日。
② 台湾《中国时报》，2012 年 3 月 24 日。
③ 台湾《自由时报》，2012 年 2 月 16 日。
④ 台湾《联合晚报》，2012 年 2 月 14 日。

搞得太深奥，后者对于台湾中部的党内团结问题颇为不满。令人注意的是苏贞昌极其低调，并未公开对蔡英文败选表示意见，可能不愿刺激蔡英文，为其参选党主席降低各方反弹。

（二）蔡英文检讨

为了应对党内强大的检讨压力，蔡英文亟须抢夺检讨的话语权，于是抢在下台交棒之前，组织起检讨班子，确定检讨方向，提出检讨报告，给党内及绿营支持者一个"交待"。蔡一手指定检讨小组成员与检讨方向，旨在规避党内清算，确保蔡英文及其核心幕僚的政治前途与政治利益。

1. 成立检讨小组

蔡英文指定民进党中央副秘书长洪耀福、政策会执行长刘建忻、民调中心主任陈俊麟、发言人罗致政组成四人检讨小组，负责检讨事宜，邀集党内外相关人员解读与分析败选资料，撰写败选分析报告。这四人都是蔡英文的选战核心幕僚，分别负责组织动员、政策制定、民调分析及文宣策略。他们秉承蔡之意旨，研议对蔡有利的检讨报告，以减轻蔡英文的败选责任。

2. 确定检讨方向

蔡英文强势确定了检讨方向与重点。她的检讨基调就是"民进党没有输，只是没有赢而已"；"如果我们做的都是错的，就不会有 609 万张选票"；"不能因为败选，就全盘否定走过的路"。她在内部会议上要求，必须跳脱传统选战检讨方式，采取更科学、专业的方式检讨，用精确数据作为客观分析基础。包括有多少台商返台投票？多少航班回来？投票日订在 1 月 14 日，影响多少旅居在外选民返乡投票？大陆来台采购虱目鱼等农渔产品，对当地绿营支持度是否降低？大陆观光客常去的地区，民进党的支持率是否下降？蔡主张民进党应设立常态性的选举研究中心。[①]蔡英文认为台湾选民心理保守是她败选的重要原因，"台湾社会还是习惯总统做八年，要取代一个只做四年的总统，选民心理的强度要更高才有可能。"资源匮乏是蔡心头的痛，她称"作为候选人，必须面对很多人和问题，在时间跟资源有限的情况下，如果能更积极应对，或许是较好的策略。"[②]据说四人小组写成的第一稿遭到蔡英文退回，蔡认为没有写到"国民党作票"这一重点。

---

① 香港《中国评论》网站：http://www.chinareviewnews.com，2012 年 2 月 3 日。

② 萧富元等：《蔡英文选后首度面专访，谈民进党未来、中国、宇昌》，台湾《天下》杂志493 期，2012 年 3 月 21 日—4 月 3 日。

由此看来，蔡英文对于败选的技术原因、外部因素制约思考得非常周全、充分，但对于败选的战略原因、候选人个人失误则只字未提，反映蔡英文对于检讨心不甘、情不愿，一方面她不能不检讨，否则民进党不会轻易放过她；另一方面蔡又不愿真心诚意的检讨，不愿成为被检讨的对象。于是蔡采取拖延、应付战术，使检讨流于形式与表面，根本不会触及败选真相与根本原因，怪罪对手多、检讨别人多，就是不愿检讨她自身。蔡英文的态度及其观点直接影响了败选检讨的内容与效果。

3. 提交分析报告

败选一个月后的 2 月 15 日，民进党中常会首次召开败选检讨会议，讨论检讨初稿。报告列出了败选六大原因。包括：一是人民对民进党执政的信赖度不足，包括民进党不承认"九二共识"。二是国民党打两岸经贸恐吓牌。三是国民党强力运用行政资源，民进党在选举最后阶段投注媒体的资源明显不够。四是返乡投票低，投票日定于农历过年前，许多民进党支持者无法返乡投票。五是投票率，泛蓝票仓投票下降比绿营票仓小。六是"弃宋保马"发酵。① 明眼人一看不是检讨民进党，而是在声讨国民党，但对民进党为何失去执政信赖度避而不答。

如此检讨初稿引起党内多方人士及媒体的强烈抨击，称此检讨报告是"弱智""失忆"，要求"重写"。吕秀莲直言整篇报告"看起来好像都在检讨国民党"，事实上"候选人更应检讨"。游盈隆则批评"避重就轻、虚应故事、逃避责任，缺乏自我反省的意愿与能力"。游把检讨报告比喻成小学生考试不及格怕父母责怪，将原因归于考题太难、考试日期提前、老师阅卷标准太严、甚至同学作弊等，但就是不检讨自己不用功。② 有媒体称"民进党在镜子里看不到自己"，讥讽检讨洋洋洒洒，内容却避重就轻，顾左右而言他，始终避免把焦点对准自己最脆弱、最该反省的环节。③ 还有评论认为检讨只是高高举起、轻轻放下，完全"与民意脱节，搔不到问题核心。"④

面对强烈批评，检讨小组被迫对败选原因作了一定程度的修正，2 月 22 日《2012"大选"检讨报告》正式出炉。在当天中常会的报告中，蔡英文迫于压

① 台湾《联合报》，2012 年 2 月 16 日。
② 香港《中国评论》网站，http://www.chinareviewnews.com，2012 年 2 月 19 日。
③ 《联合报》社论：《民进党在镜子里看不到自己》，台湾《联合报》，2012 年 2 月 17 日。
④ 林修全：《蔡路正确，败选检讨怪环境？》，台湾《联合晚报》，2012 年 2 月 16 日。

力，承认个人有很多努力不足的地方，包括团结全党、人事安排、选举提名处理、竞选团队组成、选举策略、政策攻防和社会各界沟通等，因为这些不足，让选民对民进党信赖度不够，她应该要负起一切责任。习惯扮可爱、以弱女子形象寻求"台独基本教义派"宠爱与宽容的蔡英文便因此博得"台独"大佬们的同情。[①] 有人为蔡英文缓颊，认为症结都点到了，点到了民进党输在"缺乏执政依赖感"这个因素上，蔡英文是以比较含蓄的方式，婉转的用语来包装，是讲给懂的人听。[②] 因为蔡英文的这番"自责"，不满蔡的力量失去了着力点，批蔡不遗余力的游盈隆认为以蔡英文的个性，愿意承认问题，是非常不容易的事。包括洪智坤、吕秀莲等未再延续批斗炮火，蔡便轻松过关。

检讨报告最后就民进党未来发展提出三方面建议，分别是"提升执政信赖感""中国因素影响的因应"及"基层经营与政治板块的突破"。显然，对于未来发展，检讨报告着墨甚少。

（三）检讨缺失

一是检讨小组成员缺乏代表性，成员结构不合理，只是少数人参与的检讨。蔡英文指定的检讨小组成员均属蔡英文政治核心，检讨小组没有纳入民进党内各方代表性人士，排除了党内天王、派系要角、民意代表、党籍县市长、各县市党部主委等，检讨小组成员太少，参与面太过狭窄，缺乏广泛代表性。与此同时，小组成员理论根基扎实，分析能力一流，但对于选战理论与经验似乎欠缺一些，政治经验稍嫌不足。他们固然参与并熟悉蔡英文选战运作过程及相关内幕，但不一定了解选战的全部，也不能代表民进党各方意见，检讨的方向有所偏差。小组写出的检讨报告学术性、理论性太强，被人批评为像论文，太难懂，具有"蔡式风格"，不一定符合选战实际，抓不到败选的根本原因。

二是闭门检讨，缺乏开放性、基层性、民主性。检讨流于形式，只是小组成员闭门造车，小范围讨论，没有广泛动员，充分征询、倾听基层、各派系、各县市党部、执政县市长、民代的意见，没有进行由下而上、由上而下、党内民主的充分交流、公开检讨，只是撰写分析报告而已，形同作文比赛。前"考试院长"姚嘉文就主张应该到基层开放检讨，不是关起门来闭门造车。

---

① 周玉蔻：《双英解码：不为人知的蔡英文与马英九》中第三章《探索蔡英文》对于蔡英文政治人格的解析，台湾 INK 时刻文学生活杂志出版有限公司 2011 年 11 月初版。

② 李彦谋：《蔡英文检讨：民进党需独力胜选》，台湾《新新闻》周刊 2012 年 2 月 23 至 29 日，第 1303 期。

三是败选检讨沦为批蔡、护蔡之争，无法为民进党发展提供新的动能。败选检讨成为民进党内各派相互攻讦的重要机会，蔡英文及其政治核心要为自己辩护，逃避败选责任。对蔡英文及其幕僚心怀不满者则落井下石，逮到机会猛攻。还有一批人则借机抢占媒体版面，在党内另辟政治舞台，捞取政治资本，谢长廷、许信良等成为败选检讨的受益者。

四是检讨报告回避败选的真正原因，拘泥于技术失误、外部因素。虽然党内重量级人士充分提醒检讨小组败选真正原因，但出于逃避责任的考虑，检讨报告避重就轻、瞒天过海。检讨报告可谓面面俱到，稀释、回避真正原因，包括回避"九二共识"；回避陈水扁"贪污案"；回避"宇昌案""豪华农舍案"的杀伤力；回避候选人选举能力、领导能力等。检讨报告集中于国民党运用行政资源、返乡投票不便等选战技术因素，以此稀释否定"九二共识"等战略失误的核心因素。

检讨报告只是在外部、枝节、非关键的因素上打转，检讨外在因素多，讨论内在因素少；讨论战术失当多，讨论战略失误少，检讨选战技术多，检讨选举路线少。检讨报告将败选责任归咎于环境恶劣、国民党作票、选制、投票日期不利等，就是不愿检讨蔡英文的路线缺口及其能力缺陷，怪罪卸责的心态暴露无遗。

五是检讨报告缺乏深度。检讨报告既没有深挖失去执政信赖感的原因，也没有触及民进党败选的深层次原因，对于未来发展缺乏方向感，民进党已丧失其所标榜的"民主、进步的价值"。检讨报告没有深入剖析民进党缺乏执政信赖感的根本原因，而外界普遍认为除了绿营否定"九二共识"，应该还有更深刻的因素，包括视野过度偏狭，缺乏前瞻性，走不出"本土"化的框架；意识形态太强，甚至流于硬拗；论述能力高于实践能力，眼高手低；对不同族群缺乏包容，擅长于煽动或纵容仇视；长于政治动员却劣于经济发展，治理能力难以获得经济选民的认同，等等。[①]早年在野崛起时，民进党以锐利及相对清纯的形象获得选民信赖。但在两度政党轮替后，民进党执政能力和稳定度已远远落后国民党，而它的清廉度、公正形象在"宇昌案"、"豪华农舍案"的映照下荡然无存。检讨报告对于民进党未来发展议而不详，民进党是否调整两岸路线、弥补两岸罩门，寥寥几笔便匆匆结束。

---

① 《联合报》社论:《民进党在镜子里看不到自己》，台湾《联合报》，2012 年 2 月 17 日。

所有这些，都是因为蔡英文及其核心对于败选检讨的应付心态、权宜之计，以及私心太重而造成。由此，败选检讨沦为民进党"茶壶里的风暴"，声势很大，但敷衍了事、草草收场。蔡英文辞职下台、陈菊代理党主席后，民进党焦点转入党主席选举，败选检讨便戛然而止，烟消云散。蔡英文依然保持着参选2016年的想象，受到绿营支持者、亲绿媒体万般宠爱、细心呵护，得以在轰轰烈烈的检讨中全身而退。

三、败选检讨影响

（一）促动两岸路线调整，但方向不明

败选检讨对民进党两岸路线、政策调整产生重大压力，党内有变的压力，但找不到变的方向，不知如何应变、如何求变。明眼人都清楚关键在"台独"的阻碍，但党内下上仍死守"台独"神主牌而彷徨无助、束手无策。

两岸议题成为民进党不能不面对的议题，成为民进党必须要跨越的"最后一哩路"。除了部分"铁杆台独"外，多数民进党人士认为两岸路线、两岸政策的调整势所必然，关键是如何调整、何时调整。党内出现二种意见的争论。一种意见是全方位调整，包括修改、甚至废除"台独党纲"，接受"九二共识"。持此观点的以许信良、谢长廷为代表。许信良认为，如果否定"九二共识"，或者不换个说法面对，将是战略错误。许主张以蔡英文所说的"台湾就是中华民国"取代"台湾前途决议文"。许信良表示，如果不接受"九二共识"，民进党的"最后一哩路"可能成为"一哩宽的河"，怎么也渡不过去。[①]民进党不坐国民党"九二共识"的船，要有自己的渡河工具，两岸政策就是渡河工具，谢长廷的"宪法共识"，这是尝试自己的渡河工具，创造出模糊空间。民进党内应成立两岸委员会，由谢长廷出任主任委员。台湾拥有软实力，民主、自由、人权、法治，这是台湾面临最大的竞争优势。[②]郭正亮赞成许信良的说法，称国共穿着"九二共识"的西装开舞会，民进党如不穿西装就进不去。

谢长廷认为如不修改"台湾前途决议文""正常国家决议文"，民进党未来的空间有限。民进党与国民党的两岸政策不能差距太大，民进党应往中间靠拢，"独派"交由"台联党"固守经营。谢长廷坚持以"宪法共识"取代"九二共识"，建议民进党另辟新论坛与大陆交流，邀请大陆学者与民间人士到台湾交

---

① 《许信良：最后一哩路会变一哩宽的河》，台湾《中国时报》，2012年2月14日。

② 《许信良主张：对陆应大胆开放》，台湾《旺报》，2012年5月6日。

流。谢愿意为下一代出访大陆。①

　　另一种意见目前属于民进党的主流意见，即死守"台独"神主牌，充实"台独内涵"，但应持续调整两岸策略，朝更柔性、更稳健的方向调整。邱义仁提出要寻找"不叫台独的台独路线"，深化两岸政经蓝图，深化"台湾共识"内涵。林浊水、段宜康称民进党应走向稳健"台独"路线，态度友善，政策弹性。

　　蔡英文有关两岸路线、政策的论述集中于"台湾共识"与"在互动中了解中国"。一方面继续坚持"台湾主权独立"。提出"台湾共识"的三个基石：包括"维持现状"、"台湾就是中华民国、中华民国就是台湾"，以及"2300万人有权利决定自己未来"。蔡英文仍坚持"九二共识"是虚拟的，未来不足以支撑两岸大变动的形势。②另一方面持续调整两岸策略，主张在"互动中了解中国"，此言被视为蔡英文在两岸路线上留给民进党最大的政治资产。蔡的设想有三点。一是转变态度，更积极地面对问题。"不能再像以前一样，以为不去看，中国就不存在。""不要怕引起内部的路线之争，或者怕被统战。""要累积筹码，一定要贴近你的对手，才知道你的筹码在哪里、从哪里找到你的立足点和施力点。③二是建立良好的制度，不被"统战"。让党员与基层可以更了解中国，从互动中找出面对中国的新解决办法。但应该有一套战略、队形，有自己的节奏，而不是被"统战"。④三是组织研究团队。民进党必须要用自己的经验，去累积所需要的资讯，再加上专家的判断，去形成政策。进而发展出策略，在未来能掌握、聚焦，把力量用在最值得的地方。⑤

　　苏贞昌在党主席选举中的两岸论述是采取安全模式，局限于"台独基本教义派"设置的框框内。他称要从"台湾共识"出发，坚守"台湾价值"。要有坚持，也要有转变，但要积极自信地"与中国交往互动"，他愿意不设前提前往大陆。⑥

　　如何调整两岸政策成为民进党上下苦苦思索却无法解开的疑团。也许，民

---

①　《谢长廷：也许会为下一代访陆》，台湾《联合报》，2012年5月11日。

②　萧富元等：《蔡英文选后首度面专访，谈民进党未来、大陆、宇昌》，台湾《天下》杂志2012年3月21日至4月3日，第493期。

③　同上。

④　林修全：《小英说"互动中了解大陆》，台湾《联合晚报》，2012年2月23日。

⑤　《蔡英文：面对大陆不能再像以前一样》，引自香港《中国评论》网站，http://www.chinareviewnews.com，2012年3月25日。

⑥　香港《中国评论》网站，http://www.chinareviewnews.com，2012年4月25日、4月30日。

进党只有"摸着石头过河"。为了实践蔡英文在"互动中了解大陆"，民进党发言人罗致政以告假的方式、学者身份，与原"扁办"主任陈淞山、前民进党"中国事务部"主任董立文于 3 月中旬一同前往云南腾冲参加两岸关系学术研讨会，被认为民进党"走出反中的第一步"，是"民共互动的开始"。党内也有更多的人士希望"登陆"了解大陆。台南市市长赖清德派出属下出席在福建举办的海峡论坛。在新形势下民进党内部形成一股"登陆热"。

与此同时，民进党"立院党团"设立跨派系两岸小组，成员涵盖谢系管碧玲，英系陈其迈、萧美琴，苏系吴秉叡，前"新系"潘孟安及段宜康，扁系高志鹏等，由"立院"党团总召柯建铭任召集人。已将过去的"中国人投资管理条例"草案，更名为"两岸投资管理条例"，草案内容也将修正。党内开始把敌意性的"中国"称呼改为"中国大陆"。

有民调表示，66.8% 支持民进党不应排斥与大陆交流，49.6% 认为民进党应废除"台独党纲"，但也有 33.4% 不认同，特别是民进党支持者多数反对。[①]在民进党内部仍存在强烈的"反中""仇中""锁国"的情绪，吴钊燮、吴荣义等就是其中的代表。他们称民进党败选后对与大陆交流的讨论，是"被设计"，进入"不对的议程"。在这群人背后，就是"台独基本教义派"的牵制。近年来历次民调表示，支持"台独"的比例维持在 20%—26% 之间，还有"维持现状后走向独立"的隐性"台独"支持比例约在 17% 左右，这是民进党支持者最为重要的选票来源。（参见图一、二）如果失去"基本教义派"的支持，很多民进党政治人物的政治前途都将面临终结的生死考验，这是蔡英文、苏贞昌等人的困境，也是他们的宿命，除非转变这群支持者，但又谈何容易。当年是民进党政治人物出于一己私利煽动、灌输支持者的民粹情绪、族群仇恨，如今民进党上层人物试图转型，却受到当年被他们洗脑的"基本教义派"的牵制。于是出现一边搞检讨，一边搞对立的情形。当吴伯雄提出"一国两区"时，民进党便露出原形，拉高分贝攻击"一国两区"消灭"中华民国"。由此看来，检讨后的民进党仍上演"逢中必反""为反对而反对"的戏码。政论家南方朔指出，近年来民进党早已成了一个有公职人员却没有自己头脑的政党。民进党若要求变，得先改变"铁杆台独"，这是民进党未来最大的难题。[②]

---

① 李彦谋：《民进党拆不掉台独神主牌？》，台湾《新新闻》周刊 2012 年 3 月 1 日至 7 日，第 1304 期。

② 南方朔：《民进党要有头脑》，台湾《新新闻》周刊 2012 年 3 月 1 日至 7 日，第 1304 期。

看来，以"台独"立党之本的民进党，绝不会放弃"台独"，坚持以"台湾主权独立"为基本前提与大陆互动，坚持以"两岸两国"的政治框架处理两岸事务，民进党不可能打开两岸互动大门，两岸政策也不可能有实质性的调整，也不会有真正的转型，民进党仍走不出"台独"困境。[①]苏贞昌出线后，仍受到"蔡英文路线""台独基本教义派"的牵制，难以变出什么新花样来。

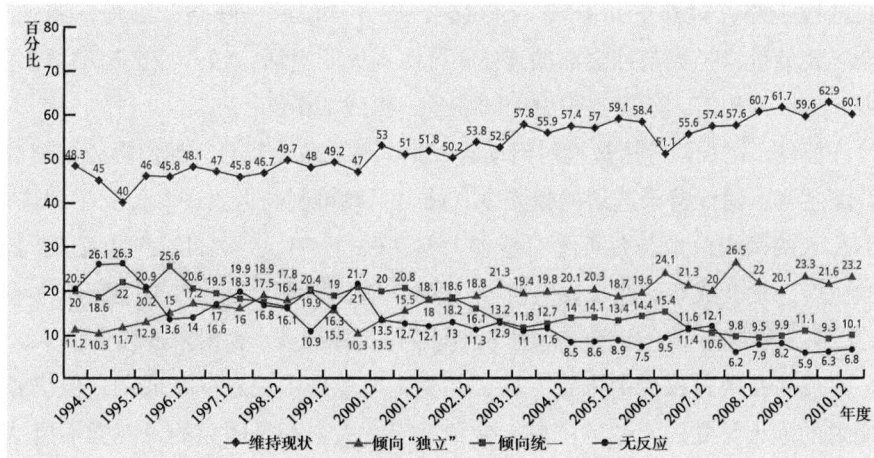

资料来源：台湾政治大学选举研究中心。

图一　台湾民众统"独"趋势图之一

（二）无法改变蔡苏争斗格局

败选检讨固化了蔡英文与苏贞昌权力竞争格局，蔡英文、谢长廷、许信良及"独派"结盟"卡苏""打苏"，苏贞昌则与"新系""绿色友谊连线"联手，双方为布局2014、2016而上演新的"权力竞争"游戏。

蔡英文希望顺利渡过党内检讨危机，不但自己顺利脱身，还要掩护其核心幕僚转战新的政治舞台。所谓"英系"人马包括肖美琴、郑丽君、陈其迈、蔡其昌等纷纷进入"立法院"另辟战场，其发言人罗致政挑战"苏系"张宏陆，角逐新北市党部主委一职，展开蔡、苏"代理人"之战。检讨对蔡英文一场公开、迟来的声讨与羞辱，但只让蔡受了皮肉之痛，没有伤及蔡的威信，没有造成蔡的内伤，特别是蔡仍是党内是最受瞩目、最受青睐的2016年人选，所谓

───────────────

① 力军：《民进党两岸政策迷思》，香港《广角镜》杂志 2012 年 3 月 15 日至 4 月 15 日，第 474 期。

"蔡英文路线"如今已成为新任党主席不得不面对的难题。

透过败选检讨的蔡英文对 2016 年怀有极高的想象。辞去党主席后不甘寂寞，面对 2016，蔡声称"有责任把队伍维持住，让他们继续保持信心。"她公开表白要持续让自己成为选项。[①] 于是频繁接受媒体访问，出席各式活动，成立基金会，设立办公室，维系"小英之友会"，中部成立社运团体，"小猪之友会"也将陆续上路，对外举办论坛、研讨会，展开"最后一哩路"工程，到民间、社会寻找能量，扩大与社会面的连结。[②] 深入民间对话，结合社会运动再出发。岛内政坛谁都相信，蔡要累积更大的能量，再战 2016。

许信良、谢长廷等透过检讨活动，找到了新的政治舞台。他们卖力推销自己的政策主张，谢保持了选后的曝光度，站上了政策制高点。许参与党主席选举，他们二人的两岸政策与蔡英文有落差，但在联合"卡苏""打苏"上结成同盟，将党主席选举变成蔡、谢、许、游、"独派"等围殴苏贞昌，使党主席选举模糊焦点，失去了政策辩论应有的高度与深度，沦为赤裸裸、血淋淋的权力争斗。

苏贞昌在败选检讨中未置一词，在党主席竞选中刻意保持低调，但仍躲不过四射的炮火与党内无情的围剿，使他发出"大家都是同党的，同党不要这样搞"的愤慨。

看来，民进党政治人物在败选检讨中各有所图、各怀鬼胎，却使民进党遭受重创，对外丧失形象，对内相互耗损，在持续沉沦中难以自拔。

（三）启动党务改革，但前景不明

延续败选检讨的余绪，释放检讨累积的能量，民进党采取一系列动作进行党务改革与调整。陈菊代理党主席不久，民进党中常会于 3 月 14 日决定成立"党务改革方案研拟工作小组"，由秘书长苏嘉全为召集人，执行秘书为洪耀福、成员包括桃园县党部主任委员郑文灿，"立委"赵天麟、陈亭妃、郑丽君，新北市议员张宏陆，台北市议员何志伟，高雄市议员林莹蓉，高雄市副市长刘世芳、台南市政府新闻及国际关系处长陈宗彦，云林县林内乡长邱世文；学者代表东吴大学政治系副教授徐永明、中正大学政治系助理教授陈尚志。该小组主要针对民进党的党务改革、路线政策调整等展开讨论。但真正的讨论、具体的成果应等到民进党新任主席就任以后才会形成。

---

① 《再战 2016，蔡英文松口》，台湾《联合报》，2012 年 5 月 14 日。

② 《蔡英文选后首度面专访，谈民进党未来、中国、宇昌》，台湾《天下》杂志 2012 年 3 月 21 日至 4 月 3 日，第 493 期。

（四）无法形成强大的制衡力量

民进党败选检讨并没有指明民进党未来发展方向，也没有给民进党增加发展动力，相反沦为批蔡、护蔡之争，党内苏系与蔡系、谢系之间暗潮汹涌，权力冲突一触即发，使民进党无法形成强大的监督力量，削弱了挑战马英九、国民党的实力。败选后民进党失去了对岛内重大政策、公共议题的思考与发言权，使在野监督处于空窗期，无疑对台湾发展与民众利益将是一大损失。

经过败选检讨风暴，呈现在人们前面的仍是令人失望的民进党：党内更分裂、方向更迷茫、领导更涣散，无法承载历史的使命。[①]蔡英文强势主导的败选检讨是民进党历史上不成功、不全面、不深刻的负面示范。只是一场民进党政治人物的自我催眠，提出了问题，回避了败选关键，找不到药方，只有"摸着石头过河"，无法找到民进党"向上提升"的动力，相反成为"向下沉沦"的催化剂，失去改革、转型的良机。（本文完成于 2012 年 5 月）

---

① 《旺报》社论:《不一样的民进党》，台湾《旺报》，2012 年 5 月 15 日。

民进党大陆政策

民进党大陆政策主要幕僚群体特征、功能及其政策主张

一、幕僚群体的历史回顾

在民进党历史上，因为选举与政策制定的需要，涌现了一批大陆政策幕僚，对民进党"台独"立场的修正、两岸论述的嬗变、大陆政策的调整产生重大影响，不能不留下明显的幕僚烙印。"江山代有人才出"，民进党各个阶段的大陆政策谋士们，早期有陈忠信、颜建发，此后有提出"新世代台独纲领"的周奕成、赖劲麟，又有 1998 年参与"中国政策"大辩论的郭正亮、颜万进等，还有为陈水扁撰写"新中间路线""政策白皮书"的陈明通、柯成亨、梁文杰等。早期大陆政策幕僚们怀有"台独"理想与憧憬，试图在台湾地区政治结构内，将其大陆政策主张及两岸论述作为对抗国民党的重要策略，为民进党迈向执政之路提供助力。执政时期大陆政策幕僚则多数进入民进党当局体制内，手握政策制定权，参赞机要，较大程度上影响了民进党大陆政策，影响了两岸关系走向。2008 年 5 月以后，民进党大陆政策幕僚们失去了政权的依附，但继续为民进党中央、"立院党团"、党籍县市长等担任幕僚工作，提供政策建言，某种程度上影响着两岸关系和平发展的速度、质量与内涵。

因此，加强对民进党大陆政策主要幕僚群体的研究，解析他们的政治特征、政策主张及其对民进党中央、特别是对蔡英文的影响，有助于我们精准掌握民进党当前大陆政策基本内涵、根本特征，正确蠡测下阶段民进党大陆政策的基本走向，制定合适的因应对策，意义重大。

二、幕僚群体基本情况

现阶段民进党大陆政策主要幕僚群体，是指为民进党中央及蔡英文制定大

陆政策、两岸论述提供建议、出谋策划的那批幕僚。

（一）政策机构

在大陆崛起、两岸关系快速发展、"大交流、大合作、大发展"深入两岸各个层面之间，两岸议题成为民进党无法回避的重大议题，甚至成为2012年"大选"的关键因素。蔡英文及民进党中央试图妥善应对两岸议题，力求不失分、尽量少失分，甚至为选情加分。自2009年初特别是同年底蔡英文提出"十年政纲"构想以来，民进党中央积极网罗亲绿学者、"前朝"官员，与党公职人员一起研拟大陆政策与两岸论述，应对快速发展的两岸情势，为"大选"做准备。于是一批亲绿学者、"前朝"官员等集结在一起，逐渐活跃起来，成为绿营内部一股重要力量，提供大陆政策咨询与建议。

2009年2月，蔡英文决定在民进党中央党部设立"中国事务小组"，由前"国安会副秘书长"陈忠信任召集人，成员包括陈明通、吴钊燮、邱太三、颜建发、董立文、张国城、陈文政、邱垂正等，当时还准备纳入"立院党团"书记长管碧玲、潘孟安等，听取"立院党团"意见。每二周定期举行闭门会议，集中讨论两岸焦点议题，为党中央提供决策依据，蔡英文多数亲自参加。①2009年底县市长选后，随着民进党声势止跌回升，蔡英文抛出研拟"十年政纲"构想，邀请亲绿学者参与，大陆政策幕僚们便积极投身于此项活动中，并在2010年上半年连续举办了四场研讨会。后因五市选举选情胶着，"十年政纲"遭到搁置。日前，蔡英文透露将在8月底民进党"全代会"上推出"十年政纲"。今年2月23日，蔡英文捐出二千万台币选举补助款而成立的民进党体制内智库——"新境界文教基金会"挂牌运作，蔡兼任董事长，吴乃仁担任执行长，萧美琴、刘建忻为副执行长，内设"安全与战略研究中心"与"经济与社会研究中心"，之前设立的"中国事务小组"隶属"安全与战略研究中心"，陈忠信为召集人、颜建发为副召集人。近期，蔡英文为因应"大选"的需要，在竞选总部下设"中国政策论述因应小组"，下分吴乃仁任召集人的"两岸经贸小组"与陈忠信任召集人的"中国政策小组"。基本成员包括陈明通、吴钊燮、邱太三、董立文、刘世忠、颜建发、赖怡忠、林成蔚、游盈隆等人。此外，还设立"外交国安影子架构"，主要成员包括高英茂、刘世忠、张旭成、杨黄美幸等。这些成员，成为民进党、蔡英文"大选"期间大陆政策、"外交"政策的主要幕僚。

---

① 林莹秋：《蔡英文的中国地图》，台湾《财讯》双周刊2011年2月17日至3月2日，第366期。

这批大陆政策幕僚多数具有学者身份，不少人是"前朝"官员，曾在民进党当局行政机构内任职，参与咨询、决策、制定或执行当局的大陆、"外交"、"国安"政策，具有较多的两岸事务经验教训。但目前这批幕僚没有重要的职位，多数不在民进党中央体制内，主要任职于台湾大专院校、研究机构、"亲绿智库"，还有人远在海外工作。除民进党体制内的幕僚外，多数幕僚缺乏资源，很难拿到当局的研究案，也缺乏民间资源的挹注以及民进党中央党部的经费奥援。

这批大陆政策幕僚人数不多，地位不高，资源不足，但他们能量很大，善于引导媒体，全力营造有利于民进党重返执政的舆论氛围，在民进党大陆政策、两岸论述的内部研讨、凝聚共识、参与决策、对外交流、舆论宣导过程中具有重要的、不可低估的作用。如今他们虽然散居在各处，但均强烈期待民进党再次执政，重新分享权力滋味。因此，他们积极参与民进党大陆政策、"十年政纲"的研拟活动，发挥各自专业优势，为民进党中央及蔡英文本人出谋策划，对民进党中央大陆政策、两岸论述产生深刻而又广泛的影响，其观点、主张受到重视，甚至为当道者全部采纳。

（二）幕僚成员

本研究选择民进党中央"中国事务小组"成员、"十年政纲"研讨成员、常受蔡英文咨询及蔡英文文稿成员，作为民进党大陆政策主要幕僚群体加以研究，共25人，包括：吴乃仁、陈忠信、陈明通、吴钊燮、萧美琴、刘建忻、邱太三、童振源、颜建发、罗致政、刘世忠、董立文、张国城、郑丽君、赖怡忠、游盈隆、姚人多、林成蔚、洪奇昌、林浊水、陈文政、蔡孟君、谢怀慧、陈博志、吴荣义等（参见表一）。当然，除了上述一批主要幕僚外，因为蔡英文的经历横跨蓝绿、官学两栖，接触范围并不局限于绿营，不排除在学术、社运及媒体圈内还有一批没有浮出台面的重要幕僚。

表一　民进党大陆政策重要幕僚一览表

姓名	年龄	省籍	现职	学历专长	与蔡关系
吴乃仁	64	台湾台中人	民进党智库执行长	美国哈佛大学公共行政硕士	体制内极密切
陈忠信	62	台湾彰化人	民进党"中国事务小组"召集人	东海大学数学系毕业，"国安"、两岸	体制内极密切
刘建忻	43	外省第二代	民进党副秘书长、智库副执行长	美国乔治城大学公共政策硕士	体制内极密切
萧美琴	40	台湾台南人	民进党智库副执行长、中央党部"国际事务部"主任	美国哥伦比亚大学政治学硕士	体制内极密切
陈明通	56	台湾台中人	台湾大学"国发所"教授、"十年政纲"撰稿人	台大政治学博士，两岸、台湾地方派系	体制外极密切
吴钊燮	57	台湾彰化人	政大国关中心、"十年政纲"撰稿人	美国俄亥俄州立大学政治学博士，两岸、"外交"	体制外较密切
邱太三	55	台湾台中人	亚洲大学财经法律系副教授兼主任、民进党"中国事务小组"成员	台湾大学"国发所"法学博士，两岸事务	体制外较密切
童振源	42	台湾嘉义人	政治大学"国发所"教授、预测市场研究中心主任、民进党"中国事务小组"成员	美国约翰霍普金斯大学国际关系博士，两岸经贸	体制外较密切
颜建发	52	台湾彰化人	清云科技大学国际合作处处长，民进党"中国事务小组"副召集人	东海大学社会学博士，两岸事务	体制外较密切
董立文	47	外省第二代，祖籍河南	警察大学公共安全系副教授、民进党"中国事务小组"成员、"台湾智库"咨询委员	政治大学东亚所博士，两岸事务	体制外较密切
罗致政	47	台湾苗栗客家人	东吴大学政治系副教授、"新台湾国策智库"执行长	美国加州大学洛杉矶分校政治学博士，国际关系	体制外较密切

姓 名	年龄	省 籍	现 职	学历 专长	与蔡关系
游盈隆	55	台湾花莲人	东吴大学兼任副教授，民进党"中国事务小组"成员	美国北卡罗来纳大学政治学博士，选举行为、民调与两岸事务	体制外一般
姚人多	42	外省第二代，祖籍浙江	台湾清华大学社会学所副教授，蔡英文文稿负责人	美国埃塞克斯大学社会学博士	体制外极密切
赖怡忠	45	台湾嘉义人	马偕医护管理专科学校助理教授，"台湾智库国际事务部"主任、"中国政策论述因应小组"成员	美国弗吉尼亚理工大学理工科博士，国际关系	体制外一般
刘世忠	46	台湾云林人	"新台湾国策智库国安组"研究员、"中国政策论述因应小组"成员、"外交国安影子架构"成员	美国哥伦比亚大学政治学博士，国际关系	体制外一般
林成蔚	45	台湾台北人	任教于日本北海道大学，"中国政策论述因应小组"成员	日本东京大学国际关系博士，"外交"	体制外一般
洪奇昌	60	台湾彰化人	产经建研社理事长	加拿大多伦多大学医学硕士，心理医生	体制外一般
林浊水	64	台湾南投人	—	台湾政治大学毕业	体制外一般
陈文政	—	—	淡江大学国际事务与战略研究所助理教授，前"国安会"咨询委员	英国兰开斯特大学政治与国际关系学博士战略与安全	体制外、一般
张国城	40	外省第二代	台北医学大学助理教授、"台湾智库"咨询委员	澳大利亚新南威尔士大学社会科学与国际关系博士，"国防"、"外交"、两岸事务	体制外较密切
蔡孟君	40	台湾人	民进党"国际事务部"副主任	—	体制内密切
谢怀慧	40	台湾人	民进党"国际事务部"副主任	英国利兹大学政治系硕士	体制内密切
陈博志	62	台湾云林人	"台湾智库"董事长	台大经济学博士	体制外一般

姓 名	年龄	省 籍	现 职	学历专长	与蔡关系
郑丽君	42	台湾苗栗	"台湾智库"执行长	法国巴黎第十大学哲学博士候选人台湾社会问题	体制外较密切
吴荣义	72	台湾高雄人	"新台湾国策智库"董事长	比利时鲁汶大学经济学博士、经济	体制外一般

三、幕僚群体特征

我们拟从学经历、专业、分布、政治性格等方面对大陆政策主要幕僚予以分析。

（一）学历甚高，受过一定的专业训练

民进党大陆政策主要幕僚群体，均具有高学历，受过较为完整的学术训练，在专业领域内的表现尚属优异，多数属于绿营人才库中一时之选。其中拥有博士学位 17 人，硕士学位 5 人。专业背景方面，政治学 8 人、国际关系 4 人，经济学 2 人、公共行政系 2 人，社会学 2 人，其余专业 7 人。不少人喝过洋墨水，具有一定的国际观，视野较宽。其中拥有美国博士学位 8 人，硕士学位 2 人，拥有英国、法国、比利时、澳大利亚、日本博士学位各一人。部分幕僚在岛内学术界内具有一定水准。

（二）多具党政历练，大陆、"外交"事务经验较为丰富

因为有过 8 年执政经历，所以现阶段民进党大陆政策幕僚的政治资历也都十分显赫，其中多数拥有党、政资历，曾经在民进党当局的大陆事务、"国安""外交"体系重要岗位当过政务官。当年这批幕僚位高权重，手握大陆政策决策权、执行权及资源调配权。其中吴钊燮、陈明通担任过"陆委会"主委，吴还出任过"总统府副秘书长""驻美代表"，邱太三、童振源、游盈隆担任过"副主委"。陈忠信担任过"国安会副秘书长""代理秘书长"，陈文政、林成蔚担任过"国安会咨询委员"。罗致政、颜建发、刘世忠担任过"外交部研究设计委员会主委、副主委"，萧美琴、张国城、赖怡忠等担任过民进党中央"中国事务部""国际事务部"主任职务。不少人参与了陈水扁时期大陆政策，"外交"政策，"国安"政策的咨询、决策、执行、对美沟通工作，拥有一定的处理两

岸、"外交"、"国安"事务的经验与能力。吴乃仁、罗致政、萧美琴、郑丽君等人还具有选战谋略、组织动员能力，政治企图心强。

这批大陆政策幕僚多数拥有执政经验，也历经政权沦丧的沉重打击，具有惨痛教训。在经过民进党下台后一段时间的沉潜、反思后，这批大陆政策幕僚们更相信"选赢才是硬道理"，政策思维更为周延、细腻。对于"台独"态度有人趋向柔性、稳健，有人则更为顽固，其大陆政策主张对两岸关系和平发展的影响更为复杂。

（三）分布较窄，资源有限，但影响力不弱

民进党大陆政策主要幕僚当前的职务主要分布在三个领域。一是台湾大专院校。包括台大"国发所"陈明通、政大"国关中心"吴钊燮、政大"国发所"童振源、东吴大学政治系罗致政、亚洲大学财经法律系邱太三、清云科技大学国际合作处颜建发、"警察大学"公共安全系董立文、台北医学大学张国城、马偕医护管理专科学校赖怡忠、台湾清华大学社会学所姚人多、淡江大学战略所陈文政等11人，其中罗致政兼任"新台湾国策智库"执行长，亦可算为"亲绿智库"成员。他们多数并不专门从事两岸问题的教学、研究工作。二是党部及智库专职党工，包括吴乃仁、陈忠信、萧美琴、刘建忻、蔡孟君、谢怀慧等6人。三是"亲绿智库"学者，包括"新台湾国策智库"的吴荣义、刘世忠，"台湾智库"陈博志、郑丽君，"新社会智库"的洪奇昌、林浊水等6人。与执政时期相比，这批幕僚的处境大不如前，权力有限，资源稀缺，很少获得台湾当局如"国科会""陆委会""经济部"的研究案，也缺乏民间募款机会与能力。但他们能量不小，声音常被媒体放大，在岛内拥有一定的学术以及媒体影响力，一定程度上影响了台湾舆论与岛内民意。他们经常透过"亲绿智库"如"新台湾国策智库""台湾智库""新社会智库"等平台搞活动、对外发声。民进党"中国事务小组"的运作、"十年政纲"的研拟，"新境界文教基金会智库"的挂牌运作，以及党内初选与2012"大选"的启动，为大陆政策幕僚们提供了聚集平台与政策辩论机会，激活了民进党内部两岸论述资源，激发了政策火花，吸引了各界关注，引导了台湾地区舆论、民意的流向。

（四）出身绿营，"政治正确"

民进党大陆政策主要幕僚坚持"台独"立场、"台湾认同"，捍卫"台湾主体性"。有的出身于深绿阵营，包括吴钊燮、赖怡忠、罗致政等人，与深绿社团有着千丝万缕的联系，"台独"立场十分顽固，属于"铁杆台独"、民进党的政治打手。他们口口声声"民主"、"人权"、保护弱势，其实只是"逢马必反"、"逢中必闹"、牵制大陆、迎合西方的策略运用而已。除刘建忻、张国城、姚人多、董立文等少数外省第二代外，绝大多数属于台湾本省人，没有"卖台"嫌疑，其中陈明通还有台湾少数民族基因，罗致政则是客家人。除董立文因当年苏贞昌的拉拢而中途加入民进党阵营、获得重用外，绝大多数幕僚属于"纯正"的民进党人或亲绿学者。"台独正确"成为民进党大陆政策幕僚必需的政治符号，中立学者如曾任民进党当局"陆委会副主委"的黄介正等不得其门而入，难以挤入民进党大陆政策幕僚圈内。民进党这批大陆政策幕僚长期浸泡在民进党的政治大染缸中，对该党的草根文化、派系山头耳濡目染，熟悉民进党的政治生态、政治文化、选举需求与"台独"坚持，熟悉绿营选民的心态、语言，其政治光谱偏向深绿。也唯有因为"台独"的"政治正确"，才会获得蔡英文及民进党中央的信任与重用。

（五）介于"典型与非典型"之间民进党式政治性格

现阶段为蔡英文及民进党中央所重用的大陆政策幕僚们具有独特的政治性格特征，介于"典型"与"非典型"之间，某种程度上反映了蔡英文的用人偏好，跨派系、跨世代、偏好官学两栖型，偏深绿学者、偏好体制内幕僚。具体而言，有四个方面。

第一，淡化派系，重视专业。民进党历史上大陆政策幕僚人才主要集中于"新潮流系""美丽岛系"及扁系、谢系等。民进党执政以后，陈水扁重用了一批大陆政策幕僚，培养了一批绿营自己的大陆事务人才，包括陈忠信、陈明通、吴钊燮、邱太三、游盈隆、童振源等。蔡英文因加入民进党较晚，较没有派系包袱，所以在政策幕僚运用上较不为派系牵制。如今，这批大陆政策幕僚多数以其专业见长，派系色彩较淡，大陆、"国安"、"外交"、军事等是他们的专业强项，前"新系"包括邱太三、张国城、陈文政等并不是因为派系、而是因为专业表现及历练才受到蔡英文青睐。

第二，跨世代，多元组合。这批大陆政策幕僚年龄集中在40至60岁之间，受教于20世纪八九十年代，成长于民进党执政年代，现在较为成熟、老练，是一群跨世代的组合。其中五、六十岁的吴乃仁、陈忠信、陈明通、吴钊燮等在大陆政策幕僚群体扮演核心、把关的角色，思虑稳重、周延；其余一批四十多数幕僚则成为中坚骨干，干劲足、创意活、点子多，富于想象力，跟得上台湾地区政治变化节奏，精确把握岛内民意脉动，蔡英文及民进党中央的大陆政策均由他们捉刀代笔。其中不少人属于"学运世代",包括罗致政、童振源、刘建忻等。当然"大选"启动后,还有一批不为外界所知的三十多岁年轻人也将加入民进党两岸论述中来,发挥"小兵立大功"的作用。这种青年与中壮年之间的跨世代组合,较能发挥各世代优势,碰撞出更多的创意火花。

第三,官学两栖,专业与经验并重。既有学术、专业素养,又有党政经历、特别是拥有大陆事务经验,这是民进党大陆政策幕僚的重要特征。"前朝"官员的经验、决策的周延性、缜密性、政策的务实性、可行性、政策执行的细腻性是民进党制定大陆政策的基本考量。这批大陆政策幕僚既有学者的坚持,较敢于讲真话,又有官员的圆滑、务实,一切以符合民进党的政治逻辑、选举需要来思考。因为蔡英文更重视两岸事务的管理、风险防范,对纯学理的研究缺乏兴趣。所以陈明通提出的两岸"政治困境"与"风险防范管理机制"深受蔡重视。

第四、只有旧框架,缺乏新思维。因为蔡英文重用民进党执政时期政务官与民进党体制内幕僚,其两岸论述思维沿袭李扁时期冷战、对抗、风险防范、积极管理的惯性思维,保守有余、创新不足,"老狗玩不出新把戏"。包括蔡英文本人、陈明通、陈忠信、吴钊燮等,均已形成制式思维,陷入逻辑思考的困境中,试图以"澳门模式"那种老套因应两岸新形势。这批大陆政策幕僚以捍卫"台湾主权"、催化"台湾主体性"为最高战略目标,试图从战术上弥补台湾地区政治、经济、文化、社会的"安全网",但先天不足、于事无补,与台湾地区主流民意相悖离,也无法因应两岸"大交流、大合作、大发展"的新情势。

综上所述,当前民进党中央、蔡英文本人所重用的大陆政策幕僚多数具有党政历练,拥有执政经验,拥有较为丰富的大陆、"外交"、"国安"、"国防"事务经验,熟悉民进党的政治生态、政党文化、政策倾向及选举需要,其大陆政策思维、政治倾向、政策主张等较能符合民进党高层与绿营支持者的需要。但因为出身官僚、党工色彩浓郁,只有旧框框、没有新思维,无法应对两岸关系和平发展的新形势,更提不出切实可行的发展路径。

四、幕僚群体功能

现阶段民进党大陆政策主要幕僚们扮演不同的角色,承担不同的责任,具有不同的功能。我们拟从体制内外、圈内外、角色分工及作用评估四个层面加以分析。

（一）依托体制内机构，强化内、外平台合作

一方面以体制内平台为主，扮演统筹、协调、整合功能，承担对外交流、宣导功能，将民进党大陆政策幕僚纳入体制内运作机制中，形成一套整合、沟通、凝聚共识以及对外诠释、宣导、造势的机制，争夺两岸议题话语权。"新境界文教基金会"就是蔡英文一手主导的体制内智库平台，其"安全与战略研究中心"与"经济与社会研究中心"成为蔡英文的政策幕僚机构。另一方面民进党中央及蔡英文本人积极拉拢、扶植、激活体制外的民间平台，分进合击，形成整体作战功力。包括"新台湾国策智库""台湾智库""新社会智库"等，既是绿营各路学者聚集活动的平台，也是为蔡英文制造声势的外围平台，三者既竞争又合作，各有重点。由"独派大佬"辜宽敏捐资2亿台币、成立于2010年1月的新台湾国策智库网罗了吴荣义、罗致政、刘世忠、李明峻、林雍升等一批"前朝"官员、亲绿学者，全方位研究台湾地区问题，突出"国际面向"，积极从事对美、日交流，出版专著，发行中、英、日文版的智库通讯，寄送至美、日等国政要、智库，争取美日政、学界对民进党的支持，非常活跃，影响不小。成立于2001年的"台湾智库"则在陈博志、郑丽君的悉心经营下，网罗了郭建中（曾任执行长）、赖怡忠、徐永明、张国城、施俊吉、曾建元、罗正方等一批亲绿学者。主要从事台湾经济、两岸经贸、台美关系研究，近年因经费短绌，对外交流有所萎缩，但仍具重大影响，特别是在财经方面。"新社会智库"则是前"新系北流"设立的平台，以吴乃仁、徐佳青、洪奇昌、林浊水、梁文杰、陈文政等人为主，出版《新社会政策》双月刊，从台湾社会问题角度切入两岸议题。三大智库分别设置网站，出版书籍，定期举办记者会，发动"批马挺蔡"民调与活动。由此看来，民进党透过体制内的智库运作大陆政策的研拟、发布，其主张代表民进党中央及蔡英文的政策立场，而外围"亲绿民间智库"则扮演民进党大陆政策的侧翼，承担攻击马英九，为蔡英文出谋策划、辩护诠释的功能。民进党还时常透过外围平台释放信息，测试各界反应。这种体制内、外平台分进合击、交叉掩护的战术取得一定效果，持续拉抬蔡英文的选情。

（二）依靠核心幕僚，调动咨询幕僚及一般幕僚，形成内、中、外三圈既合作又竞争的幕僚机制

按照与蔡英文、中央党部的亲疏远近、重视程度，民进党大陆政策主要幕僚群体可以区分为内圈核心幕僚、中圈咨询幕僚及外圈一般幕僚三种。

核心幕僚主要是指民进党体制内那批幕僚。为因应选战，民进党中央最近

成立了所谓"中国政策论述因应小组"，其中又分"两岸经贸小组"与"两岸政策小组"，召集人分别为吴乃仁与陈忠信。因此，现阶段民进党大陆政策核心幕僚包括吴乃仁、陈忠信、萧美琴、刘建忻等人。吴乃仁既是智库执行长，又是蔡英文竞选总干事，将统筹蔡的大陆政策与两岸论述。不同于邱义仁偏激的两岸观，吴乃仁较能体会台商立场与台湾经济的需要，比较务实弹性。吴曾建议蔡英文与大陆开展实质的互动，寻找可行的两岸和平互动架构。据相关内幕信息研判，蔡英文"和而不同、和而求同"重要演说，较可能由蔡英文与吴乃仁、陈忠信等共同讨论拟定，具有一定的战略思维。陈忠信在民进党两岸领域内资历老、辈分高，人称"陈大哥"。但脾气急躁，个性太强，常得罪人，也瞧不起陈明通等人，影响其统合能力，难以化解绿营内部激进派与务实派的分歧。陈明通曾与蔡英文在"陆委会"任内具有较长的共事经验，相互间有一定的默契，较受蔡的信任。陈曾亲口向笔者透露，2009 年初民进党成立"中国事务小组"时，最早蔡征询由他担任召集人，但陈因为要回到台大任教，从事党职不太方便，婉言谢绝蔡的好意。陈明通与吴钊燮负责起草了"十年政纲"初稿，但在党内讨论时，陈忠信不以为然。在 2010 年 5 月 2 日"十年政纲"第四场研讨会上，陈明通、吴钊燮分别发表了《台湾面对中国的战略思考》《立足国际、深耕亚太：以多元民主价值擘建台湾的国际战略》论文。他们的主要论点成为蔡英文大陆政策的重要内容。但蔡对于陈、吴撰写的"十年政纲"初稿不甚满意，认为稍嫌保守，不够进取，没有就如何建构和平稳定架构提出具体方案。萧美琴缺乏对两岸问题研究，但她负有对美沟通说明的任务，所以也时常参与大陆政策的讨论，提供部分意见。刘建忻则是扮演统筹、协调、汇整建议的角色，为蔡撰写文稿，重要性不言而喻。

蔡英文两岸论述、大陆政策基本思维多数是在吸纳大陆政策幕僚群体意见、建议的基础上，由吴乃仁、陈忠信等综合而成，再与蔡英文进行沟通讨论后，交由刘建忻、姚人多、萧美琴加以提炼、润色，完成文稿对外发表。曾担任蔡英文主席特助的姚人多时常为蔡撰写文稿，包括蔡英文每年元旦写给民进党的信、四场政见会辩论稿均由姚撰写完成。

可对蔡英文"和同论"与政见会辩论稿的形成过程加以考证。2 月 23 日在民进党智库成立那天，蔡英文发表了"跳脱历史，着眼未来"的演说，提出了"和而不同、和而求同"的八字箴言。其文稿的形成有一段秘辛。2 月 18 日，刘建忻与刘进兴、张祥慧、萧美琴等人讨论中提到了《论语》中"和而不同"

一词，主张两岸交往必须基于"和而不同"的主流民意，以"实力"为基础，但尚无"和而求同"创意。"和而不同"一词可能触动蔡英文、吴乃仁、陈忠信等人灵感，碰撞出"和而不同、和而求同"的火花，欲与大陆"两岸同属一个中国"、国民党"九二共识一中各表"八字相区隔，蕴含出蔡英文创意"求同"、主动"求和"的两岸思维。

蔡英文第四场政见会申论与结辩稿，刘建忻撰写第一稿，后与姚人多、张祥慧（蔡英文秘书）、刘进兴、林锦昌及刘锦添等进行讨论，完成第二稿。蔡看后，透过姚人多提出修改意见，希望多点感性，少点政策，增加"赢者圈跟不在赢者圈的人要共同面对"及"转型正义"二部分内容。在结辩部分，蔡提出增加三点内容：一是党内初选四场辩论的意义；二是撕裂台湾社会的因素；三是迈向"理性、慈悲、热情的政治"。辩论稿则由姚人多最后修改而成。对照初稿与最终稿，原稿中"中国大陆"都被蔡修改为"中国"。

处于中圈咨询幕僚应该包括定期参与"中国事务小组"研讨的成员，除核心成员外，尚包括曾任"陆委会副主委"的童振源、邱太三、游盈隆、担任过"外交部研设委主委"的罗致政以及担任过民进党"中国事务部""国际事务部"主任的董立文、赖怡忠、张国城、刘世忠、颜建发、林成蔚等。颜建发曾赴民进党中常会报告"后 ECFA 的战略环境之分析"，主张开放才是硬道理，建议民进党设立"两岸关系部"，强化与台商的接触。童振源曾应邀赴民进党中常会作"大陆十二五规划与台湾经济发展"的专题报告。蔡英文听后表示二点意见：一是大陆领导人有能力，经济表现确实非常出色。二是大陆方面的数据不可全信，民进党要有自己的求证。她还表示有很多问题需要深入研究。董立文也曾多次应邀赴民进党中央报告两岸关系情况。

处于外围的一般幕僚并不是不重要，而是并不能像核心幕僚那样常被咨询、常提建议，某些建议还极其受到重视。包括吴荣义、陈博志、陈文政、郑丽君、郭建中（淡江大陆所副教授、原"台湾智库"执行长）等人，他们也会给民进党中央或蔡英文提供政策建议，但因专业或观点可能局限于经贸、军事等局部、单一议题，而非提供全局性意见。吴荣义、陈博志、郑丽君等强烈反对 ECFA，对蔡有所影响。

（三）分工合作，团队作业

民进党大陆政策主要幕僚群体各自扮演不同的角色，在政策研拟的不同阶段、不同议题、参与程度深浅等方面有所区别。体制内幕僚承担议题的设定、意见建议的整理及政策报告的撰写，这项工作主要由吴乃仁、陈忠信、萧美琴、刘建忻等商定，然后邀请体制外幕僚参与讨论，视需要扩大研讨范围，视议题邀请参与对象。相关意见、建议经蔡本人及党中央政策会等相关部门确认后成为党的政策。

不同幕僚担任的角色不同。体制外幕僚主要参与讨论、分析形势，提供对策建议，体制内幕僚则承担上下沟通、内外联络、政策研拟、起草工作，部分幕僚承担对美日、对大陆交流工作。民进党智库成立后已多次接待海外政要及智库人士，萧美琴、吴钊燮、罗致政、刘世忠等多次赴美活动，陈明通、邱太三、童振源、赖怡忠等多次找机会到大陆交流。"新台湾国策智库"的吴荣义、罗致致、"台湾智库"陈博志、郑丽君等擅于利用媒体制造舆论，为民进党辩护，攻击马英九毫不留情。

（四）蔡英文自有定见，幕僚作用既不能低估也不宜高估

与陈水扁、苏贞昌等传统民进党政治人物在两岸议题上高度依赖政策幕僚相比，蔡英文对于大陆政策幕僚重视、依赖程度有所弱化。蔡英文学者出身，早年参与大陆政策幕僚作业，后又负责"陆委会"工作，熟悉两岸事务与民进党当局的大陆政策。因此，蔡对于两岸事务、大陆政策较为熟悉，且高度自信，自有定见，除一般性议题外，重大议题均由其自己作出决定，幕僚意见纯粹参考而已。蔡会咨询某些人意见，也会与其讨论，但不轻易流露内心真正想法。蔡英文个性很强，非常执拗，极难改变。因此，包括陈明通、吴钊燮、童振源等前朝政务官多数感到他们的政策建议报告没有得到应有的重视，时常产生一种无奈感。

蔡英文极其重视决策权威，严格约束幕僚对外发言，不容许未经授权发表意见。吴钊燮"澳门模式"谈话立即遭到民进党否定，蔡的切割动作除了自我保护外，也反映出蔡不容决策大权旁落。自此之后，所谓大陆政策幕僚群体将更加谨言慎行，影响到部分幕僚的积极性。

五、幕僚群体大陆政策主张

民进党大陆政策幕僚的政策主张既有共同点，又有差异性，甚至还存在一定的分歧。

（一）坚持"台湾主体性"，反对"九二共识"，走稳健"台独"路线

面对大陆崛起与两岸关系和平发展的现实，民进党大陆政策幕僚们坚持

"台湾主权独立"，但作策略调整，以捍卫"台湾主体性"为主，充实"台湾事实独立"内涵，走一条柔性、务实、稳健的"台独"之路。陈明通引用"台湾前途决议文"条款，称民进党大陆政策基本方针之一就是"坚持台湾是一个主权独立国家"，台湾具备"完整而独立"人格，民进党要"守护台湾主权，挽救主权流失"。①陈透露"十年政纲"主张两岸和平架构，但不接受一中原则。大陆的底线是"两岸同属一中"，而蔡英文的底线则是"主权独立的中华民国"。罗致政在"十年政纲"研讨上强调"所有的一切都要以强化台湾人认同这块土地、这个'国家'为基础"。但罗承认"时间不在台湾这一边，民进党应避险务实"。林浊水提出"稳健台独"内涵，即"主权立场明确，态度善意、政策弹性务实"。陈明通诠释"小英路线"就是"淡化统'独'，主打社会问题，走中间偏'左'路线。"②邱太三主张两岸"政治和平、经济繁荣"。坚持"本土"立场，但不要激化"主权"冲突，要达成和平，两岸必须对话和交流。即使不能减少彼此分歧，也要认知或体谅对方立场。两岸现状已是"一边一国"，再去强调则是廉价、不明智的。邱在解读蔡英文的两岸论述时称，蔡不愿落入"共识"的口水中，"和而不同"不一定要往"独"的方向上诠释，"和而求同"的"求"字表示民进党改变两岸关系上消极、守势态度，转而采取积极面对的心态。原陈菊幕僚、现任民进党中执委的洪智坤建议蔡丰富"和同论"："有益的相异是和平之道，普世的价值才有和平的秩序"、两岸应有"同理心"、世界对两岸也应有"同理心"。

　　这批大陆政策幕僚极力反对"九二共识"，不接受国共间的政治基础。童振源认为"九二共识"不存在，这是苏起创造出来的名词，当年根本没有。自从国民党提出"九二共识"是"一中各表"后，大陆方面根本不同意，所以国共双方对于"九二共识"是"各自表述"。陈明通称"九二共识"是反"台独"的基础，民进党绝不可能接受这一国、共之间基础。陈明通现热衷于欧盟统合研究，2011年1月16日，他在上海台研所晚宴中提出，未来两岸应可成立"新共和国"（New Rupublic），名称可为"民共国"。他可接受"两岸一中"，条件是允许"台湾加入联合国"，"中华民国""台湾"或"中华台北"等名称都可接

---

① 陈明通：《台湾面对中国的战略思考》，民进党政策会：《台湾无可回避的挑战社会对话系列座谈会之四：变动的国际情势与台湾全球战略》，2010年5月2日，台北。

② 陈明通：《五都选举与民旱灾党转型：一项社会分歧动员的观察》，台湾《美丽岛电子报》，2010年12月10日。

受。董立文认为民进党不会排斥与大陆进行政治谈判。

（二）维持两岸和平稳定关系，建立互动架构

陈忠信在 2010 年 9 月接待上海台研所访问团时称，和平发展结果逻辑上可能是统一，也可能是"两国论"。马英九上台后，两岸交流越来越密切，但两岸的界线也越来越明显。颜建发表示，民进党将走一条友善、开放、务实的路线，政治上停留在"台湾前途决议文"的基础，政策上继承现实，并就不利台湾的部分加以修补。洪奇昌辩解民进党不是"锁国"，而是经济上开放，政治上守护台湾地区整体利益。时常对美沟通的萧美琴在"十政政纲"研讨中，就民进党与国民党的大陆政策进行比较，称："国民党抹黑民进党是'锁国'是假议题，民进党没有'锁国'的问题，是向世界开放的政党，而国民党把'国'锁进大陆。民进党是以严谨、渐进、避险的态度面对大陆，而国民党是冒进、暴冲。民进党是注重平衡的政党，而国民党主要为了财团的考量。民进党是结合公民社会的能量与全球各国的进步力量接轨，而国民党只注重经济成长。民进党注重民主的价值，而国民党是'China only'。民进党过去执政八年的错误是政策没有稳定性、连贯性和一致性，导致与主要友好'国家'的信任关系受到影响，未来就要注重政策的可预知性，重建友好'国家'对民进党的信任。"

陈明通主张积极"寻求两岸和平相处之道，透过协商签成协议。"一方面，建立两岸风险管理机制，突破"政治安全困境"，可采取负面表列方式，从政治、"外交"及"国际事务"、军事、经济及社会文化五个领域，两岸双方应避免可能引发两岸危机与冲突的 13 个举动。① 另一方面，主张民、共之间寻找新的政治基础，协商和平稳定的互动架构。但民进党绝不接受一中原则，不接受统一前提的"两岸和平协议"。对于已签署协议，陈明通认为虽可政党轮替，但政策不能一切归零，除了延续"前朝"政策外民进党别无他途。他主张打破国、共"党对党"沟通模式，互设"官方代表处"，取代海协、海基两会功能。吴钊燮、颜建发等则认为，如果现行两会协商的模式被中断，民进党可采取复委托方式即"澳门模式"延续两岸协商。吴钊燮预估民进党若重新执政，两岸关系"速度可能缓一点，但会稳一点，政策过程更透明"，这对两岸关系更好。洪奇昌也持类似观点，两岸关系不要太快，不要大幅开放，要从容。

---

① 陈明通：《当前两岸"政治安全困境"的风险管理》，全国台湾研究会编：《两岸关系和平发展与机遇管理》论文集，北京高等教育出版社 2009 年 8 月版。

（三）从多边架构定位两岸关系，联合世界应对大陆崛起

摆脱两岸框架，从国际架构处理两岸关系，既是民进党的传统思维，也是面对大陆崛起、两岸实力失衡的较为安全的选择。陈明通较早提出"在全球网络中定位与大陆关系"，主张不要陷于两岸框架，应从全球网络的角度思考，台湾应直接面对世界，不必也不能透过大陆再面对世界。吴钊燮也主张建立台湾的全球定位，与国际接轨而不必透过大陆视镜。[①]林浊水提出台湾"国际参与"应采WTO模式，透过国际支持再与大陆交涉，而不是像国民党那样先与大陆协商。

（四）平衡两岸与国际经贸

民进党大陆政策幕僚的两岸经贸战略核心就是两岸经贸与国际经贸并重，"立足台湾，布局全球"。罗致政声称"大陆是很大，但世界更大。"林浊水坚持"走向世界再由世界进入大陆"，取代进入大陆才走向世界的途径，建立不同于泛蓝的两岸产业链。陈明通称马英九是从大陆走向世界，蔡英文则是从世界走向大陆，但都是走进大陆，而不是远离大陆。

作为两岸经贸政策的主要幕僚，包括吴荣义、陈博志、童振源等都坚决反对ECFA。陈博志曾在2009年4月民进党举办的第二阶段民间"国是会议"上，当场提出十二问，质疑签署ECFA会使台湾农民蒙受更大损失，台湾地区若未能与他国签署FTA，台湾电子业将承受更大的损失。陈攻击马英九轻忽民意、追求统一、决策混乱、权力傲慢等八项错误。罗致政也攻击ECFA"不是灵药而是毒药"。陈明通主张从全球经济网络中看待两岸经贸关系，依据"世界贸易组织"（WTO）的规则，建构与大陆的经济互动法则。童振源攻击ECFA效果不彰，对台湾"出口"竞争力、吸引外商投资、增加台湾投资与参与东亚经济整合体制没有帮助。[②]童认为大陆的不确定善意不见得是台湾突破困境的解决办法，主张从多方（WTO、APEC）、双方（台美、两岸、台日、台港、东南亚、欧盟及其他国家和地区）及单方层面，突破大陆障碍，达成台湾贸易自由化与参与东亚经济整合的目标。[③]洪奇昌、邱太三等对ECFA持有条件的支持与反

---

① 吴钊燮：《立足国际、深耕台湾：以多元民主价值擘建台湾的国际战略》，民进党政策会：《台湾无可回避的挑战社会对话系列座谈会之四：变动的国际情势与台湾全球战略》，2010年5月2日。

② 童振源：《ECFA成效与检讨》，上海台研所：《两岸关系和平发展学术研讨会论文集》，2011年7月11日。

③ 童振源：《东亚经济整合与台湾的战略》，台北政治大学出版社2009年5月版。

对，关注后续效果，南北及各阶层不平均，邱称 ECFA 结果是牺牲一部分人，成就另一部分人，有人产生相对剥夺感。陈明通主张制定符合社会分配正义的两岸经贸交流策略。

（五）奢谈"民主、人权价值"，牵制大陆、迎合西方

"民主、人权"向来是民进党方面讨好西方"反华"势力、牵制大陆的重要战略支点。陈忠信认为，两岸历史遗留问题应该放到历史的脉络中解决，蔡英文对于"台湾主权"状况的坚持不是政治，而是制度、价值观念，台湾民众坚持台湾的民主制度、价值观念不能被改变。罗致政称"公投制度的建立是陈水扁最重要的资产。"陈明通主张，"台湾应该鼓励中国走向民主化，以现代文明价值作为互动的基础。"陈提议两岸建立"价值共同体"，可从文化、文明着手。主张大陆政策应符合所谓民主的精神，加强民众与"国会"监督，以"公投"决定两岸间高层次的政治议题，包括"和平稳定架构"。

（六）依附岛外强权，充当"反华"棋子

民进党大陆政策幕僚对外思维不脱依附岛外强权、制衡大陆崛起的逻辑。吴钊燮提出十大策略，以确保台湾不被边缘化，增加对抗大陆的筹码。包括：以民主自由作为联结"国际"的主轴、强化"台美""台日"安全、建立台湾的"亚洲主义"、发挥"软实力"突出两岸区隔、加强国际人道援助等。[1]淡江大学战略研究所、源自"新潮流系"的陈文政提出了台"国防"建设的三项战略任务：强化台湾"国际"地位、稳定两岸和平共存现状、深化民主并提升经济与产业发展。主张实施两岸军事风险管理措施，以"纵深吓阻、控制升级"为军事危机应变原则。[2]改变两岸军力失衡现状，加快军购步伐，在钓鱼岛、南海问题上加强与美、日协调，反对与大陆联手。

上述政策主张反映了大陆政策幕僚的基本两岸思维，就是坚持所谓"主权、民主、人权、和平"原则，从国际多方架构制衡、防范大陆，善用大陆崛起，提高对抗实力，管理大陆对台风险，由此强化"台湾主体性"、充实"台湾事实独立"内涵。蔡英文自 2 月 23 日发表"和同论"以来，先后在党内外、台湾内外发表了十多次有关两岸议题的谈话，主要有五个方面，一是坚持"台独"、以"台湾与中国"定位两岸关系，倡导"台湾主体性"。二是主张"和而不同、和

---

① 吴钊燮：《立足国际、深耕台湾：以多元民主价值擘建台湾的国际战略》。
② 陈文政：《国防军事建设的战略与任务：战略转型与战力重振》，民进党政策会：《台湾无可回避的挑战社会对话系列座谈会之四：变动的国际情势与台湾全球战略》，2010 年 5 月 2 日。

而求同"，"善用中国"，寻求共同利益，寻找两岸新的政治基础，建立可长可久、和平稳定的互动架构。三是从多方架构定位两岸关系，"由世界走向中国"。五是奢谈"民主、人权"价值。蔡英文的两岸论述及其大陆政策走向，与民进党大陆政策幕僚的两岸思维及政策主张具有相当程度的重叠性，说明两者之间的是相互影响、交叉影响。（本文完成于 2011 年 7 月。）

蔡英文首任党主席时期
大陆政策战略坚持与策略调整

　　蔡英文首任党主席时期大陆政策影响 2012 年台湾"大选"，而且攸关两岸关系和平发展后续态势、影响我和平发展的战略机遇期。本文认为，面对和平发展所引发的两岸关系螺旋上升的新动能与大陆全方位崛起的新格局，民进党已不可能固守"以不变应万变"教条，只能"以变应变""以变求存"，试图以小变、渐变妥善应因时势，吸纳台湾新生势力，引导舆论，形塑民意，取得对马英九执政当局的政治优势，提高民进党重新执政的机会与动能。可以预期，民进党未来两年大陆政策将处于量的积累中，但能否由量变实现质变、朝向中间转型、有所突破，能否以理性取代"民粹"、温和取代粗暴，则尚待观察。

　　2010 年底五市选后是民进党大陆政策抉择的关键时刻。民进党内部虽然存在顽固守旧的力量，"基本教义派"的牵制未曾松动，但党内确实已酝酿累积了一股以变应变、以调整突破当前论述瓶颈、发展障碍的力量。蔡英文抛出研拟"十年政纲"构想，在绿营内部及社会各界进行多场讨论，试图为民进党未来的大陆政策寻找新的定位，虽然未必全面反映了民进党各派的观点，但可以反映未来民进党大陆政策的基本轮廓与思考方向。

一、政策方向

（一）与传统"台独"路线作区别

　　蔡英文提出"十年政纲"构想，既与传统"台独"路线作区别，又与陈水扁的"激进台独""法理台独""文化台独"相区隔。显而易见，蔡英文试图在某种程度上突破"台湾前途决议文"的框架，走一条"柔性""稳健"、务实、新型"台独"之路，充实"台独"内涵，扩张"台独"纵深，寻找"台独"可行之路。

（二）与马英九的两岸开放路线相区隔

从政党竞争的角度出发，民进党未来两年大陆政策与马英九"黄金十年"特别是两岸政策相区隔，站稳"主权独立"立场。[①]蔡英文攻击马的两岸路线是"冒进与暴冲"、是"亲中卖台""矮化主权""流失主权""图利财团""锁进中国"。蔡英文表示"面对暴冲的国民党，民进党只好牺牲自己把国民党拉回轨道。"[②]蔡的政策是要与马英九的开放政策不同甚至相反，走一条"审慎渐进""稳定细致""平衡""可预期"的大陆政策之路。

二、战略坚持

民进党处理未来两年大陆政策的基本逻辑就是"有所变，有所不变"，即总体战略不变，但做策略调整。战略坚守的内涵就是坚持"主权、民主、人权"的原则不变，相反更强化、更具攻击性。包括三个方面。

（一）坚持"主权"

蔡英文曾提出"捍卫'台湾主权'，这就是民进党与国民党最大的不同。"[③]为了将民进党的终极"台独"理想与民众的现实需要相联结，蔡英文还提出了"保护主权其实就是保护我们的生活方式"的说辞。[④]民进党在各种场合批评国民党和马英九时也言必称是为了"维护主权"。坚持1999年"台湾前途决议文"立场。坚持"台湾是一个主权独立国家，任何有关独立现状的更动，必须经由台湾人民全体以公民投票的方式决定。"

（二）坚持"台湾主体性"

蔡英文提出要在"台湾主体意识"强化中，进一步突出"台湾性"，弱化"中国性"，将后者回归为一种人文价值，并以"台湾性"为基础，建构"共同的新的国家、新的台湾的认同"，处理好族群认同问题，迈向"台湾主体性"的重建时代。[⑤]

① 林浊水：《蔡英文的新方向、机会与考验》，引自香港 http://www.chinareviewnews.com，2010年5月27日。

② 杨伟中：《找回十一年前的民进党魂》，台湾《新新闻》周刊2009年6月11日至17日，第1162期，第13页。

③ 台湾《中时晚报》，2008年9月9日。

④ 《中国评论》思想者论坛：《民进党面临的挑战与未来发展方向》，香港《中国评论》，2009年1月号，第78页。

⑤ 蔡英文：《从反抗、重建到台湾主体的真正确立》，台湾教授协会编：《"中华民国"流亡台湾60年暨战后台湾"国际"处境》，台北前卫出版社2010年版。

（三）坚持"人权"价值、"民主"程序

所谓"人权""民主"是民进党对抗国民党、迎合美日等"国际反华势力"价值偏好的策略，彰显其所谓尊重"人权"、照顾弱势、区域平衡的战略坚持。民进党未来尤其突出两岸政策中的"民主程序""民主过程"。力图"公投"台湾前途，甚至两岸议题、两岸政策，包括两岸协议，坚持"公投废 ECFA"，实现两岸政策的"全民监督"，"透明化、公开化"。

三、策略调整

在战略坚守的同时，民进党高层寻找大陆政策调整方向时，一定会着眼于"以变应变""以变求变"。台湾面临新的政经形势，民进党未来大陆政策需要新的策略。

（一）正视大陆崛起

不反对与大陆"正常交往"，不反对与大陆做生意，也希望利用大陆崛起的机会发展台湾，找到与大陆相处之道。蔡英文主张发展"互惠而非歧视、和平而非冲突、对等而非从属"的正常关系。蔡于今年 5 月初提出"不排除在不预设政治前提的情况下，与中国进行直接并实质的对话"，并以绿营内部 80% 以上的支持率为己辩护。6 月 9 日，民进党中常会通过先委请民间智库及学者研议规划民进党与大陆之间的两岸交流平台，起步阶段以学术交流、两岸民间社团互动为重点。但蔡英文欲与大陆对话，一是重在过程，不一定要取得实质进展。蔡英文设想"民进党智库"、亲绿学者可以在一定程度下和大陆交换意见，"不需要一下子就政治程度地坐下来谈"。[①] 二是必须让"民进党担负起对外传递台湾民意的责任，不能让包括中国在内的国际社会，只能透过国民党来理解台湾民意。"[②]

（二）走"中间偏左"路线

突出"阶级论"，淡化"统独论"，走"中间偏左"路线，进行广泛社会动员。台湾贫富差距扩大的数据让民进党找到了打击国民党两岸开放政策的切入点。根据岛内"主计处"公布的最新统计数据，2009 年岛内最富有家庭群组平均每户所得为 182 万元新台币，最贫穷家庭群组仅有 22 万元，两者差距倍数高

---

① 林政忠：《蔡英文：我观察过胡锦涛》，台湾《联合报》，2010 年 5 月 4 日 A4 版。

② 朱真楷：《蔡：不排除与中直接实质对话》，台湾《中国时报》，2010 年 5 月 3 日 A2 版。

达 8.22 倍，创下历史新高。^①早在"双英辩"时，蔡英文就提出"ECFA 将引发台湾有史以来最大经济结构调整和财富重新分配"。^②民进党刻意炒作马英九的两岸开放政策、特别是"两岸经济合作框架协议"（ECFA）造成台湾社会所得分配不均、失业率升高。为与马政策相区隔，民进党越来越倾向于强调民进党两岸政策核心价值在于坚持"公平正义""照顾弱势"、区域平衡，追求符合台湾利益与社会分配正义的两岸经贸交流策略。渲染台湾"贫富分化论"，进行广泛的社会动员。^③民进党主张退税，上修贫穷线，扩大"国家"照养的范围。民进党"中间偏左"论述依据在于马英九开放的两岸经贸政策，造成台湾贫富分化加剧、南北差距拉大，独厚大财团、图利国、共高层，剥夺中小企业、中南部、弱势人群的发展机会，导致贫者愈贫、富者愈富。这种说法对于低收入者、对没有分享到两岸开放成果、甚至产生相对剥夺感的民众具有蛊惑性，对那些具有理想性的青年、大学生较具吸引力。

（三）倡导"包容性本土观"

蔡英文试图将"台湾主体意识"、台湾"主体性"诠释成一个"包容性"的观念，"让这个社会所有的新旧移民不分族群都能共享本土"，^④蔡英文试图以"包容性本土观"来取代"排他性本土观"，以此摆脱民进党萎缩为"独派"团体、无法在都会区立足的危机，把民进党转型为先锋、先进政党，找到更多的支持者，调整选民结构，而不是只到台湾农村、偏远地区寻找支持慰藉。

（四）ECFA 立场先硬后软

出于"反马反中"的需要，民进党曾攻击马英九是"亲中暴冲"，强烈反对两岸签署 ECFA。但在无法否认 ECFA 对台湾经济、民生的正面效应后，民进党在"626"反 ECFA 游行之后，便逐渐清理、退出 ECFA 战场，且战且退，淡化甚至不提 ECFA 议题，采取南北切割手法，强调关怀弱势、区域平衡，争取更多选民支持。蔡英文则于 9 月 17 日表示将"延续'前朝'政策，不会横柴入灶（闽南语，指蛮干）"。^⑤这既是选举语言，也是一种不得不然的政策转向。

① 薛翔之、陈洛薇：《8.22 倍！台湾贫富差距飙新高》，台湾《联合报》，2010 年 8 月 20 日 A3 版。
② 王光慈、杨湘均：《不反对签署 但不能冒进》，台湾《联合报》，2010 年 4 月 26 日 A3 版。
③ 林浊水：《蔡英文的新方向、机会与考验》，引自香港 http://www.chinareviewnews.com，2010 年 5 月 27 日。
④ 蔡英文：《以新"本土观"捍卫台湾》，台湾《中国时报》，2009 年 3 月 22 日。
⑤ 吕存诚：《蔡英文称若执政会延续当前两岸政策》，《台湾周刊》，2010 年第 38 期，第 15 页。

（五）坚持在全球网络中定位两岸关系

试图从外部、从国际格局看台湾与大陆关系，而不是内部、从两岸关系看相互关系，"台湾不必也不能透过中国面对世界"，不能矮化台湾"国格"、"主权"，在与大陆对话、交流、维持稳定关系的同时，更需要强化与周边国家的对话、交流及合作。①

（六）主张"经由世界走向中国"

遵循"先世界后中国"、"先先进国家、再后进国家"的两岸经贸策略路径，主张台湾地区在国际经贸、区域经济中扮演与中国平等的角色，反对象马英九那样将台湾经济"锁进中国""依附大陆"，试图建立和蓝营不同的两岸产业链接关系。②

（七）倾向"中华民国是台湾"

民进党内部试图将"中华民国"与台湾做某种联结，但不讲1949年前的"中华民国"，只讲1949年在台湾的"中华民国"。自1996年实行"总统"直选以后，台湾地区的人民、土地范围就已确立下来，台湾的"主权"掌握在2300万台湾民众手中，台湾"主权"在民，台湾已成为"国家主体"。今年蔡一度攻击"中华民国是流亡政府"，"中华民国"只是名字，名字可以随时改，坚持"中华民国等于台湾"。目前民进党内对于"中华民国"主要有三种观点：一是认为新的"中华民国"始于1949年，自"中华民国政府"在1949年到台湾，中华人民共和国成立，两岸就是"一边一国"；二是认为"中华民国"始于1991年废止"动员戡乱"，并由"国会"（包括"立法院"与"国民大会"）的全面改选，开始了"中华民国第二共和"；三是认为始于1996年的"总统直选"，"中华民国（台湾）"正式建立。当年参与李登辉"两国论专案"研究的学者中，有两派争论，一种坚持"旧金山和约"的"台湾地位未定论"，这就是从国际条约看两岸关系就是"两个中国"。另一派则是从"中华民国宪法"审视两岸关系，蔡英文属于后者。罗致政认为蔡英文目前倾向于主张"中华民国是台湾"。

由上可知，蔡英文及其党内部分人士是在为民进党确定新的论述，寻找新的出路，与传统的"台独"路线相区隔、与马英九路线做区别，总的方向是开

---

① 陈明通：《台湾面对中国的战略思考》，引自台北民进党中央党部网站。

② 郑丽君、郭建中：《"我国"经济发展模式三面向转型的建议》，引自台北民进党中央党部网站。

门而非闭门、选择性开放而非全面性开放，"态度善意，作法务实"。[①] 但蔡英文与民进党能走多快、走多远存有变数。

四、前景

蔡英文的"十年政纲"三万多字的初稿已大致完成，共有 12 篇，分别是族群篇、经济篇、农业篇、民主篇、对外关系篇、性别篇、环保篇、社福篇、教育篇等 12 篇章。民进党 7 月全代会并未讨论"十年政纲"，8 月间，民进党中常会陆续讨论通过了族群篇、性别篇。其余视情续公布。"十年政纲"不会一次推出，采分批公布，预计"五都"选前会公布与民生议题有关、争议性较小、共识度较高的篇章。经济篇 (包含两岸经贸交流) 与对外关系篇 (两岸战略、定位) 等较为敏感议题则可能延迟公布。

未来民进党大陆政策趋向何方，需要看民进党内在与外在、主观与客观条件，须参考五个变量：

一是与年底五市选举成败相关。"十年政纲"与民进党年底选情形成正向叠加而非反向阻滞。如果民进党在赢得总得票率、促成"南绿强化、北蓝淡化"的同时，智取三比二，蔡英文就有强烈的意愿推动"十年政纲"，民进党两岸政策会有更加强烈的转型动力，以此争取更多中间选民的支持。

二是蔡英文的领导地位是否稳固。蔡个人政治意志很强，但政治手腕不够娴熟，政治决断力不够明快，战功遭到质疑，党内挑战者众，民进党内部仍是暗潮汹涌，蔡推销"十年政纲"、推动政策朝向务实、弹性的政治实力有所不足。

三是民进党的支持者、党内派系是否接受。蔡英文"十年政纲"得到了绿营多数派系的支持。辜宽敏、黄昭堂等"台独"大老等公开支持蔡英文的领导，"前朝"政务官陈明通、吴钊燮、郑丽君、绿营学者罗致政等人纷纷参与、声援蔡英文的政纲研讨会。多数年轻世代也期待蔡"十年政纲"的通过。但苏贞昌、谢长廷"天王"等尚未公开表态，试图添加各自政策主张，突显其政策影响力。陈水扁、吕秀莲、姚嘉文等则有所批评或嘲讽。

四是否符合台湾特别是两岸关系发展的潮流与趋势。"十年政纲"存在多重逻辑矛盾，包括蔡英文把重点放在解决台湾人口、环境、社会等内部问题，来

---

① 林浊水：《蔡英文的新方向、机会与考验》，引自香港 http://www.chinareviewnews.com，2010 年 5 月 27 日。

减缓两岸交流对台湾内部的冲击，极力淡化、回避两岸议题。此举可能是把错了脉、抓错了药，找错了方向。在大陆崛起、世界上都要与大陆相互链接时，出现"Chinemica""Chinwan"新单词时，蔡英文却主张绕开大陆，由世界走向大陆，这是另一种"戒急用忍"思维。蔡英文反对两岸经济合作协议，但又找不到有效的替代方案以避免台湾经济的边缘化。蔡英文试图与大陆对话，但却又不放弃"台独"党纲，设置很多前提，逻辑上有多重矛盾。

五是美日等国态度。他们乐见民进党提出新的论述、务实的主张，希望民进党年底选举有所收获，发挥制衡国民党的作用。但美国智库、学者对"十年政纲"评价不高，美国战略暨国际中心（CSIS）研究员葛来仪与蔡英文访谈后，认为"十年政纲"没有内涵，看不出方向，不值得期待。

由上可知，民进党目前面临的内外环境决定蔡英文"十年政纲"或民进党大陆政策转型不可能顺利产生，会有曲折、反复。"十年政纲"最后内容一定是民进党内各派相互妥协的结果，不一定反映蔡英文的全部意旨。"十年政纲"较有可能在台湾内部治理包括社会福利、环境保护、人口老化、财税政策、区域平衡等议题提出较多具体政策，但涉及台湾前途、两岸关系等议题不一定取得实际、积极的进展，可能是"头转身不转""身转心不转"，表面热闹，徒具形式，缺乏实质的、积极的内容，更缺乏亮点、高度，找不到台湾真正的政经发展出路。当然，我们也不能低估了蔡英文的意志以及民进党内部求新、求变、求赢的力量，如果年底民进党选举结果好于预期，民进党转型的动力就会上升，"十年政纲"就有可能成为未来民进党迈向执政之路的政策纲领。

当前，民进党大陆政策处于变与不变、调整与固守的矛盾、对峙中。民进党政策调整的核心考量在于支持者的凝聚与扩张，如果调整带来的政治效益超过固守的利益，即既巩固基本盘，又能争取最广大的中间选民，民进党则义无反顾地选择调整；如果大陆政策的调整不但没有争取到中间选民，甚至松动基本盘，民进党则没有调整的动能与空间，相反会更加坚守既定的"台独"立场。

（本文完成于 2010 年 6 月）

蔡英文 2012 年选举两岸论述解析

为抢夺党内外两岸论述的主导权，争取更多选民支持，消除美方疑虑，企图在明年台湾"大选"中两岸议题方面得分、至少不失分，蔡英文自今年 2 月以来，在民进党内外、台湾内外各种场合，陆续抛出了一系列两岸论述，引起外界强烈关注。本文就其基本内容、根本特征与论述困境作一分析。

一、基本内容

2 月 23 日，民进党主席蔡英文在该党"新境界文教基金会智库"成立之际，发表了《跳脱历史，着眼未来》的政策演说，提出了"和而不同、和而求同"的所谓"和同论"。此后，蔡英文借各种机会密集对外说明她的两岸论述，主要是借参加党内初选、会见外宾、出访英、德、菲、出席各式座谈会、接受媒体采访、举办记者会等场合，从各种角度阐述她的两岸思维、两岸论述的不同面向，试图达到凝聚绿营基本盘、拉拢中间选民、年轻选民、争取美国信任、测试大陆反应等多重目的。综合蔡英文四个多月来有关两岸议题的谈话，可以概括为八个方面的内容。

一是"台独"坚持、"台湾认同"。即"捍卫台湾主权"，确保"台湾主体性"，决不能与大陆作"政治退让"。在 4 月 9 日第一场党内初选辩论中，蔡英文抛出三大政策主轴第一条就是"捍卫台湾，守护主权与国家安全"，以此"导正国家走向，翻转治国轴线，创造台湾发展的蓝海。"蔡极力攻击马英九"丧失主权"、"亲中卖台"、"矮化台湾"、以"主权退让跟妥协或以国家安全弱化来换取些许的让利。"[①] 在之前《跳脱历史，着眼未来》的演讲中，蔡英文强调所谓"和而求同"根本内涵就是"从台湾认同出发，以台湾价值为核心"，而绝不能

---

① 《蔡英文第一场党内初选政见辩论会申论稿》，引自台湾民进党中央党部网站 http://www.dpp.org.tw。

等同于马英九的"中国认同、中国价值"。① 蔡讲话中口口声声"台湾与中国"，其本质跳不出李登辉"两国论"、陈水扁"一边一国论"的窠臼。

二是多边架构定位两岸关系，联合国际应对中国崛起。在初选辩论中，蔡英文公开要求"在国际及区域架构下来思考及形塑与中国的关系，而不是在两岸的历史框架中打转"，"不能局限在两岸的框架里。"② 此后又在英国伦敦大学演讲中，蔡向国际表明："两岸议题也不仅限于台湾、中国双方的问题，台湾地区与世界及亚洲国家共同面对中国崛起带来的政治、经济与安全等方面的影响，必须在国际的多边结构下思考两岸关系，透过国际共通的规范与准则，平衡台湾与中国实力的不对等。"③

三是推行"由国际走向中国"的经贸策略。在蔡英文的思维中，面对美国、中国、日本及东协东、西、北、南四个经济体，台湾如果"一味向西靠拢，拥抱中国，却在其它三面划地自限、踌躇不前，台湾就会变成中国的边陲。"蔡内心真正的想法是国际关系先于、重于两岸关系，优先推动多边架构下的自由贸易协定（FTA），"透过多边的力量，共同平衡与中国进行自由贸易可能带来的冲击，与世界一起走入中国。"④ 蔡两岸经贸的策略重点就是平衡两岸关系与台湾的国际贸易，"不做边陲"。

四是奢谈"民主、人权"价值。自党内初选辩论开始，蔡英文开始高论"民主、人权"，"民主是台湾最大的资产，是台湾内部形塑对中国关系的一个开始。"⑤ 在 6 月 1 日座谈会上，蔡英文声称"民主将是解决两岸争议，共同追求和平与稳定、繁荣与发展的关键基石"。⑥ 要求民进党与大陆"追求民主自由人士展开对话与交流"。蔡还异想天开地要"把民主与人权议题纳入（两岸）交流清

① 蔡英文:《跳脱历史，着眼未来》，引自台湾民进党中央党部网站 http://www.dpp.org.tw。
② 《蔡英文第一场党内初选政见辩论会、第四场政见辩论会申论稿》，引自台湾民进党中央党部网站 http://www.dpp.org.tw。
③ 《蔡英文在伦敦大学亚非学院致词》，引自台湾民进党中央党部网站 http://www.dpp.org.tw。
④ 《蔡英文第四场党内初选政见辩论会申论稿》，引自台湾民进党中央党部网站 http://www.dpp.org.tw。
⑤ 《蔡英文第一场党内初选政见辩论会申论稿》，引自台湾民进党中央党部网站 http://www.dpp.org.tw。
⑥ 《蔡英文：民进党大门对中国朋友是开放的》，引自香港中国评论网 http://www.chinareviewnews.com，2011 年 6 月 20 日。

单，将人权条款置入与中国大陆签署的各项协议，以支持中国民主化进程"。①

五是"和而不同、和而求同"。蔡英文在 2 月 23 日提出此说，称："两岸有共同的责任和义务，追求和平稳定的关系，掌握繁荣发展的契机"；"两岸必须维持'和而不同''和而求同'的关系。这个'和'，就是和平发展的'和'"。这是蔡英文首次明确使用"和平发展"这个词。此后她又讲过两岸有共同的责任、共同的利益。但蔡重点突出两岸之间的差异，虽然"两岸讲一样的语言，但许多文化、社会价值观是不一样的"，包括在"历史记忆、信仰价值、政治制度、社会认同"方面存在差异，② 至于如何缩小两岸之间的差异、如何求同，蔡则轻描淡写，语焉不详。

六是寻找可长可久、和平稳定的两岸互动架构。蔡表明两岸有"有共同的责任和利益，可以共同追求和平稳定的关系以及繁荣发展的契机。两岸未来的领导人，都应该放眼未来，超越历史纠结，放眼下一代，为两岸和平发展共同寻求稳定可靠的新互动架构。"③ 在 4 月初接受电台专访中，蔡主张"两岸和而求同，共同寻找坚实的新基础。"④ 蔡英文口中的这个新互动架构、新基础具体内涵不得而知，但肯定否定体现一中原则的"九二共识"，抽离国、共两党《和平发展共同愿景》。蔡的理由是"处理台湾与中国的问题，不能陷入历史的框架裡，更不能被政治前提压缩了处理的空间。'九二共识'就是历史框架，就是政治前提。这个共识是禁不起民意的检验，如何能够作为建构两岸可长可久关系的依据呢？"⑤

七是表态愿与大陆交流。在 2 月 23 日讲话中，蔡英文呼吁大陆：作为一个"大国"与"强权"须"重新审视两岸关系长远发展之道"，建构共识，打下对等、符合期待的对话与交流基础。⑥蔡英文在 6 月 20 日访问菲律宾期间，公开声称民进党的大门对中国朋友是开放的，民进党愿意听听中国大陆的意见，欢

---

① 《蔡英文称：人权条款置入两岸协议》，引自香港中国评论网 http://www.chinareviewnews.com，2011 年 6 月 1 日。

② 《蔡英文：两岸经贸若有共识，可谈政治差异》，引自香港中国评论网 http://www.chinareviewnews.com，2011 年 4 月 6 日。

③ 《蔡英文党第四场内初政见选辩论会申论稿》，引自台湾民进党中央党部网站 http://www.dpp.org.tw。

④ 《蔡英文：两岸应共同寻找坚实的新基础》，引自香港中国评论网 http://www.chinareviewnews.com，2011 年 4 月 6 日。

⑤ 《蔡英文党第四场内初政见选辩论会申论稿》，引自台湾民进党中央党部网站 http://www.dpp.org.tw。

⑥ 台湾《联合晚报》，2011 年 2 月 23 日。

迎到民进党总部或智库，大家一起坐下来谈。①

八是吹嘘民进党处理两岸事务的经验与能力。蔡英文想告诉民进党及广大选民："民进党比国民党，将更能稳健地处理对中国的关系。不会陷入两岸的框架，不会让台湾迷失方向。让两岸关系，成为全球化趋势下更为正常、稳定的关系"，吹嘘她是"一个有力的、稳定的掌舵者"，将"更有自信、更务实、更大器来面对世界、面对中国。"以此争取更多中间选民支持。

蔡英文上述一系列两岸言论，完全出于选举的考量，从"左"、中、右多个面向、台湾内、外多个角度阐述其两岸思考，所透露的信息是左支右绌、前后不一、理由不足、一厢情愿、可行性低。其摇摆性、欺骗性、蛊惑性不言而喻，其对选票的加分效果有待观察。

二、根本特征

蔡英文两岸论述的根本特征可用二项定位、三重战略坚持及四项策略调整来概括。其中有不变的坚持，也有工具运用与策略调整，目的明确，就是吸纳选票。

（一）二项定位

1. 与传统"台独"路线作区别

蔡英文不接受传统的"台独"框架，认为"台独"路线、策略及内涵应与时俱进，决不能陷于旧有的框架而无所作为。蔡在今年 4 月 6 日接受赵少康的电台专访中解释，在不同的时间点，民进党要对"台独党纲做不同的解读和诠释。②蔡英文的逻辑倾向就是既与传统、教条的"台独"路线作区分，又与陈水扁当政时"激进台独""法理台独""文化台独""烽火外交"相区隔，避免挑战、触动"台海敏感红线"，避免陷入"麻烦制造者"的困境。

2. 与马英九的两岸开放路线相区隔

从政党竞争的角度出发，蔡英文的两岸论述试图与马英九的大陆政策、"黄金十年"相区隔，站稳所谓"主权独立"立场。③蔡英文攻击马的两岸路线是

<hr>

① 《蔡英文称愿与大陆谈长久互动》，引自香港中国评论网 http://www.chinareviewnews.com，2011 年 6 月 20 日。

② 《蔡英文：两岸经贸若有共识，可谈政策差异》，引自香港中国评论网 http://www.chinareviewnews.com，2011 年 4 月 6 日。

③ 林浊水：《蔡英文的新方向、机会与考验》，引自香港中国评论网 http://www.chinareviewnews.com，2010 年 5 月 27 日。

"冒进与暴冲""亲中卖台""矮化主权""主权流失""图利财团""锁进中国"。
蔡英文声称"面对暴冲的国民党，民进党只好牺牲自己把国民党拉回轨道。"[1]蔡
自称民进党与马英九大陆政策最大的不同就是后者是以"中国认同、中国价值"
为核心，是"和而要统""和而必统"。[2]蔡的两岸论述就是要与马英九的开放
政策不同甚至相反，视选票效应，平衡开放与管理，平衡两岸关系与"对外关
系"，平衡台湾南北，平衡重点产业、新兴产业与弱势、传统产业等。当然，出
于选票的考量，蔡也有可能在政治、军事议题上急转弯，抛出更为大胆的设想，
如她在接受赵少康的专访中时就称"两岸经贸若有共识，可谈政治差异"，[3]但
仅止于说说而已，后续动向，有待观察。

（二）三重战略坚持

1. 坚持"主权"，形塑"台湾性"

"捍卫台湾、守护主权与国家安全"成为蔡英文两岸论述的最坚硬的内核。
蔡曾称"捍卫台湾主权，这就是民进党与国民党最大的不同"，[4]"保护主权其实
就是保护我们的生活方式"。[5]蔡英文当今的"台独"认知就是坚持 1999 年"台
湾前途决议文"立场，赋予"台湾主权"软性包装，突出"台湾性"，弱化"中
国性"，建构"新的国家、新的台湾认同，迈向台湾主体性的重建时代。"[6]"台
独"坚持对蔡英文巩固、凝聚绿营基本票具有重大作用，成为蔡难以跨越的政
治标竿。

2. 坚持"民主"，双重制约

"民主、人权"向来是民进党的遮羞布与廉价的工具，蔡英文近来不断强调
民主原则在两岸关系中的"基石"作用，要求体现民主内涵、遵循民主程序，
讲究大陆政策的透明化、公开化，要求全体民众参与、在野监督、"国会"审
议，甚至"公投"ECFA，并异想天开主张将将"人权条款"纳入两岸协议，以
此彰显台湾"民主"价值、催化大陆民主化进程，其目的昭然若揭，牵制大陆，

---

① 杨伟中：《找回十一年前的民进党魂》，台北《新新闻》周刊 2009 年 6 月 11 日至 17 日，
第 1162 期，第 13 页。

② 蔡英文：《跳脱历史，着眼未来》，引自台北民进党中央党部网站 http://www.dpp.org.tw。

③ 《蔡英文：两岸经贸若有共识，可谈政策差异》，引自香港中国评论网 http://www.
chinareviewnews.com，2011 年 4 月 6 日。

④ 台湾《中时晚报》，2008 年 9 月 9 日。

⑤ 《民进党面临的挑战与未来发展方向》，香港《中国评论》2009 年 1 月号，第 78 页。

⑥ 蔡英文：《从反抗、重建到台湾主体的真正确立》，台湾教授协会编：《"中华民国"流亡台
湾 60 年暨战后台湾国际处境》，台北前卫出版社 2010 年 4 月初版。

给马英九出难题，争取中间选票，特别是台湾知识阶层、社运团体的支持。

3. 阶级动员，分化蓝绿与两岸

随着台湾社会问题日益严重，蔡英文及民进党人找到了"阶级动员"这一选战新工具。搭配统"独"争议，突出贫富分化、分配不公、南北分治，激化阶级矛盾，走"中间偏左"的阶级动员路线，将所有台湾内部问题、矛盾都归罪于马英九的两岸开放路线，嫁祸于国、共两党，以吸纳中低收入、中产阶级、中小企业"三中群体"对民进党的支持，既分化台湾内部，又给两岸关系设置调节阀与旋转门。

可见，蔡英文在"和而不同、和而求同"华丽软性论述的外表下，深陷"台独"心牢，强塑"台独"心证，始终在李、扁"两国论""一边一国"的"台独"旧框架中打转，始终在国际"反华"势力设定的"民主""人权"旧框框中打转，难以自拔，更无法超越，是一种典型的对抗、零和思维。

（三）四项策略调整

两岸议题是明年台湾"大选"的重要战场，蔡英文及其民进党策士们亟须弥补两岸罩门，追求选票极大化，具体策略有四。

1. 转型策略

每逢选举，民进党最擅长的招式就是打出"转型"旗号。蔡英文作为台湾选举市场的"新政治品种"，其"谜"一样的特质引起不少选民的好奇，甚至产生莫名"新鲜感"与"期待感"，更加燃起民进党人重新执政的热望。此时此刻，蔡英文及其策士们再次祭出陈水扁当年向中间转型的策略，尤其在两岸论述方面着力甚深，发出了"和而不同、和而求同""善用中国""共同责任""共同利益"等富有想象力、闪烁"理性、务实"色彩的口号，引发强烈的媒体效应，引起美国兴趣，大陆也高度关注。

2. 模糊策略

蔡英文在着力塑造向中间转型的同时，使用起模糊策略，塑造一种不清楚、不清晰而具可塑性的朦胧感，以求在"台独神主牌"与"台独"势力颓败式微交相挤压的现实中脱困，追求选票的极大化。具体有四个方面：一是回避两岸关系发展的关键问题，回避"宪法"，不敢公开强调"台独"，只能以软性的"台湾主体性"来包装。二是回避甚至否认"九二共识"，称之为虚拟、人为创造、根本不存在，不足以支撑台湾与大陆的关系。① 三是回避或跳脱既有的两岸结构、历史框架，主张在国际体系的多方架构中定位两岸关系，"与世界一起走向中国"，试图以空洞、模糊的说教蒙混过关，让民众误以为民进党也有能力处理好两岸关系。② 四是模糊两岸关系发展策略，蔡英文除了讲些"和而不同、和而求同"的口号外，根本没有具体的策略、切实可行的方案，只是在一些名词、口号上绕圈子，缺乏发展两岸关系的真正诚意。但模糊战略并非万灵丹，一旦被人看清招式与底牌，便可能形象穿帮，惹火烧身。

3. 交往策略

正视、面对大陆崛起，试图与大陆正常交往，改变民进党在两岸议题上短板、弥补罩门，这是蔡英文开出的另一剂药方。2009 年 5 月以后，蔡英文改变"逢中必反""逢中必闹"的策略，提出要在"不排除在不预设政治前提的情况下，与中国进行直接并实质的对话"，随后即委请亲绿智库及学者研议规划民进党与大陆之间的交流平台。五市选举一结束，蔡便宣布成立智库，研讨两岸政策、开展对大陆、对外交流。但与此同时，蔡英文又严格限止党公职赴大陆交流。因此，一年来，民进党与大陆方面的交往没有任何进展，"只闻楼梯响，不见人下来"，效果不彰。

4. 试探策略

为了摆脱外界对于模糊手法的质疑，蔡英文忍不住说明大陆政策设想，采取分包、分期试探策略。包括：不局限于两岸既有架构与历史框架；两岸要共同寻找坚实的新基础，愿谈可长可久的、和平稳定互动架构；在国际多边架构中定位两岸关系，等等。与此同时，蔡吹嘘当年她处理两岸事务的经验与能力，以求拉大试探的效果。但蔡的试探策略始终无法获得大陆的信任，却使美方一些人信以为真，也令中间选民对蔡产生莫名期待，误以为蔡英文也会在两岸关系采取务实作为。

三、论述困境

蔡英文两岸论述的困境表现在五大方面。

---

① 《蔡英文：两岸经贸若有共识，可谈政策差异》，引自香港中国评论网 http://www.chinareviewnews.com，2011 年 4 月 6 日。

② 文毕真：《蔡英文新两岸论述：模糊战略、目的清晰》，引自香港中国评论网 http://www.chinareviewnews.com，2011 年 4 月 28 日。

一是坚持"台独"、否认"九二共识"。两岸关系和平发展的基础就在于两岸共同坚持体现一中原则的"九二共识",共同反对"台独"。如果没有这一基础,两岸关系如何发展?怎么能够发展?如果没有这些基础,两岸关系发展的结果就是两岸分裂现状的固定化、永久化,就有"和平分裂"甚至"和平台独"的可能性,全中国人民怎么会答应?因此,蔡英文否认"九二共识"、跨不出"台独"藩篱,难以为民进党找到出路。

二是鼓吹虚无的"两岸新基础""互动架构"。蔡英文自以为"两岸问题不是只有一个选项,有好几条路可以走。"[1]但蔡寻找新基础的选项排除了"九二共识"、反对"台独",主张跳出两岸既有结构、历史框架,自愿落入"台湾地位未定论"的圈套中,突出"民主、人权"价值,分明不是寻找共识,不是缩小分歧,而是扩大分歧;不是寻找共同基础、共同利益,而是制造分歧,挑起冲突,大陆怎么会与蔡英文谈互动架构?

三是多边架构与"由世界走向中国"不可行。"台湾问题国际化"是李扁的旧把戏,二十前,在台湾还具备政治、经济、文化优势的情况下,难有作为,"南向政策"即以失败收场;在大陆崛起、两岸政经实力对比发生根本改变的情况下,这一套多方架构、联合世界面对大陆崛起的老把戏更没有可行性,徒然延误两岸共同发展的黄金时期。当年扁执政时大搞"烽火外交""金钱外交",四处碰壁,现在蔡英文有何高招、以什么名义、什么路径带领台湾走出去?蔡英文想走一条没有大陆的全球化之路,但如何实现"排除中国的全球化"计划?如何避开大陆而使台湾成为区域经济的枢纽?[2]蔡的主张根本走不通,一切徒劳,痴人说梦。台湾务实的经贸策略就是携手大陆一起走向世界,而绝不是相反。

四是荒谬的"民主、人权"论。蔡英文在两岸论述中打出"民主、人权"议题,主张将人权条款纳入两岸协议。此举表明蔡英文完全昧于两岸大势,不知两岸民生疾苦,低估大陆的政治文明成就与大陆民众民主素养,不但讨不到西方某些人的欢心,更引起全中华民族的愤慨,枉费心机,自讨没趣。民进党习惯与大陆的"民运人士""维权人士""法轮功"甚至"藏独""疆独"分子相勾连,伤害大陆 13 人亿人的感情,民进党如何与大陆培养互信、建立新基础与

---

① 《蔡英文:两岸经贸若有共识,可谈政策差异》,引自香港中国评论网 http://www.chinareviewnews.com,2011 年 4 月 6 日。

② 《旺报》社论:《蔡英文何必以全球化包装台独》,台湾《旺报》,2011 年 4 月 22 日。

新互动架构？

五是绕不出李扁旧框架，没有新思维。蔡英文的两岸论述都是在民进党前朝思维的旧框框中打转，毫无新意，没有一丝新思维。为蔡英文的两岸论述出谋策划的大多是民进党执政时期的旧官员，包括前"陆委会"主委陈明通、吴钊燮、"国安会副秘书长"陈忠信等人，其两岸论述思维不脱民进党执政时期的旧框架，包括政治上坚持"台独"、经贸政策上陷于李扁"戒急用忍""积极管理"旧框框。此外如"多边体系""互动架构""和平稳定架构"等策略，都是陈水扁执政时期炒过的"冷饭"，了无新意。

蔡英文完全昧于全球化的潮流，无视两岸关系和平发展的大势，其两岸论述仍沿袭李扁的对抗思维、民进党执政时期的老观念，除了踩两岸关系刹车、搞"积极管理"那一套老把戏外，根本提不出适合台湾发展的正确方案、道路，也找不到稳定两岸局势、实现两岸关系和平发展的切实可行的路径。蔡英文及其民进党策士们刻意塑造的模糊、朦胧、"谜"一样的形象迟早会"穿帮"，终将证明只是一场骗局而已。（本文完成于 2011 年 6 月）

蔡英文两岸"和同论"评析

在民进党内"总统"候选资格激烈竞逐之际，2月23日，民进党主席蔡英文在"新境界文教基金会"成立智库之际，发表了"跳脱历史，着眼未来"的政策演说，提出了"和而不同、和而求同"的所谓"和同论"。3月28日，蔡又在会见美国政要时，继续演绎其两岸论述，引起台湾内外各界的强烈关注。蔡英文"和同论"主要内涵、本质、未来走向以及影响，值得我们深入研究，思考对策。

一、内容与反响

蔡英文这篇演说经过精心准备，试图借此垄断民进党两岸议题资源、抢占两岸论述的制高点，为其争夺民进党"总统"候选人资格、巩固绿营基本盘、赢得中间选民加分。这篇讲话是在吸纳此前邀集绿营"前朝"官员、亲绿学者研拟"十年政纲"成果基础上提炼而成，可以看作是"十年政纲"阶段性成果的发表。因为蔡仍未取得参选资格，所以蔡的新论述只抛出了部分内容，其完整版的两岸政策主张将在其赢得参选资格后择机释出。但一叶知秋，蔡的这篇演说，可以反映出其两岸论述、两岸政策的基本轮廓及其未来走向。

蔡英文"和同论"的新论述涵盖七个方面内容。

其一，确定任务：民进党作为台湾主要政党，有责任处理好"中国议题"，主张"发展与中国的关系，与亚洲各国一起共同面对中国的崛起。"

其二，突出不同：突出两岸之间不同、国民两党之间不同。两岸在"历史记忆、信仰价值、政治制度、社会认同"方面存在差异，而民进党与国民党、马英九的不同，在于后者倡导"中国价值""中国认同"，追求"和而要统""和而必统"。

其三，着眼"和平发展"：蔡试图与"和平发展"作某种程度的"对接"。

包括："两岸有共同的责任和义务，追求和平稳定的关系，掌握繁荣发展的契机"；"两岸必须维持'和而不同''和而求同'的关系。这个'和'，就是和平发展的'和'"。这是蔡英文首次明确使用"和平发展"这个关键词。蔡英文对于民进党与大陆方面能否找到共识缺乏信心、没有把握，但蔡试图作些尝试。这或许就是蔡英文内心的一种态度，表达她所认知的一丝善意。

其四，强化"台湾认同"：蔡英文所谓"和而求同"根本内涵就是"从台湾认同出发，以台湾价值为核心"，其本质跳不出"两国论""一边一国论"的窠臼。

其五，坚持"三不"："和同论"具有"三不"前提，即：不能像国共那样局限于两岸的结构、或陷入历史的框架中；不能被"政治前提"压缩了处理两岸问题的空间；不能只在双方的基础上发展两岸交流，尤其是经贸交流，应以"国际多边体系"，作为与大陆互动的架构。

其六，智库定位：蔡英文要求民进党智库既要扮演"有行动力的思考者"，又要承担"有思考力的行动者"角色，要有"可实践性""未来性""对话性"，指定智库承担起研究大陆、与大陆交流与对话的角色。

其七，呼吁大陆：作为一个强势一方的大陆须"重新审视两岸关系长远发展之道"，建构共识，打下对等、符合期待的对话与交流基础。①

蔡英文的"和同论"抛出了一系列概念，以"和而不同、和而求同"、特别以"和平发展"作为点睛之笔，契合两岸关系主轴，塑造了一种柔软、可塑、务实、理性的姿态，留下了一个富有想象力的转型背影。但其避重就轻，回避"九二共识"、回避"中华民国宪法"、不敢面对民进党执政八年对两岸关系造成的严重后果、坚持"台独"立场等，引来强烈批判，成为蔡英文"和同论"的硬伤，显示其格局不高、诚意不够、前瞻性不足，转型动能不强，有可能半途而废、昙花一现、沦为空谈。

二、本质与政策走向

我们认为，服从、服务于赢得更多选民支持、攫取更多选票、累积对抗马英九能量、获取美国信任与好感、减缓大陆压力等多重目的，现阶段蔡英文处理其两岸论述的基本手法就是"有所变、有所不变"，亦即"战略不变，策略调

---

① 台湾《联合晚报》，2011 年 2 月 23 日。

整",表现为政治层面淡化"台独"色彩但坚持"台湾认同""台湾价值"以及"台湾主体性";经济层面"延续前朝政策"但强调台湾经济的自主性;交流层面务实面对但要减缓大陆对台湾社会的影响、争夺主导权等。"新系"智囊林浊水曾概括蔡英文的两岸路线就是"立场坚定明晰、政策务实灵活、态度温和友善",① 蔡英文处理其两岸新论述的手法也是如此。

一方面,蔡英文依然坚守"台独"立场,没有丝毫的松懈、调整。她划定"台湾前途决议文"的防守底线,避谈"中华民国",回避"九二共识",虽然没有重复其"中华民国是流亡政府""中华民国宪法只是参考"等论调,口口声声"台湾"与"中国",骨子里分明就彻头彻尾的"两国论""一边一国论"逻辑。我们可以明确感知到蔡英文所坚持的二点政治内核:一是"台湾已是主权独立的国家",二是台湾前途由 2300 万民众决定。蔡反对马英九"陷入中国设定的框框里",反对"政治的退让""模糊台湾的主权地位""以政治退让交换经济利益"等等。所以,在蔡英文"和而不同、和而求同"华丽软性论述的外表下,深陷"台独"心牢,强塑"台独"心证,始终没有修整的空间,没有丝毫软化的迹象。② 不难预见,蔡英文未来参与选举、特别是面对"独派""本土社团"时,必将大肆发挥"台独"论调。

另一方面,蔡英文要为民进党的两岸论述寻找新方向、赋予新内涵,淡化"台独"外在色彩,用一些软性词汇包装,回避敏感争议,力图论述柔性化、政策务实化,借此扩张民进党的战略空间、拉长战略纵深。蔡这套说辞,有可能升高"台独"论述的蛊惑性、欺骗性,扩大"台独"社会基础。

我们可从蔡英文的此篇讲话中梳理其三条两岸政治思维轴线:即"立足和,固不同,谋求同"。

其一,"立足和"。这是蔡两岸新论述的主轴,公开打出"和"字招牌,试图呼应大陆主张的两岸关系和平发展思想,与之对接。蔡所言"和而不同、和而求同"点出了两岸关系和平发展的主轴、契合当前两岸的主流民意,就是追求两岸和谐、和解共生以及和平发展。蔡特别提出她的"和"就是"和平发展"。看来,作为民进党主席的蔡英文终究难以回避、也难以抗拒两岸关系和平发展

---

① 林浊水:《蔡英文的新方向、机会与考验》,引自香港中国评论网,http://www.chinareviewnews.com,2010 年 5 月 27 日。

② 俞雨霖:《蔡英文的两岸论述走不出"台独"心牢》,引自香港中国评论网,http://www.chinareviewnews.com,2011 年 2 月 24 日。

的强大民意与历史潮流。只是蔡的从政经历及其出任民进党主席以来的"逢中必反""逢中必闹"的政治纪录，鲜有和平发展的思维，人们有理由怀疑蔡的"和"，并非出自本心，而是一种迫于大陆强势崛起、两岸和平发展强大民意的无奈之举，因此，蔡所谓的"和"动力不足、诚意不够，甚至潜藏图谋，企图透过和平发展奢求"和平独立"。

其二，"固不同"。即固定、强化两岸不同，以此区隔两岸、区分两岸，损伤"化异"的思考与动能。蔡认为两岸彼此不同，在"历史记忆、信仰价值、政治制度、社会认同"方面存在差异，这些均是"台独""合理性""正当性"的基本依据，也被视为台湾抗衡大陆的资本。所以蔡不但不求化异，相反会固异，强化不同，扩大差异。当然，我们也应看到，为降低刺激性，蔡有意回避两岸统、"独"差异，也没有揭开其口念"和平发展"只是心向"和平分裂"这层窗户，绝非"和平统一"。

其三，"谋求同"。可以肯定的是，蔡绝不会接受两岸执政者之间"九二共识"、反对"台独"的政治互信基础，也不能接受国共和平发展的五项愿景。蔡英文希望从"历史记忆、信仰价值、政治制度、社会认同"等方面作出求同化异的尝试。最近在会见美国前副国务卿阿米塔吉（Richard Armitage）时称，蔡英文提出"共同利益论"，声称两岸有很多不同，但基于必须共同维持地区的稳定发展，"台湾要与中国一起找寻共同利益所在。"① 张亚中先生认为蔡英文所说的"求同"是指"追求两岸和平发展"的同，是发展方式的看法，不涉及两岸定位的未来走向。②

虽然揭橥"和而不同、和而求同"政治口号，但何为"不同"、如何"求同"，蔡英文并没有明确交代，语焉不详，吊足外界胃口。或许等到蔡成为民进党候选人后，才有意愿推出她的"求同"内容、目标及其策略。

在此，我们试对蔡英文的"求同"内容、"求同"路径做一推演。

两岸和平稳定、和平发展可能是蔡"求同"的起点，也可能是终点，蔡英文可能仅为和平而和平，绝没有和平统一的意愿。有人认为蔡的"和而求同"就是指"和而容独"或"和而求永远维持现状"。③ 蔡英文可能寻觅不同于国、共交流的求同内容，但可以肯定的是，若期待蔡英文的两岸主张超越马英九现

① 台湾《自由时报》，2011年3月29日。
② 张亚中：《无两岸共识岂有两岸和平？》，台湾《旺报》，2011年3月16日。
③ 同上。

有的两岸开放政策,哪怕其前任党主席许信良提出的"大胆西进"等政治主张,都并不现实。我们预估蔡英文有关两岸论述完整版本的逻辑思维、政策内涵可能包括五个方向:

其一,蔡坚持在维持台湾"主权""民主""人权""对等"的原则基础上尝试两岸求同。在蔡英文的两岸关系构想中,她多么希望大陆能接受民进党"台湾认同""台湾价值"等政策主张,接受甚至采纳台湾的政治制度、信仰价值等。有舆论认为,蔡"和而不同"应指"台独"原则与大陆不同,"和而求同"则是不涉及一个中国原则,主要指社会制度、价值体系,唯求大陆"服从"台湾的制度、价值。因此,蔡"和而求同"与大陆所主张的"求同存异"根本是南辕北辙。①

其二,蔡希望一旦民进党执政仍维持两岸和平稳定的局面,希望"延续'前朝'政策,不会横柴入灶(闽南语,意谓蛮干)"。②如此,才能证明蔡英文也能处理好两岸关系。

其三,蔡会接受两岸已签署的协议,但试图经过"立法院"审查等"民主程序",加强"民意"监督,而且对相关内容加以调整、补充。蔡会接受两岸直航、陆客赴台旅游、陆资赴台投资、陆生赴台求学等两岸交流现实,但一旦执政必然考虑实施类似扁当局时期"积极管理、有效开放"的政策。

其四,蔡英文的政策幕僚陈明通建议两岸双方设立风险管理机制,以负面表列的方式加以危机预防管控。陈曾从政治、"外交"及"国际事务"、军事、经济及社会文化五大领域,提出两岸双方应竭力避免可能引发两岸危机与冲突的十三个举动。③

其五,蔡英文试图寻求与大陆交流、对话、互动的轨道、平台。蔡有其自己的思考,民进党绝不采用国共模式,民进党人绝不参加国共论坛、海峡民间论坛以及其他已有的论坛,回避国共之间讨论的议题,突出所谓"主权、对等、尊严"内涵,突出所谓"人权""自由""治理""审议民主"、环保等议题,交流对象则以大陆的"公民社会"、非政府组织(NGO)、"人权团体""维权人士"等为优先。蔡英文倚重的一批学者热衷于开展两岸民间团体、"公民社会"的交

---

① 《胡锦涛的同怎会与蔡英文的同是一回事?》,引自香港中国评论网,http://www.chinareviewnews.com,2011 年 2 月 27 日。

② 台湾《苹果日报》,2010 年 9 月 17 日。

③ 陈明通:《当前两岸"政治安全困境"的风险管理》,全国台湾研究会编:《两岸关系和平发展与机遇管理》论文集,北京高等教育出版社 2009 年 8 月版。

流，但可行性极低。

三、影响与后续发展

如今，蔡英文无法不面对大陆强势崛起的现实，无法不面对两岸关系和平发展的主流民意与历史潮流。蔡英文已认知到民进党的两岸政策必须有所调整、改变，方能应对当前两岸关系发展的趋势，维持民进党在两岸议题方面的论述权、话语权与竞争力，培养民进党的两岸人才，积聚两岸交流的能量，为重新执政进行理论论述、政策准备与人才储备，赢得多数民众的信任。"和同论"为蔡带来某种程度的加分效果，升高外界、特别是中间选民、美国方面对蔡下一步的"和而求同"内容与策略新的期待。蔡及其谋士们也会观察各界的反应，思考下一步的动作。不少人相信蔡下一步将在两岸政策方面端出具体的"牛肉"。因此，我们不能低估蔡讲话的影响，也不能低估蔡在赢得候选人资格后抛出两岸政策措施的动能。

其一，将对不明民进党"台独"本质的民众包括中间选民、年轻选民、浅蓝选民对民进党产生幻想。有可能因此失去对民进党制造两岸紧张形势的警惕，甚至在选举中转而支持民进党。

其二，将对马英九、国民党构成新压力，增加马英九巩固泛蓝基本盘的难度，除非马英九在两岸政策上采取更大幅度开放的措施；增加马英九吸引中间选民、知识阶层、年轻选民的难度，蔡的两岸新论述对上述选民具有某种程度的吸引力。马如果找不到破解蔡英文论述攻势的药方，有可能在大陆政策论述上失去优势。因此，近来，马持续在大陆政策方面出招，质问蔡英文是否接受"九二共识"，规定称对岸为大陆不能称中国，等等，试图拉开与民进党两岸政策差距，扩大战略优势。

其三，将升高美方对蔡英文领导下的民进党的正面期待。美方对于当年陈水扁执政造成两岸形势紧张、拖累美方记忆犹新，始终担心民进党再次执政后仍成为"麻烦制造者"。对此，蔡英文心知肚明，不断透过各类管道，与美方智库、官员进行接触、沟通。蔡的讲话试图在某种程度上降低、消除美方疑虑，增加美方对民进党信任度。美方出于战略上牵制马英九、牵制大陆的需要，一定程度上对蔡英文的两岸政策给予关注，但是否会削弱对马英九的支持，转而更多地支持蔡英文，有待观察。其态度、立场一定反过来影响到蔡两岸政策的后续发展。

其四，大陆认知到蔡英文两岸新论述的动向。大陆对于民进党的政策是一贯的，要求民进党停止"台独"分裂活动、改变"台独"立场，强调"台独"没有出路，两岸关系和平发展是大势所趋。而且，没有"九二共识"就没有两岸协议，民进党不承认"九二共识"，两岸关系必然受到影响。但在这些公开的政治表态后面，大陆还会做些策略的调整，稳妥因应蔡英文的两岸论述。

预计，蔡英文后续的两岸论述将配合她的党内竞选行程，陆续抛出。其未来动向有四个方面：

其一，与民进党的内部竞争相结合，有可能在其成为民进党的"总统候选人"后不久，完整地推出她的竞选纲领，端出具体的两岸政策主张。

其二，蔡的两岸论述仍将沿着"台独战略不变，策略持续调整"的方向进行模拟、突围，塑造民进党的新两岸政策，争取更多选民支持。

其三，试图在国共模式之外另辟蹊径，建立具有民进党与大陆交流特色的另类两岸交流管道、平台，向选民证明民进党处理两岸关系的能力，消除中间选民疑虑。

其四，必然会极力回避、否认两岸"九二共识"、反对"台独"等政治基础，但可能采用借道搭桥、移花接木的方式，用民进党人语言，表述发展两岸关系的共识。（本文完成于 2011 年 4 月）

"十年政纲"对民进党影响评估

2010 年 1 月 1 日，民进党主席蔡英文在《自由时报》"写给 2010 的民进党"一文中，宣布今年将提出"十年政纲"，"借由这份政纲，我们要把民进党的路线及民进党对台湾整体的规划告诉全体'国民'，从全球化中台湾地区的地位、产业的创新、就业与教育、财政的平衡、因应高龄化社会的方案、'国土'规划与永续发展，到两岸政治与经贸的定位。"

2010 年 3 月 10 日，民进党中常会正式决定启动"十年政纲"研讨。民进党发言人林右昌表示，"十年政纲"出台分为四阶段：形成问题意识；举办各项研讨会、开放各界意见参与；就政策纲领进行撰写与沟通；在今年 8 月"全代会"讨论通过后形成民进党正式文件。

一、"十年政纲"的提出原因

（一）巩固蔡英文在民进党内领导地位是直接原因

蔡英文虽已将民进党带出政治低谷，但是在党内既无派系又无基层。面对"四大天王"及各派系咄咄逼人，法学博士出身、曾参与"两国论"及"一边一国论"论述的蔡英文，决心扭转民进党近年来没有提出新论述而只能热炒短线的被动局面，提出在 21 世纪功能等同于"台湾前途决议文"的"十年政纲"。通过"十年政纲"，充分凸显蔡英文的政策论述优势，区别于挑战者"只重选举，不重政策"，从而巩固其在民进党内的领导地位，掌控 2012 年台湾地区领导人选举党内提名的主动权。

（二）推动民进党世代交替并重返执政是深层原因

蔡英文"十年政纲"与吕秀莲"九六共识"的政治路线之争，背后隐含的是民进党"学运世代""幕僚世代"力图取代"美丽岛世代""律师世代"而全面掌控党机器，并在 2012 重新夺回执政权的政治权力之争。近来，赵天麟、刘耀仁、阮昭雄、许嘉恬、李坤城、张嘉玲、李退之、朱政麒等党内新生代纷纷力挺蔡英文推动的"十年政纲"，但是要求扩大讨论范围、开放年轻人参与。近来，蔡英文所邀请到民进党中央参与商讨"十年政纲"的"前朝"政务官，如"国安会"代秘书长陈忠信、"陆委会主委"吴钊燮、陈明通、"经建会主委"何美玥、"台湾智库"董事长陈博志等，多是在民进党执政八年期间有一点作为、民众反感度较低者。

二、"十年政纲"对民进党的影响

（一）对民进党的正面影响

1. 权力结构：加速民进党世代交替

"十年政纲"将确立以蔡英文为代表的民进党新世代政治路线，汇聚民进党新生代的新思维，赋予"学运世代""幕僚世代"接替"美丽岛世代""律师世代"而全盘执掌民进党的合法性和合理性。蔡英文的周围已集结了苏嘉全、赖清德、李俊毅、罗文嘉、段宜康、郑文灿、赵天麟、林佳龙等一批新世代干部，这些人已成为辅佐蔡英文的骨干力量。蔡英文将通过"十年政纲"巩固自己在民进党内的领导地位，证明她是除了可以"总统"选战并能打胜仗之外，还是可以使民进党保持政策论述优势的"唯一传人"，而"四大天王"等大佬都不过是一群只顾个人政治利益、疏于经营论述的"草莽英雄"，承担不起推动民进党改革的重任。

2. 派系斗争：提升党中央掌控能力

"十年政纲"的推出，将是民进党"新潮流系"、苏系、谢系、扁系等主要派系之间不断内斗而又相互妥协、相互适应并实现某种程度合流的博弈过程，有利于蔡英文进一步主导民进党党务工作。蔡英文通过充当党内斗争"缓冲剂"和"安全阀"的特殊角色，借以提升党中央对派系斗争的掌控能力，其处理领导层分裂危机的能力也将更趋老练成熟。

3. 政党形象：塑造民进党"既会选举又会'治国'"

民进党推动"十年政纲"的过程有助于向选民展示民进党是一个与时俱进的政党，有助于展现民进党的政策规划能力，从而改变外界对于民进党"只会上街打砸闹，完全没有公共政策论述能力"的传统观感，并借此洗涮民进党陈水扁上台八年间所暴露出的"只会选举、不懂'治国'""'治国无能'、贪腐无度"的负面形象。蔡英文也可借"十年政纲"证明，曾先后任过"陆委会主委"

及"行政院副院长"的她，不但具有实际行政执行能力，而且也具有"治国"理论及策略，从而为她今后率领民进党重新夺回政权做好准备。

4.组织发展：争取更多人才资源

借由"十年政纲"之研议与号召力，提振民进党干部、党员和支持者的士气，彻底摆脱民进党"总统大选"失败阴影，延续"立委"补选胜利气势，凝聚泛绿支持者的向心力。"十年政纲"并以贴近社会阶层、呼应社会脉动的政见和呼声，拉拢和整合政界、学术界以及基层实力派支持民进党的力量，发掘愿为民进党奉献心力的骨干分子，重新唤起广大基层民众的信任、认同与支持，争取在"五都"选举和2012"大选"中胜出的机会。

5.选民结构：吸引年轻选民和中间选民

"十年政纲"既有所区隔于民进党"台独党纲"，又有所区隔于马英九现行两岸政策，还使蔡英文领导下的民进党与陈水扁贪腐势力适度切割，从而使民进党得以找到一个与国民党进行选举竞争的新着力点。"柔性台独""务实台独""稳健台独"的立场表述形式将使民进党得以在不进行"台独"实质转型的前提下赢得年轻选民和中间选民的认同，对于未来选举具有加分效应。

6.政策过程：占据问政制高点和"打马"主动权

"十年政纲"因应两岸关系和平发展的形势变化，延续"台湾前途决议文"的基本立场，对民进党的"台湾'主权'捍卫者"与"台湾'主体意识'诠释者"角色加以柔性化和精细化论述，占据两岸决策问政过程的战略制高点，垄断"批马打马"的战略主动权，在坚持"台独"路线的同时不反对两岸交流并从大陆获得经济利益，将加大民进党对台湾当局两岸政策的影响力。

（二）对民进党的负面影响

1.派系大佬抵制可能影响党内团结

"十年政纲"的研议和出台是以蔡英文为核心的团队与各大派系之间角力的过程。民进党阵营旧世代人物与新生代干部之间的冲突可能因此正式台面化，以致危及民进党内部权力结构的稳定。民进党内各派系领袖担心未来蔡英文主导民进党全局，致使民进党诸"天王"逐渐边缘化，所以时有党内大佬和资深政治人物批评"十年政纲"程序不民主、内容不明确、方向不明朗；今后仍可能形成抵制力量，或将削弱"十年政纲"的正面影响。

2.政策论述失当可能变成"烫手山芋"

"十年政纲"的结果将是民进党各派系斗争与妥协的产物，对于民进党而言，过程重于结果，形式重于实质，形象塑造大于政策宣示、选举效应大于转型效应。民进党通过"十年政纲"，本意是为世代交替并为竞选造势，如果论述失当、重蹈覆辙，就会适得其反，陷入"秋后待决"的被动地位。

三、"十年政纲"简评

在千呼万唤声中、在蔡英文选情低迷之际、历经党内两年多研议、几度搁浅、汇集"绿营智库"力量与智慧的"十年政纲"终于出台了。这是蔡英文参与明年台湾选举端出的最重要的大菜，包罗万象，涵盖了所谓"内政"、"国家安全"、两岸经贸等18个纲。其中最受瞩目的当属"国安"、两岸部分。

因为此前一直采取模糊的策略，抛出许多空洞、抽象、虚幻、贫乏的论述，蔡英文的两岸政策备受质疑。台湾《远见》杂志民调称有73.8%的人不清楚蔡的大陆政策，甚至党内明眼人也极度不满，批评蔡"副手不详，政策抽象"，导致蔡民调始终处在低档徘徊，"政策雾蒙蒙、选情冷飕飕"（郭正亮语），蔡本人心生烦躁，屡受煎熬，一度动怒大发脾气。

现在蔡英文终于掀开两岸底牌，连续五天、大阵仗召开记者会，发布政纲，急于摆脱"空心菜"的讥讽，试图以此挽救颓败的选情。民进党发言人预告"十年政纲"代表旧路线向新路线的转向，作为台湾下阶段的改造法案。[①]事实恰恰相反，蔡英文仍陷于抽象、模糊、空洞、乏力、"雾煞煞"的困境之中。也许面对两岸关系新形势，以及"绿营基本教义派"的残酷绑架，蔡只能模糊以对，"一皮到底"（施正锋语）。

（一）基本内涵

蔡英文端出五大药方处理两岸关系。是良药、解药还是泻药、毒药？作一具体分析。

1. 以冷战思维取代合作思维，敌意多于善意

蔡英文难以走出对抗冲撞的历史阴影，难以摆脱"两国论""一边一国论"的制式思维，对和平崛起的大陆没有太多的善意与好感，怀有敌视、恐惧、无奈、怨恨、唱衰等复杂情绪。没有一句祝福的话，字里行间充满了质疑，刻意渲染大陆的"威胁"、"风险"，炒作所谓对台法律战、心理战、舆论战"三战"，夸大大陆发展的不确定、不稳定、不透明，煽动、助长民众的疑虑。有媒体发

---

① 台湾《联合报》，2011年8月16日。

现"十年政纲"中"隐含着某种不惜台海情势逆转的高亢声调，扬言'和平'不可能靠人恩赐。"①前扁办主任称"十年政纲"恐成敌意催化剂。②台湾学者陈一新认为"政纲"比李登辉"特殊国与国关系"的论述更为激进，不但否定两岸之间的脐带关系，甚至含有不惜让"台海情势"翻盘的战略企图。③蔡所抛出的包括"战略互利""强化台湾、凝聚台湾"，"面向世界""以世界为念"等，在两岸关系和平发展的新阶段、在两岸大交流、大合作、大发展的新时代，这套说词显得多么不搭调、不合时宜、不识时务，显得多么苍白贫乏、理穷词屈，多么无济于事、无所适从、无能为力。

2. 以"软对抗"取代"硬碰撞"

蔡英文顽固坚持"台湾前途决议文"的"台独"立场，声称"台湾民众坚持'主权独立'，反对任何一党专制的政治意志，更是铁一般的现实。"蔡英文孜孜不倦地寻索"台独"新路径，演绎"价值型台独""制度型台独"及"程序型台独"。④与陈水扁激进手法不同，蔡英文鼓吹"柔性台独""稳健台独"，主张"和而不同、和而求同""善用中国"、建立和平稳定"互动架构"等等。这一连串口号显然经不起检验，经不起推敲，但对中间选民产生一定的欺骗性、蛊惑性。

3. 以李、扁旧框架应对两岸新形势

无异于削足适履、刻舟求剑。蔡英文主张"超越旧的历史框架"，改变"战略对峙态势"，寻求两岸"战略互利"。蔡的药方就是创建"两岸和平稳定互动架构"，化解歧见，控制冲突，有效管理风险，维持"稳定之建设性双边关系"。蔡的基本策略就是"台湾问题国际化"，从多边架构定位两岸关系，与世界同步应对大陆崛起，等等。蔡的这套互动架构根本是旧瓶旧酒，重复扁时期的陈词滥调。当年扁做不到，现在蔡同样也做不了。关键在于这是"一边一国"架构，得不到两岸民意支持。这也说明扁、蔡大陆政策逻辑一脉相承，如出一辙。

4. 以"台湾共识"取代"九二共识"

一方面台湾内部能否形成共识，即使如她所称，维持台湾现状与民主机制，这能成为台湾内部共识？什么是"台湾现状"？蔡坚持"台湾前途决议文"立

---

① 黄国樑：《"一边一国"？小英终于表态》，台湾《联合晚报》，2011年8月23日。

② 台湾《中国时报》，2011年8月25日。

③ 陈一新：《否定现存九二共识，追求虚无台湾共识？》，引自台湾"两岸公评网"http://www.kpwan.com，2011年9月号论坛主题：评民进党十年政纲。

④ 王武郎：《十年政纲，新声老调》，台湾《联合报》，2011年8月23日。

场，认定"台湾是主权独立的国家""是铁一般的事实"，这与台湾现状不符，与两岸关系的现状不符，也与国际社会普遍认可的一中格局不符。另一方面，即使台湾内部形成了"台湾共识"，那也只是台湾内部共识，难以上升为两岸之间的共识。[①] 如何才能成为两岸所共同接受的两岸共识？如何获得两岸民意的共同支持？若蔡英文有心发展两岸关系，为何不诚实面对"九二共识"这一两岸已有的共识，而另去寻找一个台湾内部根本达不成、两岸双方不一定都接受的"台湾共识"？蔡英文抛出"台湾共识"的本质就是否认"九二共识"，切割两岸关系发展的政治基础,斩断两岸联结的纽带。蔡英文彻底否认"九二共识"，认为它"不存在"，"没有承认不承认、接受不接受的问题"。按其解释，"台湾共识"就是"维持台湾现状与民主机制"，这实际上就是形形色色的"台独"借壳上市、暗度陈仓的策略而已，有违和平发展的主流民意，抽离两岸关系发展的政治基础，将使三年来和平发展的成果毁于一旦、得而复失，陷两岸关系于新的动荡、危险之中。

5. 以所谓"公义的普世价值""公平正义"掩盖、粉饰民进党两岸论述的苍白与无能

人们不禁要问，民进党执政时实践了哪些普世价值？对弱势群体兑现了哪些"公平正义"？民进党执政时期不断有民众因生活窘困而烧炭自杀，这已是台湾民众挥之不去的梦魇。一旦民进党卷土重来，台湾民众就遭遇新的噩梦。两岸关系不发展、台湾经济萎缩，蔡只凭空洞的"在地经济""由世界走向中国"就能支撑她照顾弱势的良苦用心？

由上可知，蔡英文"十年政纲"只有三道菜，就是"空心菜""卷心菜"及"霉干菜"。所谓"卷心菜"，就是蔡英文仍陷于李、扁统治时期的冷战、对抗的僵化思维中，以"鸵鸟"、防御的心态回避两岸关系的现实，处处弥漫着"两国论""一边一国论"的幽灵。所谓"霉干菜"，就是蔡英文仍停留在李、扁旧时代、旧框框，没有新思维，更没有前瞻性。仍重炒李登辉、陈水扁的"冷饭"、重玩"戒急用忍""积极管理"的老把戏。在和平发展时期的当今，蔡英文的"十年政纲"只能是狗吠火车，让绿营暗爽而已。

（二）矛盾与困境

蔡英文"十年政纲"炮制一些概念，提出一串口号，留下一堆疑问，陷入

① 赵春山:《蔡树、林都不见，政策虚无化》,台湾《联合报》,2011 年 8 月 24 日。

困境与矛盾之中而无力自拔，有六个方面。

1. 否认"九二共识"，却要"延续前朝政策"

两者矛盾在于没有"九二共识"，如何延续前朝政策？"九二共识"是两岸关系发展的政治基础，两岸的十五项协议、ECFA 都是以此为前提。蔡诡辩"九二共识"不存在，但蔡不能否定"九二共识"已是两岸之间的共识，已是两岸关系发展的基础。如果蔡不诚实面对"九二共识"，她本人想延续，13 亿的大陆民意不一定答应延续。

2. 口头寻求两岸战略互利，但实际隐含战略伤害

一方面要利用大陆崛起的机会，"善用中国"，培植共同利益，承担共同责任，希望"化解歧见，控制冲突，有效管理风险"。但另一方面，处处背向大陆、逃避大陆、远离大陆，借此降低风险。尽力降低两岸关联度，避免大陆市场对台湾的"磁吸"效应，夸大两岸经济体制差异带给台湾的"负面冲击"，建立针对大陆的"安全防卫机制"，强化台美战略伙伴关系，等等。尤其蔡提出以"自由、民主、人权"为筹码，讨好西方、演变大陆，给两岸出难题。蔡始终质疑尚未"伴随着民主改革的中国是否能够真正'和平崛起'"。蔡提出要把"民主、人权"纳入两岸交流清单，甚至两岸协议。特别是蔡欲与达赖、"疆独"、"法轮功"、"大陆民运"、维权敏感人士相勾连，影响大陆政治、经济、社会稳定。人们无法从"十年政纲"中找出蔡英文、民进党对大陆所"怀有的善意、伸出了橄榄枝"，无法确认民进党对于两岸关系的主张是建设性而不是破坏性，是解决问题而不是制造问题。

3. "面向世界""与世界一起走向中国"走不通

在台湾地区的经贸地图中，两岸经贸重于对外经贸，这既是历史的选择，也是两岸经贸的现实，更是未来难以改变的发展方向。两岸经济合作、两岸联合赚世界的钱是必然选择，最符合经济法则，为什么蔡英文采取"面向世界、远离中国"的策略？现在世界都在走向中国、接轨中国，为什么同文同宗的台湾要舍近求远、绕道世界？对台湾来说，务实可行的战略就是首先面向大陆，然后才是面向世界、与大陆一起走向世界。如果回避大陆、绕开两岸，甚至远离大陆，台湾要面向世界终将徒劳、一事无成，陷台湾于不可预知的未来。巨大集团公司的董事长刘金标先生惊呼"如果输掉大陆，就等于输掉全世界市

场"。① 远离大陆，台湾将迷失航向。如果蔡英文没有政治考量，为什么会做出这种不符政、经逻辑的选择？

远离大陆、走向世界可能是条死胡同，根本走不通。此前"南向政策""烽火外交"走不通、走不出去。现在蔡英文以什么名义、什么方式走出去？美日、欧盟经济自陷困境，台湾地区走向美国、走向日本，必定走得很艰辛；台湾地区若走向东盟、印度、拉美、甚至非洲，肯定也是于事无补。在当年台湾有优势的情况下尚且走不通、走不出去，现在台湾优势不再，更是走不通。台湾如今已没有早先的政治、经济、人才、人文、战略的优势，无法扮演西方进入大陆的跳板、中介。时移势转，物换星移，大陆与国际早已直接对话、接轨了，台湾凭什么可以做两者的桥梁？台湾现有的政经实力大不如前，日趋边缘化、边陲化，国际也好、大陆也罢，对于台湾作为两者之间跳板、中介的功能需要越来越少。台湾不必顾影自怜，唯有加快两岸经济合作、唯有与大陆一起走向世界方是正道。

4. 不要两岸既有框架、历史框架，但陷于国际多边构架与"台独"结构

蔡英文将两岸论述拆分为"国家安全"与两岸经贸两个部分，多从国际架构、双边关系谈论两岸关系，还要维持"稳定的建设性的双边关系"，其"两国论""一边一国论"的思维昭然若揭。这不是为两岸解结、为两岸找活路，而是给两岸打死结。

5. 两岸交流没有前提，但实际有其固有前提

蔡声称与大陆进行没有前提的交流，但事实上蔡有很多前提，包括"台独"党纲、"台湾前途决议文""台湾认同、台湾价值、台湾主体性"等都是她的与大陆交往的前提。蔡还要求大陆提高层次、加大高度看待台湾问题，称目前的层次没有办法建构两岸更坚实的关系。蔡对于 ECFA 态度前后不一，从激烈反对 ECFA 到"延续前朝政策、不会横柴入灶"，到"遵循民主程序及国际规范来处理 ECFA 相关事宜"。其立场反复无常，让民众、工商界无所适从。

6. 两岸交流"恶化贫富""图利少数"

蔡英文把岛内社会问题、贫富问题全归结于两岸交流，有失公正，有违学术良知。台湾贫富差距是历史形成的，是台湾蓝绿恶斗、李扁实施"戒急用忍"、"锁岛"政策的结果。经济全球化一定会使一些传统产业包括农业受到影

---

① 张正一等：《海峡风云中的强与驰：大陆政策推动者勇敢向前的突破之旅》，台北天下远见出版公司 2010 年版，第 241 页。

响，ECFA 已经最大限度地保障台湾传统产业、农业的利益，早收清单中就是18 项台湾农产品。人们普遍相信两岸经济红利将逐步扩展到各个角落、各个阶层。如果有复苏无感的问题，那也是台湾固有的政治结构、经济结构与社会结构造成的，蔡英文责难"图利财团""剥夺民众"的理由根本站不住脚。有数据表示，台湾贫富差距最大的年份是在民进党执政的 2001 年，"大岛指数"达到6.39，而马执政时期开始下降为 6.05。[①]三年来，两岸和平发展给台湾带来了繁荣的机会。如果没有和平发展，台湾将延续扁时期的沉沦，台湾经济不但没有复苏，还将耗尽台湾六十年的积蓄与老本。首先确实有复苏，这是有没有复苏的问题。台湾不但较好地应对金融危机冲击，而且从"四小龙"之末变成"四小龙"之首。经济增长率高于民进党执政八年，失业率下降为 4.27%，增加 22万个就业机会，民众收入超过民进党时期，台湾地区经济竞争力名列第六。其次才是复苏对谁有利、获利多少的问题。我们希望每个台湾民众都能参与到发展两岸关系的事业中来，都能分享到和平发展的红利，但所得分配还须遵循市场法则。

（三）前景不妙

蔡英文的"十年政纲"不可信，也不可行、做不到，尽说些漂亮的空话、废话、套话。"提出一串口号，留下一堆疑问"，模糊、空洞、乏力、没有说服力，已引起工商界、知识阶层的反感。现在看来，"十年政纲"最初被寄以拉抬选情的厚望，如今，"政纲"不但没有为蔡英文选情加分，反而可能因此拖累选情，成为蔡的负担。

蔡英文端出的大陆政策，究竟是解药、良药还是泻药、毒药？蔡英文早年参与 WTO 谈判，起草了"两国论"，担任过"陆委会主委""行政院副院长"等重要职务，熟悉两岸、财经事务，理应为台湾找到一条切实可行的发展路径。但其苦心研拟的"十年政纲"洋洋洒洒 4 万字，实际上只有空心菜、卷心菜及霉干菜三盘菜，完全昧于时势、违背专业与政治良心，只有诡辩而已。[②]已经引发台湾工商界及知识阶层、中间选民对于两岸关系前景的忧虑与强烈不安。

---

① 资料引自台湾"行政院主计处"：《历年家庭收支调查主要结果表》，http://www .min.dgbas.gov.tw./fies/all.asp?year=98。

② 台湾《中国时报》社论：《阐释两岸政策，蔡英文近乎诡辩》，《中国时报》，2011 年 8 月24 日。

1. 蔡英文缺乏发展两岸关系的诚意

民进党在两岸议题方面多数是出尔反尔，缺乏诚信。民进党是选票考量的政党，"台独"无胆，"民主"无量，对于发展两岸关系无信心，什么都做不到、什么都不想做。蔡英文有关两岸关系的思考是从"两国论""一边一国论"出发，当年曾阻挠扁接受"九二共识"。三年来，蔡英文主导的民进党唯有"为反对而反对""逢马必反""逢中必闹"，没有为两岸关系和平发展做过多少真正有益的事。蔡英文的历史表现、选票考量，不能不让人对其两岸立场产生疑虑。

迄今为止，蔡英文没有诚实面对民进党执政八年彻底失败的教训，陈水扁八年执政最大的败笔就是两岸政策。蔡英文没有全面性的反思、检讨，并没有面对民进党错误的两岸政策对台湾民众造成的损害，没有回顾、反思、检讨。遑论向遭受痛苦、付出代价的民众道歉。

2. 蔡英文难以处理两岸关系

蔡英文没有作好处理两岸关系的准备，她无法证明她可以比国民党更能处理好两岸关系。蔡的路线、政策无法超越国民党，民进党的大陆政策人才青黄不接，蔡的两岸论述难以获得台湾民众的信任与支持。蔡也没有什么高招比国民党更能赢得国际社会支持。参与蔡英文"十年政纲"研拟的主要人员都是扁朝旧官僚，还沉浸在扁时期的政策框框中，旧思维、旧包袱，重复扁时期"积极管理""经济强本""危机管控""和平稳定互动架构"等老套，既没新意，也没创意。

3. 蔡英文提不出切实可行的两岸发展路线图

时代在变、环境在变，潮流也在变。两岸关系和平发展蓬勃开展，大交流、大发展、大合作扩大到两岸各个领域。但蔡英文"十年政纲"没有前瞻，讲不清楚，更没有提出切实可行、富有新意的路径。蔡英文仍陷于民进党时期的旧框架中难以自拔，经不起推敲，经不起检验，无法面对两岸关系和平发展的大趋势，缺乏可行性。

蔡"十年政纲"在党内没有形成共识，遭到党内不少质疑。蔡英文处理不了两岸关系，也无法处理好涉外问题。美方智库对于蔡英文上台后的台海形势十分忧虑，7月初布鲁金斯研究所研究报告指出，民进党的大陆政策成为两岸关系发展的最大变数，可能对目前和缓、稳定的关系带来挑战。[1]

---

① 《美国智库：民进党大陆政策，两岸最大变数》，引自香港中国评论网，http//www.chinareviewnews.com，2011年7月20日。

4. 蔡英文"十年政纲"的真正主轴就是摆脱两岸议题战场

出于选举的需要，蔡极力淡化、虚化大陆政策，将选战议题引导到突出贫富差距、"公平正义"、保护弱势方面，诉求"三中一首"，拉拢中间选民。"十年政纲"只是选战策略而已，其命运将不出半年就被束之高阁。

面对国际局势变幻与两岸关系和平发展的态势，蔡英文完全昧于形势，违背专业与良知，把错了脉、抓错了药，"十年政纲"是泻药、毒药，不是解药、灵药。不难想象，如果沿着"十年政纲"方向走下去，一旦蔡英文上台，两岸关系必将重趋紧缩，开历史倒车，重走冷战老路，陷入螺旋对抗的敌意死结，蔡所标榜的"Taiwan Next"将是"Taiwan Down"，台湾将陷入新一轮的空转、沉沦之中，蔡英文上台之日，即是台湾民众噩梦到来之时。（本文完成于 2011 年 11 月）

蔡英文"价值台独"批判

出于选举的需要,蔡英文不断调整、释放两岸论述,从"和而不同、和而求同"到"十年政纲",从"台湾共识"到"台湾就是中华民国论",在"温和""理性"的外衣下,提出"价值台独"的新内涵与"柔性台独"的新策略,赋予民进党的两岸论述更为强烈的蛊惑性与煽动力,对两岸关系和平发展不啻带来严重危害。

一、烘烤"价值台独"新内涵

蔡英文在李扁"法理台独""文化台独"基础上,烘烤"价值台独",催生"台独"新内涵,累积"台独"能量,将"台独"拉升到新的价值高地,扩展"台独"纵深。具体包括八条"价值锁链"。

其一,虚构"台湾主体性""台湾认同"及"台湾价值"。蔡英文始终主张强化"台湾性",弱化"中国性",维持"台湾主权",建构"新的国家、新的台湾认同",迈向"台湾主体性"的重建时代。[①] 在今年2月23日《跳脱历史,着眼未来》的演讲中,蔡英文强调民进党要"从台湾认同出发,以台湾价值为核心",与马英九的"中国认同、中国价值"相区隔、对抗。[②]"十年政纲"根本宗旨就是"强化台湾、凝聚台湾"。由此可见,蔡将"台湾主体性"视为两岸论述的核心,作为"价值台独"的螺旋动力。

其二,以"台湾共识"取代"九二共识"。蔡解释"台湾共识"就是维持台湾现状与民主机制,其潜台词就是"台湾前途决议文",一是"台独",二是"公投"。因此,所谓"台湾共识"只是"价值台独"的另一种表白而已。蔡此举必将切割两岸关系发展的政治基础,斩断两岸之间的法理纽带,导致两岸局

---

① 蔡英文:《从反抗、重建到"台湾主体"的真正确立》,台湾教授协会编:《"中华民国"流亡台湾60年暨战后台湾"国际"处境》,台北前卫出版社2010年版。

② 蔡英文:《跳脱历史,着眼未来》,引自台湾民进党中央党部网站 http://www.dpp.org.tw。

势重新陷入紧张动荡之中。

其三，混淆台湾与"中华民国"关系。蔡英文早年追随李登辉炮制"两国论"，后对陈水扁"一边一国"论亦步亦趋。如今的蔡口口声声"台湾""中国""中资""中国观光客"，两岸为"双边关系"，其思考逻辑根本跳不出李扁"台独"窠臼。最近，蔡为拉抬选情，抛出"台湾就是中华民国""中华民国就是台湾"论，并以"恩赐"心态"包容"国民党、"中华民国不再是外来政府"。①可是，蔡绝不接受"一中宪法"的"中华民国"，只接受"台湾的'中华民国'"。②稍有常识的人都知道"宪法"规定台湾当局所管辖的台、澎、金、马及其附属岛屿只是"中华民国"一部分，台湾绝不等同于"中华民国"，无论是"法理"、管辖范围还是两岸关系、国际政治现实，两者根本无法画上等号。③显然，蔡英文的逻辑与1999年"台湾前途决议文"如出一辙，即"台湾是一主权独立的国家，目前称为中华民国"，其价值指向就是赤裸裸的"台独"主张。

其四，奢谈"民主、人权"，纳入两岸条款。自党内初选辩论开始，蔡英文便不断高论"民主、人权"，称"民主是台湾最大的资产，是台湾内部形塑对中国关系的一个开始"；④"民主是解决两岸争议，追求和平与稳定、繁荣与发展的关键基石"。⑤民进党未来策略就是与大陆内部"追求民主自由人士展开对话与交流"。蔡还异想天开地要"把民主与人权议题纳入（两岸）交流清单，将人权条款置入与中国大陆签署的各项协议，以支持中国民主化进程"。⑥由此可见，所谓"民主、人权"只是蔡英文"价值台独"的祭品，彻底摧毁两岸互信、互谅的基础。此举表明蔡英文完全昧于两岸大势，不但讨不到西方某些势力的欢心，更引起全中华民族的愤慨，自讨没趣。

其五，从多边架构出发，联合"反华"势力遏制大陆。蔡英文想象"不能

---

① 《蔡英文：台湾就是"中华民国"，"中华民国"就是台湾》，引自 http//www.chinareviewnews.com，2011年10月9日。

② 《蔡英文：不要"一中"底下的"中华民国"》，引自 http//www.chinareviewnews.com，2011年10月17日。

③ 邵宗海：《"中华民国"不仅等同"台湾"》，台湾《中国时报》，2011年10月10日。

④ 《蔡英文第一场党内初选政见辩论会申论稿》，引自台湾民进党中央党部网站 http://www.dpp.org.tw。

⑤ 《蔡英文：民进党大门对大陆朋友是开放的》，引自香港中国评论网 http://www.chinareviewnews.com，2011年6月20日。

⑥ 《蔡英文称：人权条款置入两岸协议》，引自香港中国评论网 http://www.chinareviewnews.com，2011年6月1日。

局限在两岸的框架里",①在访问英国等多个国际场合表明"必须在国际的多边结构下思考两岸关系，透过国际共通的规范与准则，平衡台湾与大陆实力的不对等。"②蔡英文试图在多边结构中寻求与大陆的"双边战略互利"，建立和平稳定的互动架构，其扮演西方"反华"势力遏制大陆棋子之意图，昭然若揭。

其六，面向世界，远离大陆。蔡提出"面向世界"，"与世界一起走向中国"、"先世界、后中国"的经贸策略，目的在于远离、摆脱大陆，甚至削弱、遏制大陆崛起，降低台湾经济对大陆的依赖，切割台湾社会、历史、文化等与大陆的联结，以此强化"台湾主体性""台湾价值""台湾认同"。但问题在于，两岸经济合作双赢已走上制度化、正常化、机制化的轨道，两岸大交流已是一条不归路。蔡提出的"在地经济"、远离大陆的经贸策略无异画饼充饥。

其七，经由"和而求同"走向"和而求独"。民进党人始终保持"和平独立"的幻想空间，蔡英文的策略就是多说、多唱和平但不做，少说或不说"台独"却做实。配合"和而不同、和而求同"的高论，蔡甚至表示愿和大陆方面"以互利、明智、负责的方式，用和平发展的共同语言，来推动两岸关系。③但蔡更多地强调两岸的不同，包括"历史记忆、信仰价值、政治制度、社会认同"等差异，丝毫没有"和而求同"的意愿及实践路径。④蔡所有漂亮的言辞都无法掩盖其经由"和而不同、和而求同"走向"和而求分"、"和而求独"的根本企图。

其八，两岸不设前提交往。蔡英文不得不正视大陆和平崛起的现实，无法忽略台湾民众甚至民进党内积极与大陆交流合作的强大民意，但蔡主张两岸进行"不设前提"的交往。蔡单方面要求大陆方面放弃前提，却自设前提，坚持所谓"主权、民主、和平"三原则，坚持"台独"、"公投"及"2300万人决定台湾前途"等前提。

因此，蔡英文"价值台独"是继李、扁乱搞"法理台独""文化台独"之后所卖力推销的新型"台独"，是镶嵌入台湾民众内心深处的价值烙印，一旦得手，其所掀起的"台独"能量、"台独"危害性远在李、扁之上，理应引起全体同胞的高度警惕。

① 《蔡英文第一场党内初选政见辩论会、第四场政见辩论会申论稿》，引自台湾民进党中央党部网站 http://www.dpp.org.tw。
② 《蔡英文在伦敦大学亚非学院致词》，引自台湾民进党中央党部网站 http://www.dpp.org.tw。
③ 《蔡英文：各方都不希望两岸脱离和平对话》，引自香港中国评论网 http://www.chinareviewnews.com，2011年10月6日。
④ 蔡英文：《跳脱历史，着眼未来》，引自台湾民进党中央党部网站 http://www.dpp.org.tw。

二、翻造"柔性台独"新策略

在"台独"政权垮台、"法理台独""文化台独""激进台独"难以为继之际，蔡英文一方面师法李、扁，顽固坚守"台独"立场；另一方面亟谋手法翻新，到处寻找"台独"解方，实施一套"柔性台独""稳健台独"新策略，以暗度陈仓、借壳上市手法，催生"价值台独"新内涵，手法主要有"四化"。

其一，"台独"普遍化。蔡英文在其数万字的"十年政纲"中，只字未提"台湾前途决议文""台湾主权独立"，似乎这些内涵早已是普遍公认、约定俗成、习以为常、理所当然的"事实"，是至高无上的"价值"。她所担心的是"台湾主权受到威胁"，她所要争取的只是如何确保"台湾主权与安全"、如何重建"台湾主体性""台湾价值""台湾认同"而已，甚至要让"台湾性"与"中国性"辩证对话，建构全新的"台湾性"。①这种将"台独"普遍化、日常化的手法，将使"价值台独"渗透到台湾民众日常生活的各个领域，点点滴滴都与之息息相关，其危害性可想而知。

其二，"台独"正常化。因为李、扁大肆推行"激进台独""法理台独"及"文化台独"，引起民众恐惧、大陆反制、美国愤慨，陷"台独"于绝境。为此，蔡英文另辟蹊径，以"价值台独"替代偏激"台独"，修正"台独"形象，朝向"柔性务实""稳健细致""审慎渐进""平衡可预测"的另类"台独"发展，使人们免于"台独"恐惧，消除民进党"麻烦制造者"形象，走向正常"台独"。

其三，"台独"制度化。因应两岸和平制度化，蔡英文要走一条与之相反的"台独"制度化、程序化之路，建立一套稳定的、可长可久的"台独"制度保障。具体包括：强调台湾"软实力"；突出台湾"自由、民主、文明"的普世价值、生活方式；为"台湾共识"立法，修改"公投法"纳入两岸政治协商议题，铺设"事前授权、事后同意"机制，"污名化"两岸政治协议，使之不可能。②上述种种，无疑就是铺设"台独"轨道，不但深挖软掘"台湾主体性"土壤，而且预作"法理台独"的制度、程序准备。

其四，"台独"和平化。给"台独"披上"和平稳定""和平发展"的新衣，既可吸引台湾民众特别是中间选民、中产阶级的支持，又可降低美国对民进党"麻烦制造者"的疑虑，是蔡英文推动"价值台独"的重要策略。从今年2月

---

① 蔡英文：《从反抗、重建到"台湾主体"的真正确立》，引自台湾教授协会编：《"中华民国"流亡台湾60年暨战后台湾"国际"处境》，台北前卫出版社2010年版。

② 台湾《自由时报》，2011年10月24日。

以来，蔡英文为了塑造一种民进党中间转型、蔡是可信、可行的形象，言必称"和而不同、和而求同""和平发展""善用中国"、两岸共同责任、共同利益，尽量避谈"台湾主体性""台湾主权独立"。台湾中间选民、美方对民进党的疑虑、不信任降到了最低，"台独"和平化取得了预期的效果，一些不明真相的台湾民众误以为民进党重新上台执政，也有能力处理两岸关系，也能延续当前两岸关系和平发展的局面。

三、蔡英文困境

蔡英文的"价值台独"内涵与"柔性台独"策略，难以面对两岸关系快速发展的态势，低估对手、高估自己，错估民意，误估外界，显示民进党人两岸思维的贫瘠、盲目及无可救药。

蔡英文难以摆脱李、扁时期对抗、冲撞、冷战的历史阴影，难以摆脱"台独基本教义派"的羁绊，陷于"一边一国论"的制式思维。

蔡英文虽称"善用中国"，但更视和平发展的大陆为威胁与对手，对大陆没有一丝的善意与好感，没有一句祝福，却怀有无限的怨恨、唱衰情绪，扬言"和平不可能靠人恩赐"，不惜两岸全面对抗。[1] 在两岸关系和平发展新时代，蔡完全逆历史潮流而动。

蔡英文没有新思维、没有新人才，只有旧框框，只有"扁朝"旧人马。扁、蔡二个时期的民进党没有根本区别，在贪污、"只会选举、不会治国""为反对而反对"等方面没有任何改变。

蔡英文提出一串口号，留下一堆疑问，在推动两岸关系发展方面端出的是空心菜，但在对抗大陆方面则有一盘"霉干菜"，充满了模糊性、善变性、狡诈性及不可预测性。虽多方粉饰、包装，仍经不起推敲、经不起检验，不但不可信，根本不可行。

民进党及蔡英文缺乏重新执政的准备，完全没有执政的能力与条件，难以驾驭台湾、应对两岸。选择蔡英文，犹如当年选择陈水扁，台湾民众将付出沉重的代价。

历史岂能重演！（本文完成于 2012 年 1 月）

---

[1] 黄国樑:《"一边一国"？小英终于表态》，台湾《联合晚报》，2011 年 8 月 23 日。

蔡英文"520"讲话解读

一

蔡英文"520"讲话吊足了人们的胃口，把悬念扩张到最大。如今尘埃落定，各方评价不一。大陆学者存有三种观点。一是"善意论"，认为蔡英文向大陆释放"善意"，为两岸破冰"创造了条件"，甚至认为蔡英文已"过关"。二是"尚未达标论"，有待观察蔡英文后续行为，要其继续答题、补考。三是"不及格说"。国台办负责人评论蔡讲话是一份"未完成的答卷"。

为满足岛内民众特别是绿营民众要求，缓解大陆压力，赢得美方更多的信任，蔡英文需要一套平衡各方、瞻前顾后的安全论述，最后抛出一份妥协的文字稿。

蔡英文的"520"讲话完全服务、服从于她的执政策略。蔡的执政策略有三。一是"内政优先"，着重解决台湾内部问题，包括推动经济转型，强化社会安全网、追求"公平正义"等。二是"外交突破"。着重深化与美、日、欧、东南亚、印度的"实质关系"，特别以"新南向"摆脱大陆，走向世界，接轨全球，增加对抗大陆的筹码，其扮演美棋子的心态昭然若揭。[①]三是冷却两岸。对两岸关系实施强制性降温，降低两岸联结与依存度，摆脱对大陆经济依赖，保持台湾"主体性"。显示蔡英文两岸政策目标只求稳定，不求发展；只管控风险，不增长动力；不让两岸愈走愈近，而是愈走愈远，日趋疏离、隔阂。如果有发展，也只是有利于台湾地区经济发展、民生改善、"国际空间"拓展等领域。[②]

为实现她稳定及冷却两岸，蔡英文对两岸政策及其人事采取分离策略。蔡

---

① 《蔡英文：人民期待的四个字：解决问题》，台湾《联合报》，2016年5月21日 A13版。
② 倪永杰：《回避"九二共识"，台湾当局新领导人何来"善意"？》，新华社 http://news.xinhuanet.com/tw/2016-05/22/c_1118910254.htm，2016年5月22日北京电。

采取党政分离、行政与立法分离、"中央"与地方区隔。蔡作为地区领导人讲话相对温和,但民进党更多扮演刺激、挑战大陆的角色。甚至动用"时代力量"搞乱两岸关系。蔡在行政政策方面温和,但在"立法院"、社会气氛上放松管控。包括撤回2014年"微调课纲"、降低"公投"门槛、纳入"更动国土"、把两岸政治谈判纳入二阶段"公投"。严格管控,争夺两岸关系主导权,但地方县市更为看重实际利益,有可能施压"中央",甚至偷跑抢滩西进大陆。在"国安""外交"、军事、两岸事务人事安排上求稳定、求"外交突破",呈现"老(年纪大)"、"外"("外交专业")、"蓝"(蓝营人士)、"男"及"守"(保守稳重)的特色,甚至各部门一把手非民进党人还不少。但在"教育部""文化部"重用推动"文化台独"的急先锋潘文忠、郑丽君等人。蔡在两岸事务相对柔软,但在涉外领域显示强硬,积极寻求突破。蔡英文持续向美、日游说、示好、交心,寻求美日的保障与支持。

二

2015年以后蔡英文对于两岸论述与其早年相比,有了重大变化,策略上高明许多。

一是占领岛内言论中间市场。由空洞的"台湾共识"转向"维持两岸现状",抢占台湾政治论述市场的中间位置,争取到了大量中间选民、经济选民、知识阶层的支持,也在一定程度上消除了美国的疑虑、赢得了信任。

二是采取软性包装术。蔡英文采取软性包装硬调的策略,把坚硬的所谓"民主原则""普遍民意""未来选择权""共同责任论"等透过软性的"维持两岸现状""珍惜两岸成果""持续推动两岸和平稳定发展"、的论调来包装,较能争取台湾舆论、民众的认可。

三是正面承诺与负面表列组合。蔡英文不断做出各式正面承诺,如"建立一致性、可预测性、可持续的两岸关系",甚至开出负面表列,承诺"积极沟通、不挑衅、不会有意外",降低人们对她搞"两国论""逢中必反"的厌恶与疑虑。

虽然蔡英文两岸策略有了很多改变,但万变不离其宗,"理念台独"依然没有放弃,"理性台独"色彩更为浓烈。

蔡英文整篇讲话有6000字,主要讲岛内议题,涉外议题占的篇幅不少,多达1300字。但攸关台湾经济发展与台湾前途命运的两岸议题则与"区域和平稳定发展"合在一起论述，不到区区 400 字。而当年李登辉、陈水扁曾长篇论述两岸政策，马英九的"520"讲话也有 800 字。蔡英文讲话中有一次直接谈论两岸议题，有二处则为间接涉及。

蔡英文处理"520"两岸议题的策略就是重复既有论述，再尝试添加新的内容、新的表述，增加安全、保险系数。蔡在 1 月 16 日当选讲话、1 月 21 日接受《自由时报》采访的基础上，大量重复既有论述，包括：既有政治基础的四个关键元素（"九二会谈"的历史事实与共同认知、遵循"中华民国"现行"宪政体制"、20 多年两岸交流互动成果、"民主原则"与"普遍民意"）、"两岸两会秉持相互谅解、求同存异的政治思维，进行沟通协商，达成若干的共同认知与谅解，我尊重这个历史事实"，等等。①

在重复既有论述的基础上，蔡英文在此篇讲话中有四点新内容值得研究关注。

一是首次抛出"宪法说"。蔡英文 5 次提到"中华民国"，2 次提到"中华民国宪法"，声称"依照中华民国宪法当选"，"有责任捍卫中华民国的主权和领土"，正式回应了各方对于民进党当局事关"主权""领土"方面的关切，但蔡并未强调"固有疆域"。蔡首次正式提到东海、南海议题，主张"搁置争议、共同开发"。但她并没有如马英九那样强调"主权在我""和平互惠"。蔡还特别强调"依据中华民国宪法、两岸人民关系条例及其他相关法律，处理两岸事务"，显示其两岸定位回归"中华民国宪法""两岸关系条例"及相关法律，与此前她据称的"中华民国现行宪政体制"相比，更加贴近"中华民国宪法"本文，较可能压缩"修宪"与变更"固有疆域"的空间。② 人们尚没有更多的证据由此推断蔡英文是否真心接受"中华民国宪法"，也无法确认蔡英文所认同"中华民国宪法"是否为"一中宪法"抑或"终极统一宪法"，但至少比多数民进党人、比传统民进党立场更靠向"中华民国宪法"及其体制，显示蔡英文的两岸理念、政策思维与传统民进党的固有立场有所不同、有所区别。蔡现有的两岸论述、两岸主张并没有经过民进党体制内的充分酝酿、讨论及通过，民进党不一定认可、接受及支持蔡英文的主张。民进党上下依然充满了"修宪""公投"、更改"国土疆域"的政治妄想与政治冲动，民进党的"台独"党纲、"台湾前途决议文""正常国家决议文"不动如山，"冻结台独党纲"现阶段难以做到。未来不

---

① 《蔡英文：人民期待的四个字：解决问题》，台湾《联合报》，2016 年 5 月 21 日 A13 版。
② 同上。

排除民进党与蔡英文在两岸论述、两岸政策发生冲突的可能。

二是提出"维持现有机制论"。针对两岸之间的对话沟通，蔡英文表示将"努力维持两岸现有的机制"。当然包括两岸两会谈判协商机制、国台办与陆委会之间常态化沟通机制。然而蔡只有愿景，没有路径；只有想法，没有办法，没有提出维持现有机制的可行办法。

三是提出两党"对话论"。蔡建议两岸两个执政党"应该要放下历史包袱，展开良性对话，造福两岸人民"。蔡英文的态度与愿望遭遇到根本障碍就是民进党的"台独党纲""台湾前途决议文"以及"正常国家决议文"等。目前民进党连"冻结台独党纲"都做不到，遑论处理这批"台独"文件了，所以两党对话的可能性微乎其微。

四是提出两岸"区域合作论"。蔡英文特别提出两岸"就共同参与区域发展的相关议题，坦诚交换意见，寻求各种合作与协力的可能性"。蔡英文也许预留"新南向政策"联结大陆"一带一路"建设的空间，但她本意并不在此。事实上，多数人明了台湾在"国际"上不具备与大陆全面对抗的筹码与实力，台湾地区的"国际"参与、区域经济整合无法不与大陆协商。如果绕开大陆、甚至联手他人、刺激大陆，无论"新南向"，还是加入 TPP、RCEP，最后可能都将徒劳。

三

蔡英文通篇讲话处处暗藏玄机，可谓处心积虑，隐藏深沉的"对抗""反中"心态。蔡用诉求经济多元发展与"新南向"抵制两岸经济合作，突出两岸共同责任、强化所谓的"民主原则"与"普遍民意"，作为对抗大陆、与大陆翻脸、将责任转嫁大陆的借口。人们更多担心蔡英文实施"戒急用忍"的升级版本，大肆推动"政治反中"、法理拆中、文化去中、经济离中、战略制中"，紧缩两岸经济、文化、社会交流合作，从严管控两岸人员交流往来。

一是刻意模糊两岸关系本质。蔡英文此篇讲话透露其两岸政策上的"八不"思维，既不承认"九二共识"，只讲"九二会谈"的历史事实，当然也不公开否认"九二共识"；既不认同"大陆和台湾同属一个中国"的核心意涵，也不讲清楚两岸关系本质是一个国家的内部关系、两岸关系非国与国关系；两岸关系既不是国共关系，也不是民共关系，究竟是何种关系，她故意不讲清楚、搞模糊；蔡承诺"不挑衅、也不会有意外"。此前，蔡英文表示要建立"一致性、可预测、可持续"的两岸关系，而且声称她的性格就是"说到做到"。但民进党政客狡诈、善变，"翻脸如同翻书"，时常"说一套、做一套"，做的与说的完全相反，民进党人与大陆严重缺乏信任，蔡英文可信乎？

二是把两岸关系"国际化"。蔡英文故意把两岸关系与"对外关系""国际关系"纠缠在一起，她把两岸议题置入"区域和平稳定发展"的框架中，而且追求区域和平稳定发展，但两岸关系只需要"妥善处理"而已，只求稳定、不求发展。

三是配合美日对抗大陆。蔡用"区域集体安全"的视角衡量两岸关系，把后者当作是"建构区域和平与集体安全"的"重要一环"，意图结盟美日欧印东盟。在涉外、军事战略安全上，欲与美日结成利益同盟、安全同盟及价值同盟，企图以所谓的"和平、自由、民主及人权"普世价值，强化台湾地区在"全球公民社会"的角色。还要参与国际经贸及其规则制定，投入气候变迁等新兴议题的合作，在人道救援、医疗援助、反恐合作、共同打击犯罪等议题不能缺席，旨大讨好国际社会、污名化大陆，并透过"公民社会"、国际非政府组织的渠道扩大台湾的"国际"参与，与大陆冲撞对抗。

四是刻意区分"两岸关系"与"两岸事务"。人们普遍认知"两岸事务"与"两岸关系"内涵上大有不同，并不一定包括两岸政治关系。[1]蔡英文处理两岸关系与两岸事务的依据具有本质的区别。作为两岸关系基础的"中华民国宪法、两岸关系条例及相关法律"只是被蔡用来处理两岸事务的依据，而蔡英文则提出以两岸"既有政治基础"四个内容处理两岸关系，包括尊重"九二会谈"的历史事实与若干共同认知、两岸互动交流成果及"民主""民意"，具有很大的诠释、操作空间，充满了不确定性。但蔡的"既有政治基础"必定与"中华民国宪法""两岸人民关系条例"产生冲突。

五是以"民主"与"民意"自重，强调"共同责任论"，为其翻脸、推卸责任预留伏笔。蔡英文试图建立两岸政策的防御机制，其中"民主原则""普遍民意""共同责任""未来选择权"是其中核心。此次讲话中蔡英文特别提出以"内部和解、民主机制、凝聚共识"之名，意在"一致对外"，剑锋所向，不言而喻。虽然高谈持续推动"两岸和平稳定发展"，但一来不提出稳定两岸关系的具体做法（与岛内"转型正义"时间表和路线图成鲜明对比），二来暗示光谱

---

① 郭正亮：《大陆对就职演说的三大质疑》，台北"中央社"2016年5月23日电；赖怡忠：《两岸第一道除滩已过》，台湾《苹果日报》，2016年5月23日。

两端的国家统一与"法理台独"都不过是"历史包袱",三来陈述"造福两岸人民"之高义、假"普遍民意"相要挟,三管俱下,暗中把责任和罪名甩给大陆、煽动台湾民意对撞大陆。可见,就职演说已不只是一般所批评的"空心菜",而是射杀两岸关系的"实心弹"。难怪传统"独"派表示不满意但可接受,而深谙权谋的李登辉却打出了满分。

六是彰显台湾"国家化"的意象,强化"中华民国"走向台湾。全文仅 5 次提到"中华民国"。除了最初"就任中华民国第十四任总统"之语为按部就班不得不然外,其余 4 次全部涉及两岸。其余时候,都以"这个国家"(13 次)、"这块土地"(2 次)、"我们国家"(1 次)代替,遑论高达 41 次的"台湾",很难说她所言的"台湾"只是地理名词。2012 年以来蔡英文论述"中华民国等于台湾,台湾等于中华民国",但当其盗用"民国"外衣"黄袍加身"后连"中表台里"的包装都不再是必需品。一方面是"去中",弃"中华民国"为敝屣,该符号只存在于"宪政体制"的语境中,也只适用于两岸问题。另一方面是"趋台",演讲中不断透露出"台湾国家化",如"台湾有很多别的国家没有的优势""我们成功渡过了许多新兴民主国家必须面对的难题""各位国人同胞,两千三百万台湾人民",一篇之中三致意焉,更是微言大义,显示出其志不在小。

很多人预期蔡英文未来采取"柔性台独""笑脸台独""稳健台独""渐进台独"策略,推行一条没有"台独"之名但有"台独"之实的新型另类"台独",实施升级版的"戒急用忍"政策,其核心就是"五中":政治"反中",法理"拆中"、经济"离中"、文化"去中"、战略"制中",[①]尽其所能,特别是利用政权力量、经济、军事、文化、社会资源等消除"中国元素",强化"台湾主体意识",遂行另类"台独"。预计蔡英文当局将在"转型正义""文化台独""公投法"修正案、南海仲裁案、参与国际组织等领域进行急行军,甚至强渡关山,一定会弄得岛内政局乌烟瘴气,鸡犬不宁,两岸关系则烽烟四起,陷入敌意螺旋。

蔡英文讲话中宣称要"解决问题",但实际只是"制造问题"。当前台湾经济最重要的增加投资、"引进来"而非"走出走",唯有两岸经济合作才可能带动台湾经济,而蔡英文舍近求远,为了摆脱对大陆的经济依赖,极力推动"新

---

① 倪永杰:《小英制造更多悬念》,台湾《中国时报》,2015 年 12 月 31 日 A16 版。

南向"，将使台湾经济陷入"恶性循环"。① 蔡英文提出了台湾面临的 13 大问题，提出了问题但拿错了"药方"。两岸政策是台湾所有"政策之母"，蔡英文靠"反中"走完执政的"最后一哩路"，但蔡执政后的"第一里路"无疑仍是两岸议题，而蔡却极力淡化两岸议题，其"司马昭之心、路人皆知"。蔡极力推动"转型正义"、清算党产、"去中国化"，掩盖不了报仇、恶整的本质。

蔡英文整篇"520"讲话对于两岸政策说得高来高去、虚无缥缈，令人坠入云里雾里。她对于两岸议题说得小声做得很虚，管控是实、发展是虚，甚至根本没有发展之念，缺乏诚意与善意；但蔡英文在远离大陆、降低两岸经贸依赖，推动"新经济""新南向"、加入 TPP、发展军火工业（所谓"国舰国机国造"）、方面做得轰轰烈烈、敲锣打鼓。蔡英文在战略上"依美联日抗中"，在东海南海议题上更可能积极配合美日。蔡英文在两岸议题口头上的"善意"，无法包装、掩盖其配合美日、扮演外族棋子、制衡大陆、强行对抗的真心恶念。蔡英文通篇讲话，没有就如何实现两岸关系发展提出切实可行的政策与路径，只是一味强调稳定，不求发展，其心可议。

四

蔡英文"520"讲话尽管在其既有论述上又有所变化发展，往前挪了那么一点点，但远未达标，离大陆设定的低标、底线尚存很大距离，有本质差异。纵使蔡英文回归"中华民国宪法"与"两岸人民关系条例"，但仍未接受"大陆和台湾同属一中"的核心内涵，依然回避两岸关系的本质，没有确认体现一个中国原则的共同政治基础。国台办 5 月 20 日当天下午发表声明："在两岸同胞最关切的两岸关系性质这一根本问题上采取模糊态度，没有明确承认'九二共识'和认同其核心意涵，没有提出确保两岸关系和平稳定发展的具体办法。这是一份没有完成的答卷。"② 其含意在于，大陆在出题，蔡英文在答题，答的内涵有与大陆相向而行的成分，但尚未达到大陆的标准。要求蔡英文继续答题、补考，直到交出让步大陆满意的答卷为止。但补考不能无限期地拖下去，蔡英文交卷的时间越来越紧了。5 月 21 日，国台办发言人马晓光就国台办与陆委会沟通联

---

① 陶君：《"新南向政策"：现实与理想的迷茫抉择》，台湾《多维》杂志 2016 年 6 月，总第 7 期。

② 《中台办、国台办负责人就两岸关系发表谈话》，新华社，http://news.xinhuanet.com/mrdx/2016-05/21/c_135376852.htm，2016 年 5 月 20 日电。

系机制表示,"只有确认坚持'九二共识'这一体现一个中国原则的共同政治基础,两部门联系沟通机制才能得以延续。"海协会负责人就今后两会受权协商和联系机制应询表示,"只要海基会得到授权,向海协会确认坚持'九二共识'这一体现一个中国原则的政治基础,两会受权协商和联系机制就能得以维系。"由此可见,维系国台办与陆委会沟通联系机制的政治要求高于海协、海基两会协商谈判机制。

在此情况下,两岸关系将会走向不可预知的未来,处于高度不确定、高风险、强对抗的状态,风险上升、摩擦增多,动力下降,难度增大,全面冷却、降温,甚至出现冷暴力的冷对抗。如果说2008—2016年两岸是暖和平的话,"520"之后两岸将会出现敌意螺旋、对抗下沉,进入寒冬。

一是两岸关系全面冷却降温,两岸经济合作、文化交流、人员往来持续下降。民进党在不放弃"台独"立场情况下上台,严重伤害陆客、陆生、陆资赴台意愿。事实上选后陆客赴台人数大幅下降高达35%,影响到台湾的旅馆、景点、商店、餐饮、大巴的生意,损失巨大。台湾现有3000辆大巴从事陆客生意,现在已超过1000辆没有生意。陆乏味减少,导致两岸直航航班减少,两岸由每周890班降至600多班,台南与武汉的航线取消。原先上海与台北之间航班一票难求的荣景不再。民进党试图招揽东南亚、中东、日本游客来弥补陆客,但"远水解不了近渴",无济于事。

二是两岸涉外领域增多摩擦,意外事件、冲突摩擦增多,台湾"国际参与"将受到压制。选后出现"三亚案",大陆与冈比亚恢复邦交,未来台湾"邦交"可能出现"断交骨牌效应"。台湾电信诈骗犯获得绿营政客的"反中民粹"纵容、庇护,影响两岸共同打击犯罪,损害大陆受害人的权益,结果遭到两岸舆论一致长挞伐。此前台湾参与APEC领袖峰会、WHA、ICAO经过两岸协商做出了合情合理安排,如今缺乏"九二共识"共同政治基础,这样的安排难以为继。这次大陆安排WHA邀请台湾参与,既显示大陆继续和平发展道路的诚意,又释放善意,体现大陆对于台湾民众生命健康的关怀。世界卫生组织对于台湾方面的邀请函上写明基于联合国2758号决议与世界卫生大会25.1号决议,明确根据一中原则做出的邀请,要求台湾严格遵守。如果民进党要突破国际社会公认的一中格局,前往日内瓦抗议、闹场、拆台,等于自讨没趣,必然招致国际社会、舆论的谴责。责任全在民进党。

三是两岸政治关系发展停滞紧缩。两岸两会协商中止,"经合会"停止运作，两岸协议执行受到影响。其余如海旅会、台旅会的"两岸小两会"运作也会受到影响。国台办与陆委会之间常态化沟通机制无法持续，"两岸热线"成为"两岸断线"，成为两岸空号。两岸领导人会面更无法进行。

因此蔡英文、民进党不接受"九二共识"，继续"文化台独""去中国化"，配合美日围堵大陆，直接毁坏两岸关系和平发展共同的政治基础，摧毁两会协商谈判、两岸事务部门沟通联系的政治基础，造成两岸政治、经济、文化、涉外等各个领域交流的全面降温、停滞与倒退，民进党负有不可推卸的全部责任。

现在，两岸关系下阶段能否避免逆转倒退，球仍在蔡英文手上。是维护体现一个中国原则的共同政治基础，还是推行"两国论""一边一国"的"台独"分裂主张；是继续走两岸关系和平发展之路，还是重蹈挑起台海紧张动荡的覆辙；是增进两岸同胞感情与福祉，还是割裂同胞间的精神纽带、损害同胞根本利益，在这些重大问题上，蔡英文、民进党当局必须以实际行动做出明确回答，并接受历史和人民的检验。（本文完成于 2016 年 6 月）

2016 年台湾当局大陆政策概述

——从和平发展到"反中对抗"

2016 年台湾当局的大陆政策以 5 月 20 日民进党重返执政为分界点,前后大陆政策的内涵、性质等截然不同,历经和平发展到"反中对抗"的逆转,导致两岸关系从暖和平螺旋下沉为"冷对抗",损害两岸同胞福祉。

一、马英九大陆政策内涵:捍卫"九二共识"、维护和平发展

（一）捍卫"九二共识",质疑"维持现状"

面对蔡英文"维持现状"的政策主张与选举攻势,即将下台的马英九不得不站出来捍卫"九二共识",强调重要价值,揭露蔡英文"维持现状"的欺骗性与虚伪性。马英九明确两岸关系定位就是"一个中华民国,两个地区",强调"'一中各表'不会乱表,不会表到'两个中国''一中一台'跟'台湾独立',这是'中华民国宪法'所不允许的"。蔡英文如果真心"维持现状",就应该接受而不是否定、回避"九二共识"。同时,马英九不断突出"九二共识"已是两岸共识,成为两岸现状的一部分。[①]马英九在 2016 年元旦讲话中质问蔡英文"一面说要'维持现状',遵守'宪法',一面却又不肯接受符合"中华民国宪法"的"九二共识"。这种矛盾的态度,不但罔顾现实,而且构成对现状的挑战,更有可能被外界认为是挑衅。"[②]马英九的质问对蔡英文造成一定压力。

---

① 陈家伦:《马英九展望两岸,吁"新政府"巩固和平》,台湾"中央社"2016 年 3 月 9 日台北电。

② 《马英九:九二共识就是两岸共识》,台湾《联合报》,2016 年 1 月 2 日 A1 版。

（二）架设两岸热线，深化政治互信

2015 年 11 月两岸领导人会面时，马英九向习近平建议设立"两岸热线"，同年 12 月 30 日"两岸热线"顺利架设，国台办主任张志军与台陆委会主委夏立言首度透过两岸事务首长电话热线通话 30 分钟，互致新年问候，从而使两岸的事务主管部门之间的常态化沟通机制进一步升级。2016 年 2 月 5 日春节前夕，张志军与夏立言再次通话，互致节日问候，强调坚持"九二共识"，应对不确定因素，做好风险管控。[①]4 月 12 日下午，张志军应约与夏立言通话，介绍了台湾电信诈骗犯罪嫌疑人对大陆民众实施诈骗活动情况，希望两岸共同珍惜维护两岸关系和平发展的局面及成果。[②]民进党上台之前，两岸透过"两岸热线"妥善处理了一些复杂敏感问题，有利于两岸双方及时沟通情况、避免误判、管控分歧。

（三）扩大交流，实现陆客中转、"专升本"

马英九在年初就表达了积极推动两岸服贸协议生效、互设办事处、陆客中转、陆生"专升本"等政策事项。2016 年 2 月 1 日，首批来自南昌的陆客经台湾桃园机场中转飞往欧美等地，首批试点城市包括重庆、南昌、昆明，预估每年经台湾中转的陆客约 2 万 5000 人左右。[③]陆生"专升本"也得到顺利实施，名额增加到 1500 人。

（四）登上太平岛，维护海洋权益

马英九致力维护南海太平岛、东海钓鱼岛主权，其南海政策坚持"主权在我、搁置争议、和平互惠、共同开发"。2015 年 5 月 26 日马英九提出"南海和平倡议"，并在太平岛立碑"和平南海，国疆永固"。同年台湾地区与菲律宾签署"台菲渔业事务执法合作协定"，减少台菲渔业纠纷。2016 年 1 月 28 日，马英九率领大批官员、学者登上太平岛，强调是岛屿而不是岩礁的事实，发布"南海和平倡议路径图"，提出"三要三不要"的架构："要合作，不要冲突""要共享，不要独占""要务实，不要僵持"。并提出"一条途径，两项说明，三个进程"的路径图。要求将台湾纳入南海协商机制，呼应美方的航行及飞越自由

---

① 陈键兴：《张志军与台陆委会主委夏立言通过两岸热线通话》，新华社 2016 年 2 月 5 日北京电，引自新华网：http://news.xinhuanet.com/tw/2016-02/05/c_1118003360.htm，最后检索日期：2017 年 2 月 5 日。

② 《张志军与台陆委会主委通过两岸热线通话》，新华社 2016 年 4 月 12 日北京电，引自新华网 http://news.xinhuanet.com/tw/2016-04/12/c_1118601943.htm，最后检索日期 2017 年 2 月 5 日。

③ 陈柏廷：《商机年约 2.6 万人次》，台湾《中国时报》，2016 年 2 月 1 日 A11 版。

与安全主张，协商制定南海地区海、空意外相遇规则及相互设立热线等安全机制。呼吁各方"整体规划、分区开发"，及早进行"生物资源的养护与管理""非生物资源的探勘与开发""海洋环境保护与科学研究""海上犯罪的防制""人道援助与灾害救援"等议题合作。① 马英九登岛举动引起美方不悦，美国务院发言人对此表达失望。此后台湾"国际法学会"向国际仲裁法庭递交《法院之友意见书》，提供相关资料，证明太平岛是岛非礁，该资料转送给所有仲裁员参考。②

4月9日，马英九再次登上彭佳屿，遥望钓鱼岛，立下"和平东海、国疆永固"纪念碑。这是马英九卸任前捍卫钓鱼岛主权的又一次大动作。4月底，屏东琉球籍渔船"东圣吉16"号渔船在冲之鸟礁公海海域遭遇日本公务船扣押，马英九当局立即向日本政府抗议，要求放人，质疑冲之鸟礁不具有岛屿权利，还派军舰护渔。民进党有人怀疑，这是马英九下台前设陷阱使民进党与日本政府闹僵。

面对民进党、"台独"势力的反扑，即将下台的马英九极力捍卫"九二共识"的政治基础，巩固和平发展成果，防止民进党上台后改变和平发展的现状。但即将卸任的马英九已经回天乏术，和平发展路线遭遇重大挑战。

二、蔡英文大陆政策内涵："反中对抗""柔性台独"

民进党是在攻击马英九两岸路线、不放弃不调整"台独"立场、不承认不接受"九二共识"，透过操纵社会运动、挑拨青年群体"反中民粹"的情况下上台执政，蔡英文当局的大陆政策就是出于对前任的反动，背离两岸和平发展的路线，实施"反中对抗"、柔性"台独"的政策。

蔡英文当局大陆政策具有五项内涵。

（一）"维持现状"，拒绝"九二共识"

蔡英文在2015年4月9日接受民进党提名时首次提出"维持两岸现状"的两岸主张，取代2012年时空洞的"台湾共识"。在"维持现状"政治包裹中，蔡英文赋予四点内涵。一是"宪法论"。选举期间蔡声称遵循"中华民国现行宪政体制"，后在"520"讲话中抛出"宪法论"，声称她"依照'中华民国宪法'当选"，"有责任捍卫'中华民国'的主权和领土"，承诺"依据'中华民国宪

---

① 王正宁：《马：有什么好紧张的？》，台湾《中国时报》，2016年1月29日。

② 林人芳：《登彭佳屿，马英九：宣告主权，追求和平决心》，台湾《今日新闻网NowNews》，2016年4月10日。

法''两岸人民关系条例'及其他相关法律，处理两岸事务。"① 可以简称为"合宪遵例"，蔡似乎有把两岸关系定位回归"宪法"原本所规定的"一中宪法""一国两区"的倾向。二是"既有政治基础论"。蔡拒绝"九二共识"作为两岸共同政治基础，抛出所谓"既有政治基础"，内含"九二会谈""共同认知"等元素：两岸之间存有"九二会谈的历史事实"，达成若干"求同存异的共同认知"。② 蔡只承认1992年两岸两会之间确有会谈的历史过程，但没有形成会谈结论——"九二共识"的结果，意图以过程模糊结果、以"过程论"取代"结果论"。蔡所言当年两岸达成的"共同认知"的具体内涵究竟是什么，迄今为止她都没有说清楚、讲明白。三是维持"现有机制论"、提议民、共"对话论"。蔡英文表示将"努力维持两岸现有机制"，进行协商谈判、沟通联络，包括两岸两会协商谈判机制、国台办与陆委会常态化沟通联络机制等。蔡还倡议民、共对话，主张两岸两个执政党应"放下历史包袱，展开良性对话。"两岸还应在东南亚等地开展区域合作，似乎将其"新南向"与大陆的"一带一路"特别是海上丝绸之路进行包容连接，等等。③ 四是"民主、民意论"与"未来选择权"。蔡英文当选后提出了两岸政策"三前提"："依循普遍民意，遵循民主原则，确保台湾人民对于未来的选择权"，意图以台湾的假"民主"、小"民意"要挟大陆大让步，保留并扩大未来台湾"可统可独"的自由选择空间。如今，蔡持续贩售所谓台湾"民主机制"当作"台湾共识"，要求大陆予以"正视"。

在2008年出任党主席到2015年4月之间再次参选之间，蔡英文恶毒攻击"九二共识"，彻底否认"九二共识"的存在，声称如果有，也只是国、共之间共识，"没有经过台湾人民同意"，民进党绝不能接受。但在2016选举期间，蔡英文转而避谈"九二共识"，改提"维持两岸现状"，以"九二会谈""共同认知""既有政治基础"等模糊焦点、搪塞选民，谋求选票最大化。马英九坚持"九二共识"既符合"宪法"，又是两岸共识，更是两岸现状的关键元素，蔡英文"维持现状"的要害就是不承认"九二共识"，拒绝"两岸同属一中"、两岸关系是一个国家内部关系的性质定位，保留两岸关系最多是特殊关系、甚至是"准国际关系""一中一台""两国论"的选择空间。苏贞昌党主席期间曾进行"对中政策检讨"，2014年蔡英文再次出任党主席以来，民进党内始终没有

---

① 《蔡英文：人民期待的四个字：解决问题》台湾《联合报》，2016年5月21日A13版。

② 台湾《自由时报》，2016年1月21日。

③ 《蔡英文：人民期待的四个字：解决问题》台湾《联合报》，2016年5月21日A13版。

就"台独党纲""台湾前途决议文""正常国家决议文"进行讨论,也没有就蔡英文"520"讲话中的"宪法论"进行内部或公开辩论,予以认可。未调整"台独"立场的民进党一定会对蔡英文的大陆政策构成制约。蔡英文的"维持现状"只是口是心非的欺人之谈,"520"以来民进党彻底打破2008至2016年上半年两岸和平发展的现状,滑向"冷对抗"、甚至强对抗、高风险的情境中。

(二)翻新"台独",扩大"台独"基础

在大陆强大、持续的压力之下,蔡英文当局放弃陈水扁时期激进"台独"、硬对抗的手法,转而采取柔性"台独"、软对抗的策略,实行一条没有"台独"之名却有"台独"之实的实质"台独"路线。打着"转型正义"的旗号,设置"不当党产委员会",残酷清算政治对手。全面推动"文化台独",在文化、教育、学术、文学等各个领域内全面开展"去中国化""去中华化""去蒋化""去孙中山""去大陆化",扭曲"二二八"历史真相,抹除一切中国元素。废除马英九后期的"微调课纲",恢复李扁时期的"台独"史纲,美化日本殖民统治,在台中、桃园大肆兴建日本"神社"鸟居,毒害年轻一代。提名多名"台独"分子出任"司法院大法官",铺就透过"大法官会议解释"途径谋求"法理台独"的"释宪台独"轨道。"公投"是民进党惯用伎俩,民进党急于"公投法"修改,试图降低投票年龄、降低连署、成案及过通门槛,突破不涉及"主权""领土""国号、国旗、国歌、国徽"等敏感政治性议题的限制,时刻准备上演疯狂的"公投"游戏。利用政权优势及"反中民粹",民进党还会朝着"内政台独""生活台独"的方向进行软土深挖,实现民众的"心灵台独"。[①]

(三)"新南向"远离大陆,管控两岸交流

为降低、摆脱对大陆的经济依赖,降低两岸社会联结、减少两岸人员往来,远离大陆,蔡英文全面改变两岸经贸策略,强力推动"新经济""新南向"。"总统府"成立"新南向政策办公室","行政院"设置"经贸谈判办公室",发布"新南向政策纲领",全方位、综合性、多面向实施(面向东南亚10国、南亚6国及澳大利亚、新西兰共18国),以经贸合作、人才交流、资源共享、区域链结为四大主轴,编列42亿台币经费协助台商拓展商机,重点加强与印尼、泰国、缅甸、印度等经贸、教育及战略安全的交流合作,在当地设立窗口,培养"南向种子"。在参与美国主导的TPP落空后,积极谋求与美、日、印度等国签

---

① 杨开煌:《别把台湾全放美国篮子里》,台湾《中国时报》,2016年6月28日A11版。

署经贸协议。不惜损害食品安全，开放美国猪肉、日本核灾食品进口，降低、取消农产品关税，得罪台湾消费者。

蔡英文上台后，放弃两岸服贸协议审议，《两岸协议监督条例》也无进展，却抓紧"公投法"的修改。蔡英文紧缩陆配权益，维持6年入籍时限，还要考试。为了吸引陆生赴台就学，民进党同意陆生纳入健保，但陆生不同于台湾本地生，却与外籍生一样，须全额自付医保费用，这种徒有其名、本质歧视的政策再次伤害了陆生的心。[①]台"国史馆"限制大陆、港澳学者查阅资料档案，"蒋经国基金会"停止奖励港澳学者。严格管制赴台交流的大陆官员、学者，禁止抨击民进党的大陆学者赴台访问，抹黑、分化、打击大陆学术圈，搞学术"绿色恐怖"。

"520"以后发生"雄三误射"、针对陆客"火烧车"等多起重大意外事件，蔡英文当局对大陆方面、罹难陆客没有半句负责任的说法，也没有任何道歉，却任凭台湾网络上的非理性谩骂蔓延，其早年经营的网站转发歧视陆客的言论。新年、春节不向两岸同胞拜年，却用外文向美日恭喜。蔡英文当局"冷血""冷漠"伤害了所有中国人的心。

（四）拥抱美日，损害海洋权益

"亲美日、远大陆"是蔡英文当局出自骨子里的对外战略。蔡英文一上台便搞"踏实外交""过境外交"，向美、日政府吐露唯美、亲日心扉，甘作美、日棋子制衡围堵中国。先押宝希拉里，配合"再平衡"，谋求TPP，后搞"川蔡通话"，挑战一中格局，拉拢特朗普身边的右翼政客、幕僚，期待美国售台先进武器、协助台湾制造潜艇、战机。谋求日台关系升温，全面配合日本安倍政权，日本驻台机构更名"日本台湾交流协会"。民进党当局对"冲之鸟礁"不持立场，不为台湾渔民护渔，反而启动"台日海洋事务合作对话机制"，签署"台日语言教育交流合作备忘录""台日强化产品安全领域之交流与合作备忘录"，对日本一再退让妥协，甚至"甘冒天下之大不韪"，决意开放日本核辐射食品进口。"南海仲裁"期间唯美国马首是瞻，阻挠并处罚台湾渔民、泛蓝团体登太平岛，刻意忽视南海"U形线"历史性权利，一味附和美国的"航行自由权"，试图挤进南海对话机制。遭"国际仲裁""打脸"后，被迫发表"强硬"声明，"不接受"仲裁结果。如今依然附和美国，欲建太平岛为"人道救援基地"，根

---

① 蔚科：《蔡英文当局拍板陆生健保政策的真正目的》，引自中国台湾网，http://www.taiwan.cn/plzhx/hxshp/zhzh/201610/t20161028_11607416.htm，最后检索日期：2017年2月25日。

本目的在于为美国未来控制、利用太平岛预作战略准备。

（五）假"承诺"、伪"善意"，谋求稳定执政

慑于大陆强大压力、擅长谈判的蔡英文每逢关键节点，都会释放口是心非"善意"、作出虚假"承诺"，制造民进党向中间转型、理性负责任的假象，既想赢得岛内不明真相民众、国际社会的同情支持，又试图把压力转嫁到大陆身上，使大陆失去出重手反制的正当理由、合适时机。选举期间不断承诺"不挑衅、不会有意外"，建立"具有一致性、可预测、且可持续"的两岸关系，"维持台海和平现状"，而且她将"说到做到"。"520"讲话再次加码，承诺"捍卫中华民国的主权和领土"，并"依据宪法、两岸关系条例"等处理两岸事务。此后"双十"讲话蔡又承诺了新"四不"：即"承诺不变、善意不变、不屈服、不对抗"，甚至释放两个"有利于"，侈谈什么"只要有利于两岸和平发展，有利于两岸人民福祉，什么都可以谈"，"推动两岸建设性的交流与对话，建构可长可久的两岸和平稳定关系。"[1]2017 年元旦、春节之际，蔡当局转守为攻，力图摆脱大陆出题、蔡英文答题的魔咒，抛出新议题、作出新"承诺"：鼓吹两岸互动"新模式"、两岸"新共识"，释放出所谓 2017 年下半年将调整大陆政策的信息，并指令海基会董事长田弘茂邀请海协会长进行"金门会谈"的信息，等等。[2]蔡英文的周旋、悬疑手法，存在极大的欺骗性，让不少人信以为真，将压力转到大陆方面。

但虚假的"善意""承诺"掩盖不了蔡英文"反中对抗""柔性台独"的政策面目。在 9 月 28 日给民进党员的一封信中，蔡英文叫嚣："要力抗大陆的压力，发展与其他国家的关系。摆脱对于大陆的过度依赖，形塑一个健康、正常的经济关系。"[3]服从于"反中对抗"的总需求，蔡的"善意"、"承诺"往往只说不做、口是心非、"说一套、做一套"，甚至做的与说的完全相反，根本不兑现她的承诺。蔡英文曾经劝阻高志鹏不要"去孙中山头像"，劝导深绿现阶段不必搞"公投入联"，要求民进党"立院党团"把两岸政治议题从"公投法"移至"两岸监督条例"中"立法"，等等。如果这些就是蔡对大陆的善意，根本掩盖不了她对大陆的挑衅与发自内心的恶意。

① 蔡英文：《坚定向前，让"国家"因改革而伟大》，引自台湾"总统府"网站，http://www.president.gov.tw/Default.aspx?tabid=131&itemid=38134&rmid=514。最后检索日期 2016 年 10 月 11 日。
② 陈柏廷：《两岸破冰？下半年提新政策》，台湾《中国时报》，2017 年 2 月 6 日 A1 版。
③ 曾意苹、崔慈悌：《蔡英文：摆脱对陆过度依赖》，台湾《中国时报》，2016 年 9 月 30 日 A4 版。

三、大陆政策特点

（一）大陆政策的逆转

台湾当局大陆政策在"520"前后发生逆转，由承认"九二共识"到拒绝，直接摧毁了两岸共同政治基础。由和平发展路线转变为和平对抗，和平发展的路灯熄灭了，和平发展成果随即消失，"和平红利"化为泡影，台湾民众从"无感"到有感甚至刺骨痛感。由马英九的"亲美友日和陆"演变为蔡英文的"亲美心媚日远中""反中民粹"至上，导致两岸关系急转直下，形成暖和平向"冷对抗"的螺旋式下沉。

（二）蔡英文大陆政策的功利性

蔡英文当局大陆政策完全服从于选举与执政需要。民进党人选举至上，上台执政后当务之急就是全力巩固政权，谋求稳定执政、长期执政。一方面要满足绿营、特别是深绿对于"台独""公投""反核"的需要，因此蔡当局不能不搞"去中国化""文化台独""释宪台独""内政台独"；另一方面面临执政压力，不得不面对两岸关系的现实，调整并放软"台独"立场，争取中间选民支持，巩固执政基础。所以蔡英文试图在深绿与中间、强硬与柔软之间找到平衡点，其大陆政策功利色彩浓厚，时常引导起"独派"、深绿的不满，李登辉、许世楷、辜宽敏等人8、9月间先后跳出来公开"炮轰"蔡英文。

（三）蔡英文大陆政策的欺骗性

一是不放弃"台独"立场，但极力淡化、回避"台独"立场，不提、少提"台独党纲""台湾前途决议文"，始终不处理党内"冻结台独党纲""维持两岸现状"的提案。二是"维持现状"只是选举骗术，上台后就改变两岸和平发展现状。借口大陆"打压"将责任推卸给大陆，蔡英文谎称"两岸都有责任尽最大努力，寻求一个对等尊严、彼此都能够接受的互动之道"。而台湾的"民主制度、国家认同与国际空间，必须被充分尊重，任何的打压，都会破坏两岸关系的稳定。"[1]三是对两岸关系只求稳定，不求发展，避免"地动山摇"。四是口头"善意"、虚假"承诺"欺骗世人，蔡还与民进党、深绿"唱双簧"，她说她的，民进党照样搞"台独"。蔡如果真心按照"宪法""两岸关系条例"所界定的两岸关系"一国两区"性质，她承认"九二共识"有那么难吗？

---

[1] 《蔡：任何打压都会破坏两岸稳定》，台湾《自由时报》，2016年1月1日A3版。

（四）蔡英文大陆政策的两面性

一是有调整，但没有达标。与其原有立场相比，蔡自参选后便不再攻击"九二共识"，甚至提出"九二会谈""共同认知"，口头接受"中华民国宪法""两岸人民关系条例"等，但调整远没有到位，没有明确承接受"九二共识"，否认两岸同属一中，担心承认"九二共识"失去选票。执政之后的表现不及格。二是软硬两手策略。推动"转型正义""文化台独""去中国化"那一套"柔性台独"，只搞软对抗，不搞硬冲撞。但强硬宣誓"力抗中国"，全力推动"新南向"，东海、南海议题全面配合美、日，显示"亲美媚日"嘴脸。三是由"作答"到"拒答"。面对大陆"九二共识"的试卷，蔡英文从选上那一天起就开始作答卷，经过"520""双十"，开展转守为攻，抢两岸关系主导权。"双十"抛出两个"正视"、两个"有利于"，年末抛出两岸互动的"新模式""新共识"，抢夺两岸关系的话语权、主导权，进行激烈反扑。

四、大陆政策趋势

未来蔡英文当局的大陆政策将沿袭其"反中对抗""柔性台独"的政策内涵，对两岸关系实施强力降温，极力摆脱对大陆依赖。

其一，鼓吹"新共识"，拒绝"九二共识"。为了转移压力、焦点，蔡英文未来将卖力鼓吹两岸互动新模式、以"新共识"替代他们眼中的旧共识，回避两岸关系的性质定位，消除"九二共识"在两岸关系中的影响。

其二，和平稳定替代和平发展。蔡英文谋求两岸关系和平稳定，但不求发展，只求稳定，为其执政营造稳定的两岸环境，避免大陆出手"反击"。但希望增加陆资、陆客、陆生等，改善台湾经济环境，提高就业率。甚至愿意尝试"新南向"与大陆"一带一路"特别是海上丝绸之路的交流合作。

其三，远离大陆，强化"南向、东连、北上"。摆脱对大陆依赖，是蔡英文大陆政策的战略目标，其另外选择方向就是"南向、东连（美国）及北上（日本）"。全力推动"新南向"，扩大台湾与东南亚、南亚的经贸、教育、文化、科技甚至战略安全合作。谋求与美日等国发展更加密切的政治、经济、战略安全关系，与美国加快 TIFA 谈判，增加军购力度，加快美台军事合作步伐，提升双方的准官方关系。与日本进行 EPA 谈判，在东海、南海议题上听从美、日的安排甚至勒索。

其四，降温两岸，升级"文化台独"。面对两岸往来居高不下的局面，蔡英文当局将采取措施、出台相关法规，加强对于两岸交流的管控，限制两岸交流，涉及学术、教育、文化等从多领域，将对两岸交流产生负面影响。在岛内进行绵密的"文化台独"实验，从根本上切除两岸文化基因联结，催生"台独"的社会、文化基础。民进党还将加强与"港独""藏独""疆独""法轮功""海外民运"等势力的勾结，危及国家的主权与领土完整、危害大陆政治与社会安全。在可预见的将来，两岸关系将进入螺旋下沉、风险多发的高危期。（本文完成于2017 年 1 月）

台湾新民意内涵及特点

民意的英文"Public opinion"，由公众 Public 及意见 opinion 组成。外国学者盖伦（Glynn）1999 曾概括民意的五种概念：民意是个人意见的集合、民意是多数人信仰的反映，民意建立在团体利益的冲突上，民意是媒体与精英的意见。

一、台湾新民意内涵

蔡英文当政两年来，台湾民意发生复杂变化。如今的台湾民意由多方面组成。

（一）和平发展依然是多数民意

包括求和平、求稳定、求发展；要交流、要合作、要双赢。工商界要赶搭大陆发展的快车，多数民众也希望分享大陆发展的机遇，享受"同等待遇"。早年是台商投资，后来有了台干、台生、台师参与，普通民众、青年世代、专业人才成为新一轮"西进潮"、大陆热的主力。出现了就读热、就业、创业、居住潮。2018 年《远见》民调称愿意到大陆发展为 41%，不愿意为 47%。年轻人登陆比例 59%。2017 年 11 月《联合报》民调称 40% 民众愿意西进就业，30 岁以下年轻人高达 53%。愿意让子女到大陆读书者达 38%，今年出现井喷式增长，甚至学测"顶标级"学生愿意来大陆读书。12% 愿意到大陆定居。

（二）"维持现状"是台湾多数民意，呈现"钟型"民意曲线特征

对于台湾前途的民调中，有关统一、"独立""维持现状"选项中，"维持现状"一直是最多选项。自 2009 年以来，"维持现状"的比例为大多数五成上下。马英九时期 2011 年 11 月"陆委会"民调，称主张广义维持现状占绝大多数 86.6%，2017 年《联合报》为 49%，2018 年《远见》为 55%。

台湾民众要求维持两岸和平发展的现状，但蔡英文只讲在没有"九二共识"

的情况下维持两岸和平稳定，试图为台湾发展创造一个有利的、稳定的两岸环境。台湾民众对于蔡英文执政后的两岸政策不满意度上升。《联合报》民调显示台湾民众对于蔡英文处理两岸关系的负面评价上升，达到56%，满意率下降为26%。

（三）"统升独降"，"被统一"正在酝酿发酵

2016年民进党上台后，与多数预期相反，民众的"台独"倾向下降，统一支持度上升。《联合报》民调称"急独"与"缓独"由2016年的31%下降为2017年24%，少了7个百分点。主张统一者上升至20%。《远见》民调也显示支持"台独"比例从2014年的32%下降为21%，减少11个百分点。而赞成统一达到14.8%的历史新高。年轻人部分支持"台独"比例从36%下降为27%，下降近10个百分点，支持统一者达到13%。

"被统一"的民意正在酝酿发酵。2015年10月，台湾"中研院"社会所公布的"被统一"民调打破了台湾民众"统独"印象。有49.7%预期台湾将"被统一"，而只有35.9%预期将"独立"。其中，支持"独立"者中竟然有37%预期台湾终将"被统一"。

台湾民众的身份认同也有变化，"台湾人"认同为多数，但有所下降。中国人认同为少数，但已有所上升。既是"台湾人又是中国人"的比例稳定上升。据《中国时报》2018年4月19日报道，美国哈佛大学教授江忆恩（Alastair Iain Johnston）、达特茅斯学院教授尹丽乔（George Yin）委托《美丽岛电子报》进行的民调，采用十分法测量台湾民众的族群认同，46.2%认为自己只是台湾人，2.3%认为自己只是中国人，而有51.5%认为自己"既是中国人又是台湾人"。此前一般"三项选法"测量法会过高估"台湾人"和"中国人"的比例，而低估认为既是"台湾人又是中国人"比例。《美丽岛电子报》以传统三分法民调，测量63.5%认为"只是台湾人"，2.6%认为"只是中国人"，而34.09%认为"既是台湾人又是中国人"。

统"独""台湾人认同"的变化，与台湾民众的安全感有关，也与经济状况有关。马英九时期，两岸关系安全系数高，主张"台独"较没有安全顾虑。蔡英文时期两岸关系危险，主张"台独"的不安全感升高。民进党上台后经济、股市回暖，但因错误的"一例一休"政策、公教人员"年金改革"，民众薪水没有增加，没有得到实惠，就业机会减少，民众统"独"态度、身份认同与经济状况不好有关。

（四）对于大陆态度朝向友善、肯定方向发展

台湾民众对于大陆的态度正处于质变的关键阶段，越来越多的台湾民众对于大陆官方、人民的好感度上升。2008 年以来，认为大陆对台友善的比例快速上升，但一直到 2016 年没有超过认为不友善的比例。台"陆委会"2011 年11 月民调称，大陆官方对台当局的态度，"不友善"（45.5%）比例高于"友善"（32.6%）；而对台民众的友善为 40.5%，不友善为 40.8%。

但在 2017 年联合报的民调，显示台湾民众对于大陆人民的观感首次逆转，49% 对大陆民众有好印象，创八年来最高。对于大陆官方的观感也创下负评历年最低。

"台湾亚东关系协会"民调，2010 年 3 月民调台湾民众最喜欢的国家与地区 52% 选日本，8% 选美国，5% 选大陆。而未来最应亲近的国家与地区是：33% 选大陆，31% 选日本，16% 选美国。

越来越多的台湾民众正面看待大陆崛起，认为大陆一定会日益强大，但不会伤害台湾。联合报民调有 76% 知道中共召开十九大，72% 认为大陆未来将应列一流方阵，68% 不担心大陆崛起影响台湾。

之前具有复杂的心态，"既期待，又怕受伤害"，对大陆有种"不能没有你，有你我又怕"矛盾心态。2012、2013 年台湾社会普通焦虑，四分之三染上"中国恐惧症"，四成三担心担心饭碗不保，位阶愈高愈恐惧；七成害怕"台湾主权"受伤害、六成担心经济上依赖大陆。造成台湾民众对大陆反感的因素集中于台湾的"国际参与"、导弹等。

（五）保持"台湾主体性"

要尊严、要对等、要优先。刻意与大陆保持安全距离，部分台湾民众认为"中华民国是主权独立的国家"。蔡英文 2012 年讲"台湾共识"，但很空洞。现在讲"台湾价值"，否定"两岸一家亲"理念。

两岸要交流，但在交流中不能丧失台湾"主权"、不能危及台湾安全、不能损害台湾利益。

台湾在两岸关系中特别要求尊严、对等，"台湾优先"。特别讲面子。不能降格、不能把它当作地方政府。还有一种台湾民意就是"不食嗟来之食"，大陆是大陆，台湾是台湾。不愿到大陆发展，宁愿困守台湾或到岛外、东南亚、拉美、非洲等地发展。台湾民众还有一种想法，生意归生意，认同归认同。有钱赚当然要去，但不会影响他们的政治立场。所谓"卖渔不卖身"。

（六）在两岸关系中要参与、要机会、要公平

反对政治高层、工商界、财团垄断两岸交流管道、市场、机会，要求扩大参与、保障弱势，建立公平正义。

（七）在台湾"国际空间"、安全方面，要"国际参与"、要安全、要大陆撤除导弹

"国际参与"上：台湾要有"国际空间"，要有"邦交国"、参与国际组织及其会议、非政府组织、参与"国际协定"，参与WTO，签署自由贸易协定（FTA），要获得各国的"免签证国"待遇。军事安全上，主张建立台湾"国防"，安全上依赖美国，要求对美军购，美国提供安全保障，视大陆为军事威胁。

（八）意识形态方面，要"普世价值"、要民主、要自由、要人权

对于大陆的道路、制度仍有不少的质疑，质疑大陆的新闻、网络管制，质疑大陆处理李明哲案的政治动机。台湾民众具有强烈的亲美、亲日倾向，还有"皇民化"意识，对美没有"主体性"。

最后概括台湾民众对于两岸关系的"十要""五不"。"十要"：要尊严、要身份、要和平、要交流、要照顾、要公平、要民主、要"国际参与"、要撤弹、要未来选择权。"五不"："不敢独立、不想统一、不要武力解决、不愿承担责任、不受任何约束"。

二、台湾民意的特点

（一）台湾民意可分类为J、U及钟型三种曲线

美国学者迈克尔·罗金斯（Michael G.Roskin）提出三种民意的基本型态，也称古典民意模式曲线，包括J型（J-Curve）、钟型（Bell-shaped Curve）及U型（U-Curve）民意曲线。J型——倾斜式民意，某种主张获得压倒性的支持度。U型——两极式民意，两极化意见占多数，中间意见少。钟型——持中立态度的民众占据大多数，而两极化意见较少。

台湾民意很多，形形色色，但都可以归类为J、U及钟型三类民意形态。有关"维持现状"、统"独"民调属于钟型曲线。对于大陆的态度属于两极化的U型曲线。反对军事解决、台湾参与国际等呈现倾斜式的J型曲线。

（二）台湾民意反映了台湾民众自身的"三种需要"

一是发展需要，就是要过上好的生活、有美好的前途。二是尊严需要，涉及面子问题，个人的面子、台湾的面子。三是安全需要。台湾长期孤悬海外、

海岛，使台湾民众充满不安全感，需求寻打后盾、靠山，美国、日本、大陆或东南亚等，成为不同人群的寄托。

（三）台湾民意体现了"三多特征"

一是多变。"民意如流水"，民意如过眼烟云，一有风吹草动、一个政治事件就有可能催生新民意、改变旧主张。不同时代、不同环境就有不同民意、主张。

二是多元。同一时代存在多种民意，有时形成主流与非主流民意，多数与少数民意，有时难分主流与非主流，多数与少数。

三是多数沉默，并被少数绑架、放大。传播学上有"沉默的螺旋"现象。台湾因为政治环境、媒体环境的特殊性，少数、极端、非理性意见容易被放大，而多数、理性意见甚至真理反而被压抑，被剥夺发言权、话语权。

四、决定台湾民意的因素

台湾民意不是固定不变的，是可变的、易受影响的、易初操纵的。影响台湾民意走向，应该从台湾内部、大陆因素及国际因素来寻找。在台湾，只有讲"台独"的自由，没有讲统一的土壤。"台湾主体性""台湾优先""台独"在岛内的舆论市场有"正当性"，而讲两岸双赢、统一很难得到传播。这是统"独"失衡的舆论市场。

其一，台湾人的个性特征决定了台湾民意。（1）投机性、务实性。利益至上，追逐利益。只要有利益，都可以"发夹弯"。（2）自私性。最重视自身利益，而且多数只顾眼前利益、不顾长远利益，只顾自身利益，不顾整体利益。自私，在两岸关系上强调"台湾优先"、只要不给。他们常讲两岸交往之道，"以大事小，以仁，以小事大，以智"。要求大陆对台单方面、片面让利、让步。讲究面子，明明是大陆对他让利，硬称是互惠互利。但另一方面就是歧视、仇视、敌视大陆官方与同胞。对赴台探亲、交流的民众、财产继承、对陆客、陆生、陆资作出许多不符合民主、包容、多元价值的限制。（3）狭隘性。只有"岛见"，缺乏远见、格局，也没有整体民族利益，极其短视。（4）冒险性。台湾是移民社会，"拼命"不得不然。林怀民称，"拼搏"已经变成台湾社会重要的价值，"拼"让台湾人超量的使力，因为他们相信"爱拼才会赢"，但拼搏是短线操作，拼过是倦乏，无法沉淀、养气、培育。陈水扁冒险搞"法理台独"、推动"防御性公投""和平公投"，但同时又承认"台独"搞不成。

其二，台湾政治人物、意见领袖、媒体名嘴、舆论媒体的主张观点对台湾民意影响特别大。看谁掌握了话语权、看媒体掌握在谁的手上。民进党、绿营的政治人物论述能力强，媒体是绿营的天下，"三民自"、苹果日报等主导了舆论方向。

其三，台湾地区经济、社会情况影响到民意的形成与变化。

其四，网络、新媒体对民意的影响很大。

五、台湾民意趋势

其一，和平稳定是台湾主流民意。获得越来越多民众的认同、支持。和平发展的支持度没有马英九时期那么高，融合发展在岛内还没有明显的支持。

其二，不满、反对民进党紧缩、"反中"政策、批评的声音、要求调整的压力上升。扩大两岸交流的声音上升。大陆的31条惠台政策获得高度支持，如果执行、落实到位，岛内将掀起西进潮、大陆热。对于大陆的好感度友善度会进一步上升，对于大陆道路、制度的认同会增加。

其三，保持"台湾主体性"。"偏独""反统容独""拒统实独"的氛围浓厚。"九二共识"在岛内被严重污名化，蔡英文"维持现状"的支持度有所流失。

其四，"统升独降"，但"独多于统"长期存在。台湾民众对于台湾前途的选择"维持现状"占多数，统一定程度内还会呈现"统升独降"的态势，但"独多于统"的局面难以打破。"被统一"的趋势还会增强。台湾民众的认同还会变化。中国人认同有可能缓慢增加。但台湾人认同必然是主流。

其五，台湾民众"亲美亲日"倾向难以改变。强烈要求扩大国际空间、"亲美亲日"心理增强，要求美国提供安全保护，但反对对美军购的声音增大。

六、影响岛内民意思考

台湾民意是可变的、易受影响的，具有可塑性。随着大陆实力上升，台湾民众对于大陆的态度、接受度正在变化。大陆要了解民意，倾听台意，同时要引导民意，塑造有利和平发展、和平统一的民意。

其一，建构话语权，丰富内容。内容为王，深化和平统一、和平发展、融合发展、两岸一家亲、命运共同体、共圆中国梦等内涵。

其二，分清对象，说不同的内容。对"台独"势力、对岛外势力多说硬话、狠话。对普通民众说软话、好听的话，多讲利益、中国文化、现代文明、软实力，多讲故事，多谈感情，以情动人、以惠台利台政策感动人、打动人。给台湾民众撑腰打气、给他们安全感，无论在台湾、在大陆、在外国，大陆官方和人民都愿意为他们提供帮助、保护。

其三，加强平台、渠道建设。互联网、新媒体时代，大陆具有优势。多利用微信等社交工具，深入台湾民众的生活。鼓励台湾民众使用微信、看大陆的视频。

其四，建立大陆自己的对台民调系统，引导台湾舆论。不能让台湾岛内的民调机构掌握话语权，跟随他们来做。做好问卷设计，设定议题。邀请台湾信得过的专家、团队合作。定期民调、定期发布。

其五，呵护有利两岸关系的民意。如"被统一"，塑造想统一、求统一的民意。催生岛内新一波的"西进潮""大陆热"，催生认同大陆制度、道路的民意。

（本文完成于 2018 年 3 月）

民进党"台独"之路

陈水扁"修宪案"内容及其影响

2004 年 8 月 23 日，台湾"立法院临时会"在一天之内通过了多项"修宪案"，包括"国会席次减半""单一选区两票制""公投入宪""废除任务型国大"及"领土变更案公告半年后三个月内投票复决"等，这是陈水扁玩弄"修宪"把戏所走的第一步棋，完成了程序性"修宪"，建立了"修宪"机制，为下阶段的"宪政改造"作了准备，由此打开了通向"法理台独"的第一道门，在"台独"路程上又往前推进了一步，两岸关系最危险的阀门已经打开。

一、"修宪案"的通过是"朝野"妥协的结果，民进党、国民党成为最后的赢家

"立法院修宪"门槛很高，"朝野"对"修宪案"分歧严重，"修宪案"能否过关充满变数。但"朝野"双方只"为修宪而修宪"，视"立法院临时会"为年底选举的前哨战，把"国会改革""公投入宪"当作廉价的政治口号，双方都企图收割"爱台"与"改革"的政治资本，给对手贴上"反改革"的标签，充满了选举考量。

民进党为了持续点燃"国会改革"议题，夺取"修宪"的制高点，旨在通过"公投入宪"案，不让"修宪"破局，最后关头与国民党作交换，采纳国民党"修宪"版本。泛蓝则不愿被贴上"反改革"的标签，连战、宋楚瑜亲自到"立法院"督阵指挥，争取社会、舆论的同情与支持。"临时会"当天，"朝野"高度动员，纷纷祭出党纪伺候，217 名"立委"只有 6 名缺席，出席人数超过"修宪"门槛。包括第一、二、四、五条都以 202 票赞成通过，第十二条也得到 198 票赞成，远远超过出席者四分之三即 163 票同意的"修宪"门槛。这次"修宪"缺乏周延深度的讨论，"立法院"连续三天举办了六场公听会，而只用一天时间进行表决大戏，使"修宪"成为一场闹剧，仓促"修宪"酿下的苦果将由

民众"买单"。

陈水扁对"修宪案"过关感到"非常欣慰"，民进党"立院党团"总召柯建铭认为虽然只取得半套"公投入宪"，但民进党是真正的赢家。陈水扁不但戴上"爱台湾""大改革"的光环，为年底选举累积了充足的政治资本，而且跨出了"宪改"的第一步，掌握了"修宪"的主导权。民进党大老沈富雄恭喜国民党里子面子兼得，是这次"修宪"的最大赢家。而亲民党错估形势，遭到左右夹击，由最初反对仓促"修宪"到最后弃守，可谓"赔了夫人又折兵"。事后宋楚瑜放话称年底选举不知谁会领风骚，亲民党没有边缘化的问题。"台联党"则有苦难言，未来发展面临重大考验。

二、"修宪案"将成为台湾未来政治生态的分水岭，逐步呈现出"两党制"雏形。选区重划与"国会"配套改革成为下一轮"朝野"争夺焦点

"国会席次减半"与"单一选区两票制"（即一票选区域"立委"、一票投政党不分区"立委"）将对岛内政治生态的重组与整合产生重大影响。

一是台湾地区政坛将加速向两大党或两大阵营整合，逐步呈现出"两党制"雏形，民进党与台湾国民党势将成为蓝绿两大阵营的主体力量。"单一选区两票制"将使岛内政党"大者恒大、小者恒小"，压缩小型政党的生存空间，"台联党"、新党甚至亲民党都有可能"泡沫化"，有人断言，"台联党"必将死亡，亲民党只能生存在少数都会区。[1]选制的改变成为泛蓝或泛绿合并的触媒。国亲合并迎来新的曙光，国民党如今正大光明地等着接收亲民党。宋楚瑜则语带玄机地强调国亲一定会合并，但亲民党会起主导作用，关键看年底的选举表现。民进党对于泛绿合并没有紧迫感，认为两党合并需要很长一段时间去磨合。"台联党"对于合并采取排斥态度。

二是"立法院"对岛内政局的影响力进一步提高，"立法院"将替代任务型"国大"取得"宪法修正案""领土变更案"的提案权，交由"公民复决"；同时，"立法院"掌握了弹劾"总统""副总统"的发动权，"声请'司法院大法官'审理，经'宪法法庭'判决成立时，被弹劾人应即辞职"。未来，"总统"与"立法院"之间的互动将更为敏感。

三是新选制对各党派的影响尚难精确评估，但总体上对掌握执政权的民进

---

① 台湾《中国时报》，2004 年 8 月 21 日。

党与基层组织完备的国民党最为有利。林浊水、沈富雄等人认为"席次减半"将使民进党在"国会过半"的希望落空，因为国民党在外岛及花莲、台东、新竹、基隆、嘉义等十个地区占有绝对优势，泛蓝"未战先赢"，泛绿只有拿到六成以上的选票才有可能在"国会"过半。[①] 事实上，拥有执政权的民进党只要在选区重划上掌握主导权，完全可以最大限度地压缩泛蓝的政治空间。民进党只要赢得"立委"选举与明年县市长选举，选区划分最终必将有利于民进党。

四是新选制淡化或激化岛内统"独"冲突尚难评估。一种观点认为选制的改变将使岛内"左"右两翼势力往中间靠拢，淡化尖锐对立的统"独"、省籍议题，使走偏激路线、形象粗劣如民进党"三宝"等逐渐遭到淘汰。与此相反的观点认为，在台湾这种"双峰社会"，单一选区有可能因为特定族群的主张利益长期被忽视，导致两极化发展，以"总统"、县市长选举的经验推估，蓝绿对抗的程度只会更加严重。

五是新选制对台湾选举文化产生一定影响。选区内不同政党的竞争趋于白热化，选民投票行为可能从"候选人取向"转向"政党认同"倾斜，政党对候选人的约束力增强。独立候选人的参政空间被压缩。长期存在的地方派系将逐渐失去生存的土壤。

此外，新选制不必然提升问政效率与品质。未来"立委"汰换率降低，连任的比率由现在的五成上升到八成甚至九成，有利于培养"资深立委"，新人不容易脱颖而出。但这并不必然提升问政效率与品质，除非修改"立法院组织法"，规范相关议事规则，确立"立委"行为规范，使其没有作坏事的空间。[②]

未来"朝野"争夺的焦点之一，将转向更为复杂的行政区划分与选区划分。民进党提出由"中选会"主持选区重划，而泛蓝主张由"立法院"设立"选区重划委员会"专门负责，反对"中选会"，除非修改"中选会组织条例"，将"中选会"改组为真正中立的机构。多数泛蓝人士担忧选区重划一定会朝向掌握行政权的民进党倾斜。同时，明年县市长选举，不但决定地方版图，也会决定下届"立委"席次。可以预期的是，泛蓝在北部占优的局面有可能被打破，而泛绿在南部的优势将得到强化。

未来"朝野"争夺的另一个焦点是"国会改革"相关配套政策法案的制定。"席次减半"必然冲击"立法院"运作，相关配套政策的制定修改将陆续登场，

---

① 台湾《中国时报》，2004 年 8 月 21 日。
② 台湾《中央日报》，2004 年 8 月 24 日。

成为"朝野"冲突点。

三、"公投入宪"确立了"修宪"机制，为"公投制宪"准备了法律手段，打开了通向"法理台独"的方便之门，岛内政局与两岸关系随时都有失控的危险

此次"公投入宪"的要害有三个方面。

一是确立"宪法修正案""领土变更案"的主体为"立法院"。陈水扁与民进党高层研商后认为，只要能确立"公投入宪"，至少实现了"公民复决"，民进党就可朝向"公投新宪"的方向继续前进。因此决定放弃原先"公投创制入宪"方案，转而支持国民党版"公投复决入宪"，"立法院"掌握了"修宪"的发动权。但泛蓝目前在"立法院"内的脆弱多数很可能被终结，年底泛绿过半的可能性正在上升，届时，陈水扁跨过四分之三"修宪"门槛，易如反掌。

二是规定了"公民投票"的期限，即"立法院"提出"宪法修正案""领土变更案"，"经公告半年后，应于三个月内投票复决"。只要"立法院"提出了"修宪案"，就得在规定期限内完成"公民复决"。

三是"公投入宪"确立了"修宪"机制与条件，即："宪法之修改，须经'立法院立法委员'四分之一提议，四分之三出席，及出席委员四分之三之决议，提出宪法修正案，并于公告半年后，经'中华民国'自由地区选举人投票复决，有效同意票过选举人总额之半数，即通过之。"其中，所谓"同意票过选举人总额之半数"看似门槛很高，其实不难达到。在"公投绑大选"中，两项"公投"的投票率就已超过45%，接近过半，未来在民进党"民粹"的操弄下，"修宪案"的有效同意票"过选举人总额之半数"难度并不大。况且，民进党对这一条款不满意，称之为半套"公投入宪"，未来要修到满意为止。

有了这套"公投复决"机制，陈水扁就拥有了"宪政改造"的法律武器，掌握了"修宪"的主动权，只要时机成熟、岛内意见一致时，便可按下"修宪"甚至"制宪"的按钮，强行而为。至此，"台独"在岛内已没有任何法律上的障碍，相反，在去年通过"公投法"、如今拥有"公投复决"的法律条款后，"台独"之路越走越宽，两岸关系的危险性急剧上升。

四、陈水扁"宪改"之路

此次"修宪"是陈水扁玩弄"宪改"把戏甩出的第一张骨牌，从中摸索出

了一套降低"修宪"难度、使"宪政改造"闯关成功的经验法则。此次"修宪"陈水扁最大的收获是，只要具备社会共识，改革步伐可以很快，"宪改"一点也不困难，未来将开展第二阶段"修宪"，就"不合身、不合时、不合用"的部分进行全面性的"宪政改造"。可以预见，陈水扁将捻紧发条，加快"宪改"步伐。

策略之一：推动"体制内修宪"与"体制外制宪"双轨策略

陈水扁下一步"修宪"重点在于营造有利于"修宪"的气氛，采取"体制内修宪"与"体制外制宪"的双轨策略，一方面派遣苏贞昌在岛内展开所谓"宪政改造征询之旅"，进一步炒热"修宪"议题；另一方面与李登辉、"台联党"及"台独"团体的"制宪会议"等民间"制宪运动"相配合，制造声势，向泛蓝施压，迫使在野党在陈水扁的"宪改"魔棒下不断跟进，甚至推波助澜，互相飙车，最后形成有利于"制宪"的"新宪条款"，经由下届"立法院"提案后，交由"全民复决"，最后通过"新宪法"。

策略之二："以退为进"策略

这次"修宪"是"朝野"相互妥协、让步的结果。在陈水扁看来，只要"修宪"不破局，即使在部分条款上作些妥协，对他而言都是得分。未来陈水扁将采取"妥协—进步"的以退为进策略，与在野党谋求妥协，达成部分"修宪"条款，把"宪改"游戏继续玩下去，确保"修宪"有所进展。同时，以时间换取空间，在"修宪"过程中不断累积选举筹码，一旦年底泛绿掌握"立法院"多数后，还可以对不满意的如半套"公投入宪"等条款进行修改，直到通过民进党想要的"修宪"版本为止。

策略之三："避实就虚"策略

陈水扁多次强调，"新宪"的实质比形式重要，不要在名词上争论是"制宪"还是"修宪"，"修宪"幅度大也等于是"制宪"。未来陈水扁将采取金蝉脱壳之术，将"制宪"内容通过"修宪"暗渡，避开敏感的"主权""领土"、统"独"等问题，暂时把"修宪"重点放在"中央政治体制""人权立国"等方面，追求实质"修宪"成果，然后由"台独"分子，或者陈水扁事后视时机进行追认，称之为"制宪"。

"修宪案"对两岸关系的影响是立即而长期的，"台独"成为现实的危险，加大了祖国大陆"遏阻台独"的难度，成为大陆二十年战略机遇期的心腹大患。

（本文完成于 2004 年 12 月）

陈水扁"法理台独"动向、争议及其策略

在民进党追求长期执政甚至永久执政的价值导向下，岛内以"去中国化""文化台独""渐进式台独"为主要特征的"柔性台独"层层推进，所谓"台湾主体性""台湾国族意识"等似是而非的概念成为岛内新的政治价值链。与此相配套，以"法理台独"为内核的"刚性台独"则迎来了量变到质变的飞跃，岛内外"台独势力"无不感悟到制订"新宪"、推进"台独"的"宪法时刻"悄然降临，"法理台独"频临"台独赛局"的最后节点，成为岛内外情势激荡下中美日各方角力的焦点，为两岸关系设置了险恶浮标。

一、"法理台独"历程回顾

以"公投入宪"为核心、制定"台湾新宪法"是"法理台独"的基本内核，也是民进党奉为圭臬的"神主牌"。1991 年民进党撕下"住民自决"的面具，通过了"台独党纲"，提出建立"台湾共和国"，以"公民投票方式"制定"新宪法"。此后又召开"人民制宪会议"，先后公布了"台独头子"许世楷、张灿鍑、李宪荣、林义雄、姚嘉文等起草的多种版本的"台湾共和国宪法草案"，掀起所谓"台湾民族主义新宪法运动的风潮"。[①] 但此后不久民进党的"制宪"声浪逐渐融入李登辉所主导的"修宪"活动中。其时民进党的"宪改"基本策略就是化整为零，"以沟通说服的方式、局部修宪的手段，冀能达成分期付款式制宪的目标"，其基本策略是以是否符合"台湾宪法草案"之方向（包括"总统制"、"单一国会"、"三权分立"、社会权的"立宪保障"）为区隔。[②] 在 20 世

---

① 曾建元：《一九九〇年代台湾"宪政改革"之研究：民族主义与民主转型的观点》，台湾大学国发所博士论文。第 131 页。

② 陈仪深：《台湾"制宪运动"的回顾》，"台湾群策会"主办"台湾新宪法国际研讨会"，2004 年 11 月 28 日。

纪90年代，台湾历经六次"修宪"，在冻结"中华民国宪法"本文的前提下，以"宪法增修条文"方式，彻底翻造"宪政体制"，从"法理"角度建构了台湾"国家化""台独民主化"的基本"宪政"框架，包括终止"动员戡乱时期"、废除"临时条款"，实行"总统直选"、"中央体制"走向"总统制"，"废省"、终结"国民大会"等等。这些结果与民进党、"台独"团体发动的民间"制宪"运动是不能割裂的，两者间有着必然的联系，民进党等体制外力量虽然无法主导台湾当局的"修宪"进程与方向，但从民间角度累积了催生"台湾新宪法"的能量，也为执政后的民进党开展"法理台独"做好了理论与实务的准备。

二、"法理台独"最新动向

"320"陈水扁惊险连任后，岛内外"台独"势力无不欢呼雀跃，弹冠相庆。但是，去年底"立委"选举的挫败，使绿营备感挫折，"法理台独"遭受重挫，陈水扁多次表示"正名""制宪"他做不到，即使换李登辉当"总统"也做不到，"宪改"节奏被打乱，也影响到陈的两岸布局。为帮助陈水扁渡过难关，岛内"独派团体"及民进党高层开始积极鼓吹、营造所谓"宪法时刻"的概念，认为"宪政基本秩序的奠定并不是缓进式的演化过程，而是阶段跃进式的改变"，希望陈水扁与民进党当局紧紧抓住当前这个"宪法时刻"，顺势利导民众的热情，来推动全面性的"宪政体制"改革。① 陈水扁在去年"520"讲话中，提出在2008年卸任之前，交给台湾民众"一部合时、合身、合用的新宪法"，使台湾成为"正常、完整、进步、美丽而伟大的国家"。

综合陈水扁最近一年来有关"宪政改造"的讲话，概括起来有三个方面的内容。

一是建议排除"涉及国家主权、领土及统独的议题"，不宜作为此次"宪改"范围，以降低"宪改"碰触台海"红线"的危险性。二是"宪改"目的是为了确立长治久安以及永续发展的根基，也是为了提升台湾当局管理与效能，让台湾成为一个"正常、完整、具有竞争力的现代化民主国家"。其中"宪改"要处理解决好种种"不合时宜、不适用、影响施政"的问题，主要包括"中央体制"是改为"三权分立"还是维持"五权"、"总统制还是内阁制""国会改革及相关配套条文""废省"、降低投票年龄、调整兵役制度、基本人权、弱势群

① 李西潭:《宪法时刻与台湾"政府"体制的选择》，引自"台湾智库""宪改论坛"系列04，www.taiwanthinktank.org。

体保障、台湾少数民族权利专章等。三是"宪改"将根据现行"宪法"与"增修条文"的规定与程序进行，未来"新宪"将先由"立法院"四分之一提案、四分之三通过后，经公告半年后交由民众"公投复决"，达到半数支持后方能通过。

陈水扁的"宪改时间表"拟分五步走。第一步，于今年5、6月间选举并召开"任务型国大"复决2004年8月通过的"修宪案"，包括废除"国大"，实现"公投入宪"以及"国会席次减半""单一选区两票制"等。第二步，在"总统府"筹组"宪政改造委员会"，纳入"朝野"各政党、社会各界代表以及学术界尤其是法学界专家学者。择时召开所谓"宪法会议"，"朝野"协商"新宪"版本，经"立法院"提案表决通过。第三步，修改"公投法"，也有可能对"修宪案"中涉及选举制度的某些条款作出修订，作为与在野党议价妥协的筹码，谋求在野党在"宪改"方面的支持。"公投法"的修改主要包括，增加行政部门的提案权，大幅降低连署、提案及投票通过的门槛，其目的就是提高"公投案"通过的可能性。虽然陈水扁多次表明不会进行"统独公投"，但其间一定会就公共政策、财经及地方事务等议题不断进行"公投"操演活动，进一步煽动岛内民众的"公投"热情，使岛内民众熟悉、习惯甚至热衷于以"公投"决定重大事务，提高"公投"投票率，累积"宪改"能量，为"公民复决新宪"创造条件。第四步，力争于2006年底前将"新宪"版本交由民众"公投复决"通过。第五步，制定与"新宪"相配套的法规、条例，并对现有不符合"新宪"条款的法规等进行修改。这样，到2008年陈水扁卸任时，就可实施"新宪"。

三、"宪改"争议焦点

5月14日"国代"选举结果，支持"修宪案"的民进党获得127席，国民党117席，两党合计244席，占"国大"的81%，超过四分之三的高门槛。而反对"修宪案""台联党"仅获21席、亲民党18席，其余各党派合计17席。表面上看，"国大"复决"修宪案"势在必行，陈水扁志满意得地宣称将启动第二阶段"宪改"，但事实上"国大"复决"修宪案"还存在一些变数。目前岛内有关"宪改"的争论焦点集中在四个方面。

其一，有关"国大职权行使法"与"任务型国大"复决"修宪案"。目前，"朝野"各党对"修宪案"持有不同立场，除国民党、民进党赞成"修宪案"外，亲民党、"台联党"、新党及"无党联盟""民主行动联盟"等均反对"修宪案",他们采取技术拖延的手法,阻止"国大职权行使法"的"立法"通过,希望"立法院""朝野"协商四个月后再通过。亲民党、"台联党"均主张提高"国大复决修宪案"的门槛,定为三分之二出席、出席者四分之三赞同才能通过。亲民党曾在"国代"选前提出折中方案,指民进党若同意修改"国大选举法",明定"国大"投票率应超过有效公民数的二分之一,否则选举无效,则亲民党同意由四分之三降低为二分之一的复决门槛。如今,"国代"选举投票率只有23%,亲民党将提出"释宪"申请,全力挡下"修宪案"。"台联党"反对"包裹"表决,要求"国大"逐条复决"修宪案"。民进党、国民党则坚持降低二分之一通过的低门槛,其中民进党一度答应将门槛提高至三分之二。迄今为止,"朝野"各党尚未协商通过"国大职权行使法",有人提出依照以前的"国大组织法"行使职权,为本届"任务型国大"解套,有人主张"任务型国代"自订内规,还有人主张通过"大法官会议解释"。这些主张均将在岛内引发争议。

其二,"国会减半""单一选区两票制"引起的政治"衣尾效应"扩散,小党开始抗拒"修宪案",也酝酿新一轮"修宪"契机。首先,"国会减半"将使半数以上的现任"立委"失去政治职位。"单一选区两票制"中"并立制"设计有利于民进党、国民党这样的大党,而对亲民党、"台联党"极其不利,使其面临泡沫化危机。因此小党酝酿在下一波的"修宪"中,将"并立制"改变为德国式"联立制",争取小党一定的发展空间。其次,"修宪案"引发"票票不等值"效应,即未来每位"立委"的代表性不一,花莲、台东等十多个县市可能只产生一名"立委",其代表性几乎等同于县市长;而在台北市等则形成相反的情况,即人口的代表性增加,但在行政区域上的代表性却缩小。针对"票票不等值"的效应,民进党"立委"林浊水等主张进行新一轮的"修宪"。[①] 再次,下阶段有关选区的重新划分将成为"朝野"攻防的焦点,而政党提名策略成为选举制胜重要法宝。值得注意的是,未来"总统"与"立委"选举是否合并举行的"选举时程"问题也引起广泛讨论。目前的规划是"立委"选举在前,"总统"选举在后,中间间隔三个月,被称为"反蜜月期选举",前者成为后者的前哨战,由于"单一选区两票制"的选举动力发酵,民进党、国民党两大党将取得优势,但小党仍有一定空间,还有奋力一搏并与大党讨价还价的空间。值得注意的动向是,民进党内部考虑采取"总统"与"立委"合并选举的"密月期

---

① 林浊水:《大党恐龙化,小党泡沫化》,台湾《自由时报》,2005年5月16日。

选举"制度，届时"总统"选战的光芒掩盖"立委"选战，有利于选出一个附属于新任"总统"的"国会"，有利于民进党解决目前这种"朝小野大"的困局。

其三，"总统制"与"内阁制"的争论。未来"宪改"的争议核心在于"中央政府体制"，即是采取"总统制""半总统制""双首长制"还是"内阁制"。民进党较倾向"总统制"，至少是向"总统制"倾斜的"改良式总统制"。国民党方面态度未定，似乎各种声音都有，甚至也不排除"总统制"。亲民党似乎偏向"内阁制"精神，也不排除"双首长制"。从民进党及"台独分子"立场思考，在蓝绿高度对立的情况下，"总统制"有利于"总统"对岛内政局的控制与资源利用，对于民进党长期执政、扩大绿色版图、推动"台独"活动最为有利，因此强力主张具有实权"总统制"。他们提出了台湾不适合"内阁制""议会制"的种种理由，包括：如实行"内阁制"，将造成"直选总统"虚有其位，台湾民众不会答应；岛内民主政治尚未成熟，实施"议会制"，将造成"国会"选举日趋激烈，黑金泛滥，陷入所谓"选举暴政"；台湾长期实行"戒严"统治，已形成"超级总统制"惯例。最主要的理由是面对大陆的强大压力，台湾需要一位强有力的实权"总统"，以应付两岸危机与"战争"风险。他们提出了改良式"总统制"的主张：废除"总统的国会解散权与立法院的倒阁权"、维持"总统任命行政院长权限"、废除"立法院罢免总统、副总统之权限"、提高复议案门槛、修改"立法院"质询权等。根本特征是"皇帝有权，宰相有能"，其结果必将导致新的强人独裁政治。对此，主张"总统制"的学者主张，发挥"立法院"的制衡与媒体监督功能、在"国会"设立监察使制度、透过"大法官释宪"以及"公民投票"监督等。[①] 目前，主张"总统制"的声音成为岛内"宪改"的主流。对于体制问题，陈水扁一直不愿公开表态，前民进党主席施明德公开主张"内阁制"。从阴谋论的角度出发，"内阁制"为陈水扁提供了 2008 年后出任实权"行政院长"的机会。有人分析认为"内阁制"有利于解决两岸争议，因为"内阁制"下没有"元首"，两岸较容易进行对话。但民进党特别是苏、谢等接班人会不会接受这一设计，有待观察。

其四，"公投法"与"公投入宪条款"的修改。2003 年在国、亲主导下通过的"公投法"，对于民进党当局来说门槛太高，一直主张修改。去年"立委"选举期间，"行政院"即已拟妥修改版本，降低提案连署门槛与"公投"通过

---

① 参见李西潭文。

的门槛，增加行政部门提案权，便利于当局操弄"公投法"进行"民粹"动员。在祖国大陆通过《反分裂国家法》之后，岛内有人主张填补"公投法"中的漏洞，使其更加有利于"民粹"的操作。"公投入宪"条款规定，未来"'宪法'之修改，须经'立法院''立法委员'四分之一提议，四分之三出席，及出席'委员'四分之三之决议，提出'宪法'修正案，并于公告半年后，经中'中华民国'自由地区选举人投票复决，有效同意票过选举人总额之半数，即通过之。"其中，所谓"同意票过选举人总额之半数"看似门槛很高，但只要民进党不断进行"民粹"动员、鼓吹"台湾优先""台湾主体意识"，不断发动"公投"活动，跨过这道门槛的可能性将随之提高。更何况，未来民进党不排除对半套"公投入宪"条款进行修改，降低"公民复决新宪"的前提与门槛，使"新宪"更容易通过。"国代"选举之前，林佳龙声称当前台湾民众对于"修宪案"必须在"不满意但可接受"或者"不满意继续修改"之间作出选择，意谓新一轮的"宪改"不可避免。

四、陈水扁"宪改"策略

下阶段陈水扁推动"宪改"的基本策略包括四个方面。

其一，"体制内修宪"与"体制外制宪"双轨策略。陈水扁下一步"宪改"重点在于营造有利于"修宪"的气氛，采取"体制内修宪"与"体制外制宪"的双轨并进策略，一方面由"总统府"方面持续展开"宪政改造征询之旅"，设置"宪政改造委员会"，召集"宪法会议"，进一步炒热"修宪"议题；另一方面发动民间开展由下而上的"制宪运动"。陈水扁认识到只靠民进党执政不能成事，还须由下而上从事"制宪运动"。未来将与李登辉、"台联党"及"台独"团体等民间"制宪运动"相配合，制造声势，向泛蓝施压，迫使在野党在陈水扁的"宪改"魔棒下与狼共舞，甚至不断跟进，互相飙车，最后形成以"制宪"为导向的"新宪条款"。

其二，以退为进策略。经过2004年8月"朝野""修宪案"的攻防，陈水扁发觉，只要"宪改"不破局，即使在部分条款上作些妥协，对他而言都是得分。按陈水扁"冲突—妥协—进步"的政治性格来推断，未来陈水扁将进一步采取"妥协—进步"的以退为进策略，通过妥协、让步，与在野党谋求合作，甚至让在野党感到满意为止，减少岛内外各种反对"宪改"的阻力。为此，陈声称将"保留愈开放的讨论空间，采纳与照顾愈多不同意见和感受"，以便把

"宪改"游戏继续玩下去，确保有所进展。

其三，偷梁换柱策略。陈水扁在各种场合，刻意模糊"制宪"与"修宪"的界限，着力淡化"宪政改造"中"制宪"与"修宪"争论，声称是"修宪"还是"制宪"无关宏旨，重要的是要透过"合宪"的程序，催生一部"新宪"。他多次强调"新宪"的实质比形式重要，告诫支持者及"急独"分子不要在名词上争论，"修宪"幅度大也等于是"制宪"。日前，陈水扁在回击李登辉时公开宣称，此次"修宪案"确定"公投入宪"，是要废除"国民大会"，废除孙中山三民主义中的政权机关，这是"国家主权、人民做主"的象征，这不是"修宪"，而是"实质制宪"。可以预期，未来陈水扁将采取暗度陈仓、偷梁换柱之术，将"制宪"内容通过"修宪"摆渡，避开敏感的"主权""领土"、统"独"等问题，暂时把"修宪"重点放在"中央政治体制""人权立国"等方面，追求实质"修宪"成果，然后由"台独"分子，或者陈水扁事后视时机进行追认，称之为"制宪"。

其四先易后难策略。"立委"选举挫败后，陈水扁进一步感受到"宪改"的高难度，但作为一名律师出身的政客，投机取巧的性格不断发酵，先易后难是其必然的选择。主要是不断累积"宪改"能量，为此，他将挑选一些"朝野"容易达成共识、社会支持度高的条款，如人权条款、发展台湾少数民族部落新伙伴关系、改征兵制为募兵制等，进行"全民公投复决"，作为制定"新宪"的热身与操演。

在"任务型国大"复决通过"修宪案"后，陈水扁就将拥有"公投入宪"这套民进党长期追求的独门暗器，为通过"新宪"铺设了机制与程序，洞穿了通向"法理台独"最后一道门，"法理台独"已临近最后的"台独赛局"最后的几个节点，两岸关系最危险的阀门已经打开。"台独"成为现实的危险，加大了祖国大陆"遏止台独"的难度，挑战大陆底线与华夏子孙的智慧。大陆亟须跳脱传统思维的羁绊，建构新两岸关系的价值观与话语权，真正主导两岸关系的发展，稳步推进祖国统一大业。（本文完成于2005年4月）

"台独民主化"由来与特点

一、"台独民主化"概念

台湾"本土"意识、"分离"活动以及"台独"运动，是依附在岛内一波波政治民主化的进程中逐渐滋生并膨胀起来的。本文所指的"台独民主化"是指在台湾政治转型的进程中，岛内外"台独"势力充分借助岛内政治民主化、社会多元化的机遇与空间，把民主当作护身符，却处处背离民主的内涵与真谛，积极鼓吹、渲染"本土"意识与"台独"思想，浇灌"台独"土壤，升高"台独"需求，导演"台独"闹剧，推动"台独"势力的扩张，造成台湾民主化的扭曲与异化，在台湾民主转型的温床上生长出"台独"这株罂粟花，反噬、腐蚀台湾"民主"的基石。

"台独民主化"是台湾政治变迁中的一股浊流、暗流及逆流，使台湾民主化烙上了"台独"的胎记，极大地延缓了台湾民主转型的进程，损害了台湾民众的长远福祉与全中华民族的根本利益。

二、"台独民主化"的形成与发展

"台独民主化"的产生、形成与发展是一个不断累积、层层推进及异化扬弃的复杂过程，是在漫长的政治对抗中不断衍生与强化形成的，它是台湾政治转型的赘生物，而不是台湾民主化的标的。考察"台独民主化"的历史，可以从"隐性萌芽期""'台独'输入期""相互渗透期"与"大肆扩张期"等四个阶段展开，每个阶段都与政治上的进一步解禁与开放相呼应，具有不同的表征。

（一）隐性萌芽期（1986—1990 年）

以民进党成立及该党通过"10·07 号决议文"为分界线。1986 年 9 月民进党突然成立，标志着隐含分离意识、"台独"倾向的党外人士冲破国民党的"戒严"体制，打着"民主""自由"的旗号，逐步裂解国民党的一党威权体制，使"台独"势力在岛内肃杀的政治气氛中找到了生存的缝隙，"台独民主化"进入萌芽期。表现出三种特点：一是民进党的"台独"主张还比较隐晦，尚未公开，但分离意识开始发酵，"台独"倾向得到强化。成立之初，民进党还不敢明目张胆地打出"台独"的旗帜，公开其"台独"主张与纲领，只能隐晦地宣扬"台独"意识，将"台独"主张蕴藏在所谓"台湾住民自决"理论中。等到蒋经国逝世、李登辉上台，岛内政治环境进一步宽松，民进党便开始酝酿所谓台湾"主权"问题，并在1988年4月的"二全"大会通过了"4·17决议文"，公开主张"主权独立"，提出"台独"的"四个如果"。二年后，民进党通过"10·07决议文"，声称台湾"事实主权""事实领土范围"不及于中国大陆及蒙古。成立后不到四年，民进党的隐性"台独"主张经历了"台湾住民自决论""事实主权独立论"及"主权独立论"三次变更，"台独"的主张由暗转明、由隐晦趋于露骨。二是民进党内代表"务实台独"的"美丽岛系"与以"新潮流系"为代表的"激进台独"之间的斗争愈演愈烈，"新潮流系"逐渐夺取组织人事与路线斗争的主导权。"新系"成立了"新国家连线"参选，设立"新国会办公室"，主导成立"台湾主权独立运动委员会"，公开主张"新国会、新宪法、新国家"，炮制"公民投票法"等各种"台独"法案，强力推动"体制化、全岛性的台独运动"。从此以后，民进党便以"台湾主权独立"作为政党发展的基点。三是海外"台独"组织、头目开始向岛内渗透，推动岛内"台独"活动的高涨。此前，"台独"只能寄生在美、日等国际势力的保护伞下，难以在岛内立足，"基督教长老教会""万佛会"等岛内"独派"团体的影响不大。民进党的成立，促使海外"台独"组织考虑返回岛内活动，与民进党争夺岛内"台独"的主导权，扩大自身影响。海外"台独"分子不惜采取偷渡、"闯关"的方式潜入台湾，与民进党、"基督教长老教会"等遥相呼应，里应外合，掀起了一阵阵的"台独"的叫嚣与鼓噪，制造一连串的"台独"事件。1990年"台独联盟台湾本部办公室"在台中挂牌成立，"台独联盟"美国本部的郭倍宏等20多人"闯关"返台，掀起新的"台独"声浪。民进党则派人赴美与"台独联盟"等"台独"组织建立联系。这一时期"台独民主化"特征尚不明显，"民主""自由""人权"成为"台独"分子反抗国民党统治最有效手段，也是壮大自身实力的合法且有用的工具，而"台独"主张是先披着"民主"的外衣借壳上市热身，透过政治民主化夹带"台独"的私货。

（二）"台独"全面输入期（1991—1995 年）

这一时期岛内政治转型加快，"台独"环境进一步宽松，特别是"刑法第100 条"的废除，使非暴力的"台独"活动"合法化"，解除了"台独"分子头上"分裂叛乱罪"的紧箍咒，从而给予"台独民主化"前所未有的发展空间。表现在五方面：一是民进党淡化、遗弃"民主"与"进步"，成为货真价实的"台独党"。该党拆掉"住民自决"的伪装，全面升高"台独"诉求，赤裸裸地挂出"台独"招牌。1991 年"五全"大会通过"公投台独党纲"，公开主张建立"台湾共和国"，以"公民投票方式"制定"新宪法"。此后主导召开"人民制宪会议"，成立"保卫台湾委员会"，公布"台湾宪法草案"与"保卫台湾纲领"等，民进党走上"台独"的不归路。二是实施"民主"与"台独"两手策略交叉使用，分进合击，议会抗争与街头抗争相结合，撞击国民党一党独大体制。民进党全力夺取地方政权，将"台独"主张落实到地方建设中，陈水扁在台北市市长选举中获胜后，加速"台独"势力向体制内的渗透活动。大批"台独"干将开始转战于各类选举与"议场"，将"国会殿党"变为"台独"的马戏场，上演一幕幕"台独"闹剧。三是"台独"势力更多地被吸纳到体制内的改造活动中，与李登辉代表的"独台"势力相勾结。民进党参与"国是会议"，在"宪政改造"等议题上与李登辉一唱一和。更多地利用"朝野"沟通的管道与机制，谋求李登辉的纵容与暗中扶植，甚至与郝柏村等"非主流派"进行沟通，渡过一次次被解散的危机，为"台独"谋得更广阔的发展空间。四是民进党内主张淡化"台独"主张的费希平、林正杰、朱高正等相继退党、傅正去世，严重削弱了民进党内部分人士对于不走"台独"路线的坚持。激烈主张"台独"的"新潮流系"把持了民进党中央党部，进一步推动民进党走上"台独"的不归路。五是岛内外"台独"势力加快整合步伐，并向民进党集结。民进党做出了支持"独盟迁台"的决定，海外"台独"组织活动重心由海外迁回岛内，与民进党公开结盟，"洋独"与"土独"合流，沆瀣一气。岛内一大批"台独"组织相继成立，"公民投票促进会""新国家联盟""新宪法联盟""台湾教授协会""台湾学生教授制宪联盟""100 行动联盟"等组织具有一定的活动能力，设立了岛内"台独"组织的协会调中心，互相支援。从而使岛内外"台独"运动不再仅仅是以分散的团体单打独斗，而是聚集在民进党的"台独"旗帜下，民进党成为"台独"的大本营与策源地。[①] 这一时期，"台独"势力向台湾民主化大举渗透，从量的突破实现质的跃升，逐步成为岛内反对运动主轴，"台独民主化"取得了实质性的进展。

（三）相互渗透期（1995—1999 年）

经过前一时期快速扩张，"台独民主化"的实质内涵有了新的变化，"台独"势力开始从"台独"运动与岛内民主转型的进程中汲取双重养分，进一步壮大"台独"声势。具体表现在四个方面：一是民进党尝试政党转型，淡化"台独"色彩，由先期的"台湾独立建国论"转变为务实的"革新保台论"。[②] 其主张的核心策略就是，坚持"台独"最高理想，但不脱离台湾实际，主张透过选举夺取政权，强化"实质独立"的内涵，并扩展"台独"的社会基础，结合李登辉的"本土化"运动，深入开展"新台湾运动"，灌输"台独意识"，营造"台独"的文化、心理及社会环境。[③] 1995 年 9 月，民进党主席施明德在美国华盛顿公开表示"民进党如果执政，不必也不会宣布台湾独立"。许信良则声称"台独党纲"是历史文献，试图解除民众对于民进党上台执政的疑虑。1998 年 7 月 1 日，民进党中常会针对克顿林访华"新三不政策"发表声明，主张"台湾为一已经独立的主权国家，任何改变台湾独立现状的要求，都必须经由台湾全体住民以公民投票的方式加以认可。"这成为 1999 年"台湾前途决议文"的基本思维。"台湾前途决议文"声称"台湾是一主权独立的国家，任何有关独立现状的更动，必须经由台湾全体住民以公民投票的方式决定。"这表明民进党"台独"党纲中所追求的"独立建国"的进攻性的"台独公投"调整为维护"独立现状"的防御性的"统一公投"。[④] 陈水扁出于选举的需要，提出"新中间路线"，为"台独民主化"作了新的点缀。二是在"本土化"的轨迹上完成"台独"与"独台"合流。民进党充分利用台湾政治体制中政党竞争的杠杆，推动族群"大和解"，提出"政党重组"与"联合执政"的政治主张，要求筹组"大联合政府"，与国民党、新党展开真正意义的政党竞争与合作，转变原先非理性、激进暴力以及反商的政党形象，凸出其务实、理性的负责任形象。最初与新党"喝咖啡"，后又与李登辉合作，参与"国发会"，协助李登辉完成第四次"修宪"，实现了

---

① 徐博东：《透析台湾民进党》，北京台海出版社 2003 年版，第 82 页。

② 郑明德：《一脉总相承——派系政治在民进党》，台北时英出版社 2004 年版，第 232—236 页。

③ 徐博东：《透析台湾民进党》，北京台海出版社 2003 年版，第 133 页。

④ 同上。

"台独"与"独台"的同流合污。三是进一步强化"地方包围中央"的选举总路线，扩大地方执政版图。民进党在 1997 年取得空前胜利，一举囊括 12 席县市长职位，主政县市总人口、预算、税收（含台北市）分别占全台湾的 71.53%、69.24%、83.12%，成为地方政权第一大党，"台独"势力全面侵入地方事务。四是"建国党"的出走扩张了绿营版图。民进党的转型引发"台独"阵营的分裂，1996 年彭明敏败选后指责民进党辅选不力，抨击许信良参与"修宪"活动是"贬低台独、模糊台独、俗化台独，甚至丑化台独"，最后出走另组新党。"建国党"成为新的"台独"大本营。民进党内新生代则发表了"台湾独立运动的新世代纲领"，从理论上与"台独基本教义派"作一厘清。此一时期，"台独"活动处于相对平静状态，但"台独民主化"内涵不断深化，在完成与"独台"势力的同流合污后，"台独"成为台湾民主化的主流。

（四）大肆扩张期（2000 年民进党上台执政迄今）

民进党上台后，"台独民主化"取得前所未有的进展，从策略到内涵、从人事到政策，均达到新的高度。具体表现在六个方面：一是政权全面"台独化"。"台独"已如水银泻地般全面渗透到政治、经济、军事、"外交"、两岸、文化教育、媒体等各个领域。"台独"分子沐猴而冠，大举侵占各个行政系统的关键职位，掌握了岛内统治机器，控制财经命脉。当局人事安排、岛内各种资源开始向"台独"运动倾斜，"台独"势力急剧膨胀。台湾"南绿北蓝"的政治版图初露端倪，"南绿"进一步强化，"北蓝"日趋萎缩，且"南绿"逐渐北移，甚至全面"绿化"也不无可能。二是"台独"成为"政治正确"的唯一标准。大肆推行"台独法西斯"行径，以"本土"与"非本土"、"爱台"与"卖台"的二分法切割、撕裂族群。民进党及其支持者以类似纳粹的心态和史观，以与纳粹神似的手法和语言，虚拟制造人民之间的仇恨，强力建构"台独"话语霸权，一方面纵容"民粹"，另一方面剥夺民众的基本民主权利，从中获得部分选民的疯狂支持及巨大的选举利益。[1] 他们无视民主的基本准则，钳制言论自由，进行"置入性行销"，控制媒体。民众不但没有不支持、不主张"台独"的自由，甚至连保持沉默的权利都没有，否则就被扣上"卖台""中共同路人"的帽子。"台独法西斯"剥夺民众的民主权利，腐蚀台湾民主基石。三是"台独"策略多元化，花样翻新。突出"台湾主体性"，推动"去中国化""文化台独""渐

---

[1] 黄智贤：《战栗的未来——解构台湾新独裁》，台北中国通国际出版有限公司 2004 年版，第 30—31 页。

进式台独"以及"法理台独"，成为民进党当局新的"台独"策略，取得明显收益。特别是民进党当局采取"修宪"策略取得"制宪"的效果，在 2004 年 8 月"修宪案"实现了民进党多年来"公投入宪"的目标，打通了迈向"法理台独"的最后一道屏障，为实现"法理台独"备妥了全部程序，陈水扁及其接班人未来只要按表操作就可完成"法理台独"的全部过程。四是"公投法"的制定与"320 公投绑大选"，使"台独民主化"达到了历史的最高点。陈水扁不顾泛蓝、美国及大陆的巨大压力，强力推动所谓"和平公投"，表面上是为了弥补"代议制民主"的不足，让人民直接行使民主权利，实际上只是为了赢得选举、延续绿色政权而已。预计未来民进党将有更多机会发动诸如反《反分裂国家法》、反"一国两制"、反"统一"等方面的"公投"，以"公投"、极端"民粹"推动"台独"。五是民进党与"台独基本教义派"密切合作，"台联党"填补了民进党向中间侧移后的左翼真空，使"台独民主化"有了双重推动力量，成为陈水扁发动"民粹法西斯"、恶化两岸关系的廉价理由。

这一时期，在民进党当局与"台独基本教义派"的双向推动下，"台独民主化"融合了"台独""本土化"与"民主"三位一体的"新基本教义"，搭上了"公投""民粹""宪改"的快车道，"台独法西斯"的终极价值摧毁了民主的基石，催化台湾社会的"双峰"对立，独裁的因子在"台独民主化"的温床上滋生，造成台湾地区政局的动荡与不安，"台独"成为台湾民主化进程中难以解构的内核。

三、"台独民主化"特点

在民主的保护伞下，"台独"势力把民主当作手段，视"台独"为标的物。"台独民主化"是对台湾民主化的粗暴嫁接与污名化。台湾民主化的结果不必然步上"台独"之路，但经由以民进党为代表，结合了岛内外"台独"分子的扭曲与推动后，台湾民主化走上"台独"的岔路，驶离了民主的正常轨道，甚至生成"台独法西斯"这一政治毒瘤。从近二十年来台湾地区政治转型的历史来看，"台独民主化"具备四项特征，为台湾政治转型作了异化的注解。

（一）"台独民主化"具有两重性

它既有"民主"的亮丽外衣，又有"台独"的凶残暗器，具有极强的迷惑力与欺骗性。"台独"始终是打着"民主"的招牌、披着"民主"的外衣借壳上市，实质是借民主之名，行"台独"之实，借民主与非民主的理念和手法，甚至以"台独法西斯"式的"民粹",将"台独""台湾主体性"等同于的"民主""爱台湾",而将反对"台独"视为非民主、"卖台",煽动、培植岛内"分离意识""本土意识"与"台湾主体性",在台湾地区政治版图上为"台独""开疆辟土"。一批善良的、追求民主的力量被裹胁、绑架到反对运动中,成为"台独"战车上的牺牲品,不断吞噬台湾民主的基石,对台湾民主转型构成极大伤害,贻害无穷。

(二)"台独民主化"成为"台独"核心策略

它是快速推动台湾地区政治、社会全面"绿化""台独化"的最佳策略,实现了"台独"效益的最大化与极速化,其中民主始终只是策略,"台独"则具备了策略与目标的双重功能。"台独"势力由弱转强,一开始是寄生在体制内的民主化浪潮中,逐步生存与发展。在"台独"分子看来,在野时期,民主、自由、人权固然是反抗国民党威权统治的工具,但决不是推翻国民党统治、终结"外来政权"的最佳利器。唯有"台独民主化"才是民进党取代国民党政权、早日走上执政之路的利器。在执政阶段,"台独民主化"既可扩大"台独"的基础,又可扩充台湾"民主"的内涵,"民主"只是点缀,彻底背叛民主的价值。"台独民主化"的实践结果,使"台独"势力利用台湾政治转型的历史性机遇,赢得了结构性调整与扩张的机会,推动岛内资源快速向"台独"方向集结与转化,从而在政治、社会、文化等领域内攫取了"本土化""民主化"以及"台独化"的多重效益,为最后完成"台独"作好了必要的准备。

(三)"台独民主化"既是对"本土化"的窄化,也是对民主化的异化

台湾民主化为"本土化""台独民主化"提供了历史机遇,但前者的果实却被后两者给窃取了。沿着"本土化"的轨迹走下去,"台独"是民主化的必然。"台独民主化"是"台独"与"独台"两股势力之间的政治交集,成为"台独"势力与李登辉所代表的"本土化""独台"活动之间相互勾结、利用的平台。没有李登辉的"奶水"喂养,"台独"势力实现不了执政的目标,没有民进党一路相挺,李登辉的"本土化"运动就不可能成功。"台独民主化"不但为李登辉纵容"台独"、将民进党引入体制内作为击垮"非主流派"的关键力量,提供了机会,而且也为"台独"势力接纳支持李登辉"本土化"路线提供了理由。"台独"不但主导了"台独"的方向,而且主导了"民主"的方向与进程。

(四)"台独民主化"是一场社会化运动

"台独"势力由海外回岛内、由体制外转入体制内、由非法演化为"合法"、

由在野走上执政的过程，其实就是"台独"势力渗透到台湾地区政治、经济、文化、军事等各个领域、侵入台湾社会各个角落的社会化运动，其结果便是民进党"台独"体制取代国民党威权统治，所谓"台湾主体性"成为打压政治对手、壮大统治基础与权力基础的"主流意识"与"台独话语霸权"，建造"政权台独化""民主台独化""社会台独化"的"台独"新神教主义结构，由此确保民进党的长期执政与"实质台独""法理台独"的最后实现。

"台独"可由民主榨取资源，但民主无法从"台独"吸取养分，恰恰相反，"台独法西斯"的出笼，已对台湾民主化构成难以弥补的结构性损伤，民进党上台后，台湾民主质量已经低落到历史的冰点，台湾民主的枯萎为期不远了。（本文完成于 2005 年 4 月）

关于"渐进台独"及其因应之策

民进党重返执政后推行"渐进台独"路线，激活了岛内外"台独"势力，掀起新一轮"台独"浊浪，给当前两岸关系造成重大风险，给未来国家统一埋下重大隐患。我们宜采取有效、强力措施加以因应、反制。

一、"渐进台独"要义、内容及策略

（一）"渐进台独"要义

一般而言，"渐进台独"是对民进党重返执政后"台独"内容、方式的总体概括，与激进的"法理台独"既相区别又沿袭发展。"渐进台独"的内容更广、领域更宽，属于综合性"台独"；推动策略相对和缓、渐进，属于"温水煮青蛙"的柔性"台独"；功能上弥补"法理台独"的假大空，属于真细实的基础性"台独"，易形成由量变到质变的突变效应。

（二）核心内容

一是"文化台独"。其一诋毁、否定中华文化、中华传统，割裂中华文化与台湾文化渊源联系，别有用心地把中华文化、中华传统当作"外国"文化、外来传统。其二鼓吹台湾文化"优越论"，凸显台湾文化与中华文化的不同。其三炮制所谓"台湾价值""台湾精神"。宣扬所谓"民主、人权、多元、包容、进步"的"普世价值"，以此诋毁、否定中华文化、中华传统、中华文明。为此，民进党当局从"行政"与"立法"两方面落实推动。实施"去中国化""去中华化""去中华民国化"政策，删减"国语"、文言文比例，竭力消除中国元素、中华内涵。推动"文化基本法""宗教团体法""国家语言发展法"等"立法"措施加快"文化台独"步伐。

二是"台独史观"。废除马英九制定的"微调课纲"，实施民进党新版"台独史纲"，其要害有五。其一淡化中国史，有意把中国历史、中国地理当作"外国"历史、"外国"地理。其二突出"台湾史"，切割"台湾史"与中国史，却强化"台湾史"与世界史的连结。其三歌颂日本殖民统治，倡导"皇民化史观""殖民史观"，塑造"媚日情结"。其四歪曲、诬蔑台湾同胞、中华民族抗击日本殖民统治的历史。其五为日本军国主义招魂。"台独史观"严重毒化台湾年轻一代，将其灌输成"天然独""心灵独"。

三是"台湾国家化"。加快"台湾国家化""正常国家"步伐，主要内容有三。其一虚构"台湾民族"。最初虚构所谓"台湾民族为南岛民族"的分支，近来鼓吹台湾"多元族群"构成，淡化汉人血统，谎称当代台湾民众血液融入了地区少数民族、"外国"人的基因，试图将华侨改名为"台侨"。其二强化"台湾主体意识"，突出"台湾身份认同"。将"台独"分子塑造成"台湾民族英雄"，强化"台独"的"历史正义"。其三塑造"台湾国家"形象与地位。凸显台湾是"主权独立"的"国家形象""国家地位"，诉求"独立国际人格"。蔡英文出访巴拿马时签名"台湾总统"，把"亚东关系协会"改名为"台湾日本关系协会"。

四是"司法台独"。民进党当局试图透过"大法官释宪"及相关法律判例，另辟"渐进台独"新路径。至 2019 年 15 名"大法官"都将是清一色的"台独"分子，必定对两岸关系作出违背"一中宪法"、扭曲"两岸人民关系条例"的"司法解释"，制造变相"法理台独"。

（三）策略

一是全面"台独"、深度"台独"。民进党抓住重新执政的机会，全方位、全要素、高频率、深入地推动"渐进台独"。一方面"台独"魔掌伸向政治、经济、社会活动的方方面面，连一般不易涉及统"独"议题的科技、卫生、宗教、民俗等领域也无幸免、皆被覆盖。另一方面"台独"触角延伸到台湾社会、人民生活的各个角落，对台湾民众开展全面、深度"洗脑"。

二是官民配合、体制内外联动。民进党利用政权优势，集合党、政、军、警、情各系统、"行政""立法""司法"及"中央"与地方各部门资源，采取官民配合、体制内、外联动的策略，搭建名目繁多的机构平台，颁布各类政策措施，组织动员"台独"活动，培养"台独"骨干，拉高"台独"声势，扩展"台独"实力。任命"台独"骨干担任重要职务，以"文化部""教育部""国科会""中研院""国家教育研究院"为重点机构，结合民间的财团法人、社团法人等，给予政策与经费支持。民进党联合"时代力量"进行"台独"立法，制造"绿色恐怖"。

三是配合国际"反华"势力，寻求"台独"保护伞。实施"亲美日转南向""远大陆冷两岸"策略，强化与美国、日本以及印度的关系，积极扮演国际"反华"势力围堵大陆的战略棋子，配合美国"印太战略"，实施"新南向"政策，争取国际社会同情、支持，巴结美、日、印、澳充当"台独"靠山。

四是世代交替、挤压中间。民进党紧紧抓住年老与青年"独派"主干，促使"台独"的世代交替与经验传承，"时代力量党"成为年轻"台独"的大本营，扩张"台独"阵营及其能量，挤压务实、稳健的中壮世代空间。

五是文武兼备、洗脑壮胆。加强"台独"话语权建设，成立各式智库，扩大对决策影响，绿化媒体、毒化舆论，强化对台湾民众的洗脑。

六是内外勾结、土洋呼应。除了岛内"台独"主战场外，"台独"分子加紧对港澳及国际社会的经营，岛内"土独"与"港独""洋独"遥相呼应。"时代力量"联手台湾"华人民主书院"、民进党"立委"设立"关注香港民主连线""台湾国会关注香港本土连线"，并设立"台湾西藏连线"，策划一系列捣乱活动。"台独"分子在美国设立"全球台湾智库"（GTI）、"台美关系研究中心"（ITAS）等机构，以此拉拢、利诱美国亲台势力，寻找国际保护伞。

二、因应之策

习近平总书记在党的十九大报告中表示："有坚定的意志、充分的信心、足够的能力挫败任何形式的'台独'分裂图谋"，提出六个"任何"，表达了"绝不容忍'法理台独'分裂行径，也绝不坐视'渐进台独'侵蚀和平统一的基础"的坚强决心。

我们宜从战略、战术层面，制定周密可行的应对、反制方案，构建立体高压态势，最大限度压缩"渐进台独"空间、最大力度打击"台独"势力，直至其破产、覆灭。

（一）总体方案

以中共十九大精神与习近平对台工作重要思想为指导，保持战略定力，高举"和平统一、一国两制"的旗帜，推动两岸关系和平发展，推进祖国统一进程。坚持体现一中原则的"九二共识"，坚决反对"台独"，形成反制"渐进台独"的高压态势。我宜"反独"、"促统"并举，在推动两岸关系发展、促进祖国统一的进程中粉碎"台独"阴谋。打击"铁杆台独"、指标性人物，削弱"台独"能量。加快对民进党、绿营的分化、转化工作。积极引导民意，使多数台湾民众"不想独""不敢独""不想独"，由"厌独""弃独"转而"向统""求统"。

（二）战略措施：打赢六大战役

参考当年反制"法理台独"经验，打赢六大战役，对"渐进台独"形成口袋合围态势，加速其退潮灭亡。

一是规则战："一中反独"。我宜紧紧抓住两岸关系的定义权，立规立矩，划下红线，规制民进党当局、"台独"势力不得逾越台海红线。在两岸关系层面坚持体现一中原则的"九二共识"，强化"两岸同属一中"内涵。在国际社会巩固一个中国的格局，各国必须遵守一个中国的国际法准则。在国内、外重大场合不断宣誓六个"任何"，谁都不要指望我们会吞下损害我国主权、安全、发展利益的苦果。

二是外交战："以外封独"。构筑国际"反独网"，坚决封杀"台独"国际生存空间。巩固国际一中格局，要求世界各国严格遵守一中原则，不得与台湾当局保持任何形式的官方关系。未经我允许，任何国际组织、包括国际非政府组织不得给予台湾当局任何只有主权国家才享有的权利。集中力量迫使台湾地区现有20个"邦交国"不断与其"断交"、与我建交，逐步铲除台湾地区在欧洲、拉美、非洲及南太平洋的"邦交国"。要求主办国际文体、影视、艺术、科技等比赛的机构、主办国必须遵守一个中国政策，不给"台独"势力任何机会。封锁100名"铁杆台独""国际活动空间"，与重要国际组织、与相关国家协商，宣布"台独"为不受欢迎者，拒绝其入境，不准进入国际组织参观、活动。加强对美、日交涉，坚决反对美、日插手台湾问题，压缩其"打台湾牌"空间，阻止美台、日台军事安全合作，坚决反对美国对台军售，并对相关美国军工企业实施制裁，禁止其在中国的业务，禁止与我贸易的外国企业与其发生业务。利用美、日、印、澳之间的矛盾，破解"印太战略"。要求美、日、印度及其他相关国家不得向"台独"势力发出错误信号，坚决反对美日反华势力继续作为"台独"的保护伞，利用特朗普商人交易性格，持续酝酿美国"弃台论"，警告民进党当局投靠美国只会落得玩火自焚下场。争取"联美制独"的前景。对于支持"台独"的外国亲台分子、亲台机构、企业应采取一切可用的措施给予政治、经济、市场的惩罚，拒绝其入境，剥夺他们在大陆市场的投资、获利机会。

三是法律战："以法治独"。我宜运用法治思维、法律手段打击、反制"渐进台独"。以《中华人民共和国宪法》《反分裂国家法》《国家安全法》为准绳，加快制定"反独"细则，打击"渐进台独"。处罚"绿色台商""台独艺人"，对特定对象采取法律手段进行处罚、制裁，不准其到大陆、港澳甚至国际市场上赚钱捞金，形成"寒蝉效应"。处罚"铁杆台独"，公布100名"铁杆台独"名单，宣布永久拒绝入境，保留统一后对其追责处罚的权利。与此同时，立法鼓励统派、两岸关系促进派，投身于两岸关系发展、国家统一的大业中来，保护他们的权益。

四是文化战："以文化独"。"文化反独"是重要的途径，对台湾同胞必须进行"去台独化"与"再中国化"教育。两岸双方应共同传承、弘扬中华文化，推进两岸文化融合，实现同胞心灵契合。鼓励台湾同胞参与中华优秀传统传承发展工程、参加"中华文化走出去"计划。推动中国传统文化、优秀文学戏曲歌舞影视艺术、儒释道、妈祖等宗教入岛交流，举办两岸族谱家谱、地方志、文物精品的交流。两岸共同编写汉语词典、语文教材、中国历史、中华文化、中国地理教材。

五是舆论战："以媒管独"。我宜牢牢掌握两岸关系的话语权，发挥互联网、新媒体的作用。讲好"两岸故事"，阐述两岸血浓于水的同胞亲情、合作共赢的理念，传播成功台商事迹、两岸美好婚姻、两岸慈善故事。讲深讲透"柔性台独"的危害，引起台湾民众的重视，突出"台独"对两岸、对亚太、对国际和平稳定的破坏性。着重把民进党当局、"台独"势力刻画成"麻烦制造者"、两岸和平的破坏者、搅局者，争取更多台湾民众、国际社会对于"柔性台独"的反感、反对。

六是军事战："以武震独"。加快国防军事力量建设，扩大我对"台独"军事震慑力。压缩台军海、陆、空及网军的发展、生存空间，"辽宁号"航母及未来国产航母编队、战斗机绕台巡航应常态化，及早穿越所谓"台湾海峡中线"，实施登陆夺岛演习，对台军开展电子战、网络战瘫痪台军指挥、作战系统。提高我与美军对抗实力，加强"反介入与区域拒止"能力建设，突破第一岛链包围，打破"台独"势力对于美军出兵"防卫台湾""保护台湾"的幻想。

（三）战术措施：风险管控、精准打击、加强引导

一是管控风险、有效处置。其一管控风险。预防、降低"渐进台独"风险及危害，必须及早处置、精准处置、全力处置，延缓其进程，打乱其步骤，阻止其方案。其二统一事权。提升决策层级，由中央国家安全委员会作为最高处置机构，强化决策与执行功能。其三分级处置。按急、危程度，对"渐进台独"

进行分级处置。对于"公投""入联""释宪台独""文化台独""台独史观"等各类形式的"台独"活动应加以预知预警，提前部署应对反制，化风险、危害于无形。坚决打掉涉及两岸议题的"公投"，防堵"台独"势力透过"入联"、"以台湾名义参加东京奥运"等在国际上制造"一中一台""两个中国"或者"台独"声势。对于"释宪台独"应警告民进党当局不准踩"台海红线"、不得玩火，对于"文化台独""台独史观"应发动舆论批驳。

二是精准打击、重点打击。其一精准打击，确定"柔性台独"指标性人物100名，作为精准打击对象。搜集、记录他们的"台独"言行，公布其罪证。立足大陆，统筹国际与国内、大陆与台湾的资源，实施重点打击，形成威慑效应。但不宜扩大化，应缩小打击面。其二重点打击。对"渐进台独"的内容、策略进行分类，不宜全面出击，而应确定重点打击、一个时期内重点打击的内容。着重打击"释宪台独""统独公投""台独史纲""台湾国家化"等内容，坚决阻止"修宪""制宪"冒险。

三是整合力量、引导民意。其一整合"反独"力量。民进党的政治清算及"台独"嚣张气焰，引起了统派团体、退役将领、"军公教"团体、劳工团体、公民团体、农渔民团体的强烈反弹，我宜抓住有利时期，全力促成岛内反民进党、"反台独"力量的集结、整合。促进国民党走出低谷，促成岛内非绿势力的整合集结，实现统派团体的大团结，掀起岛内反"台独"运动的新高潮。其二争取青年。加大做台湾青年群体的工作，吸引他们来大陆学习实习、就业创业生活。加强对来大陆青年的中国文化、中国历史及中国特色社会主义的教育，强化中国人的身份认同、文化认同、祖国认同。其三引领民意。使发展两岸关系、实现国家统一逐渐成为台湾主流民意。强化岛内"被统一"的民意，塑造"被统一"到"向统一""求统一"的民意转变。（本文完成于2018年12月）

民进党当局推动"柔性台独"
内容、策略及对策建议

一、"柔性台独"释义

民进党"完全执政""全面执政",使"台独"势力再次获得政权的庇护,极大地激活了岛内、外"台独"势力,掀起新一轮"台独"狂潮。但慑于大陆的强大压力、避免再被国际社会贴上"麻烦制造者"的标签,民进党当局及"台独"势力吸取陈水扁时期"激进台独""法理台独"的教训,转而采取另类变相"台独",实施"柔性台独""文化台独",拓宽"台独"领域、深化"台独"内涵,改变"台独"策略,夯实"台独"社会基础、思想基础,扩大"台独"群体,试图把青年世代与基层民众灌输成"天然独",在岛内掀起了地毯式、滚动式轰炸的"台独"浪潮,全面"绿化"台湾社会,升高"台独"风险。

"柔性台独"并不是什么新鲜货色,早在李登辉、陈水扁时期就出现了"柔性台独"的萌芽,却在民进党重新执政后成为"台独"主要内容及重要策略。本课题所研究的"柔性台独"是对民进党重新执政后"台独"活动内容、策略的总体概括,核心内容在于"文化台独""台独史观""台独国家化"建构等,策略上趋于柔性与渐进。

随着两岸关系与国际形势的变化,"台独"的内涵、表现形式、推行策略等均发生了重大变化。如果陈水扁当年推动的"法理台独"是"台独1.0版"的话,那么"柔性台独"就是"台独2.0版",是对"法理台独"的演化、补充及配套,属于变相"台独"。"柔性台独"与"法理台独"既有所区隔、又互为表里。"法理台独"是透过"制宪""修宪"的危险途径,采取"正名""公投""入联"等激烈方式,改变台湾与大陆的法理联结,实现"台湾独立建国"目标。在"法理台独"惨遭失败之后,重掌政权的民进党当局不敢贸然推行"法理台独"，改走"柔性台独"路线，转向文化、历史、意识形态、认同、司法等领域，夯实"台独"的思想基础、社会基础，淡化激烈色彩，以相对柔和、渐进的方式推动，以减少阻力。虽然"柔性台独"与"法理台独"两者路径不同，但殊途同归，而且相互借鉴。现阶段民进党、"台独"势力力推"柔性台独"，但不会也不可能放弃"法理台独""激进台独"的尝试。当年陈水扁就曾修改教科书、推行"台独史纲"。如今民进党的"柔性台独"一定会借用"法理台独"策略，游走于"法理台独"边缘，尝试各种议题的"公投"，透过"大法官释宪"更改两岸关系性质。因此，"柔性台独"绝不会是和风细雨，必然无所不用其极，表面"柔性"，实质凶残，而且不断冲撞、挑衅两岸关系的底线。

"柔性台独"构成"台独"运动中极其重要一环，挖掘、拓展了"台独"内容，除了文化、意识形态领域外，也触及"法理"、司法等领域，是基础性、综合性"台独"；又尝试了多种"台独"策略，激进与渐进、硬与软组合纠缠，加快"台独"进展，提升"台独"效果。

"法理台独"具有质变特质，"柔性台独"具有量变促成质变的效应。民进党上台的一年多，"柔性台独"动作不断，风险上升，目前仍处于可控状态。但不宜低估"柔性台独"的严重危害，特别是其对于年轻世代的毒化、对于台湾社会的"绿化"效果。如果"法理台独"是惊天炸弹，那么"柔性台独"就是深水炸弹，有可能酝酿类似"太阳花运动"的重大事变，给两岸关系造成极大危害。

"'台独'尽头是统一"。"台独"不得人心，不符合历史趋势，不见容于国际社会。"柔性台独"与"法理台独"的结果一样，必将招致包括台湾同胞在内的全体中华儿女的共同强烈反对。"台独"不可能实现，最终必将以失败告终。我宜科学决策、审慎应对，力争将"柔性台独"的危害降到最低，化危机为转机，创造更好的统一基础。

二、"柔性台独"内容

相对于"法理台独""激进台独"，重返执政的蔡英文与民进党当局、"台独"势力吸取当年陈水扁"台独"冒险教训，转而采取较为隐晦、可控的"台独"策略，推行"柔性台独"路线，着重在意识形态、文化教育、社会生活、司法等领域实施形形色色的变相"台独"，进行"台独"的软土深挖。上台一年来，"柔性台独"快速推进，取得重大进展，弥补"法理台独"之外的另一块

"台独"拼图。

一年来,"柔性台独"内容主要体现在四个领域。

（一）"文化台独"

"文化台独"是民进党现阶段推动"柔性台独"的核心内容,大力鼓吹"台湾文化""台独传统""台湾价值",对抗中华文化。一是民进党及"台独"势力时刻诋毁、否定中华文化、中华传统,割裂中华文化与台湾文化渊源联系,别有用心地把中华文化、中华传统当作"外国"文化、外来传统。蔡英文在2017年2月接任"中华文化总会会长"的讲话中没有一句提到中华文化、中华传统,更不会要求弘扬中华文化,反而要求"深耕台湾文化"、建构发扬"在地文化",加强国际交流。① 二是鼓吹台湾文化"优越论",把台湾"本土"文化当作为不同于陆地文明的海洋文明,极力夸大台湾在地文化中的西方文明、日本文化的元素,凸显台湾文化与中华文化的不同。三是炮制所谓"台湾价值""台湾精神"。蔡英文早在2014年就鼓吹、推销"新亚洲价值",彰显台湾从威权统治走向"民主化"的经验价值,高调宣扬所谓"民主""人道"的普世价值,贴上"多元""包容""进步"的标签,以此对抗、否定中华文化、中华文明。

为推进"文化台独",蔡英文、民进党当局从"行政"与"立法"两方面入手加以落实推动。行政方面实施一系列"去中国化""去中华化""去中华民国化"政策,竭力消除中国元素、中华内涵,掀起"去蒋（介石）""去孙（中山）",甚至"去孔（子）""去郑（成功）""去祖宗牌位"的闹剧。

蔡英文上台后陆续取消或缩减了一系列具有中华文化传统内涵的祭典活动,以"去封建"之名不拜黄帝、不拜郑成功。2016年5月蔡英文就任时取消"遥祭中山陵"活动,2017年清明节时取消"遥祭黄帝陵"活动。"行政院"打破延续54年"中枢"主祭郑成功祭典的惯例,"内政部"以祭祀时间与"春祭"相近为由,取消了"遥祭黄帝陵"仪式,"蒙藏委员会"也首开恶例不再邀请"五院"代表参与公开祭典成吉思汗。推动"灭香封炉",配合"宗教团体法"的制定,清理岛内一万五千多座宫庙寺院,试图以基督教长老教会取代佛教、道教等在台湾的发展,改变台湾民众的传统信仰。污名化妈祖信仰,称之为"中国神",当作为国民党的统治工具。台中市市长林佳龙声称台中孔庙不是古迹,却要重建日本神社"鸟居"。改变原"国语"为主的语言政策,重振"母

---

① 见蔡英文出席"中华文化总会"讲话,引自"总统府"网站,http://www.president.gov.tw/Default.aspx?tabid=131&itemid=39224&rmid=514。最后检索日期2017年5月19日。

语"，从一元化走向多元化，筹办"闽南语"频道，甚至把台湾手语也列为"官方"语言。企图将郑成功时期改为"郑氏统治"，攻击郑成功为屠杀台湾少数民族的"凶手"。

彻底实施"去蒋化"政策，拆除岛内各地蒋氏父子铜像、雕塑，"中正纪念堂"停售蒋氏纪念品，停止播放蒋氏纪念歌，试图把纪念堂改为"立法院"，方便民众前往抗议。有民进党"立委"提议废除新台币上孙中山头像，代之以台湾本岛物与风景作为货币图像。2016年适逢孙中山诞辰150周年，蔡英文当局却把"光复节""孙中山诞辰纪念日"等具有两岸历史联结意涵的节日取消，改为"只放假不纪念"。拆除香港影星成龙安放在"故宫南院"的圆明园12生肖兽复制品，台北"故宫博物院"拿掉"万世师表——书画中的孔子"展览中的"万世师表"。2016年11月，民进党"立委"刘世芳提案删减台"侨委会辅导海外各地夏令营暨遴派文化老师巡回教学"的预算，只因为该预算中有扯铃项目，而"扯铃是中国文化"，要求区分"中国统战的社教工作"。这类"扯铃"闹剧，证明"文化台独"到了无比荒唐的地步。

与此同时，民进党当局以语言"多元化"为名，消除普通话影响。民进党当局主导的"课纲审议委员会"酝酿减少高中语文课纲中文言文内容，增强白话文比例，将高中文言文课数比例由原本45—50%降为每学期至多30%，必读古文由20篇减为10—15篇，大幅增加白话文、闽南语，甚至列入日本不知名、没影响的文章，目的就是"去中国化"，搞意识形态清算。还传出台当局教育部门谎称中国语言属于南岛语言文化，属于华语文的一种，试图取消大学中国文学系，改为"华文系"或"华语文细学类"，遭到舆论强烈反对才作罢。马英九对此作出强烈反应，强调古文与诗词是中华文化最宝贵的资源，台湾要做"中华文化的领航者"，绝不可开历史倒车。

在行政措施之外，民进党采取"立法"措施推进"文化台独"。正在提案推动"文化基本法""宗教团体法""国家语言发展法"等，提出"台湾是一个多元文化的国家"，完全不提中华文化，也不提"中华民国"，是个彻头彻尾的"文化台独基本法"。透过修改"行政院组织法"，裁撤"蒙藏委员会"，冻结其2017年度预算，取消2018年度预算，将人员、业务并入陆委会与"文化部"，旨在松动"一中架构"，实现"去中华民国化"。

（二）"台独史观"

大幅调整历史课纲，标举"台独史观"，割裂两岸历史、地理联结，歌颂日本殖民统治，抹除台湾同胞的中国历史观念，灌输台湾年轻世代成为"天然独""心灵独"。

民进党推动"台独史观"重大举动就是废除马英九时期的"微调课纲"，实施民进党新版"台独史纲"，颁布"12年国教社会领域课程纲要草案"。2016年5月民进党一上台，便以"代表性不足""程序不正义""没有必要性"为由，以行政命令方式暂缓实施马英九2014年2月颁布的"普通高级中学课程纲要"（简称"微调课纲"），从2016年度开始，恢复到2008至2011年发布的旧课纲。随后民进党主导"立法院"修改"高级中等教育法"部分条文，高中课纲审议委员会提高到"行政院"层级，首次将学生代表纳入，引起极大争议。10月台"教育部"指定所属"国家教育研究院"成立"12年国教社会领域课程纲要研修小组"，举办一系列网络及实体公听会，于2017年7月公布所谓"12年国教社会领域课程纲要草案"，引发各界强烈批评。草案将"现代国家的形塑"作为新课纲的重点，以杜正胜的"同心圆史观"为指导，突出"台湾历史""台湾地理"，淡化中国历史、中国地理。将高中历史课本修改为"台湾历史"、世界史及东亚史，别有用心的把中国史并入东亚史，不再详细叙述中国本身的历史，置于"中国与东亚的交会"的主题中，以华人移民、华裔对世界的冲击、区域合作与经贸统合作为中国史的重点。把原先"以汉人为主轴的史观"改为"重点放在台湾最近500年脉络"，涉及台湾少数民族、"多元族群"的探讨，建构"以台湾为主体的新史观"，在历史教育上进行斩草除根式的"去中国化"教育。地理课程则以"台湾与世界""世界中的台湾"详述"台湾地理"，中国地理的比重大幅减少，突出"台湾主体性"，切割台湾与中国史地联结。该草案还延续"台湾地位未定论"，丝毫不提将台湾回归中国的《开罗宣言》《波茨坦公告》《日本降伏书》等国际法历史文件，为"台独"背书。

民进党推动"台独史观"核心要害有五个方面。一是淡化中国史，忽略中国历史、文明之美与善，突出其中之恶与恨、斗与乱，有意把中国历史、中国地理当作外国历史、外国地理。二是突出"台湾史"，以"同心圆史观"强调"台湾五百年史"，切割台湾史与中国史的联结，强化台湾史与世界史的联结。三是歌颂日本殖民统治。倡导"皇民化史观""殖民史观"，对台湾民众推行奴化教育，塑造"媚日情结"。改"日据时期"为"日治时期"、日本侵略为"进出台湾"、日本战败为"终战"，把"光复台湾"扭曲成"中占""再沦陷"，甚至歪曲慰安妇为"自愿"。否认日本军国主义屠杀台湾同胞的罪恶，宣扬殖民者对台湾的"建设、贡献"，把日军"南方开发派遣要员"八田与一神化成台湾"民族英雄"。四是歪曲、回避甚至诬蔑台湾同胞、中华民族抗击日本殖民统治的英勇历史。往年台湾军方每逢五、十周年必在"军史馆"举办的"七七抗战周年展"，却在 2017 年卢沟桥事变 80 周年之际停办。[①] 五是公然为日本军国主义招魂。2016 年 6 月蔡英文亲自为设在日本冲绳台籍日本兵陵墓题写"台湾之塔"，11 月出席在高雄举办的"追思纪念台籍老兵秋祭活动"，模糊人类正义良知底线，公然为日本军国主义招魂、涂脂抹粉。

"台独史观"教育将严重毒化台湾年轻一代的历史观与中华民族认同，后患无穷。据台湾"中研院"的研究，自 1997 年台"教育部"引进"认识台湾"课程开始，台湾年轻人只认同自己是台湾人的比例提高了 20%。[②]

（三）"台湾国家化"

虚构"台湾民族"，强化"台湾主体性""台湾认同"，强化"台湾国家"的话语体系建设，加快"台湾国家化""正常国家"的建构。

一是虚构"台湾民族"。不同于马英九执政，蔡英文、民进党当局绝不讲两岸同为中华民族、都是炎黄子孙，虚构"台湾民族"，鼓吹"台湾文化"、撰写"台湾历史"，凝聚"台湾认同""台湾国家认同"，加快"台湾国家化"建构进程。早期"台独"论者臆想、虚构所谓"台湾民族"，称之为"南岛民族"的分支。近来强调台湾的"多元族群"构成，刻意淡化汉人、中国人血统，称台湾民众具有越来越多的"外国血统"，进行基因移植。谎称经过数百年涉外通婚，台湾民众血液包含了少数民族、"外国人"的基因，台湾人已不同于来自大陆的闽、客群体。蔡英文当局积极推动"原住民转型正义"，成立"原住民族历史正义与转型正义委员会"，推动"原住民族土地及海域法"。[③] 与此同时，突出、放大所谓"新住民"角色，无限夸大东南亚籍后裔在台湾经济社会中的存在与影响。[④] 试图将海外华侨改名为"台侨"，进一步淡化中华民族认同，强化"台独"色彩。

二是强化"台湾主体性意识""台湾身份认同"。竭力催化台湾民众的"台

---

① 程嘉文：《七七抗战展，"军史馆"今年停办》，台湾《联合报》，2017 年 4 月 30 日 A4 版。

② 孙昌国：《文化去中，自废武功，丧竞争力》，台湾《旺报》，2017 年 6 月 29 日 A2 版。

③ 林敬殷：《蔡：用法律位阶确认"原民"土地处理》，台湾《联合报》，2017 年 3 月 21 日 A4 版。

④ 据台湾"内政部"统计，2016 年台湾人口为 2354 万人，少数民族 55.3 万人，占人口的 2.35%，"新住民"达 52.1 万人，占人口的 2.21%。

湾身份""台湾文化"及"台湾国家"认同,把"台湾主体性"意识、"台湾国家意识"灌注到台湾民众的思想、灵魂深处。蔡英文提议将"台独"头子郑南榕自焚日定为"法定纪念"的"言论自由日",交由"立法院"立法推动,将"台独"人士塑造成"台湾民族"的英雄楷模,强化"台独"的"历史正义"。

三是塑造"台湾国家"形象与地位。蔡英文当局利用一切机会,凸显台湾是"主权独立"的"国家形象""国家地位",诉求"独立国际人格"。2016年6月蔡英文出访巴拿马期间签名"台湾总统","立法院长"苏嘉全多次表述两岸定位为"两国论",口口声声两岸是"两国一家亲"。民进党当局将驻美机构内的"中华民国国徽"标志移除,代之以绿色台湾岛图案,[①]把"亚东关系协会"更名为"台湾日本关系协会"。[②]当陈建仁等入选美国国家科学院外籍院士其国籍被标注为"中国台湾"时,竟然要求美方将其国籍更正为"台湾"。[③]

(四)"司法台独"

为躲避"法理台独"风险,民进党当局尝试边缘策略,推行"司法台独"。一方面进行制度程序设计,在年底前修改"公投法",降低投票年龄至18岁,降低提案、成案及通过门槛。"台独"势力早已蠢蠢欲动,民视董事长郭宏治要求年底前通过"公投法修改案",2019年进行"台独公投"。2017年4月底,林义雄以"人民作主基金会"名义接力禁食,要求修改"公投法","时代力量"遥相呼应。预计"公投法"修改后,岛内"公投"运动又将烽烟四起。另一方面加强"司法台独"的内容设计,试图通过修改、制定低阶位法律,特别是透过"大法官释宪"途径实现"台独建国",避开"修宪""制宪",为"台独"提供法律保障。民进党当局已准备制定"文化基本法""国家保防工作法""反渗透法"等,为"台独"提供足够的法律支撑与保障。[④]为了躲避"制宪"高风险以及"公投"高门槛,蔡英文找到了"释宪台独"的窍门,就是透过"大法官释宪"及法律判例,寻求"柔性台独"的新路径。蔡英文当局急于推动"大法官释宪",操纵"司法改革国是会议"通过相关决议,让"检察总长"可以"公

---

① 周毓翔:《双橡园"国徽"消失? 蓝:意识形态作祟》,台湾《中国时报》,2017年4月28日A3版。

② 吕伊萱:《亚协正名台日关系协会》,台湾《自由时报》,2017年5月11日A4版。

③ 杨腾凯等:《陈建仁、朱敬一入选美院士被标注为"中国台湾"》,台湾《中国时报》,2017年5月4日A4版。

④ 郭建伸、崔慈悌:《"绿委"提反渗透法 竟为管制假新闻》,台湾《中国时报》,2017年3月14日A3版。

益代表人"的身份申请"释宪"，且"大法官释宪"门槛也从现行的三分之二降低为二分之一。[①] 最新的案例就是"大法官"于 2017 年 5 月做出"释字第 748 号解释"，力挺同性婚姻，认定现行法令"违宪"，未保障同性婚姻，要求 2 年内修改法律。此次"同婚释宪"既对两岸婚姻产生影响，又将牵动未来"大法官"对于两岸议题的诠释空间，徒增变数。

历史上"大法官释宪"涉及两岸关系的有 20 多件，涉及台湾当局"法统"、两岸民众权益以及相关制度三类议题，"大法官释宪"的解释文与理由书，蕴含太多玄机，对舆论、社会意见产生重大影响。蔡英文最新提名的 7 位新任"大法官"几乎都是"台独"支持者，其中许宗力在提名后公开表示其"一向主张两岸关系就是类似东、西德的两德关系，即'特殊国与国关系'"。而许志雄则表示他难以接受"中华民国是台湾这个国家的名字，只是目前这个国号还没到更换的时候，还需勉强采用"。[②] 2019 年蔡英文还将提名 8 名"大法官"，最终实现对"大法官"的改组。这群敌视"中华民国宪法"、以"台独"为志向的"大法官"一旦"释宪"，必定对两岸关系作出违背"一中宪法"、扭曲"两岸人民关系条例"的解释，还将运用大量法律词藻进行包装推销，制造变相"法理台独"，危害严重。

三、"柔性台独"策略

蔡英文当局推行"柔性台独"是历经陈水扁"法理台独"挫败、不断试错的结果，也是在两岸实力对比"我强台弱"、国际格局对于民进党"台独"本性高度疑虑下不得不采取的策略，是一种无奈的缓兵之计。民进党试图将其早年"草莽性格、街头政治"的政党文化与近年来收割抢夺中间民众的两手策略结合起来，形成了一套隐蔽性强、危害性大、刀刀见血、步步惊心的手法，具体推动策略可归纳为六个方面。

（一）全面"台独"、深度"台独"

民进党抓住重新执政机会，全方位、全要素、高频率、深度化地推动"柔性台独"。"柔性台独"波及政治、经济、社会、文化、历史、教育、军事、"外

---

① 项程镇：《司改"国是会议"分组决议"释宪"表决门槛将为 1/2》，台湾《自由时报》，2017 年 3 月 21 日 A1 版。

② 张麟徵：《曲线"台独"：从"制宪"到"释宪"》，台湾《海峡评论》2016 年 11 月，第 311 期，第 45 页。

交"等各个领域，在继承既有"台独"的基础上，开辟新领域、实施新途径，进行新一轮的"台独"软土深挖，深化"台独"内涵，提炼"台独"绩效。民进党为了全盘、彻底改造台湾民众的"国族基因"，做到了全覆盖、零遗漏。一方面，将"台独"魔掌伸向政治、经济、社会活动的方方面面，不仅包括具有高度政治敏锐性的文化、历史、教育领域，而且连一般不易涉及统"独"议题的科技、生活、卫生、宗教、民俗等领域皆被覆盖。另一方面，民进党将触角延伸到台湾社会生活的各个角落，从岛内事务到涉外关系、从社会精英到基层民众、从岛内民众到海外侨胞、从幼儿到老中青数代，"一个都不放过"，经过轮番灌输"台独"意识而对台湾民众开展全面、深度"洗脑"。

（二）官民配合、体制内外联动

民进党实现了从"行政"到"立法"、从"中央"到地方的"全面执政"，充分利用政权优势，集合政治、经济、"外交"、教育、文化、司法、军事、情治等各类资源，采取官民配合、体制内与体制外联动的策略，搭建名目繁多的机构平台，颁布各类政策措施，组织动员"台独"活动，培养"台独"骨干，拉高"台独"声势，壮大"台独"实力。任命"台独"理念强烈的郑丽君、潘文忠、许宗力、许志雄等人担任重要职务，执掌文化、教育、"司法院"部门，勤力策划、实施"台独"活动。以"文化部""教育部""国科会""中研院""国家教育研究院"为中坚主力，结合民间的财团法人、社团法人等，给予政策与经费支持，通过文教活动、教材制定、研究资助等，推动"台独"活动。岛内各类"台独"团体，实际上都是民进党豢养的"绿卫兵""绿小兵""党卫军"，而民进党则借"民间行为""公民运动""自由表达"之名加以经营指导、保驾护航，充当了"总后台""大本营""参谋本部"的角色。民进党结合"时代力量"在"立法院"内进行"台独"立法，鼓吹"保防法""反渗透法""文化基本法"等，为"柔性台独"扫清法律、制度、政策障碍。民进党还制造"台独"的舆论氛围，形成"绿色恐怖"效应。

（三）"亲美日转南向""远大陆冷两岸"

为创造"柔性台独"条件、制造"台独"声势与机遇，民进党当局强化涉外、紧缩两岸，大力推动"亲美日转南向、远大陆冷两岸"战略。强化与美国、日本以及印度的关系，积极扮演国际反华势力围堵大陆的战略棋子，试图建立隐形美、日、台军事同盟，加强双方军事安全合作。实施"新南向"政策，加强与东南亚、南亚地区及澳大利亚、新西兰18国的经济、人文与战略交流互动。与此相反，蔡英文、民进党当局开口"承诺"、闭口"善意"，隔三岔五念叨"不挑衅""不意外""不对抗""不屈服"，但完全无心于发展两岸关系，只求和平与稳定，不求发展与融合，对两岸关系强制降温，降低对大陆的各种依赖，减少两岸联结互动，煽动"反中""仇中"民粹，放任两岸意外冲突发生，管控风险不力。"立法"限制"退将"、退休高阶官员来大陆交流，剥夺赴陆台生、台师的合法权益。限制大陆台办官员、对民进党强硬学者、党政人员赴台交流，时时处处歧视陆生、陆配权益。企图制定"反渗透法"，制造"绿色恐怖"，大开两岸历史倒车，致使两岸关系陷于"冷对抗""强对抗"的困境，严重影响两岸同胞权益。

（四）世代传承、挤压中间

民进党紧紧抓住年老与青年"独派"主干，促使"台独"的世代交替与经验传承，扩张"台独"阵营及其能量。一方面充分激发、榨干"老台独""铁杆台独"的剩余价值，利用李登辉、陈水扁、史明、辜宽敏、蔡丁贵、吴澧培、蔡明宪、黄昭堂、许世楷、黄崑虎、罗福全、叶菊兰、陈师孟、许世楷一干人不甘退出政治舞台的心理，赋予"资政""国策顾问""无任所大使"等头衔，为他们提供舞台与经费，撑腰打气。[①]另一方面怂恿、刺激年轻世代，利用他们虑事不周、思想偏激、爱出风头的心理，为他们校园滋事、社会运动下指导棋。"时代力量"党成为年轻"台独"的大本营，积极经营年轻世代与地方基层，勾连"港独""藏独""民运""维权""法轮功"头目，拉抬岛内"台独"声势。动员老、少世代，挤压务实、稳健的中壮世代空间，把岛内"求稳""惧变"的制衡力量污名化为"投机"，动摇其抗衡"台独"活动的信心与意志。

（五）文武兼备、洗脑壮胆

加强"台独"话语权建设、"以武拒统"是"柔性台独"的文武之道，民进党尤其注重话语权的建构，绿化媒体、毒化舆论。从官方文宣招标发包到岛内媒体舆论控制引导，无一不是偏向深绿、"急独"机构，刻意打压偏统、偏蓝、重视大陆市场的机构，对马英九时期的政策、合同，假"转型正义"之名动辄撕毁。成立各式智库，招兵买马，强化"台独"话语权、论述能力建设，扩大对行政、"立法""司法"各部门的决策影响，加强对军队、学校、民间社会、企业团体的灌输、洗脑功能。除了老牌的民进党中央"新境界文教基金会"、林

---

① 陈先才：《民进党重返执政后"台独"势力最新发展态势分析》，《台湾研究》，2017 年第 3 期，总第 145 期。

佳龙"台湾智库""新潮流系新社会智库"、陈致中"新台湾国策智库"外，还有"英派"的"台湾世代教育基金会"、苏贞昌"新未来智库"、谢长廷的维新基金会、陈胜宏的"台湾新动力智库"等，发布各式有利于"台湾认同"、有利于"台独"、不利于两岸关系、不利于统一的民调，建构"台独"新论述。[①] 塑造"台湾主体性""台湾认同"意识，充实、丰富"台湾价值""台湾国家"内涵，处处将"台湾人"与"中国人"对立起来，把"台湾人""台湾国"标榜成"多元包容""灵活务实""民主价值"、"海洋性格"，而把"中国人"、中国污蔑为狭隘排外、颟顸自负、威权心态、陆地文明、"强国人玻璃心""大中华主义"等。民进党竭力支持岛内绿色媒体、绿营名嘴，打压中间、统派媒体，岛内"台独"媒体、地下电台空前活跃。有"三明治"之称的三立、民视及《自由时报》获得空前发展机会，"台独"头目郭宏治控制了民视，叫嚣"台独公投"。"台独"言论借助各类电视政论节目、报纸杂志、新媒体大肆传播，对台湾民众产生极其恶劣的影响。

在强化"台独"话语权同时，民进党当局不遗余力推动"以武拒统"，制定所谓"重层吓阻、防卫固守"新战略，透过"舰机自造"谋求美日台军事工业"一体化"，扩大对美军购与军事安全合作，为"以武拒统""以武谋独"积蓄能量。

（六）内外勾结，土洋呼应

除了岛内"台独"主战场外，民进党加紧对港澳及国际社会的经营，岛内"土独"与"港独""洋独"遥相呼应，以"小步快跑"的方式制造"事实独立"，为"柔性台独"寻找外部支援。"时代力量"黄国昌联手台湾"华人民主书院"，设立"关注香港民主连线"，勾结"港独"头目黄之锋、周永康、朱凯廸、陈志全、罗冠聪等于今年1月在台北举办"台港新生代议员"论坛。6月黄国昌联合民进党"立委"陈其迈、段宜康、王定宇、郑运鹏、庄瑞雄等共18人成立"台湾国会关注香港本土连线"，表达"台湾社会关注香港民主化"意志，促进台港"民主经验"交流。同时"台独"与"藏独""疆独""民运""维权""法轮功"的勾连互动日益频繁，"时代力量"林昶佐设立"台湾西藏连线"，

---

① 倪永杰：《民进党执政后的派系结构、运作模式及其政治冲突》，《台湾研究》，2017年第2期，总第144期。

与"藏独"团体策划一系列捣乱活动，沆瀣一气。① 今年7月，台湾"民主基金会"暗中赞助"台独""港独""藏独"头目聚会日本神奈川，公然鼓吹"中国威胁论"。"台独"势力挟洋自重，加入美日等国际"反华"大合唱，在钓鱼岛、南海、涉疆、涉藏、涉港等敏感议题上穷尽一切可能配合美日。透过"二轨"甚至"一轨半"方式提升对外关系，在美日设立智库，"独派"分子在美国设立"全球台湾智库"（Global Taiwan Institute, GTI）、"台美关系研究中心"（The Institute for Taiwan-American Studies, ITAS）等机构，以此拉拢、利诱美国亲台势力，为亲台反华分子出钱出力，强化美国各界支持"台独"的基础，寻找"台独"国际保护伞。甚至勾结"港独"势力游说美国国会，仿效"台湾关系法"制定"香港关系法"，攻击"一国两制"，唯恐天下不乱。② 加强对其他国家的经营，对东南亚诸国，借口"新南向""文化及人员交流"的名义，寻求与东南亚诸国"实质关系"。通过驻外机构改名、改标志图案，突出"台湾"、虚化"中华民国"，炮制"一中一台"。在对日机构改名为"台湾日本关系协会"之后，向美方提出将台北改为"台湾"遭到拒绝，后将"驻美"住处双橡园"国徽"以绿色台湾标牌代替，主屋入口的历任"驻美代表"照片也被封存，与历史切割。发行"护照贴纸"，煽动深绿民众篡改"护照"、四处闯关闹事，试探各国反应，不断宣扬"战果"，放大岛内民粹政治效果。

四、"柔性台独"危害

（一）麻痹欺骗台湾民众

"柔性台独"策略具有强烈的麻痹性、欺骗性及对抗性，毒害台湾民众。民进党当局、"台独"势力不断翻新"台独"手法，"柔性台独"与"法理台独"一源分流、殊途同归，相比于后者，"柔性台独"对台湾各界、对普通民众、对青年群体以及对国际社会具有强烈的麻痹性、欺骗性及对抗性。麻痹性是指"柔性台独"抓住台湾社会苟且偏安、不思进取、对政治疏离、冷漠的心理，把"台独"重心落实在文化、思想、教育、生活等软性领域，较少在政治、外交、法理、军事等硬性领域蛮干，降低台湾普通民众的戒心，弱化台湾统派、深蓝

---

① 伍俐斌：《"港独"与"台独"合流的初步分析及法理应对》，《台湾研究》，2017年第3期，总第145期。

② 2016年年美国"国会及行政当局中国委员会"（CECC）报告称，若香港自治及法治"继续受到威胁，建议行政与国会共同决定是否修改1992年制定的"美国—香港政策法"。

等反抗的斗志。"柔性台独"相较于"法理台独"在改旗易帜、立竿见影的传统手法之外,采用软土深挖、小火慢炖的方式,充实"台独"主张。"柔性台独"不仅追求表面、形式、口号"台独",而且试图把"台独"主张深入生活、深入人心,让抽象的"台独"理论嵌入到普通人的日常生活中,使台湾民众直觉感知到自己和大陆人的不同。欺骗性是指针对国际社会期待东亚地区和平稳定的愿望,特别是抓住美国近年来亚太战略调整的契机,在两岸政治关系上自我标榜为"维持现状",以"和平稳定""民主自决"的国际舆论作为掩护,欺世盗名,玩弄世界舆论和相关国家,从而摆脱当年民进党当局"麻烦制造者"的形象、洗清"台独"的原罪、减轻来自西方国家的压力。对抗性是指煽动民意、挟洋自重、"逢中必反""逢统必狂",在各个领域、各条战线全面对抗和平统一的各种政策主张。"柔性台独"已将"台独"理念灌输到台湾社会的各个角落,从"日据皇民"到年轻世代,从岛内民众到海外"台侨",人不分蓝营绿营、地不分岛内岛外,无所不用其极地进行"台独"洗脑。

(二)筑牢"台独"思想基础、社会基础

在民进党当局的推动下,"台独"获得又一次全面、深入推动的机会,其广度、深度、精细度达到前所未有的程度。"柔性台独"将"台独"的触角伸展到此前"法理台独"较甚少涉及的领域,着重在文化、历史、语言、宗教信仰、教育等意识形态领域进行翻修,辅之以政治、经济、"外交"、军事、法律、医疗卫生等领域的动员、规范,建构"台独"民意基础、社会基础,对人们进行"台独"的思想洗脑、"台独"精神催眠以及"台独"的灵魂移植,把人们塑造成为"人造独""心灵独",打下坚硬的"台独"心理基础、思想基础。最后视时机成熟、条件许可,启动"制宪""修宪"程序,透过"公投"方式实现"台独建国"目标。

(三)灌输年轻群体"天然独""心灵独"

"台独"把年轻群体作为重点争取拉拢的对象,将他们培养成为"台独"的支持者、骨干甚至领导力量,成为"台独"的温水青蛙。年轻人经历简单,思想单纯,价值观、统独观尚未形成,容易受到各类政治势力的利诱、滋扰与侵袭。"台独"势力及民进党当局擅长利用年轻人的幼稚,拉拢争取成为"台独"的同路人、支持者及重要力量,将他们培养成为"台独"运动的骨干、领导力量,掀起更大的"台独"声势。经过李登辉、陈水扁时期"台独"蛮干、四处碰壁之后,"台独"势力发现台湾民众身上的"大中华情结""大一统思想"是岛内制约"台独"的最大因素，唯有用"台湾民族意识"取代根深蒂固的"中华民族认同"，才有可能实现"台独建国"之梦。为此，他们把希望寄托在年轻世代身上，把黑手伸向中小学生甚至幼儿园孩童，企图通过文化洗脑、教育灌输，从骨髓深处一劳永逸地改造台湾民众的"国族基因""文化基因"，从根本上破坏两岸民众之间的骨肉亲情、中华文化纽带与同胞手足意识，从而对国家统一进行釜底抽薪。在其"民主价值观""未来选择权""自由生活方式""多元族群"、"多元文化"等论述的影响下，多数年轻世代选票流向民进党或时代力量，不认同"两岸同属一国"，甚至认为自己是"台湾民族"、主张台湾的前途要由台湾民众行使"民族自决权"，已经沦为在心理本能上"逢中必反"的"心灵独"、自懂事记事起就视"一边一国"理所当然的"天然独"。二三十年后，随着受两蒋时代"中华史观"教育的中壮世代退出历史舞台，当前的年轻世代成长为社会中坚并教育其下一代，"心灵独""天然独"将在台湾社会占压倒性优势。

（四）"绿化"全台湾

"柔性台独"必然加快台湾全面"绿化"步伐，压缩蓝营、统派生存空间。民进党重新上台后，在行政体系内，"独派"获得登堂入室、窃据要津的机会与门票，占领不少党、政、军、司法、情治、警察等政权机构核心位置；论功行赏、瓜分资源、沐猴而冠，安插"台独"分子出任公营事业肥缺；拉帮结派、党同伐异、拔擢亲绿分子，排斥蓝营及技术官僚。在民间社会，"独派"的官、产、学、媒攀附勾结、抬轿壮胆、打压异己、误导民众。在"台独"分子的操弄下，行政机构内部文官体系被腐蚀殆尽，事务官从上到下不敢坚持中立原则，或揣测上意、趋炎附势，或意志消沉、得过且过，不愿也不会从两岸大局出发，不敢提出合理务实的政策建议，不敢想方设法维系、推动两岸关系和平发展。台湾社会已出现"绿色恐怖""民粹恐怖"的现象，统派、深蓝及有识之士缺少发声渠道，其客观见解被刻意淡化、边缘化；有些正义人士感到缺少社会支持，势单力孤，心有余而力不足，"有心杀贼无力回天"；还有人因各类"台独"分子的骚扰而噤若寒蝉，在岛内积极发声的热情有所下降。

（五）压缩我战略空间

"柔性台独"极大扩大"台独"声势，压缩大陆战略空间，造成我战略被动，危害我"两个一百年"目标与中华民族伟大复兴中国梦的实现。"台独"势力认定我不愿放弃和平崛起的战略机遇期，"不敢"提前解决台湾问题，一方面用柔性手段争取其战略喘息期，进一步厚植"台独"思想基础、社会基础，以图大限来临时增加与我讨价还价的底牌；同时以拖待变，一厢情愿地寄希望于大陆内部出现各种变数，包括"民主化""中产化贪图稳定""中等收入陷阱"以及大国冲突酿成的"修昔底德陷阱"等。另一方面用柔性手法化解、消弭我战略优势，利用"软议题"、"小动作"，摆出"不对抗""不挑衅""零意外"的姿态，换得"伸手不打笑脸人"，让我在军事实力、经济体量上的绝对优势有似"高射炮打蚊子"，使我综合实力无从发挥。这些手法，势必压缩我战略纵深与战术选项，破坏我抓住战略机遇期实现民族复兴的大好前景，迫使我提前摊牌、主动摊牌、在内外条件并非最有利的情况下摊牌。

五、对策建议

一年来，民进党及"台独"势力利用政权优势大力推进"柔性台独"，掀起"台独"运动高潮，取得一系列进展，"台独"风险持续上升，对两岸关系造成恶劣影响、危害严重。但慑于大陆"反台独"的坚强意志与强大威慑，也因为台湾实力下降、国际社会反感，"台独"不得人心，所以"柔性台独"无法从根本上改变两岸关系的格局。

我们对"柔性台独"的危害、影响要有清醒认识与客观评估，既不能无视低估，也不能盲目夸大，自乱阵脚，尤其要保持战略清醒与战略定力。物极必反，当年"法理台独"终结陈水扁政权，如今民进党当局推动"柔性台独"登峰造极，必将导致天怒神怨、人神共愤，引起两岸同胞、特别是台湾同胞的强烈反对，也会引起国际社会特别是美国的高度疑虑、强烈反应，大陆也会全力迎战"柔性台独"，从而削弱蔡英文统治基础，摧毁其政权正当性，加速其政权的垮台。

我们宜从战略、战术层面、从政治、经济、外交、社会、法律、军事等角度制定周密可行的应对方案，总结、吸取当年反制"法理台独"的经验教训，动员一切可以动员的力量，运用一切有用的手段，形成一浪高过一浪反"台独"声势，对"柔性台独"形成立体、高压的紧绷态势，最大限度压缩"台独"空间、最大力度打击"台独"势力，直至其破产、覆灭。

（一）总体方案

以习近平对台工作重要论述为指导，保持战略定力，高举两岸关系和平发展旗帜，坚持一中原则，坚决反对"台独"，动员一切力量，透过各种途径，采取有效措施，形成反制"台独"的高压态势。加快对"台独"的分化、转化工作，削弱"台独"势力。在实现中华民族伟大复兴中国梦的征程中，我宜"反独促统"并举，在促统的过程中粉碎"台独"阴谋。积极引导民意，使其"不敢独""不想独"，支持两岸和平发展，由"弃独厌独"转而"向统求统"。加强两岸各领域交流合作，实现两岸经济社会融合发展，拉近同胞心灵距离，实现心灵契合，创造两岸和平统一的各类基础，最终实现中华民族伟大复兴的中国梦。

（二）战略措施：打赢六大战役

针对来势汹汹的"柔性台独"，我应参考当年反制"法理台独"经验，打赢六大战役，对"柔性台独"形成口袋合围态势，加速其退潮灭亡。

（1）规则战："一中反独"。我宜紧紧抓住两岸关系、"柔性台独"的定义权，制定一套规则，立规立矩，划下红线，规制民进党当局、"台独"势力及国际社会不得逾越台海红线，否则必定遭到严重打击。在两岸关系层面坚持体现一中原则的"九二共识"，强化"两岸同属一中"内涵。国际社会必须遵守一个中国的国际法准则，民进党当局、"台独"势力、相关国际不得违背、挑衅一中原则。在国内、外重大场合宣誓："我们绝不允许任何人、任何组织、任何政党、在任何时候、以任何形式、把任何一块中国领土从中国分裂出去，谁都不要指望我们会吞下损害我国主权、安全、发展利益的苦果。"

（2）外交战："以外封独"。构筑国际"反独网"，坚决封杀"台独"国际生存空间。巩固国际一中格局，要求世界各国严格遵守一中原则，不得与台湾当局保持任何形式的官方关系。未经我允许，任何国际组织、包括国际非政府组织不得给予台湾当局任何只有主权国家才享有的权利。集中力量使台湾现有20个"邦交国"与其"断交"，与我建交。要求主办国际比赛的机构、主办国必须遵守一个中国政策，不给"台独"势力任何机会。封锁100名"铁杆台独""国际活动空间"，与重要国际组织、与相关国家协商，宣布"台独"为不受欢迎者，拒绝其入境，不准进入国际组织参观、活动。优先安排统派人士参观国际组织、担任志工，甚至安排统派在国际组织中工作，担任重要职务。加强对美、日交涉，坚决反对美、日插手台湾问题，压缩其"打台湾牌"空间，阻止美台、日台军事安全合作，坚决反对美国对台军售。要求美、日、印度及其他相关国家不得向"台独"势力发出错误信号，坚决反对美日反华势力继续作为"台独"的保护伞，利用特朗普商人性格，透过中美谈判、博弈，"联美制独"实施中美联合管控"台独"风险。力争在特朗普任内就台湾问题达成有利于反对"台独"、促进国家统一的安排。对于支持"台独"的外国亲台分子、亲台机构、企业应采取一切可用的措施给予政治、经济的惩罚，拒绝其入境，剥夺他们在大陆市场的投资、获利机会。

（3）法律战："以法治独"。我宜运用法治思维、法律手段打击、反制"台独"。以《中华人民共和国宪法》《反分裂国家法》《国家安全法》为准绳，加快制定"反独"细则，打击变相"台独""柔性台独"。处罚"绿色台商""台独艺人"，对特定对象采取法律手段进行处罚、制裁，不准其到大陆、港澳甚至国际赚钱捞金，形成"寒蝉效应"。处罚"铁杆台独"，公布100名"铁杆台独"名单，宣布永久拒绝入境，保留统一后对其追责处罚的权利。与此同时，立法鼓励统派、两岸关系促进派，投身于两岸关系发展、国家统一的大业中来，保护他们的权益。

（4）文化战："以文化独"。中华文化博大精深，也是两岸共同的精神纽带。"文化反独"是重要的途径，对台湾同胞必须进行"去台独化"与"再中国化"教育。两岸双方应共同传承、弘扬中华文化，推进两岸文化融合，实现同胞心灵契合。推动中国传统文化、优秀文学戏曲歌舞影视艺术、儒释道、妈祖等宗教入岛交流，举办两岸族谱家谱、地方志、文物精品的交流。两岸共同编写汉语词典、语文教材、中国历史、中华文化、中国地理教材。

（5）舆论战："以媒管独"。我宜牢牢掌握两岸关系的话语权，发挥互联网、新媒体的作用。讲好"两岸故事"，阐述两岸血浓于水的同胞亲情、合作共赢的理念，传播成功台商事迹、两岸美好婚姻、两岸慈善故事。讲深讲透"柔性台独"的危害，引起台湾民众的重视，突出"台独"对两岸、对亚太、对国际和平稳定的破坏性。着重把民进党当局、"台独"势力刻画成"麻烦制造者"、两岸和平的破坏者、搅局者，争取更多台湾民众、国际社会对于"柔性台独"的反感、反对。

（6）军事战："以武震独"。加快国防军事力量建设，扩大我对"台独"军事震慑力。压缩台军海、陆、空及网军的发展、生存空间，"辽宁号"航母及未来国产航母编队、战斗机绕台巡航应常态化，跨越"海峡中线"，实施登陆夺岛演习，对台军开展电子战、网络战瘫痪台军指挥、作战系统。提高我与美军对抗实力，加强"反介入与区域拒止"能力建设，突破第一岛链包围，打破"台独"势力对于美军出兵"防卫台湾""保护台湾"的幻想。

（三）战术措施：风险管控、精准打击、加强引导

1. 管控风险、有效处置

一是管控风险。"法理台独"已成为小概率、影响大的"黑天鹅"，而"柔性台独"就是迟早来临、大概率的"灰犀牛"。预防、降低"柔性台独"风险及危害，必须及早处置、精准处置、全力处置，延缓其进程，打乱其步骤，阻止其方案。决不能拖延搪塞、掉以轻心、失焦失准。

二是统一事权。提升决策层级，由中央国家安全委员会作为最高处置机构，强化决策与执行功能。加强中央各部门以及中央与地方之间协调配合，形成上下一盘棋，改善运行机制、政策措施滞后、不到位的状况，确保应对处置高效、有效及灵活。

三是分级处置。按急、危程度，对"柔性台独"进行分级处置。对于"公投""入联""释宪台独""文化台独""台独史观"等各类形式的"台独"活动应加以预知预警，提前部署应对反制，化风险、危害于无形。坚决打掉涉及两岸议题的"公投"，防堵"台独"势力透过"入联"在国际上制造"一中一台""两个中国"或者"台独"声势。对于"释宪台独"应警告民进党当局不准踩"台海红线"、不得玩火，对于"文化台独""台独史观"应发动舆论批驳。

2. 精准打击、重点打击

一是精准打击。确定"柔性台独"指标性人物100名，作为精准打击对象。搜集、记录他们的"台独"言行，公布其罪证。立足大陆，统筹国际与国内、大陆与台湾的资源，运用政治、外交、经济、法律等手段对其实施重点打击，形成威慑效应。但不宜扩大化，应缩小打击面，扩大威慑力。

二是重点打击。对"柔性台独"的内容、策略进行分类，不宜全面出击，而应确定重点打击、一个时期内重点打击的内容。着重打击"释宪台独""统独公投""台独史纲""台湾国家化"等内容，坚决阻止"修宪""制宪"冒险。

3. 整合力量、引导民意

一是整合"反独"力量。民进党错误政策、政治清算及"台独"嚣张气焰，引起了统派团体、退役将领、"军公教"团体、劳工团体、公民团体、农渔民团体的强烈反弹，岛内反民进党、"反台独"的力量正在集结之中。我宜抓住民进党执政失败的有利时期，采取积极对策，促进国民党走出低谷，促成岛内非绿势力的整合集结，实现统派团体的大团结，进一步制衡民进党当局，掀起岛内反"台独"运动的新高潮。

二是争取青年。加大做台湾青年群体的工作，吸引他们来大陆学习、实习、就业创业生活。加强对来大陆青年的中国文化、中国历史及中国特色社会主义的教育，强化中国人的身份认同、文化认同、祖国认同。弱化、化解"台湾主体意识"，支持两岸关系发展与国家统一。

三是引领民意。化解台湾民众疑虑，使发展两岸关系、实现国家统一逐渐成为台湾主流民意。强化岛内"被统一"的民意，塑造"被统一"到"向统一""求统一"的民意转变。发挥"台独尽头是统一"的舆论效应，使更多台湾同胞认清"台独"危害，加入"反台独"的行动中来。（本文完成于2017年10月）

后 记

从事台湾研究、对台工作 30 个春秋，撰写了百万字的研究论文、时政评论、交流札记。利用调养身心的时间加以梳理汇整，我把研究台湾的《求索：两岸和平发展路径》《沉沦：民进党执政研究》与《叩击：台湾时政评论》三本著作交到读者手中，了却长期心愿。

九州出版社是专门从事台湾问题书籍的专业出版机构，在两岸享有极高的声誉。出版社领导高度重视我书稿的出版，给予专业指导，派出业务骨干担任责编。我的同事张笑天、肖杨等亦为本系列著作出重要贡献。在此向他们表示诚挚的谢意。

我要感谢恩师茅家琦、崔之清教授传授给我的学术养分、做人做事要义，感谢崔老师及师母对我和妻子的无比关怀。师恩如山，终生难报。

我要铭谢父母的养育之恩，父亲耿直、执着、善良的秉性影响了我一生，他以我从事的统一工作为荣。母亲含辛茹苦养大 6 个子女，和我的感情最亲。愿安度晚年的她健康长寿，无忧无虑。

我要感恩我的至爱。我们是高中同学，她是学霸，大学念管理专业，精通财会，具有注册会计师职称。当年是她督促我从南京调到上海，开展台湾研究旅程。没有她的鼓励支持，就不会有我今天台湾研究的成果。本书的出版，是对她最好的告慰。祈愿执子之手，与子偕老，再拥春风。

倪永杰于上海

2020 年 3 月 6 日